JN437548

재생산하는 교회

21세기 교회개척을 위한 지침서

김종환·다니엘 산체스·에비 스미스 지음
박성창 옮김

서로사랑

재생산하는 교회

1판 1쇄 발행 _2006년 8월 16일
1판 2쇄 발행 _2010년 9월 9일

지은이 _김종환 · 다니엘 산체스 · 에비 스미스
옮긴이 _박성창

펴낸이 _이상준
펴낸곳 _서로사랑(알파코리아 출판 사역기관)

편집 _이소연, 박미선
영업 _장완철
이메일 _publication@alphakorea.org

사역/행정 _이정자, 윤종화, 주민순, 엄지일
이메일 _sarang@alphakorea.org

등록번호 _제21-657-1
등록일자 _1994년 10월 31일

주소 _서울시 서초구 방배1동 918-3 완원빌딩 1층
전화 _(02)586-9211~4 팩스 _(02)586-9215
홈페이지 _www.alphakorea.org

ISBN _978-89-8471-174-7 03230

차례

머리말_ 5

1부 사역의 기초

1장 동기 의식 7 | 2장 성경적 토대 27 | 3장 영적 토대 52 | 4장 복음전도의 토대 71 | 5장 전략적 토대 91 | 6장 철학적 토대 122 | 7장 지도력의 토대 139 | 8장 재정적인 토대 175

2부 사역 계획 입안

9장 비전과 사명의 구체화 183 | 10장 후원망 조성 195 | 11장 팀 구성원 확보 211 | 12장 대상 그룹 선정 220

3부 지역 사회 개발

13장 핵심 그룹 개발 241 | 14장 의사소통 방법 개발 246 | 15장 지역 사회 행사 개발 268 | 16장 다세대 주택 단지 개발 285

4부 새 교회 시작

17장 예배 장소 선정 309 | 18장 적절한 이름 선정 315 | 19장 소그룹 321 | 20장 융화 과정 338 | 21장 준비 단계의 예배 345 | 22장 공식적인 예배 355

5부 새로운 교회 개발

23장 교회 법인 373 | 24장 영구 시설 385 | 25장 성장하는 교회 397 | 26장 천주교 문화권에 속한 교회 443

6부 새 교회 재생산

27장 재생산의 비결 467 | 28장 사례 연구 483

[머리말]

재생산하는 교회

21세기 교회개척을 위한 지침서

21세기에 특히 한국적인 상황에서 교회개척을 논하는 것이 어쩌면 때늦은 감을 주는 것 같기도 하다. 지난 100년에 걸쳐 우리나라에서는 교회가 폭발적으로 성장했다. 결과적으로 이미 수많은 교회가 있다. 동네마다 교회가 있고, 골목마다 교회가 있고, 어떤 경우에는 큰 건물마다 교회가 있는 것을 본다. 그래서 혹자들은 난립된 교회로 인해 전국이 포화상태에 이르렀다고 생각한다. 그들은 이런 상황에서 교회를 또 개척해야 할 것인가, 더 이상의 개척이 가능한가 하는 회의를 품고 있다.

그러나 우리나라에 지옥 갈 사람이 4,000만 명도 더 된다는 것을 기억한다면, 그 숫자가 점점 늘어나고 있다는 것을 직시한다면, 우리나라 교회의 수가 800-900명당 하나밖에 되지 않는다는 것을 인식한다면, 많은 교회들이 교회로서의 구실을 제대로 감당하지 못하고 있다는 사실을 인정한다면, 교회개척이 전도에 있어 최선의 방법이라는 것을 깨닫는다면,

지금이야말로 교회개척을 강조해야 할 때이다. 교회는 성공했으나 기독교는 실패했다는 평가를 단호히 반박할 수 없는 지금이야말로 하나님의 원리를 가르쳐 실천하게 하는 교회가 절실히 필요하고 많이 필요한 때이다. 과연 하나님의 원리를 가르쳐 실천하게 하는 교회는 어떻게 개척되고, 어떤 특성을 가지고 있으며, 어떻게 성숙되는가?

본서의 저자들은 이 문제에 대해 연구하며 관찰과 통찰력과 기도를 바탕으로 명쾌한 답을 제시하려고 최선을 다했다. 한국 교회의 건강을 염려하고 교회개척의 사명감을 갖고 있는 모든 목회자, 신학생, 평신도들에게 격려와 도전과 지침을 제공하는 책이 될 수 있기를 기도하는 마음으로 본서를 소개한다.

텍사스에서
김종환

1부_ 사역의 기초

무슨 일이든 그 일이 성공적으로 이루어지기 위해서는 적절한 준비가 선행되어야 한다. 교회개척도 적절한 준비를 필요로 한다. 사실 준비야말로 새로운 교회를 시작하는 데 있어서 가장 중요한 단계이다. 새로운 교회를 시작하기 전 교회개척자는 강한 동기 의식과 지도력 및 성경적, 영적, 복음적, 전략적, 철학적, 재정적인 기초를 갖추어야 한다. 본서의 1부를 통해 우리는 21세기 교회개척에 필요한 기초, 즉 견고하고 균형을 이루며 도전을 주는 기초 확립에 유용한 개념들을 집중적으로 조명하게 될 것이다.

1장 동기 의식

'왜 새로운 교회를 개척해야 하는가?' 때로 교인들은 새로운 교회개척의 필요성에 대해 회의를 품는다. 어떤 사람들은 이미 교회가 수적으로 너무 많다고 생각한다. 어떤 사람들은 불신자들에게 복음을 전하는 데 있어 인력, 시간 그리고 돈을 투자하여 교회를 개척하는 것보다 더 나은 방법이 많이 있다고 생각한다. 어떤 사람들은 교회개척이 기존 교회의 지도력과 재정적인 능력을 약화시킨다고 믿는다. 또 어떤 사람들은 오직 튼튼한 교회들만이 새로운 교회를 개척해야 한다고 주장한다. 이러한 잘못된 생각들과 비전의 결여로 인해 많은 기독교인들과 교회들은 새로운 교회개척이라는 과업에 헌신하지 못하고 있다. 그러므로 교회개척자들은 동기 부여가 충분히 되어있어야 할 뿐만 아니라, 전형적인 반대에 효과적으로 반응할 준비도 갖추어야 한다. 성경은 실제적인 사례들과 더불어 모든 교인들과 교회들이 교회개척에 동참해야 하는 이유들을 제시해 준다.

교회개척에 대한 성경적인 이유들

성경은 교회개척의 필요성에 대해 적어도 다섯 가지의 이유들을 제시하고 있다.

새로운 교회는 하나님 나라를 확장시킨다

새로운 교회를 시작해야 하는 첫 번째 성경적인 이유는 예수 그리스도가 선포한 메시지에 기초한다. 마가가 이 메시지를 잘 요약하고 있다. "때가 찼고 하나님 나라가 가까왔으니 회개하고 복음을 믿으라"(막 1:15). 예수는 모든 피조물을 다스리는 하나님의 통치, 다스림, 그리고 주권을 선포했다. 그는 말씀과 사역을 통해 하나님의 나라를 선포했다. 예수 그리스도의 성육신이 구약의 예언을 성취했으나(이 점에서 하나님의 나라는 '벌써' 실현되었다), 하나님 나라는 세상 끝날이 될 때 비로소 완성될 것이다(이 점에서 하나님 나라는 '아직' 실현되지 않았다).[1] 이 세대의 신자들은 그리스도의 주 되심에 순종하면서 하나님의 나라를 살아가고 있는 것이다.

하나님의 나라를 제도적인 교회와 혼동해서는 안 된다. 교회는 그리스도의 주 되심 하에 함께 부르심을 받은 사람들의 공동체이다. 그래서 하나님의 나라가 실제적으로 교회를 만든다. "교회는 예수 그리스도의 선교에 의해 하나님의 나라가 세상 속으로 파고들어간 결과이다."[2] 교회는 말씀과 사역을 통해 그 하나님의 나라를 증거해야 한다.

그렇다면 새 교회들은 하나님의 나라와 어떤 관계를 갖는가? 새 교회들은 예수 그리스도의 초림에 의해 실현된 하나님의 역동적인 통치하심에 의해서 만들어지고, 또한 새 교회들은 말씀과 사역을 통해 만물에 대한 하나님의 주권을 선포하는 하나님의 선교(Mission Dei)에 동참한다.

새 교회들은 비록 불완전할지언정 주변에 있는 이교적인 문화에 대해 진실된 반문화로써 하나님 나라를 증거할 기회를 갖게 된다. 기존의 많은 교회들이 말과 행동(예수 그리스도의 말씀과 사역처럼)으로 하나님의 나라를 실천해 나가고 있지 못하기 때문에 오늘날 새 교회들이 필요한 것이다. 기존의 교회들 가운데는 자신들의 참된 본성과 정체성을 잃어버린 교회가 많이 있다. 척 콜슨은 다음과 같이 교회들을 비판하고 있다.

> 인정하고 싶지는 않지만, 교회가 생명을 공급하는 참된 신앙의 역동성을 제도화된 종교로 대체해 왔다는 것이 사실이다. 대부분의 경우 우리에게 있어서, 교회는 예배를 드리기 위해 모이는 건물이며, 사역은 우리가 참여하는 프로그램들이며, 사명은 교회에 속한 식구들의 필요들을 채우는 것이며, 종은 우리를 목양하기 위해 우리가 채용하는 전문적인 성직자들이다. 교회성장은 그리스도의 몸의 성숙을 가리키기보다는 위치, 마케팅, 건축, 프로그램 그리고 머릿수 세기와 같은 것들을 가리키게 되었다.[3)]

새 교회들에게는 새롭고 신선한 기회가 있다고 확신한다. 물론 21세기 교회개척 역시 위치, 건물, 프로그램들에 관한 결정들을 필요로 하지만, 새 교회들은 '교회' 에 대해 보다 더 성경적으로 접근할 수 있는 기회를 가지고 있다. 디트리히는 이 점에 대해 다음과 같이 말했다.

> 교회 행정에 대한 기준은 제도적인 생존이나 효율성 혹은 사회봉사와 같은 것들이 아니라, 하나님의 통치하심과 종말론적 선교, 즉 하나님의 나라를 이루는 것이다.[4)]

우리는 기존 교회들이 새로운 신자들을 통해 하나님 나라에 관한 예수의 메시지를 새롭게 증거하는 하나님 중심의 교회를 개척할 수 있다고 확신한다.

새 교회는 하나님의 백성을 증가시킨다

새로운 교회개척에 대한 두 번째 성경적인 이유는 새 교회들이 하나님의 백성의 수를 증가시킨다는 것이다. 주어진 위치에서 그에 속한 다양한 종족 그룹들 가운데 교회들을 개척할 때 추가적인 범주의 사람들이 회중 속에 들어오게 된다. 신약성경은 하나님의 백성을 이루는 모든 사람들의 동등성을 강조하고 있다. "유대인이나 헬라인이나, 종이나 자유자나"라는 말씀은 모든 범주의 사람들이 오직 예수 그리스도를 믿는 믿음으로 말미암는 구속을 통해 하나님 나라의 가족원이 되는 것을 인정함으로써 다양한 사람들 속에서 일치를 발견할 수 있다는 표현이다.

다양한 배경을 가진 신자들이 하나님의 백성으로 교회 안에서 함께 살아간다. 헬라어 단어 에클레시아(Ekklesia)는 신약성경에서 '교회' 로 번역된다. 이 단어는 1세기에 도시의 문제들을 다루기 위해 모인 '회합' 을 가리키는 말로 사용되었다. 그러나 그것이 신자들의 공동체를 가리키는 일상어가 되었다. 그랜쯔는 그 용어의 중요성을 다음과 같이 강조한다.

> 기독교 공동체를 가리키는 말로 에클레시아를 선택한 것은 신약시대 기독교인들이 교회를 건물이나 조직으로 보지 않았다는 것을 말해주는 것이다. 그들은 한 백성 - 성령에 의해 함께 부름을 받은 한 백성, 즉 하나님과의 언약 속에서 있는 한 백성인 것이다.[5)]

새 교회들은 이전에 전도되지 않았던 사람들 가운데 새 믿음의 공동체들을 만들어 하나님의 백성을 증가시킨다. 오늘날 많은 교회들이 세속적인 형태의 사회관계로 이루어져 있기 때문에 하나님의 백성 중 많은 사람들이 올바른 성도의 관계를 갈망하고 있다. 참된 교회로서 새 교회는 그리스도를 통한 하나님에 대한 공통된 결속력에 기초하여 21세기 사회에 대체 형태의 공동체를 제공할 수 있다. 즉 새 교회는 교회 전체와 신자들 간의 상호적인 관계들을 제공해 준다. 이를 통해 하나님의 백성을 증가시키게 되는 것이다.

새 교회는 재생산할 수 있다

새 교회개척에 대한 성경적 이유 세 번째는 소아시아의 로마 지방에 있는 대도시들 속에 새 교회들을 개척했던 바울 사도의 예에서 찾아볼 수 있다. 바울은 그가 예루살렘으로부터 두루 행하여 일루리곤까지 "복음을 편만하게 전하였다"(롬 15:19)라고 밝혔다. 이 두 지역은 지중해의 북쪽 해안 주변의 예루살렘에서 시작하여 스페인에 이르는 넓은 영역을 가리킨다. 이 경로를 따라서 이루어진 선교여행을 통해 바울은 로마 지방들의 주요 행정 중심지들을 방문했다. 이 도시들은 그 지방에서 정치, 상업 그리고 종교 생활의 중심지들이었다. 또한 많은 인구를 가진 지역들로써 몇몇 도시들은 1세기에 10만 명이 넘는 경우도 있었다. 지중해 연안의 이 도시들은 주변 전체 지역 통신의 중심지였다.

어떻게 바울이 그 지역 전체에 '복음을 편만하게 전하였다' 라고 주장할 수 있었는가? 이 질문에 대한 해답은 바울의 교회개척 관점을 이해하는 데서 찾을 수 있다. 바울은 '확산 원리' (Radiating Principle)를 고수했는데, 이 원리는 바울이 각 도시에 개척한 교회들을 핵으로 하여, 그 핵으로부터 또 다른 교회들이 주변 전 지역에 개척되도록 하는 것이었다. 로마서 15장 19-23절에서 바울은 일단 이러한 핵 교회들을 세우면, 자연적인 배가가 일어날 것이라고 생각한 것처럼 보인다.[6]

역사적으로 북미의 복음주의 교회들은 자신들을 '보내는' 교회들로 보았다. 선교 프로그램을 가진 이 교회들은 전 세계의 선교를 후원하기 위해 수백만 불을 보냈고, 수천 명의 사람들이 복음주의 교회에서 파송되었다. 그러나 성경적인 교회는 단순히 선교 '프로그램'을 가지고 있는 교회보다는 직접 선교하는 교회에 더 가까운 것으로 보인다.

선교적인 측면에서 새 교회들은 기존의 교회들보다 오늘의 후기 근대주의 서구 문화에 더욱 쉽게 접할 수 있다. 우리는 여러분들이 세계를 그 자체로서 하나의 선교지로 볼 수 있기를 바란다. 바람직한 선교는 죄악된 규범과 관행에 도전하는 동시에 새로운 교회들이 기존의 문화에 접근하여 그 문화 속에서 복음을 전할 기회를 모색하는 것이다. 뉴비긴은 이런 정서를 다음과 같이 요약했다.

> 우리가 한때 생각했던 것처럼 우리 사회(특히 서구 사회)는 단순한 세속사회가 아니다. 사실 이 사회는 이교도사회이며, 기독교를 거절함을 통해 발생된 이교주의이기 때문에 기독교가 소개되기 전의 이교주의보다 훨씬 더 복음에 대한 거부 반응이 심하다. 그러므로 우리 시대에 있어서 가장 어려운 선교 최전방은 바로 이곳이다.[7]

새 교회는 토착화된 복음을 전할 수 있다

새 교회개척에 대한 네 번째 성경적 이유는 바울이 선교여행을 하면서 여러 배경의 사람들에게 복음을 전한 예에서 찾아볼 수 있다. 바울의 복음전도 전략은 복음을 전하는 과정에서 그가 직면하게 될 문화적, 민족적, 철학적 그리고 종교적 배경들을 고려해야만 했다.

바울 자신은 "내가 모든 사람에게 자유하였으나 스스로 모든 사람에게 종이 된 것은 더 많은 사람을 얻고자 함이라"(고전 9:19)라고 간증했다. 자신을 종으로 만든다고 한 것은 '그가 처한 사회적 상황이 어떻든지 간에 거기에 동화하려고 하는 바울의 의지' 를 가리킨다.[8)]

고린도전서 9장 20절 이하에서 바울은 그가 전도할 당시 사회적 상황들의 일부를 열거하고 있다. 사회적 상황들의 범위는 네 가지 범주로 나뉘어 진다. 민족적 유대인들(유대인들), 종교적 유대인들(율법하의 사람들), 비유대인들(율법이 없는 사람들), 거짓 기독교인들(연약한 사람들).

바울이 토착화를 통해 유라시아 전역의 다양한 종족 그룹들에게 복음을 전했다는 사실은 사도행전과 바울 서신에 명백하게 나타난다. 선교여행을 하면서 바울은 복음을 다양한 방식으로 전했다. "우리가 말할 수 있는 것은 바울에게 있어서 대화의 주제는 단 한 가지, 즉 '십자가에서 죽으시고 부활하신 주님' 이었지만 그 한 주제를 전달하는 방식은 항상 청중에게 적합한 것이었다."[9)]

오늘날 우리는 청중에게 동화하는 이런 과정을 '토착화' 라고 부른다. 사도 바울의 경우처럼, 교회개척자가 오늘의 신이교사회에 복음을 전하려고 할 때, 매우 다양한 문화적, 민족적, 철학적, 그리고 종교적인 배경을 접하게 된다. 21세기의 새 교회들은 후기 근대주의와 후기 기독교 사회가 이해할 수 있는 용어들로 복음의 진리를 표현할 수 있는 방법들을 개발해야만 한다.

새 교회는 효과적으로 제자들을 만들 수 있다

새 교회개척에 대한 다섯 번째 성경적인 이유는 새 교회개척이 '제자를 삼으라'는 예수님의 명령을 실행할 수 있는 최상의 방법이라는 사실이다. 예수는 자신의 제자들에게 모든 종족 그룹들을 제자화 하라고 명령했다. 교회개척은 예수 그리스도의 복음을 들고 사람들에게 나아가 구령하고, 제자를 만드는 최상의 방법이다. 앞으로 교회개척에 대한 성경적인 기초들을 살펴봄으로 이 주제는 더욱더 세부적으로 다루어질 것이다.

교회개척에 대한 경험적인 이유들

우리가 성경에서 발견하는 교회개척에 대한 이유들 외에도 아홉 개의 다른 이유들이 있는데, 이것은 모두 교회개척자들의 경험을 통해 얻은 실제적인 이유들이다.

인구 증가는 새로운 교회들을 필요로 한다

교회개척에 대한 첫 번째 실제적인 이유는, 계속적인 인구 증가가 새로운 교회들을 요구한다는 것이다. 인구 증가에 기초한 새 교회에 대한 필요는 벌써 수많은 교회들이 존재하고 있는 지역에서도 계속되고 있다. 만일 새 교회들을 시작하지 않는다면, 계속적으로 증가하는 인구를 고려해볼 때, 곧 교회의 수가 인구 수에 비해 훨씬 더 적어지게 될 것이다. 그러므로 시간이 지남에 따라 지역 사회에서의 전도는 힘을 얻는 것이 아니라 오히려 힘을 잃게 될 것이다.

기존의 교회들은 성장을 멈추는 경향이 있다

새 교회개척에 대한 두 번째 실제적인 이유는, 기존의 교회들이 일반적으로 10년이 되면 성장을 멈추는 경향이 있다는 것이다.[10] 이러한 경향은 부분적으로 다음의 사실에서 기인한다. 교회들이 성장함에 따라 교회들은 그들의 건물 내에서 이루어진 활동들에 더 초점을 맞추게 되고, 그 결과 교인들은 초기에 가졌던 영혼들에 대한 열정이 식어지게 된다. 즉 10년 이상 된 교회들은 복음이 없는 지역 사회보다는 자신들의 교회 발전에 더 집중하는 경향이 있다는 것이다.

새 교회는 융통성과 적응력이 있다

새 교회개척에 대한 세 번째 실제적인 이유는, 새 교회들이 더 큰 융통성을 가지고 그들이 섬기는 지역 사회에 보다 더 쉽게 적응할 수 있다는 것이다. 기성 교회들은 일반적으로 자신들의 예배, 교육, 전도 및 지도력 스타일에 만족하고 있다. 이러한 만족감으로 인해 새로운 사람들을 인도하기 위해 스스로를 변화시키려는 마음이 훨씬 적다.

한 교회가 모든 사람을 전도할 수 없다

새 교회들을 개척해야 하는 실제적인 이유 네 번째는, 세 번째 이유와 매우 밀접한 관계를 갖는다. 어느 한 교회가 그 도시에 있는 모든 사람들에게 지속적으로 전도할 수는 없다. 대부분의 도시에서 교회개척자들은 교회 안에서 사용되는 언어, 음악, 예배 스타일과 교재 유형에 관하여 다른 취향을 가지고 있는 다양한 사회경제적 수준의 사람들을 발견하게 된다. 라일 쉘러는 그런 사실을 다음과 같이 기술한다. "어느 한 교회가 한 지역 사회의 모든 구성원들의 필요를 채워 주고, 그들을 전도하고, 그들을 섬기는 능력과 자원을 가질 수는 없다."[11] 이 사실은 도시에 있는 다양한 사람들의 기호와 스타일에 맞는 서로 다른 교회들이 있어야 할 필요가 있음을 시사해 준다. 그렇다고 해서 이것이 한 교회가 동일한 기호를 가지고 있지 않은 사람들을 거절해야 된다는 의미는 아니다. 이것이 의미하는 바는, 사람들은 자신들이 편하다고 생각하는 유형의 교회에 속하게 되는 경향을 가지고 있다는 것이다.

새 교회는 더 많은 사람들에게 전도한다

새 교회들을 개척해야 하는 다섯 번째 이유는, 일반적으로 새 교회들이 기존의 교회들보다 비율적으로 더 많은 불신자들에게 전도하고 그들에게 세례를 준다는 것이다. 몇몇 교단의 연구에 의하면 상당수의 개종과 세례가 새 교회들의 노력의 결과로 이루어지고 있다는 것이다.[12]

피터 와그너는 다음과 같이 주장 한다. "성장하는 교단들은 모두 예외 없이 새 교회의 개척을 강조하는 교단들이다."[13]

새 교회는 새로운 지도력을 개발한다

새 교회들을 개척해야 하는 여섯 번째 실제적인 이유는, 이러한 교회들이 새로운 지도력을 개발하기 때문이다.[14] 일반적으로 기성 교회들은 교인들 중 소수의 사람들만을 지도자로 사용한다. 사실 지도력을 갖고 있고, 그 지도력을 발휘할 수 있는 사람들이 자신들의 지도력 역량을 개발하려는 노력도 하지 않고 묻혀 지내는 경우가 많이 있다. 이런 사람들이 새 교회의 사역에 동참할 기회를 가진다면, 많은 경우 그들의 지도자 역량이 드러나며 사역에 꽃을 피우게 될 것이다. 결과적으로 이들은 하나님 나라에 공헌하게 되고 동시에 교회와 책임감 있는 지도자들의 숫자가 늘어나게 되는 것이다.

새 교회는 기존의 교회들을 격려한다

새 교회들을 개척해야 하는 일곱 번째 실제적인 이유는, 이 방법이 종종 기존의 교회들을 자극해 도약할 수 있도록 한다는 점이다. 새로운 교회들을 시작한 많은 교회들이 부흥을 경험했다. 자신들의 지교회가 성장하는 것을 본 기존 교회들은 새로운 열심을 내었고, 대사명을 성취하고자 하는 그들의 비전은 새로워졌다. 지교회들의 사역들이 기존의 교회들의 전도를 고무시켰고, 제자화 사역의 우선순위를 상기시켜 주었다.

새 교회는 필요가 있는 지역들을 복음화한다

새 교회들을 개척해야 하는 여덟 번째 실제적인 이유는, 교회들이 전도 대상자들 가까이에 있을 때 전도하기가 훨씬 더 쉬워진다는 사실 때문이다. 우리는 교회를 찾아보기 힘든 지역 사회들을 종종 보게 된다. 또 어떤 경우에는 특정 그룹들을 가장 잘 전도할 수 있는 교회들이 그 특정 그룹의 주변에 없다는 것이다. 교회들이 전도 대상자들에게 가까이 위치할수록 복음을 전하고 그들을 제자로 만드는 일은 더욱 쉬워질 것이다.

근접한 새 교회는 효과적인 제자훈련을 가능하게 한다

새 교회들을 개척해야 하는 아홉 번째 실제적인 이유는, 교인들이 교회 근처에 살 때 교회 활동들에 더 많이 참석할 수 있기 때문이다. 달리 말하면, 근접성이 제자화의 가능성을 더욱 높여 준다는 것이다. 일반적으로 교회에서 멀리 떨어져 사는 사람들은 일요일 오전이나 일요일 저녁예배에 한 번만 참석한다. 대부분의 경우 이러한 교인들은 기도회, 교제, 교회의 사역들과 같이 그들을 영적으로 성장하게 해 주는 활동들에 참여하지 않는다. 교회에 가까이 사는 사람들은 교회의 활동들에 적극적으로 참여하기가 쉽다.

교회개척 반대론에 대한 해답

새 교회개척을 하려고 할 때 교회개척자들은 종종 많은 사람들의 반대에 직면하게 된다. 진 게츠(Gene Getz)와 조우 월(Joe Wall)[15]은 그들의 책 「효과적인 교회성장 전략」(Effective Church Growth Strategies)에서 이러한 몇 가지 반대들에 관해 기술하고 있다. 이뿐 아니라, 경험 있는 교회개척자들이라면 누구나 자신들이 경험한 반대들을 나열할 수 있을 것이다. 교회개척자들이 교회들을 향해 교회개척의 임무를 수행하도록 도전할 때, 기존 교회들이 교회개척에 대한 노력을 기울이지 않는 많은 이유들을 접하게 된다. 현명한 교회개척자들은 교회개척에 대한 여러 반대들에 대해 적절한 해답들을 준비해야만 할 것이다. 다음은 교회개척을 반대하는 사람들의 의견과 그에 대한 우리의 대답을 간략하게 적은 것이다.

모(母)교회에 상처를 준다

'교회개척은 모교회에 상처를 줄 것이다.'[16] 이것은 많은 사람들에게 있어 자연스럽게 갖게 되는 염려의 한 부분이다. 어떤 목사는 "엄마(모교회)의 건강을 유지하게 해 달라"고 하면서 전도와 관련된 모교회의 필요들을 언급한다. 이 견해는 모교회가 영적으로, 재정적으로 강건해야 하고, 건강한 리더십을 제공해야 한다는 말이다. 이것이 사실이기는 하지만 새 교회를 개척하는 모교회 속에 재생산의 DNA가 가져다주는 유익들은 간과되어 있다. 교회개척을 강조하는 모든 후원 교회들은 재생산 DNA가 가져다주는 복음주의적 초점의 내외적인 보상들을 수확하게 된다. 이 관점은 교회들이 개척될 수 있는 다양한 방식들을 잘 이해하지 못함으로 인해 발생한 것이다. 사실, 대부분의 교회개척은 엄청난 경비나 지도력의 상실 등을 요구하지 않는다.

비용이 너무 많이 든다

'비용이 너무 커서 우리는 지금 교회를 개척할 수 없다.' 많은 교회들로 하여금 새 교회를 개척하지 못하도록 막는 중요한 요인 중의 하나가 바로 이 비용에 관한 문제이다. 그러나 이것 역시 새로운 교회들을 지원할 자원을 확보하는 방법들을 잘못 이해한 결과이다. 재정이 새 교회개척의 전략 안에 반드시 포함되어 있어야 하는 매우 중요한 문제인 것은 사실이지만, 새 교회들의 개척을 후원하는 데에는 다양한 방법들이 있다.

너무 많은 사람들을 잃는다

'교회개척의 과정에서 많은 사람들과 그들의 재능 그리고 지도력을 잃을 것이다.' 많은 목사들이 사람들에게 전도하고 전도된 사람들을 제자화하는 일에 많은 시간을 투자한다. 새로운 교회를 개척하는 데 '그들을 내어 주는 것'은 비생산적인 것으로 보일 수도 있다. 그러나 모든 교회개척이 후원 교회로부터 훈련된 사람들을 요구하는 것은 아니다. 그리고 많은 경우, 사람들이 새 교회의 일원이 되기 위해 모교회를 떠날 경우 그 모교회의 목사는 수년 동안 영적인 은사들이 잠재되어 있었던 다른 사람들이 그들의 자리를 채워가는 것을 목격하게 될 것이다.

벌써 너무 많은 필요들이 있다

'기존 사역만을 감당하는 데도 목사의 시간과 에너지가 충분치 않다.' 어떤 사람들은 새 교회를 개척하는 데 시간과 에너지가 너무 많이 들어간다고 생각하기 때문에 반대한다. 사실, 몇 가지 실제적인 염려들도 있다. 그러므로 이런 경우에는 후원 교회 목사의 역할을 포함하여 교회개척자와 후원자들의 관계를 정의할 필요가 있다.

새 교회를 억지로 개척해서는 안 된다

'한 지역에 새 교회를 억지로 개척해서는 안 된다. 우리는 어떤 특정 지역의 관심 있는 사람들이 우리에게 접근해 올 때까지 기다려야 한다.' 대상 지역의 사회문화적, 인구 통계학적인 영역들을 연구하는 것이 중요한 것은 사실이지만, 교회개척은 '가서' 다른 사람들에게 예수 그리스도의 복음을 전하라는 성경적인 명령을 따르는 것이다. 교회개척의 주된 목적은 사전에 전도를 받지 못한 사람들에게 복음을 증거하는 것이다. 대부분의 불신자들은 복음을 듣기 위해 교회의 문이 열려지도록 기다리면서 문을 두드리고 있지 않는다. 우리는 전도가 이루어지지 않은 지역에서 새 교회를 개척하는 것에 대해 흥미를 갖고 있는 사람들이 나타날 때까지 기다려서는 안 된다.

모(母)교회의 성장을 방해한다

'근처의 또 다른 교회는 우리 교회의 성장을 방해할 것이다.' 이 반대는 교회성장에 대한 그릇된 견해에서 기인하는 것이다. 사역이란 하나님 나라의 삶을 살아가는 것으로, 이것은 영적인 성숙과 더불어 새로운 신자들이 믿음을 갖고 하나님의 사람들로 자라가는 것을 볼 때에 가능하다. 예수께서 "내 교회를 세우리라"라고 말했을 때 그분은 한 특정 교회의 수적인 성장을 언급한 것이 아니다. 대신에 예수께서는 그분을 따르는 교회들의 재생산을 통해 하나님의 다스림과 통치하심을 확장시켜 나가는 것을 말씀한 것이다.

바울 사도과 마찬가지로 교회개척자들 역시 다른 사람의 터 위에 교회를 세우지 않으려고 하는 것이 사실이다. 두 개의 교회가 지형적으로 나란히 위치할 수 있지만, 서로에게 해를 끼치지 않고 사역을 할 수 있는 방법이 있다. 예를 들면, 각각의 교회는 그 지역 사회에서 서로 다른 사회 문화적 그룹들을 전도할 수 있을 것이다. 그러므로 새 교회들을 경쟁자가 아닌 하나님 나라의 확장으로 보아야 한다.

건전한 교리를 보호할 수 없다

'우리는 많은 새 교회들의 교리와 관행들이 계속해서 건전하고 올바를 것이라는 확신을 갖고 있지 않다.' 많은 새 교회들을 개척하는 것, 특별히 이 계획이 평신도 사역자의 지도하에 있는 많은 가정교회들을 세우는 것을 목표로 한다면, 그것은 많은 교회 지도자들을 놀라게 할 것이다. 기존 교회의 지도자들은 종종 두 가지의 두려움을 나타낸다. 첫째, 그들은 새로운 교회들과 지역 지도자들이 이단적이거나 혹은 용납될 수 없는 가르침들과 관행들을 발전시킬지도 모른다는 두려움을 가지고 있다. 그들은 많은 새 교회들과 지도자들이 바른 진리와 관행에 대해 적절한 지도를 받기가 어렵다고 주장한다. 둘째로, 몇몇 교단들 혹은 독립 단체들은 많은 교회들이 개척되면 이러한 새 그룹들의 일부가 다른 그룹들과 연계할 가능성들을 보일 것이라는 두려움을 가지고 있다. 어떤 보수주의 교단들은 새로운 교회들이 은사주의적인 성격을 갖게 될지 모른다고 두려워한다. 사실 이러한 염려들이 현실로 나타날 수 있다. 그러나 실제적으로 그릇된 교리에 대한 가르침들은 교회에서 거의 나타나지 않는다. 공인된 규범과 관행에서 약간 차이가 날 수는 있지만 사실 이러한 변화들이 새 교회와 다른 많은 교회들에게 도움이 될 수도 있다.

새 교회들의 일부는 교단, 교제권 혹은 모교회의 교리와 관행을 떠날지도 모른다. 이러한 변화가 발생할 경우 교회를 개척한 그룹은 새 교회로 인해 감사하고 그들이 택한 길로 갈 수 있도록 그들을 후원하고 계속해서 다른 교회들을 개척해야 한다. 하나님의 나라에 대한 바른 관점이 이런 문제점과 그로 인해 파생되는 결과를 완화시켜 줄 것이다.

건전한 교리와 올바른 관행은 중요하다. 교회개척자와 교회개척 그룹은 그들 자신의 형식이나 관행과는 약간 다른 형식과 관행들을 허용하고 심지어 축하해야 된다. 새 교회에서 생겨나는 형식과 관행들이 후원 그룹의 것보다 훨씬 더 문화적으로 적절한 것인지 모른다. 물론 심각한 교리적 오점이나 해로운 관행들이 생겨난다면 교회개척자는 그 운동의 방향을 바꾸기 위한 시도를 감행해야 할 것이다.

교단 간의 경쟁을 불러 일으킨다

몇몇 사람들은 교회개척이 교단이나 신앙 단체간의 경쟁을 야기할지 모른다는 두려움으로 인해 교회개척을 반대한다. 어떤 사람들은 같은 교단 소속의 또 다른 교회를 개척하는 것은 분쟁을 일으키고 기존의 교회를 약화시킬 것이라는 주장을 제시한다. 또 어떤 사람들은 교단 교회가 없는 지역 사회에 교회들을 개척한다면 재원들을 훨씬 더 잘 관리할 수 있을 것이라고 주장한다. 가까운 곳에서 유사한 방법들을 사용하며 동일한 대상에게 전도하려고 하는 교회들은 사실 경쟁적인 상황 속에 빠지게 될 것이다. 그러나 이러한 주장에 반대되는 주장을 효과성과 교회 건강이라는 관점에서 제기할 수도 있다. 라일 이 쉘러는 다음과 같이 설명한다.

> 전통적인 생각과는 달리 교회들은 일반적으로 교단 내의 경쟁을 통해 도움을 받기도 한다. 어떤 결정적인 요소를 골라내는 것은 불가능하지만, 두 개 혹은 세 개의 동일 교단 교회가 존재할 경우 보통 그것은 한 교단의 한 교회가 그 지역을 교단적으로 독점하고 있는 경우보다 더 높은 수준의 교회 건강과 생명력을 보여 준다. 같은 교단의 교회들이 의도적으로 한 지역 사회에 있을 경우의 장점은 한 교회에서 적응을 못하는 교인들이 그 교단을 떠나지 않고 새로운 교회들을 찾을 수 있다는 것이다.

'한 도시에 한 교회'가 신약의 유형이다

이전의 것과 유사한 또 하나의 반대는 한 도시에 한 교회가 있어야 한다는 주장에 근거한다. 이 주장은 종종 해외에서 들려오고 있으며 신약성경은 한 도시에 한 교회만을 언급하고 있다고 주장한다. 이러한 주장을 하는 사람들은 그 도시에 처음으로 개척된 교회들의 목사들로서 새 교회들을 개척하는 것이 자신들의 교회를 약화시킬 것이라는 두려움을 가지고 있다. 이 주장은 적어도 두 가지 이유에서 잘못되었다고 할 수 있다. 첫째, 신약성경에서 한 도시에 한 교회만이 존재해야 한다는 분명한 가르침을 찾을 수가 없다. 사실, 서신서들이 기록되어졌을 때 교회들은 발전 초기에 있었다. 달리 말하면 각 도시에 수많은 교회들이 개척될 수 있는 충분한 시간이 없었다는 것이다. 뿐만 아니라 성경에 언급된 교회들은 오늘날에 볼 수 있는 대형 건물들과 모든 지원을 받는 전문적인 교역자들, 그리고 매우 다양한 프로그램들을 위한 재원들을 가진 기관들이 아니었다. 대부분의 경우, 가정교회가 그 당시 가장 많이 확산되어 있었던 교회의 모델이었다.

나의 경력을 쌓는 데 도움이 되지 않을 것이다

공개적으로 언급하지는 않지만 성장하는 교회들의 몇몇 목사들은 새로운 교회들을 개척하는 것이 자신들이 속한 교단이나 단체의 눈에 그들의 이미지를 향상시키는 요인으로 작용할 것이라고 생각하지 않는다. 그들은 큰 교회의 목사들만이 연사로 초청되고 교단의 전국 조직의 중요한 자리에 선출된다고 생각한다. 이것이 사실이라고 할지라도 그러한 견해들을 가지고 있는 목사들은 근시안적이다. 왜냐하면 그들의 궁극적인 목표는 하나님을 만족시키는 것이어야지 자신들의 동료들을 만족시키는 것이 되어서는 안 되기 때문이다. 그뿐만 아니라 교회개척을 통해 그들은 국내와 국외에서 많은 사역을 감당하는 더 훌륭한 대형 교회들의 목사들이 될 수 있다는 사실을 인식해야 한다.

결론

교회개척에 대한 여러 다른 이유들과 반대들을 다룰 필요가 있다는 점에는 의심할 여지가 없다. 하지만 이 14가지의 강력한 이유들만으로도 모든 기독교인들과 교회들로 하여금 새 교회들을 개척하여 지상명령을 성취하게 하는 자극제가 되기에 충분하다. 또한 위에 언급한 10가지의 일반적인 반대들에 대해 답할 준비를 함으로써 교회개척자는 다른 사람들의 교회개척에 대한 동참을 더욱 효과적으로 유도하고 격려할 수 있을 것이다. 피터 와그너는 "하늘 아래 가장 효과적인 전도방법 중 한 가지는 교회개척이다"라고 주장한다.

주

1) 라드는 그것을 이런 식으로 설명한다. "그 왕국은 두 개의 순간이 있는 하나님의 왕적 통치 하심으로, 그 두 순간은 예수의 역사적 사명 가운데서 이루어지는 구약의 약속의 성취와 하나님의 날이 오도록 하는 세상 끝날에 이루어지게 되는 완성이다." 조지 라드(George Eldon Ladd). 「신약 신학」(Grand Rapids: Eerdmans, 1974), 60. 제임스 브룩스는 "신약에는 참으로 성경적인 모든 신학이 포함해야 하는 하나님의 통치하심의 현재성과 미래성에 대한 수많은 언급들이 있다. James A. Brooks. "신약에서의 하나님의 나라" (The Kingdom of God in the New Testament). Southwestern Journal of Theology. 40, 2 (Spring 1998): 35.

2) H. D. Wendland in The Kingdom of God and History, edited by H. G. Wood. (Chicago: Willett, Clark & Company, 1938), 188.

3) Charles Colson with Ellen Santilli Vaughn, The Body (Dallas: Word Publishing, 1992), 72.

4) Bracketed information added. Inagrace T. Diettrich, "A Particular People: Toward a Faithful and Effective Ecclesiology," in The Church Between Gospel and Culture: The Emerging Mission in North America. (Grand Rapids: Eerdmans, 1996), 367.

5) Stanley J. Grentz, Theology for the Community of God (Grand Rapids: Eerdmans, 2001), 465.

6) 통찰력이 뛰어난 비교를 위해 John R. Hendrick, "Congregations with Missions versus Missionary Congregations," in The Church Between Gospel and Culture: The Emerging Mission in North America. (Grand Rapids: Eerdmans, 1996), 298-308를 보라. 이 영역에 있어서 기본이 되는 작품은 Darrell L. Guder, editor. Missional Church: A Vision for the Sending of the Church in North America. (Grand Rapids: Eerdmans, 1998)이다.

7) Lesslie Newbigin, Foolishness to the Greeks: The Gospel and Western Culture (Grand Rapids: Eerdmans, 1998).

8) Gordon Fee, The First Epistle to the Corinthians. The New International Commentary on the New Testament (Grand Rapids: Eerdmans, 1987), 426.

9) F. F. Bruce, The Acts of the Apostles: Greek Text with Introduction and Commentary, third revised and enlarged edition (Grand Rapids: Eerdmans, 1990), 55.

10) Kirk Hadaway. "New Churches and Church Growth in the Southern Baptist Convention." The Quarterly Review. 49, 2, (1989): 44-45.

11) Lyle E. Schaller, 44 Questions for Church Planters (Nashville: Abingdon Press, 1991), 50.

12) See Phil Jones, "An Examination of the Statistical Growth of the Southern Baptist Convention," Understanding Church Growth and Decline 1950-1978 (New York, NY: The Pilgrim Press, 1979), 351.

13) C. Peter Wagner, Church Planting for a Greater Harvest (Ventura, CA: Regal Books, 1990), 12.

14) Ibid., 20.

15) Gene Getz & Joe Wall, Effective Church Growth Strategies. Swindoll Leadership Library (Nashville: Word Publishing, 2000), 132-133.

16) 이 인용문은 게츠와 월의 책에서 발췌한 것이다. 원문에서는 이탤릭체로 쓰여진 것을 찾아볼 수 있다.

2장 성경적 토대

모든 교회개척의 노력은 튼튼한 성경적 토대에 기초해야 한다. 21세기의 재생산하는 교회를 개척하는 것은 사실 힘들고, 또 많은 것을 요구하는 사역이므로, 교회개척을 위해 일하는 사람들은 반드시 하나님의 말씀 위에 그들의 노력들을 쌓아야 한다. 교회개척에 대한 성경적 토대는 그리스도의 지상명령에 대한 우리의 순종과 성경에서 발견하는 교회개척 모델들의 적용에 충실한 자세에서 생겨나는 것이다.

지상명령

세계를 복음화하라는 명령은 예수께서 말씀하신 마태복음 28장 16-20절의 지상명령에 가장 분명하게 언급되어 있다. 이 명령은 성경의 다른 부분에도 나와 있지만(막 16:15, 눅 24:46-49, 요 20:19-23, 행 1:8) 마태복음에 가장 분명하고 강력한 형태로 표현되어 있다. 이 지상명령은 그 명령의 권위, 명령, 범위 그리고 지침을 제공해 준다.

권위

종종 사람들은 지상명령을 '가서 제자를 삼으라' 라는 단어들로 시작한다. 하지만 "하늘과 땅에 있는 모든 권세를 내게 주셨으니"(마 28:18)라고 그리스도께서 그의 권위에 관하여 언급하는 첫 부분부터 시작하는 것이 매우 중요하다. 이것은 모든 지역, 민족, 문화가 다 그의 능력과 권세의 영역 안에 있다는 것을 의미한다. 부활하신 그는 세계에 대해 우월적인 권세를 가지고 있다. 이 성경 구절에서 권세가 명령에 앞서 나온다는 것에 주목하라. 우리가 기억해야 할 것은, 그 명령이 노력에 따라 실현될 수 있을 것이라고 기대하는 사람에게서 나오는 것이 아니라, 부활하고, 높임을 받고, 권세를 가진 그리스도, 즉 그 명령을 실행하는 데 필요한 모든 것을 제공할 수 있는 그리스도에게서 나온다는 것이다.

명령

예수께서는 모든 권세를 다 가지고 계신다는 것을 분명히 한 후 "너희는 가서 모든 족속으로 제자를 삼아 아버지와 아들과 성령의 이름으로 세례를 주고 내가 너희에게 분부한 모든 것을 가르쳐 지키게 하라 볼지어다 내가 세상 끝날까지 너희와 항상 함께 있으리라"(마 28:19-20)라는 선교 명령을 내렸다. 헬라어 원어 '가라, 세례를 주라, 가르치라' 는 조동사로써 모두 분사들이다. 즉 유일한 본동사는 원어 'Matheteusate' 로써 제자를 삼으라는 명령인 것이다.

지상명령을 그림으로 나타낸다면 아래와 같을 것이다. 그리스도의 명령은 결신(시작점)을 얻어내는 것 그 이상의 것을 포함한다. 제자를 삼는 것은 사람들이 예수를 구세주와 주님으로 영접하도록 인도하는 것이며, 그들이 평생 주님을 따르는 자, 배우는 자, 그리고 하나님 나라의 확장을 위해 사역하는 사역자들로서 주님의 교회의 중요한 일부분이 되게 하는 것을 포함한다.

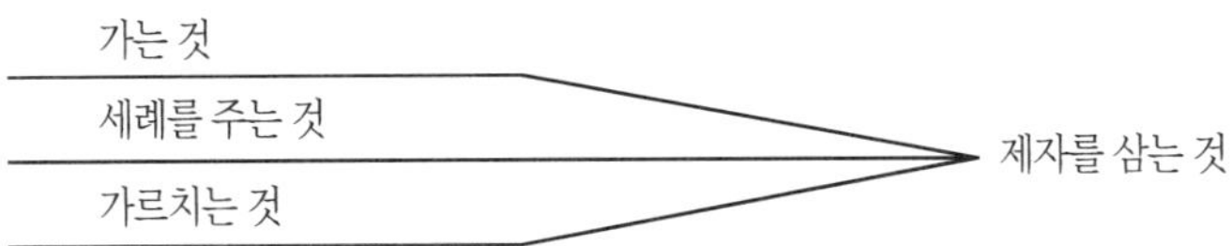

범위

예수께서는 그의 제자들에게 "모든 족속으로 제자를 삼으라"는 명령을 내리셨다. '모든 족속'에 해당되는 헬라어 원어는 'Ta Ethne'로, 이 단어에서 'Ethnic'(민족)이라는 단어가 나왔다. 이것은 지상명령의 범위가 세계에 있는 모든 민족을 포함한다는 뜻이다. 모든 종족 그룹은 복음으로 전도되고 제자화 되어야 한다. 이 명령을 실행하기 위해서 그리스도의 제자들은 언어, 사회, 인종, 문화, 종교, 이데올로기, 세대 및 지리적인 경계를 넘어야 한다. 달리 말하면 교회들은 세계의 모든 지역에 교회를 개척해야 된다는 말이다. 기독교 사역은 지리적으로뿐만 아니라 사회적으로 복음을 듣지 못한 사람들에게 가까운 곳에 교회를 개척함으로 복음에 장애가 되는 요소들을 극복해야만 한다.

약속

마태복음 16장과 28장을 볼 때 우리는 확신을 주는 강력한 두 가지의 약속을 발견하게 된다.

첫째, 예수께서는 스스로 교회를 세우겠다고 약속했다. 마태복음 16장 18절에서 예수께서는 "이 반석 위에 내 교회를 세우리니 음부의 권세가 이기지 못하리라"라고 말씀했다. 이 본문을 볼 때 교회의 설립과 확장은 그 무엇보다도 하나님이 하시는 일이라는 것이 분명해진다.

예수께서는 자신의 교회를 세우겠다고 약속하셨고, 그는 결코 자신이 지킬 수 없는 약속을 하지 않았다. 예수께서 자신의 교회를 말씀할 때, 그것은 적의 공격을 방어하면서 힘들게 생존해 나가는 것이 아니라 대적들을 공격적으로 무너뜨리고 구원의 복음으로 사람들을 구원하는 교회에 대해 말했다는 점을 주목하는 것 또한 매우 중요하다. 예수께서는 분명히 자신의 교회를 세우겠다고 약속했다. 둘째로, 예수께서는 제자들이 그의 명령을 지킬 때 그들과 함께 있겠다고 약속했다. "볼지어다 내가 세상 끝날까지 너희와 항상 함께 있으리라"(마 28:20). 예수께서는 인류사에 결정된 종말이 올 그때까지 그의 제자들과 교회와 함께 하겠다고 약속했다. 이 약속은 항상 진실로 남아 있다. 예수께서 당신의 뜻을 행하고, 당신의 명령을 순종하는 제자들을 떠나시는 일은 결코 없을 것이다. 그분은 함께 할 뿐만 아니라, 제자들이 과업을 완수할 수 있도록 인도할 것이다.

"세상 끝날까지"라는 표현은 예수께서 목적을 이룰 때까지 그 명령을 철회하지 않을 것이라는 것을 우리에게 확신시켜 준다. 그것이 우리에게 확신시켜 주는 또 하나의 사실은, 예수께서 항상 제자들과 함께하실 것이라는 것이다. 교회는 역사를 통해 힘든 시절을 많이 경험했지만 예수의 참된 제자들은 결코 그분의 임재를 경험하지 못한 적이 없었고 또한 앞으로도 그럴 것이다.

잠시 지상 대명령에 사용된 '모든' 이라는 단어가 사용된 방법들을 살펴보자. '모든 권세, 모든 족속, 명한 모든 것들, 항상.' 달리 말하면, 모든 권세를 가지신 분이 우리에게 모든 족속으로 제자를 삼아, 그분이 우리에게 명하신 모든 것들을 가르치라고 우리를 파송하고 있고, 그분은 우리와 항상 함께 있을 것이라는 의미이다.

예수의 제자들은 어떻게 제자들을 만들었을까? 그들은 교회를 세움으로써 제자들을 만들었다. 의심할 여지없이 제자들은 예수께서 그들을 훈련시킨 방법을 따랐을 것이다. 예수께서는 그들에게 하나님 나라의 메시지를 나누어 주었고, 그를 따르도록 초청하였으며, 그들을 가르치는 데 시간을 보내었으며, 그들과 함께 기도했고, 함께 교제했으며, 그들을 믿음의 공동체로 인도했고, 다른 사람들을 제자 삼도록 그들을 파송했다. 그러므로 그 제자들이 예수의 명령을 실행하는 과업에 헌신했을 때 그들은 메시지를 전하는 것뿐만 아니라, 영적으로 자랄 수 있는 공동체를 형성할 수 있는 사람들을 모으는 것에 대해서도 생각했음이 분명하다.

성경적 교회개척 모델들

사실, 성경 그 자체가 교회개척자들에게 가장 중요한 모델들을 제공해준다. 이 모델들 중 특별히 두 교회는 교회개척에 관한 중요한 원리들을 제공하는데 바로 예루살렘 교회와 안디옥 교회이다. 이 두 교회에 대한 연구는 교회개척에 대한 성경적 모델들을 명확하게 확립시켜 준다.

예루살렘 교회

예루살렘 교회는 가장 중요하고 효과적인 교회개척 원리 몇 가지를 보여 주었다. 성경에 나타난 이 교회를 빼놓은 교회개척 연구는 결코 완벽한 것이 될 수 없을 것이다.

예루살렘 교회의 탄생

오래되고 역사적인 도시인 예루살렘의 한 가정집의 다락방에서 이루어진 기도회에서 생겨난 교회가 바로 예루살렘 교회이다. 예수께서는 제자들에게 예루살렘으로 가서 성령을 기다리라고 명하셨다. 믿음과 순종으로 기다리고 있던 겸손한 제자들로 이루어진 그 그룹을 사용하여 하나님께서는 교회를 탄생시켰다. 초기부터 성령으로 충만했던 교회는 그 교회가 속한 지역에서 그리스도의 몸으로써의 기능들을 수행하기 위해 필요한 영적 은사들을 부여받았다.

예루살렘 교회의 기능

이 유아 교회에서 우리는 그 교회가 살아남을 뿐만 아니라 번성하기 위해서 필요했던 기능들을 보게 된다. 사도행전 2장 40-47절은 이러한 기능들을 묘사해 주고 있다.

1. 간증과 설교를 통한 선포가 있었다(40절).
2. 성도의 유입이 있었다. 믿는 자들은 세례를 받았고 교회의 수는 더해졌다(41절).
3. 그들이 사도의 가르침을 받았다는 점에서 교리 학습이 있었다(42절). 이 책의 뒷부분에서 우리는 그리스도의 가르침의 토대 위에 교회를 세워나가는 것이 얼마나 중요한 것이었는지에 대해 언급할 것이다.
4. 애찬과 성찬을 통해 알 수 있는 것처럼 교제가 있었다(42절).

5. 확증이 있었다. 즉 주님의 임재하심을 그들 가운데서 느낄 수 있었다(43절).
6. 사역이 있었다. 즉 그들은 자원해서 자신들의 소유를 팔았고 필요가 있는 사람들에게 자신들의 재원들을 나누었다(45절).
7. '온 백성에게 칭송을 받았다' 는 점에서 문화적인 일체감이 있었다(47절).
8. 주께서 구원받는 사람을 날마다 더하게 하셨다는 점에서 전도가 있었다(47절).

예루살렘 교회의 기능들을 살펴봄에 있어, 방법은 바뀔지라도, 그 기능들은 모든 교회의 삶과 사역에 중요한 부분으로 남는다는 점을 이해해야 한다. 예를 들어, 우리는 복음을 선포하는 데 여러 가지의 다양한 방법들을 사용할 수 있다. 그러나 주님이 원하시는 교회가 되고자 한다면, 방법은 달리 할지라도 말씀의 선포 그 자체는 반드시 이루어져야 할 것이다.

예루살렘 교회의 창립

예루살렘 교회가 탄생한 기적적인 방법을 고려해 볼 때 다음과 같은 두 가지의 질문이 생긴다. (1) 누가 이 교회의 설립을 허락했는가? (2) 언제 교회가 설립되었는가?

첫 번째 질문에 대한 대답은 예수께서 '내 교회를 세우리라' 라는 말씀을 하셨을 때 이미 허락하셨다는 것이다. 그리고 성령께서 오순절에 교회의 설립을 확증하셨다.

실제적으로 교회가 언제 설립되었는지에 대한 두 번째 질문에 대한 대답은 복음이 전해지고, 사람들이 그 복음에 반응하여 그리스도의 몸 안으로 들어왔을 때 교회가 설립된 것으로 볼 수 있다. 이것을 달리 말하면 교회의 설립은 복음을 듣고 예수 그리스도의 제자가 되기로 결심한 사람들에게 주어진 특권이었다 라고 할 수 있을 것이다.

예루살렘 교회의 형태

예루살렘 교회의 설립은 성령의 능력에 힘입은 복음의 선포로 인해 생겨난 자연스러운 결과였다.

신약성경을 통해 우리는 이 새 교회와 그 후에 생긴 다른 교회들이 그들의 기능들을 수행할 수 있게 해 주는 하나의 형태를 개발했다는 점을 발견하게 된다. 그런 점에서 우리는 다음의 질문들을 할 수 있을 것이다.

초대 교회에서 우리가 찾아볼 수 없는 것은 무엇인가?

우리는 사도적 위계질서를 찾아볼 수 없다. 이것은 성령께서, 교회가 직면한 도전들을 해결함에 있어 서로 다른 사람들을 사용했다는 점에서 분명해진다. 사도행전 5장에서 성령께서는 베드로를 사용하여 아나니아의 거짓을 책망하신다. 사도행전 6장에서 12사도들은 헬라 과부들(헬라 문화에 동화된 히브리인 과부들)이 공궤에서 소홀히 되는 문제를 해결할 7명의 사람들을 선출하기 위해 회중을 모았다. 선출된 사람들의 대부분이 헬라어 이름들을 가지고 있었다는 사실은 흥미로운 일이다. 자신들이 소홀히 여김을 받고 있다고 생각하는 과부들을 가장 잘 이해하고 그들에게 문화적으로 민감한 사람들이 선출되었는데 이것은 성령님의 인도하심이었을까? 사도행전 15장에서 이방 개종자들에게 유대 문화와 예식 관행을 강요하지 않기로 결정한 모임의 사회를 본 사람은 야고보였다. 만일 그들이 유대의 문화적인 전통으로부터 교회를 자유롭게 하지 않았더라면 교회는 유대교의 한 종파로 남았을 것이다.

우리가 분명히 알 수 있는 것은 성령께서 예루살렘 교회 탄생의 매체가 되셨고, 교회의 본질을 바꾸고 교회의 사명을 완수하지 못하게 할 수 있었던 어려운 문제들을 교회가 직면했을 때, 교회의 인도자가 되어주셨다는 것이다. 그러므로 우리는 예루살렘 교회에서 교회를 대신해 결정들을 내린 사도적 위계질서를 찾아볼 수 없다. 실제적으로 우리가 발견할 수 있는 것은 건전한 교리의 토대가 세워지고 난 후 사도들이 예루살렘 교회에 머무르지 않고 다른 지역으로 갔다는 사실이다. 예루살렘 교회에서 사도들의 지역 사역은 영원한 것이 아니었다. 왜냐하면 후에 그 회중 가운데서 장로들이 등장하는 것을 볼 수 있기 때문이다(행 11:30).

예루살렘 교회에서 우리가 찾아볼 수 있는 것은 무엇인가?

우리는 성령에 대한 민감함을 찾아볼 수 있다. 교회는 모든 단계에서 성령의 인도하심을 구했다. "예루살렘 교회는 계속적으로 그리스도의 명령에 순종하며 모든 단계에서 성령의 능력을 구했던, 기도하는 교회였다."[1)]

또한 건전한 교리의 토대를 놓으려는 강한 헌신이 있었다. 주님께서 그들에게 "제자를 삼고", "내가 너희에게 분부한 모든 것을 가르쳐 지키게 하라"(마 28:19-20)라는 명령을 내렸다는 사실을 잘 알고 있었던 사도들은 예루살렘 교회를 그리스도의 가르침 위에 세우려고 온갖 노력을 다했다. 우리는 이 예를 새 교회가 '사도의 가르침을 받았다' 라는 점에서 잘 확인할 수 있다. 이러한 교리들은 그들 자신들의 가르침이 아니었고, 그들이 그리스도에게서 받았던 가르침이었다. 즉 이미 놓여진 토대에 기초하여 교회의 기능들을 수행하려고 하는 열심있는 노력들이 있었던 것을 볼 수 있다(행 2:40-47).

그러므로 예루살렘 교회는 성령의 뜻과 능력에 의해 탄생한 교회였다. 사람들이 부활하신 구세주의 복음이 선포되는 것을 듣고 그 지역에서 그리스도의 몸인 교회의 일원이 되겠다고 결심함으로 지상 대명령을 실행하는 과업을 가진 하나의 공동체가 탄생한 것이다. 사도들은 이 교회가 설립되는 데 있어서 성령의 도구들이었다. 그러나 교회의 설립은 복음을 듣고 그 복음에 반응한 사람들에게 주어진 특권인 것이다.

안디옥 교회

교회개척 원리라는 점에 있어 예루살렘 교회와 동일하게 중요한 교회는 안디옥 교회이다. 이 교회를 연구함으로써 우리는 다른 교회들을 개척하는 한 교회의 과정들에 대한 통찰력을 얻을 수 있다.

안디옥 교회의 설립

예루살렘 교회가 설립되고 난 후, 예수님의 약속대로 다른 교회들이 유대와 사마리아에 세워졌다(행 1:8). 그러나 사도행전에는 다른 어떤 교회들보다 안디옥 교회에 대한 이야기가 훨씬 더 많이 다루어지고 있다(행 11:12이하). 안디옥 교회를 공부함에 있어 우리는 다음의 두 가지 질문을 제기해 볼 수 있다. (1) 안디옥 교회에게 모교회가 있었는가? (2) 안디옥 교회가 예루살렘 교회의 모델을 따랐는가?

분명한 것은 예루살렘의 접촉이나 중재가 있기 전부터 안디옥에는 젊은 남녀로 이루어진 교회가 성장하고 있었다는 것이다(행 11:19).

안디옥 교회의 혈통

안디옥 교회에게 '모교회' 가 있었는가에 대한 질문에 답하기 위해서는 먼저 누가 이 교회의 설립에 참여했는가 하는 질문에 답해야 한다. 사도행전 11장 19절을 보면, "때에 스데반의 일로 일어난 환난을 인하여 흩어진 자들이 베니게와 구브로와 안디옥까지 이르러"라는 구절이 있다. 이들은 환난을 피해 흩어져야 했지만, 안디옥에서 복음 전하는 것을 주저하지 않았던 유대 기독교인들이었다. 그러나 그들의 가르침은 '유대인에게만' 제한되었다.

사도행전 11장 20절에서 우리는 또 다른 그룹을 보게 된다. 이들은 "구브로와 구레네 출신으로 안디옥에 이르러 헬라인에게도 주 예수를 전파한 사람들"이었다. 이들은 오순절에 예루살렘으로 왔다가 그들이 사는 지역으로 돌아간 후, 안디옥으로 간 디아스포라 유대인들일 가능성이 많다. 여기서 중요한 것은 안디옥 교회를 개척한 사람들이 사도들이 아니라 환난으로 인해 예루살렘을 떠나야 했던 평신도들이었다는 사실이다.

안디옥과 같이 다양한 문화가 존재하는 도시에 교회를 설립하기 위해서는 서로 다른 배경을 가지고 있는 다양한 사람들이 필요하다. 따라서 성령님께서 다양한 배경의 교회개척자들을 안디옥으로 불러 모은 것이다. 본 저자들은 이것이 우연이 아니라 성령의 역사하심이라고 확신한다. 예루살렘에서 온 교회개척자들은 다음과 같은 세 가지 특징을 갖고 있던 사람들이었다. 첫째, 이들은 특별히 유대인들에게 전도하는 데 적절한 사람들이었다. 둘째, 이들은 예루살렘 교회가 어떻게 탄생했으며 어떻게 활동했는지에 대해 어느 정도의 지식을 가지고 있는 사람들이었다. 셋째, 그들은 '사도의 가르침' 을 받았고, 그리하여 그 가르침을 안디옥에 있는 새 기독교인들에게 가르칠 준비가 되어 있었다.

구브로와 구레네에서 온 교회개척자들의 공헌은 안디옥 교회에 매우 중요한 것이었다. 그들이 예루살렘 교회 교인들에게만 기대를 걸었다면 복음의 선포는 오직 '유대인들에게만' 한정되었을 것이다. 그러나 안디옥에서는 한편으로는 강력한 교리적 토대를 갖춘 교회개척자들과 또 한편으로는 문화적으로 다양한 도시에 복음을 전할 수 있는 자질을 갖춘 여러 부류의 사람들이 한자리에 모이게 되었다. 이러한 이유로 인해 안디옥에서 교회를 개척한 자는 바로 성령님이었다고 우리는 결론지을 수밖에 없다. 우리는 '모교회' 또는 '후원 교회' 로서 예루살렘 교회가 안디옥에 '선교' 혹은 '지교회' 를 시작하기 위해 교회개척자들을 파송하는 공식적인 조치를 취했다는 증거를 전혀 찾을 수 없다. 캠벨 모건은 그 질문에 대해 다음과 같이 말한다.

> 안디옥 교회는 어떻게 구성되었는가? 구브로와 구레네에서 온 몇몇 사람들이 헬라인들에게 주 그리스도의 복음을 증거 했다. 그리고 복음을 들은 이 사람들은 믿음으로 성령의 세례를 받았고 교회의 구성원들이 되었다. 하지만 건물의 봉헌식도 없고, 사도들의 방문도 없었다. 그 교회는 공식적인 조치의 결과가 아니라 그리스도의 선포, 그리스도에 대한 믿음, 삶 속에 그리스도를 인정하는 세례, 그리고 통치하시는 하나님에 의해 이루어진 결과였다. 그들은 즉시 예루살렘 교회와 협력했다. 하지만 안디옥은 예루살렘으로부터 독립적이었다. 성령님이 안디옥 교회에게 친히 말씀하셨다. 안디옥 교회 내에는 성령님이 허락한 은사들, 즉 예언자들과 교사들이 있었다. 이러한 은사들이 어디서 생겨났는가? 바로 주님께로부터 생겨난 것이다. 어떻게 주셨는가? 성령님을 통해 주어진 것이었다.[2)]

성령님께서 교회개척자들을 안디옥으로 불러 모았다. 성령님은 이 일에서뿐만 아니라, 교회의 성장을 도울 사람들을 불러 모으는 데도 큰 역할을 하였다. 이러한 사람들 중에 바나바와 바울도 있었다. 바나바는 예루살렘 교회에 의해 파송되었다(행 11:22). 그의 사역은 새로운 개종자들을 '사도의 가르침' 으로 든든히 세워주는 것이었다. 바울 역시 이 교회의 사역에 기여했다. 또한 이 시기가 바울과 바나바에게는 훈련의 기간이기도 했는데, 그 이유는 1년 내에 그들이 이방 선교를 위해 파송을 받을 것이었기 때문이었다. 그들이 속해 있었던 다문화 환경은 타문화 선교사들에게 있어서는 분명히 이상적인 훈련장이었다.

성령님은 후에 안디옥 출신의 교회개척자들을 파송했다. 바나바가 예루살렘 교회의 일원으로 7년 동안 있었지만, 선교의 일을 위해 그를 파송한 것은 예루살렘 교회가 아니라는 점에 주목하는 것이 중요하다. 완전히 자립한 교회로서의 안디옥 교회는 "내가 불러 시키는 일을 위하여 바나바와 사울을 따로 세우라"(행 13:2)는 성령의 명령에 순종했다. 그 다음에 우리는 "이에 금식하며 기도하고 두 사람에게 안수하여 보내니라"(3절)라는 말씀을 볼 수 있다.

안디옥 교회의 유형

마지막으로 우리가 질문해야 할 것은 '안디옥 교회가 설립될 때 예루살렘 교회의 모델을 따랐는가?' 라는 것이다.

동일한 교리가 있었던 것은 사실이다. 사도행전과 서신서들을 보면 예수 그리스도의 기초 위에 교회를 세우려고 하는 사도들의 타협하지 않는 헌신이 잘 나타나 있다. 이것이 아마도 예루살렘 교회로 하여금 빌립의 순교로 인한 복음전도의 영광스런 결실과 관련해서 베드로와 요한을 사마리아로 보내게 된 동기가 되었을 것이다. 바울이 안디옥에 머물렀던 것도 같은 맥락에서 해석될 수 있을 것이다. 그러나 우리가 유념해야 할 것은, 예루살렘 교인들이 교리적인 순수함에 큰 관심을 갖고 있었음에도 불구하고, 예루살렘 교회가 '신자들에게 전해진 믿음' 의 유일한 수호자로서의 역할을 감당했다는 것에 대한 어떤 증거도 찾아볼 수 없다는 점이다. 사도 바울은 그리스도의 기초 위에 사람들을 세우는 것의 중요성을 매우 강하게 느꼈다. 따라서 그는 심방을 하고, 편지를 쓰고, 이러한 가르침에서 떠나는 사람들을 개인적으로 훈계하기도 했다. 신자들에게는 그리스도의 기초 위에 교회를 세우려는 깊은 헌신이 있었다. 즉 교회개척은 모든 지역 교회의 책임이었으며, 단지 예루살렘 교회만의 책임은 아니었던 것이다.

교회의 역할 속에서 또한 동일한 모습을 찾아볼 수 있다. 앞에서 기술한 예루살렘 교회의 역할들은 다른 모든 교회에서 반영되었다. 달리 말하면 다른 모든 교회들도 그리스도의 몸의 일부로써의 진정한 지역 교회가 되기 위해 선포, 인도, 예배 등의 기능들을 수행했다. 그러나 이러한 사역들이 수행된 방식과 관련해 우리는 교회들마다 분명히 다른 방식에 의해 사역이 실행되고 있었다는 것을 발견하게 된다. 즉 위에서 언급한 사역들을 수행하는 데 사용된 방법론에 있어서는 차이가 있었던 것이다. 예를 들어, 안디옥 교회는 많은 이방인들에게 전도했다는 점에서 볼 때, 다른 예배스타일을 가지고 있었고, 또한 다른 언어를 사용했을 것이라고 추측해 볼 수 있다. 그러한 차이들은 고린도 교회뿐만 아니라, 다른 교회에서도 분명하게 나타난다.

교회개척 전략들을 입안하려고 할 때, 우리는 예루살렘 교회의 탄생과 안디옥 교회의 설립을 통해 주어진 몇 가지의 교훈들에 주의를 기울여야 한다. 첫째, 예루살렘 교회를 낳은 것은 성령님이었고, 안디옥 교회 역시 성령님의 인도하심으로 시작되었다. 둘째, 사도들과 교인들은 건전한 교리의 기초(주께서 명령한 것을 가르치는 것)를 세우는 일에 협력했다. 셋째, 예루살렘 교회는 안디옥 교회를 개척하는 데 있어 '후원자' 가 되었다. 안디옥 교회가 비록 '지교회' 로 언급된 적은 한 번도 없지만 예루살렘 교회는 '후원자' 교회로 불려 질 수 있는데, 그 이유는 안디옥 교회를 개척하고 발전시키는 데 기여한 사람들이 예루살렘으로부터 왔기 때문이다. 이와 마찬가지로 안디옥 교회는 바울과 바나바가 세운 다른 교회들에 대해 예루살렘 교회와 유사한 역할을 감당했다. 넷째, 예루살렘 교회가 어려움에 처해 있었을 때, 안디옥 교회가 재정적으로 도와줌으로 서로 간에 자매 교회가 되었다.

신약성경에 나타난 교회개척의 본질

우리는 앞에서 예루살렘 교회와 안디옥 교회의 개척을 살펴보면서 각각의 경우 교회를 시작하신 분이 성령님이라고 말했다. 또한 교회들을 개척하고, 교회들이 건전한 교리적 기초 위에 설 수 있도록 하는 일에 있어 사람들이 성령의 도구로 사용되었다는 점도 언급했다. 여기서 제기되는 한 가지 중요한 질문은 '우리가 어떻게 하면 나름대로의 방법이나 용어 등을 통해 교회들이 발전하는 데 방해가 되지 않으면서 교회들을 개척하고 발전시키는 일에 사용되는 성령의 도구가 될 수 있을까?' 하는 것이다. 우선 에베소 교회를 개척하고 설립하는 데 바울이 사용한 방법론을 살펴

보면서 이 문제에 접근해 보자.[3)]

에베소에서의 바울의 방법

바울이 사용한 방법들을 논함에 있어 우리는 성령님께서 바울을 에베소로 인도했다는 사실을 다시 한번 되새겨야 한다. 또한 성령님께서 사람들의 마음을 준비시켰고, 바울과 함께 일할 조력자들을 제공했으며, 때가 되었을 때 '수가 증가하게 했다'는 것을 명심해야 한다. 에베소 교회를 시작할 때 바울이 사용한 방법들은 사도행전에 기록되어 있는 것처럼 분명한 절차를 따르고 있다.

관계 형성(행 18장)

고린도에서 수리아의 안디옥으로 돌아가는 길에 바울은 에베소를 처음으로 방문한다. 다른 도시들에서 했던 것과 마찬가지로 바울은 회당을 방문하고 말씀을 전할 기회를 얻는다. 자신의 메시지를 통해 바울은 그 지역의 유대인들의 마음에 복음의 씨를 뿌렸다. 그들 중 몇몇이 말씀에 열려 있었기 때문에 바울은 그들에게 "만일 하나님의 뜻이면"(21절) 그들을 다시 방문하겠다고 약속했다. 그들을 방문하는 것이 이성적으로 당연한 일이었지만, 바울은 성령님께서 자신의 계획들을 바꿀 수 있다는 것을 알고 있었다.

핵심 신자들의 등장

에베소를 처음으로 방문한 바울은 그곳에 머무를 수가 없었기 때문에 브리스길라와 아굴라를 남겨두면서 전도의 진지를 구축할 수 있도록 했다(행 18:18). 브리스길라와 아굴라는 에베소에서 세례 요한의 가르침을 따르며 화술이 뛰어난 설교자 아볼로를 만났다. 아볼로가 성경에 대한 이해, 특별히 메시야에 대한 이해가 부족한 것을 알게 된 브리스길라와 아굴라는 그를 제자로 삼았다(행 18:26). 그 후 아볼로는 아가야로 건너갔다(27절). 이때쯤에 에베소에는 분명히 핵심 신자들이 있었는데, 그렇게 결론짓는 이유는 27절에 "형제들이 저를 장려했다"고 기록하고 있기 때문이다. 브리스길라와 아굴라의 사역을 통해 에베소에 핵심 그룹이 구축되었던 것이다.

교회의 설립

바울은 전도와 교회의 개척을 목적으로 에베소를 재방문했다(행 19장). 바울은 여러 가지 방법을 통해 목적을 이루어 나갔다. 첫째, 요한의 세례를 받았지만, 개인적으로 예수 그리스도 안에 있는 구원의 체험이 없는 사람들의 믿음을 돕는 데 시간을 보냈다(1-7절). 둘째, 바울은 회당으로 들어가 그리스도를 메시야로 제시하면서 복음을 전했다. 어떤 사람들은 마음이 굳어 믿지 않았다(9절). 그러나 믿는 사람들은 바울을 따랐고, 바울은 두란노 서원에 들어가는 허락을 받아 그곳에서 날마다 강론했다(9절). 이 서원은 에베소와 인근 지역에서 2년 동안 사도 바울의 설교 장소가 되었다.

바울의 사역을 통해 많은 개종자들이 생겨났고, 그 결과 아데미 여신과 관련된 상업이 커다란 타격을 입게 되자 적지 않은 소동이 일어났다. 복음의 영향을 받은 사람들은 자신들의 마술책을 태우거나 혹은 그 지역의 종교적인 행위들을 그만두었다. 이러한 일들과 소동으로 인해 바울은 에베소를 떠나야만 했다(행 20:1).

교회의 발전

사도 바울은 양육, 심방, 훈련과 서신을 통해 교회의 발전을 도왔다. 바울은 에베소를 재방문했고 계속해서 에베소의 새신자들을 훈련하고 격려했다. 또한 바울은 자신의 조력자들인 디모데와 디도 그리고 두기고를 파송함으로써 에베소 교회의 성숙을 도왔다. 이 사역자들은 새신자들을 가르치고, 그릇된 교리들을 바로잡고, 교회를 조직하며, 신자들을 양육하는 일을 도왔다. 또한 바울은 에베소서와 같은 서신들을 써서 에베소 교회의 발전을 도왔다.

에베소서에서 바울은 교리, 기독교인의 경건 그리고 윤리적인 문제들을 다루고 있다. 그의 재방문과 서신은 에베소 교회의 영적, 교리적 건강에 대한 바울의 관심을 잘 드러내 주고 있다. 에베소에 있는 장로들에게 작별 인사를 할 때, 바울은 이 새 교회를 계속해서 격려하고 보존할 성령님의 사역에 대한 그의 확신을 밝히 드러냈다. "지금 내가 너희를 주와 및 그 은혜의 말씀에 부탁하노니 그 말씀이 너희를 능히 든든히 세우사 거룩케 하심을 입은 모든 자 가운데 기업이 있게 하시리라"(행 20:32).

바울의 전반적인 방법론

바울이 에베소에서 사용한 방법들은 그가 다른 교회들을 설립할 때 사용한 그의 전반적인 방법론의 일부였다. 「타문화 속에서 교회개척하기」(Planting Churches Cross-Culturally)라는 책에서 데이빗 헤슬그레이브는 교회개척에 있어서의 '바울의 주기'(Pauline Cycle)를 설명하고 있다.[4] 그는 다음과 같이 네 단계를 제안한다.

선교사들의 파송(행 13:1-4)

안디옥에서 교회가 금식하고 기도하는 가운데 성령님께서는 그들에게 "내가 불러 시키는 일을 위하여 바나바와 사울을 따로 세우라"라고 말씀하셨다. 그들을 부른 것이 교회가 아니었다는 사실과 그들이 가도록 동기를 부여한 것도 교회가 아니라는 사실에 주목하는 것이 중요하다. 교회는 단지 성령께서 그들을 선교사역으로 부르셨다는 사실을 인정했을 뿐이다. 교회의 임무는 단순히 그들이 할당받은 임무를 수행할 수 있도록 보내주는 것이었다.

우리는 성령님께서 교회개척을 시작했다는 점을 확실히 이해해야 한다. 어떤 점에서 안디옥 교회는 '교회개척팀' 을 후원했다고 말할 수 있을 것이다. 안디옥 교회는 그들에게 타문화 속에서 교회를 개척하는 데 필요한 기술들을 연마할 수 있는 훈련의 장을 제공함으로써 그들을 후원했다. 또한 안디옥 교회는 교회개척자들이 먼 곳에서 교회를 개척하고 있을 때, 계속적인 기도와 심적인 지원을 통해 그들을 후원했다. 그러므로 안디옥 교회는 소아시아 전역에 생겨나는 새 교회들에게 있어 '모교회' 라기 보다는 '파송 교회' 혹은 '후원 교회' 였다.

청중과의 접촉(13:14-16, 14:1)

교회개척 사역 초기에 바울은 습관적으로 목표 도시에 있는 유대 회당을 먼저 방문했다. 그곳에서 바울은 일반적으로 세 종류의 사람들을 발견했다. (1) 유대인들 (2) 개종자들 (3) 경건한 자들. 대부분의 경우 메시지를 받아들이는 사람들은 (2)번과 (3)번의 사람들이었다. 유대인들이 회당의 문을 닫아버릴 경우 바울은 다른 만남의 장소를 찾았고(예를 들어 두란노 서원) 복음을 들으려고 하는 사람들을 찾는 임무를 계속 이어갔다.

복음전파(13:17이하, 16:31)

바울이 복음을 전하기 위해 다양한 방법들을 사용했다는 것에 주의를 기울여야 한다. 바울은 회당에서 설교했고, 서원에서 가르쳤고, 궁에서 복음을 선포했고(재판기간 동안), 강가에서 증거 했고, 가정에서 전도했고, 감옥에서 사람들을 그리스도에게 인도했고, 시장에서 전도했으며, 경기장에서 복음을 전파했고, 천막업자로서 접하게 되는 사람들(브리스길라와 아굴라)에게 복음을 전했고, 폭도들에게 당한 경험과 파선의 경험마저도 사람들에게 복음의 좋은 소식을 알려주기 위해 사용하였다. 오늘날 바울이 살아 있다면 예수 그리스도의 메시지를 선포하기 위해 그가 사용할 수 있는 모든 수단들을(팩스, 전자 메일, 전화, 회의 등을 포함하여) 다 사용했을 것이 분명하다. 바울은 이전에 하나님의 가족에서 제외되었던 사람들(이방인들과 추방자들)에게도 복음을 전했다. 그는 이러한 새신자들이 하나님의 나라에서 일등 시민들이 될 것이라는 것을 잘 알고 있었다(엡 2장).

청중의 회심(13:48, 16:14-15)

바울은 지상명령을 심각하게 받아들였다. 그의 목표는 단지 복음을 선포하는 것이 아니라, 청중이 그리스도인의 제자로서 삶을 시작할 수 있도록 회심하게 하는 것이었다. 모든 사람들에 대한 그의 소망은, 유대인이나 이방인이나 똑같이, 그들이 구원을 받는 것이었다(롬 1:11-12).

신자들이 회중을 이룸(13:43)

바울은 회심자들을 제자로 훈련시키기 위해서는 그들을 회중 속으로 모으는 것이 필요하다는 것을 알고 있었다. 이런 회중들은 서원이나 가정 아니면 공간이 있는 곳이면 어디에서든지 가리지 않고 모였다. 중요한 것은 장소가 아니라 바로 신자들의 모임이었다. 바울이 어떤 집단을 교회로 여길 수 있는가 없는가를 결정하기 위해 회중이 모이는 장소를 고려 대상에 넣었다는 증거는 어느 곳에서도 찾아볼 수 없다. 사실 그는 '너의 집 안에 있는 교회'(한글 개역성경은 단지 '저의 교회'라고만 표현하고 있다 – 역자주)라는 표현을 그의 서신서에서 반복적으로 사용하고 있다.

믿음의 확인(14:21–22, 15:41)

바울과 그의 선교팀은 사람들이 그리스도의 구원의 지식을 받아들이는 것을 보고 즉시 그들을 훈련할 계획들을 세웠다. "바울과 바나바는 (더베)성에서 복음을 전하여 많은 사람을 제자로 삼고 루스드라와 이고니온과 안디옥으로 돌아가서 제자들의 마음을 굳게 하여 이 믿음에 거하라 권했다"(14:21–22). 여기서 우리는 다른 사도들의 사역에서뿐만 아니라, 바울의 사역에서 탄생하는 교회들을 위한 견고한 기초(그리스도의 가르침)를 제공하려고 하는 강한 헌신을 보게 된다.

지도자들을 택함(14:23)

"(그들은) 각 교회에서 장로들을 택하여…"(14:23상). 그들이 이 모든 회중들을 '교회'라고 불렀다는 사실에 주목하는 것이 중요하다. 바울과 교회 개척자들이 이렇게 어리고 연약한 교회에서 장로들을 택한 것은 이런 회중들이 강하고, 책임감 있고, 재생산하는 교회가 되기를 온전히 바랐다는 사실을 말해 준다. 그들이 장로들을 택했다는 것은 믿음의 고백이었을 뿐만 아니라, 이러한 교회들이 자신들의 잠재력을 발휘하는 데 필요한 지도력을 가질 수 있도록 하기 위한 하나의 실제적인 단계였다고 할 수 있다.

신자들을 주께 의뢰함(14:23, 16:40)

"금식 기도하며 저희를 그 믿은 바 주께 부탁하고"(14:23하). 신자들은 '파송 교회' 의 손에 놓여진 것이 아니라 주님의 손에 놓여졌다. 다른 동료 기독교인들이 그들을 돌봐 준다는 사실을 아는 것은 중요하지만, 새 회중들은 이제 필요가 발생하거나 핍박이 주어질 때 그들의 창조자 '주님' 을 직접 찾아가 도움을 구해야 될 상황에 놓여진 것이다.

이러한 방법은 새신자들과 새 지도자들에 대한 믿음뿐만 아니라, 성령에 대한 믿음을 의미한다. 만일 우리가 새 기독교인들과 새 회중들에게 간섭을 하고 나선다면, 그것은 우리가 성령께서 하시는 일에 간섭하는 것과 같은 일은 아닐까? 그것은 곧 성령께서 발전의 초기 단계에 있는 교회들을 인도하고 도울 수 없다는 말이 아닌가? 바울과 동료 교회개척자들은 자신들을 그리스도의 생명이 새신자들에게 흘러 들어가 결국에는 새 교회들이 탄생하도록 하는 과정을 돕는 조력자(산파)로 보았다.

계속되는 관계(15:36, 18:23)

"수일 후에 바울이 바나바더러 말하되 우리가 주의 말씀을 전한 각 성으로 다시 가서 형제들이 어떠한가 방문하자 하니"(15:36). 바울과 바나바가 자신들이 주께로 인도한 사람들에 대해 깊고도 지속적인 관심을 가지고 있었다는 사실에 주목해야 한다. 중요하게 보아야 할 또 다른 사항은, 그들이 새신자들을 '자녀들' 이라고 부르지 않고, '형제들' 이라고 부른 점이다. 여기서 우리는 새 교인들의 영적 성장을 계속해서 도와주려는 교회개척자들의 관심과 동시에 새 교인들에 대한 그들의 존경심을 볼 수 있다. 왜냐하면 그들은 이 새 교인들이 결국 자신들이 아니라 주님께 속한 자들이라는 것을 알았기 때문이다.

파송 교회들의 소집

이방인들이 완전한 기독교인으로 여겨지기 위해 문화와 예식 면에서도 유대인이 되어야 하느냐 하는 문제는 교회에 있어 매우 중요한 문제였다. 유대인들의 행습들을 이방인들에게 강요했다면, 그것은 기독교를 단지 유대교의 한 종파로 남겨 놓은 결과가 되었을 것이다. 한 지역의 회중이 이러한 관행에 관련된 문제를 자체적으로 해결할 수 없었다. 따라서 교회의 대표들이 예루살렘 교회에 모여 이 문제를 의논했다. 그것은 예루살렘 교회가 마치 더 높은 지위에라도 있는 것처럼 다른 교회들을 소집한 것은 아니었다. 안디옥 교회가 바울과 바나바(예루살렘 교회의 이전 교인)를 보냈다는 사실은 각 교회들이 자치권을 누렸다는 점과 동시에 자매 교회로서의 동료관계를 가지고 있었다는 점을 시사해 준다. 사도행전 15장 2절은 이 문제를 처리하는 일에 앞장 선 교회가 안디옥 교회였을 것이라고 말해 준다.

바울의 방법론의 중요성

에베소를 비롯한 여러 지역에서 교회들을 개척하고 발전시키는 데 사용한 바울의 전반적인 방법론을 통해 우리는 어떤 결론을 내릴 수 있는가?

첫째, 우리는 바울과 그의 동료 교회개척자들의 모든 노력을 감독한 분이 바로 성령님이었다는 것을 계속적으로 인정했음을 보게 된다. 오늘날 우리가 신중하게 생각해 보아야 할 질문은, 어떻게 하면 우리가 우리의 구조, 방법론과 용어들에 민감하면서, 동시에 성령님의 일을 방해하지 않고, 새 교회들이 많은 열매를 맺도록 인도하는 성령님의 사역을 도울 수 있을까 하는 것이다. 둘째, 모든 전도와 교회개척의 노력의 저변에는 기도가 뒷받침되었다는 점이 분명하게 나타난다. 예루살렘 교회는 기도회에서 탄생했다. 바나바와 사울의 선교사역도 기도회에서 시작되었다. 교회개척팀이 반대와 핍박을 받았을 때, 그들은 교단의 본부에 연락한 것이 아니라 간절한 기도로 직접 하나님께로 나아갔다. 후원 교회들도 모든 노력을 기도로 동여맸다. 우리의 교회개척 기도 전략은 무엇인가?

셋째, 사도들의 목표는 예수 그리스도의 기초 위에 책임감 있고 재생산하는 교회를 세우는 것이었다. 넷째, 교회개척자들이 사용한 용어는 성숙과 책임감을 돕는 용어였다. 그들은 “신자들, 형제들, 제자들, 그리고 교회들(심지어 가정에 있는 것들조차)”과 같은 단어들을 사용하였다. 연약한 교인들과 교회들을 가리키는 용어와 성숙된 교인들과 교회들을 가리키는 용어 사이에는 아무런 차이가 없었다. 즉 그것은 조력과 후원과 격려의 말이었지 열등감과 의존의 태도를 만들어내는 그런 말이 아니었다. 새 교회들도 마땅히 성숙해져야 하므로 성숙한 교회처럼 대우를 받았다.

결론

앞의 관찰들을 생각하며 우리는 다음의 질문으로 이 장을 마치고자 한다. 오늘날, 즉 우리나라와 세계에 자립형 신약 교회들을 많이 개척하는 것을 격려하고 가속화하려고 하는 현 시점에서, 성령님의 인도를 따라 교회를 개척하기 위해 우리가 사용해야 할 철학, 전략, 방법, 그리고 용어들은 어떤 것들인가? 이 중요한 질문에 대한 답은 교회개척을 위한 성경적 토대를 제공하고, 그 토대를 신실하게 지켜나가는 동력이 될 것이다.

주

1) Alexander Rattray Hay, The New Testament Order for Church and Missionary (Audubon, NJ: New Testament Missionary Union, 1947), 53.

2) Campbell Morgan, cited in Hay op. cit., 63.

3) For a more extensive discussion of this see Roger S. Greenway, Apostles to the City (Grand Rapids, MI: Baker Book House, 1978). 87-95.

4) David Hesselgrave, Planting Churches Cross-Culturally (Grand Rapids, MI: Baker Book House, 1980).

3장 영적 토대

1세기 복음의 확산은 세계사에 있어 가장 놀라운 업적 중의 하나임에 틀림없다. 그러나 가서 모든 족속으로 제자를 삼으라는 예수 그리스도의 지상명령이 사도들에게 어떻게 들렸을까를 한번 생각해 본 적이 있는가? 아마 그들은 이렇게 말했을지도 모른다. "주님, 지금 우리에게 하시는 말씀입니까? 우리는 팔레스타인을 한 번도 떠나본 적이 없습니다. 우리가 사용할 수 있는 언어도 단 하나밖에 없고, 심지어 우리가 살고 있는 고향 사람들조차도 우리의 억양을 가지고 놀려댑니다. 그뿐만 아니라 우리는 정규 교육도 거의 받지 못했습니다. 그뿐인가요, 우리에게는 재정적인 힘도 없습니다. 그런데 주님께서 어떻게 우리가 주님의 명령을 수행할 것이라고 기대하십니까?"

이 모든 요인들에 더해 1세기 제자들에게는 인쇄기, 라디오, 텔레비전, 팩스기, 전자 우편, 자동차, 비행기, 교회 건물, 복사기, 본부, 재정, 혹은 영향력 있는 친구들도 없었다. 그렇다면 우리는 사도들의 생애 동안에 복음이 그 당시 세계의 수도라고 하는 로마와 그 제국의 끝까지 전해진 사실을 어떻게 설명할 것인가? 산헤드린 법정을 움직이고 있었던 유대교의 교세와 로마 제국의 군사력이 복음의 반대 세력 역할을 했다는 점도 기억해야 할 것이다. 이 초기 기독교인들이 로마 제국을 변화시킬 수 있었던 단 한 가지 이유는 그들 속에서 그리고 그들과 함께 역사했던 성령님의 임재와 능력으로 말미암아 현실에 나타난 영적인 힘 때문이었던 것이다.

교회개척의 준비 단계에 있어서 영적 토대만큼 중요한 것은 없다. 본장을 통해 영적 토대의 구성 요소를 생각해 볼 때, 하나님께서 우리 속에 교회개척에 필요한 견실한 영적 토대를 만들도록 우리를 내어 드려야 할 것이다. 영적 토대의 확보는 성령을 의지하는 것에서부터 시작된다.

성령을 의지함

교회개척이라는 가슴 벅찬 과업을 생각해 볼 때, 우리는 복음의 전파와 교회의 설립을 위한 성령님의 필수적이고 절대적인 역할에 초점을 맞추어야 한다. 성령님께서 신약 교회의 신자들에게 임했을 때, 주님께서는 과업을 수행하는 데 필요한 모든 것을 그들에게 주셨다. 개척자들은 새 교회들을 개척하는 데 있어서 성령님의 역할을 철저히 인식해야 한다. 또한 그들은 이 놀라운 과업을 수행해 나감에 있어 성령님의 임재와 인도, 그리고 능력을 온전히 의지해야 할 것이다.[1)]

성령님께서 선교를 감당할 수 있는 능력을 부여함

하늘로 올라가시기 전에 예수님께서 그의 제자들에게 마지막으로 하신 말씀은 "오직 성령이 너희에게 임하시면 너희가 권능을 받고 예루살렘과 온 유대와 사마리아와 땅 끝까지 이르러 내 증인이 되리라 하시니라"(행 1:8)였다. 그의 제자들은 로마의 압제에서 그들을 해방할 정치적인 세력에 대해서 물었다. '주께서 이스라엘 나라를 회복하심이 이때이니까?' 그러나 예수께서는 다른 종류의 힘 '두나미스'(Dunamis)를 약속하셨고, 그 약속은 오늘날에도 동일하다. 두나미스라는 용어는 세계 복음화라는 거대한 과업에 필요한 정신과 영혼의 완전하고 적절한 준비를 가리킨다.

교회의 사역을 위한 오순절의 의미에 대해 언급하면서 오스터탁은 "교회는 그리스도로부터 받은 생명을 주변에 전달하도록 명령만을 받은 것이 아니라, 그 일을 이룰 수 있도록 강력하고도 거부할 수 없는 내적인 생명과 사랑의 힘을 받았다"[2]라고 말했다. 성령님은 어떻게 초기 기독교인들에게 능력을 부여했으며, 오늘날의 우리에게는 어떻게 능력을 공급하는가?

첫째, 성령님은 용기의 영을 줌으로 능력을 부여한다. 종 앞에서 주님을 세 번이나 부인했지만 후에 그리스도를 선포하여 많은 무리들을 놀라게 한 시몬 베드로에게서 우리는 그 예를 찾아볼 수 있다(행 2장). 또 다른 예들은 사도행전 4장과 5장에서 나타난다. 유대 지도자들의 위협(때로 투옥과 심지어 죽음까지 포함해서)과 경고에도 불구하고, 사도들은 모든 신자들과 하나가 되어 "주여 이제도 저희들의 위협함을 하감하옵시고 또 종들로 하여금 담대히 하나님의 말씀을 전하게 하여 주옵시며"(행 4:29)라고 기도했다.

사도행전 5장에서도 동일한 현상이 보고된다. 당국은 베드로와 사도들에게 예수의 이름으로 가르치는 것을 중지하도록 위협했다. 그러나 그들은 "우리는 사람들보다 하나님의 말씀을 들어야 한다"라고 담대히 말했다. 그들은 심지어 자신들을 위협하는 사람들에게도 "너희가 나무에 달아 죽인 예수를 우리 조상의 하나님이 살리시고 이스라엘로 회개케 하사 죄 사함을 얻게 하시려고 그를 오른손으로 높이사 임금과 구주를 삼으셨느니라 우리는 이 일에 증인이요 하나님이 자기를 순종하는 사람들에게 주신 성령도 그러하니라"(행 5:30-32)라고 증거 했다. 성령께서는 이와 같이 사도들과 전체 기독교인들에게 능력을 주시고 그들을 담대케 했던 것이다.

둘째, 성령님께서는 사랑의 영을 줌으로 능력을 공급한다. 복음전도에 대한 열심은 지적 믿음 혹은 신학적인 논쟁에서 생겨나는 것이 아니라 사랑에서 생겨난다. 그리스도의 지식은 너무나 값진 보배이기에 오직 사랑의 영만이 그것을 나누고 전달하려는 열망을 만들어낸다. 로마서 5장 5절은 "소망이 부끄럽게 아니함은 우리에게 주신 성령으로 말미암아 하나님의 사랑이 우리 마음에 부은바 됨이니"라고 기록하고 있다.

셋째, 성령님께서는 복음전도자의 말에 영감을 불어 넣음으로 능력을 더한다. 베드로가 오순절에 복음을 전했을 때, 그의 말에 성령의 영감을 힘입어 그의 말을 듣던 사람들은 "마음에 찔림을 받았다"(행 2:37). 스데반이 회당에서 장로들에게 말할 때에도 그들은 그의 지혜와 영을 감당할 수가 없었다. 전도를 할 때 갖게 되는 두려움들 중의 하나는 무엇을 말해야 될지 모른다는 것이다. 그러나 기억해야 할 것은 성령님이 함께 있어 우리에게 영감을 준다는 것이다.

성령님께서 선교 전략을 제공해 줌

성령님은 교회개척을 포함한 모든 사역에 필요한 능력을 하나님의 종들에게 줄 뿐만 아니라, 선교에 필요한 전략도 제공해 준다.

첫째, 성령님은 전반적인 전략을 제공한다. 본 저자들은 성령께서 초대 교회를 인도하신 방법을 생각할 때마다 놀라지 않을 수 없다. 사도행전 1장 8절에서 예수님은 성령님이 제공할 전략의 개요를 다음과 같이 말씀했다. "예루살렘과 온 유대와 사마리아와 땅 끝까지 이르러 내 증인이 되리라." 이 선언은 전략의 개요를 제공해 주고, 사도행전의 나머지 부분은 실제적으로 선교가 어떻게 이루어졌는지를 보여 주고 있다.

둘째, 성령님은 전략적인 순간에 개인들을 인도한다. 성령님은 복음전파에 필요한 전반적인 전략을 제공했다. 그리고 개인들 즉 (1) 빌립을 에디오피아 내시에게 인도했고(행 8:29) (2) 베드로를 고넬료에게 인도했으며(행 10:19) (3) 바울을 마게도냐로 인도했다(행 16:6-7). 「바울과 우리의 선교 방법」(Missionary Methods: Saint Paul' s or Ours)에서 롤런드 앨런은 바울이 사용한 놀라운 선교 전략을 기술하는 데 많은 지면을 할애했다. 앨런은 바울이 로마 행정의 중심지, 헬라 문명의 중심지, 유대인 영향력의 중심지, 그리고 무역 중심지와 같이 인구가 많이 있는 곳에 그의 사역을 집중했다는 점을 보여 주고 있다.[3)]

앨런은 성령께서 계속해서 바울을 인도하셨다는 점을 우리에게 상기시켜 준다. 성령님께서 기회의 문을 열 때, 바울은 그 중심지로 달려가 그곳을 복음전도 활동의 전략 중심지로 만들었다. 앨런이 말하려고 하는 것은 모든 전략은 성령의 전략이었고 바울은 단지 그것을 따랐을 뿐이라는 것이다. 성령님이 당신이 살고 있는 도시나 지역 사회의 전도를 위한 계획을 가지고 있다고 생각하는가?

셋째, 성령님은 전략적인 순간마다 교회를 인도한다. 사도행전 6장에서 볼 수 있듯이 성령님은 헬라 과부들과 관련된 위기를 사도들이 해결할 수 있도록 도왔다. 성령님은 사도들이 예루살렘을 떠나 사마리아와 다른 지역에서 복음전파를 시작하도록 인도했다(행 8장). 그분은 또한 사도행전 13장에서 선교팀을 파송하셨고 예루살렘 공회에서는 교회 지도자들이 이방 회심자들에 관해 올바른 결정을 내릴 수 있도록 도왔다.

선교 전략은 결코 인간이 만들어 내는 것이 아니다. 선교 전략은 항상 하나님의 역사이다. 교회개척을 포함한 모든 사역에 필요한 영적 토대의 중요한 부분은 전략을 세움에 있어 성령의 인도하심을 구하는 것이다.

성령님께서 결과를 가져다줌

하나님의 일꾼들이 능력과 전략을 위해 성령께 의지해야 하는 것처럼 선교의 결과를 위해서도 성령께 의지해야 한다. 결론적으로 말하면, 그것은 힘으로 되지 아니하며 능으로 되지 아니하고 오직 하나님의 신으로 된다고 만군의 여호와께서 말씀하신다(슥 4:6). 성령님께서는 어떻게 우리가 선교의 결과에 대해 확신을 갖게 하는가?

첫째, 성령님은 복음의 진리를 확신시켜 준다. 사람들이 하나님의 진리를 거짓과 바꾸어 버렸고, 창조주가 아닌 피조물을 경배하는 세상에 우리는 살고 있다. 자기 자신들의 성자들, 예언자들, 탑들, 책들, 염주와 점성술사들을 곁에 두고 있는 사람들에게 우리는 어떻게 예수가 하나님의 아들이라는 사실을 확신시켜 줄 수 있을까? 사람들이 예수 그리스도를 인정하게 되는 것은 오직 성령의 능력을 통해서만 이루어진다. "성령으로 아니하고는 누구든지 예수를 주시라 할 수 없느니라"(고전 12:3).

둘째, 성령님은 죄의식을 갖게 해 준다. 우리가 대하는 많은 사람들은 죄의식을 거의 갖지 않거나 아니면 아예 가지고 있지 않다. 어떤 사람들은 빛보다 어두움을 더 사랑한다. 마하트마 간디는 예수 그리스도를 존경했고 산상수훈을 매우 좋아했다. 그러나 인간이 죄인이라는 점에 대해서는 달갑게 생각하지 않았다. 그는 인도인들이 오랜 역사를 가진 귀한 인종이라고 생각했고, 그 결과 외부인들이 와서 그들에게 그들은 죄인이라는 사실을 말하는 것을 좋아하지 않았다.

인간이 다른 사람들의 죄성에 대해 죄책감을 가져다 줄 수 없을 때, 성령님은 자신의 중요한 임무로써 죄의식을 일깨워 준다. 요한복음 16장 8절은 "그(성령)가 와서 죄에 대하여, 의에 대하여, 심판에 대하여 세상을 책망하시리라"고 분명하게 기록하고 있다.

셋째, 성령님은 죄인들을 회심시킨다. 구원의 복된 소식을 선포하는 도구로 사람들이 사용되지만, 궁극적으로 죄인의 삶에 변화를 가져오는 것은 성령의 사역이다. 하나님의 영이 신자들의 삶 속에 구원의 경험을 실제적인 것으로 만들어 준다.

교회개척의 준비 단계는 하나님의 능력과 인도하심에 따라 필요한 영적 토대를 갖추는 것을 목표로 한다. 이 영적 토대는 성령님에 의해 그리고 성령님을 통해서 생겨난다. 교회개척에 필요한 영적 토대의 또 다른 요인은 영적 은사를 발견하고 개발하는 것이다.

영적 은사들의 발견과 사용

교회개척자들은 새로운 교회들을 개척하는 사역을 위해 자신들의 영적인 은사가 무엇인지 알아야 한다. 성령님은 교회개척에 필요한 모든 은사들을 제공해 준다. 사도 바울은 고린도전서 12장과 로마서 12장 그리고 에베소서 4장에서 영적인 은사들에 관해 설명하고 있다. 이러한 목록들이 모든 영적인 은사들을 다 포함하고 있는 것은 아니지만, 이 목록에서 우리는 교회개척에 필요한 은사들을 발견할 수 있다. 이러한 은사들 중에는 전도, 설교, 가르침, 믿음, 지도력, 행정 그리고 사역이 있다.

준비 단계로 예비 개척자들은 하나님께서 그들에게 주신 영적인 은사들을 발견해야 한다. 교회개척을 위해 필요한 은사들을 발견하고 사용하도록 도와주는 방법에는 세 가지가 있다. 첫째, 성경이 말하는 것을 살펴보고 연구하라. 둘째, 하나님과 주변에 있는 영적인 사람들로부터의 확신을 구하는 데 은사들을 사용해 보라. 셋째, 교회개척을 함에 있어 그들의 삶에서 확인된 영적 은사들을 활용하라. 성경에 기초하여 세밀하게 준비된 은사 목록들을 통해 하나님께서 주신 은사들에 대하여 더 잘 이해할 수 있다.

재생산하는 교회를 개척하는 임무는 여러 유형의 개척자들을 필요로 한다. 서로 다른 영적 은사들로 인해 다양한 종류의 교회들을 시작하는 데 필요한 다양한 사람들을 만날 수 있고, 또한 교회를 개척함에 있어 다양한 방법들을 사용할 수 있다. 그러므로 교회개척자들은 자신들에게 주어진 영적인 능력들을 발견하고 사용할 수 있어야 한다.

영적 훈련의 평가

교회개척자들은 영적인 은사들을 발견할 뿐만 아니라, 자신들의 영적 훈련을 평가해야만 한다. 개척자가 하나님의 손 안에서 효과적인 도구가 될 수 있도록 도와주는 중요한 영적 훈련들이 있다. 그러나 만일 개척자가 이러한 훈련을 받지 못했다면, 그의 사역은 최고의 결과를 낳을 수 없을 것이다. 「훈련의 영」(The Spirit Of the Disciplines)에서 달라스 윌러드는 '절제의 훈련' 과 '활용의 훈련' 을 논하고 있다.[4)]

절제의 훈련

사역에 있어서 반드시 필요한 훈련이 절제의 훈련이라고 할 수 있다. 이것은 사역을 위해서 몇 가지의 활동들을 금하는 훈련이라는 뜻이다. 이러한 절제의 훈련에는 다음과 같은 것들이 있다.

· 고독/침묵 – 하나님을 독대하고, 그분 앞에서 침묵하는 것(시 46:10)

· 금식 – 하나님께 초점을 맞추기 위해 음식을 삼가는 것(행 13:2)

· 절약 – 단순한 삶의 양식을 채택하는 것(막 6:8, 약 5:1–5)

· 도덕적 순결 – 자신의 그릇을 거룩함과 존귀함으로 보존하는 것(살전 4:4, 고전 7:5)

· 희생 – 믿음으로 하나님께 자기 자신과 자신의 소유를 내어드리는 것(눅 21:2–4)

활용의 훈련

다른 훈련들은 신자들의 실제적인 행동과 태도에 대한 훈련을 대변하기 때문에 활용의 훈련이라고 부를 수 있을 것이다.

· 공부 – 하나님의 말씀과 그의 하시는 일에 대해 읽고, 듣고, 묻고, 묵상하는 것(딤후 3:16)

· 예배/축제/교제 – 다른 신자들과 함께하는 예배, 공부, 기도, 축제,

그리고 봉사와 같은 일반적인 활동 속에서 하나님의 아름다움, 위대함, 그리고 자비하심을 표현하는 것(계 4:11, 6:1-3)
· 봉사 – 다른 사람들을 섬김으로 주님을 섬기는 것(마 20:25-28, 골 3:22-24)
· 기도 – 하나님과 대화하고, 하나님의 말씀을 듣는 것(살전 5:17)
· 순종 – 하나님께서 우리를 가르치고 인도하라고 하신 사람들의 권위를 겸손히 받아들이는 것(히 13:7, 엡 5:21).

위에 열거한 몇 가지 훈련은(예를 들어, 금식의 경우) 분명히 어떤 특정한 시기에 행해야 할 것이다. 그러나 다른 훈련들은 필수적인 것들이며, 계속적으로 행해져야 하는 것들이다. 교회개척자가 하나님의 말씀 연구, 기도, 예배, 봉사와 같은 훈련 없이 효과적인 삶과 사역을 유지할 수 있을 것이라고는 상상도 할 수 없다. 그러므로 교회개척의 초기부터 개척자가 이러한 영적 훈련들의 관점에서 하나님과 자신의 관계를 평가하고 분석하는 것은 매우 도움이 될 것이다.

교회개척자들은 전도, 멘토와의 정기적인 만남, 예배 등과 같은 훈련을 자신들의 삶의 일부로 만들도록 노력해야 한다. 개척자들의 삶에서 이러한 훈련들을 분석함으로써 주님의 인도하심 가운데 부족한 영역에서 진보를 가져다줄 수 있는 행동 계획을 세울 수 있다.

교회개척은 영적인 일이기 때문에 먼저 영적인 토대를 쌓는 것이 절대적으로 필요하다. 개척자들은 성령님의 사역을 온전히 이해하고, 그분께 전적으로 의지하면서 과업에 임해야 한다. 그들은 '내 교회를 세우리라'라고 말씀하신 주님께서 하나님의 목표를 이루도록 인도하실 성령님을 보내셨다는 것을 결코 잊어서는 안 된다. 그들은 성령님이 함께하여 교회개척을 인도하고 개척자에게 힘을 주실 것이라는 사실을 확신하며, 동시에 그들이 직면할 영적 전쟁을 항상 염두에 두어야 한다. 이것은 직접적인 전쟁, 간접적인 전쟁, 그리고 불신자의 삶 속에서 발생할 전쟁의 형태로 나타날 것이다. 이 전쟁은 개인적인 기도 생활과 중보기도팀의 적극적인 참여로만 당해낼 수 있는 것이다. 예배, 성경공부와 봉사 같은 추가적인 영적 훈련들은 교회개척을 위한 튼튼한 토대를 세우는 데 기여한다.

기도 토대 만들기

기도는 교회개척을 위한 영적 토대에 절대적으로 필요한 부분이다. 예수님은 "내 교회를 세우리니 음부의 권세가 이기지 못하리라"(마 16:18)라고 말씀하셨다. 이 말씀에서 우리는 두 가지의 강력한 뜻을 찾을 수 있다.[5]

첫째, 주님의 교회를 세우는 것은 개척자가 아니라 주님 자신이라는 사실이다. 예수님이 건축가이시기 때문에 교회개척자가 개척할 교회를 위해 기도로 시간을 보내면서, 주님으로부터 지시와 인도를 구하는 습관을 개발하는 것이 매우 중요하다.

둘째, 교회개척은 영적인 노력이다. "음부의 권세가 이기지 못하리라"라는 말은 교회가 영적 전쟁을 하고 있다는 사실을 드러내 준다. 예수께서는 이 전쟁에서 교회가 사단의 적진으로 전진해 나가는 것과 복음의 능력으로 사람들에게 자유를 주는 그림을 제공하고 있다. 우리의 싸움은 혈과 육에 대한 것이 아니라, 인간과 초자연적인 힘들에 대한 것이라고 사도 바울은 말했다(엡 6:12). 교회개척이 단순히 적절한 전략들과 방법들을 사용하는 문제라고 생각하는 사람은 자동 무기를 가지고 있는 적에 대해

활과 화살을 가지고 싸움에 임하는 사람처럼 전혀 준비가 되어 있지 않은 사람이다. 그러므로 개척자는 개인적으로뿐만 아니라, 중보기도자들에 의한 기도 전략을 가지고 있어야 한다.

개인기도 전략

교회개척을 위한 기도 토대는 개인기도 전략으로부터 시작된다. 브라질을 포함한 전 세계에 수백 개의 교회를 세우는 데 공헌한 토마스 웨이드 아킨즈는 개인기도 전략에 관해 다음과 같이 제안한다.[6)]

- 찬양 – 찬양으로 기도를 시작하라. 하나님을 찬양하라. 찬양 합창곡을 부르든지 읽어라. 그리고 성경에 나와 있는 기도문들을 읽고, 각 구절을 자신의 것으로 만들라. 하나님을 찬양할 때, 그분의 하나님 되심으로 인해 감사하라.
- 감사 – 감사는 하나님께서 하신 일에 대해 그분께 감사하는 것이다.
- 고백 – 하나님과 독대하는 시간에 최근에 우리가 고백하지 않은 죄를 성령님이 생각나게 할 수 있다. 우리 마음속에 있는 모든 죄들을 고백해야 한다.
- 하나님의 음성 듣기 – 하나님께서는 매일 주로 두 가지의 방법, 즉 성령님과 말씀을 통해서 자녀들에게 말씀하신다. 그러므로 계속해서 성경에 나와 있는 교훈들을 읽고, 그것을 적용하는 것이 필요하다.
- 하나님의 말씀을 자신의 말로 표현하기 – 교회개척자는 성경 구절을 이용해 하나님께 기도할 수 있다. 예를 들면, 에베소서 1장 1절을 이용해 "저를 예수 그리스도의 제자로 불러 주셔서 감사합니다"라

고 기도할 수 있을 것이다. 그런 다음 2절로 진행하라.

· 중보 – 이것은 다른 사람들을 위해 기도하는 것을 의미한다(엡 6:18). 일주일의 각 요일을 기록하고 그 아래에 기도할 사람들의 이름을 기록하라. 예를 들어 주일에는 목사와 교회의 지도자들을 위해 기도하라. 월요일에는 가족과 친구들을 위해 기도하라. 화요일에는 전도 대상자들을 위해 기도하라. 수요일에는 선교사들과 교단 지도자들을 위해 기도하라. 목요일에는 국가의 지도자들을 위해 기도하라(딤전 2:1-2). 금요일에는 교회에서 멀어져 간 사람들을 위해 기도하라. 토요일에는 동료 교인들과 자신의 사역을 위해서 기도하라.

· 묵상과 성경 암송 – 하나님은 교회개척자가 그리스도의 형상을 닮아가기를 원하신다(롬 8:29). 매주 성경 구절 하나를 정하라. 그 구절을 문맥 속에서 읽도록 하라. 하나님께 이 구절에 담겨 있는 영적인 진리들을 보여 달라고 간구하라. 기도 가운데 그 구절을 자신의 말씀으로 만들어라. 성경의 장과 절을 포함하여, 그 구절을 카드에 기록하라. 하루에 여러 번 그 구절을 읽어라. 그 구절을 무의식 속에 넣기 위해, 잠자리에 들기 전에 그 구절을 읽도록 하라.

· 간구 – 이것은 본인의 필요를 단순히 하나님께 내어놓는 것을 의미한다. "그러므로 우리가 긍휼하심을 받고 때를 따라 돕는 은혜를 얻기 위하여 은혜의 보좌 앞에 담대히 나아갈 것이니라"(히 4:16).

기도에 대한 추가적인 사항들은 매스터 라이프(Master Life) 프로그램에서 찾을 수 있다.[7] 이 훈련 안내서에서 에이브리 윌리스는 믿음으로 하는 기도를 위해 다음의 단계를 소개한다. (1) 그리스도 안에 거하라(요 15:7). (2) 말씀 안에 거하라(요15:7). (3) 성령님의 인도하심에 맡기라(요 16:13-15,

14:26). (4) 하나님의 뜻에 따라 구하라(요 15:7, 마 7:7-11). (5) 믿음으로 하나님의 뜻을 받아들이라(요일 5:14-15). (6) 당신을 향한 하나님의 말씀에 기초하여 행하라(요 9:7, 눅 17:14).

또한 이 안내서에서 윌리스는 영적 전쟁을 위해 하나님의 영적 갑옷을 입는 것의 중요성을 강조하고 있다. 그는 "영적 전사는 모든 전쟁을 무릎으로 시작한다"고 말하고 있다. 적을 맞으러 나가기 전에 영적 갑옷에 속한 모든 장비들을 입는 것은 기도를 통해서이다.[8] 그런 다음 윌리스는 기독교인이 어떻게 이 갑옷을 입을 수 있는지를 제시한다.

· 구원의 투구 - 그리스도가 당신을 구원하셨을 때 받았던 구원의 투구를 그려 보라.
· 의의 흉배 - 그리스도가 주셨고 당신 안에 의로운 삶을 열매 맺도록 한 흉배를 그려 보라.
· 진리의 허리띠 - 갑옷의 다른 모든 장비들이 제 위치에 있도록 하는 진리의 허리띠를 그려 보라. 이 구절에서 진리는 완전함과 도덕적인 온전함을 의미한다.
· 평안의 복음의 예비한 것으로 신을 신음 - 당신의 발에 신은 튼튼한 군화를 그려 보라. 평안의 복음의 예비는 당신이 전쟁에 나갈 준비가 되었다는 것을 의미한다.
· 성령의 검 - 오른손에 성령의 검, 곧 하나님의 말씀을 그려 보라. 여기서 말씀이 의미하는 것은 '하나님이 말씀하신 것'을 뜻하고, 하나님께서 특정 상황에 대해서 당신에게 말씀하는 것을 가리킨다.
· 믿음의 방패 - 왼손에 믿음의 방패를 들고 있는 본인의 모습을 그려 보라. 믿음의 방패를 생각할 때, 믿음으로 전진하고, 모든 악의 화전

을 물리치고, 승리를 선포하는 것을 기억하라.

교회개척자가 교회개척이라는 전쟁을 시작하기 전에 영적 갑옷을 입는 것은 필수적이다. 노련한 비행사가 비행을 하기 전에 비행기에 있는 모든 기계들을 확인하는 것처럼, 개척자도 하나님께서 당신의 군사들에게 약속하신 영적 갑옷을 위해 매일 기도해야 한다. 개척자의 개인적인 기도의 삶은 교회개척이라는 과업에 필요한 튼튼한 토대를 제공해 준다.

중보팀 기도 전략

효과적인 교회개척을 위해 교회개척자는 중보팀의 뜨겁고 집중적인 기도의 후원을 지속적으로 받아야 한다. 모든 개척자는 선교를 위한 기도를 위해 자신과 하나가 될 헌신적인 교인들을 찾아야 한다. 기도 동역자들은 기도사역에 완전히 헌신하고 동참해야 될 것이다.

하늘의 기도 동역자들

교회개척자들이 기도 동역자들에 대해 생각할 때 대개 이 땅에 있는 기도 동역자들에 초점을 맞추는 경향이 있다. 댄 크로포드는 우리에게 하늘의 기도 동역자들이 있다는 사실을 상기시켜 준다. 그는 "성자 하나님은 보좌에 앉으신 당신의 기도 동역자요, 성령 하나님은 당신 속에 거하시는 기도 동역자이다"라는 웨슬리 듀웰의 말을 인용하면서 다음과 같이 말했다.

> 우리의 기도 동역자인 예수님은 제자들을 위해서 기도했던 것처럼 우리를 위해서 기도하신다(눅 22:23, 요 17장, 히 7:25). 예수님은 적어도 세 가지 방식으로 우리 기도의 삶에 영향을 미치신다. 우리는 예수님과 일치하여, 그분과 함께 확신

을 가지고, 그분과 함께 인내하면서, 기도하는 법을 배운다. 성령님도 기도 동역자의 역할을 하신다. 로마서 8장 26-27절에 의하면 성령님은 "우리의 연약함을 도우시고", "우리가 마땅히 기도해야 할 바대로 기도할 수 있도록 인도하시고", "우리를 위해서 친히 간구하시고", "우리의 마음을 감찰하시고" 우리로 하여금 "하나님의 뜻"을 분별할 수 있도록 돕는다. 예수님과 성령님이 우리의 기도 동역자로서 일할 뿐만 아니라 천사들도 우리와 동역한다. 천사들은 "구원 얻을 후사들을 위하여 섬기라고" 보내심을 받았다 (히 1:14).[9]

교회개척자가 하나님께서 제공해 주신 하늘의 기도 동역자들을 의지할 수 있다는 것은 매우 고무적인 일이다.

이 땅의 기도 동역자들

하늘의 기도 동역자들뿐만 아니라, 이 땅의 기도 동역자들 또한 교회개척자가 효과적으로 사역하는 데 중요한 역할을 담당한다. 예수님은 제자들에게 함께 기도하라고 말씀했다. "너희 중에 두 사람이 땅에서 합심하여 무엇이든지 구하면 하늘에 계신 내 아버지께서 저희를 위하여 이루게 하시리라"(마 18:19). 또한 '주님의 기도'를 통해 기도의 본을 제시하면서, 그리스도를 따른 모든 사람들은 다른 신자들과의 관계 속에서 살아가고 있음을 강조했다(마 6:9-13). 그와 같은 강조는 예수님의 기도 중에 사용된 모든 일인칭 대명사가 단수가 아니라 복수라는 데서 알 수 있다.[10] 기도 동역자들이 마음을 합하여 하나님의 뜻을 구하고, 교회개척을 위해 그분의 능력과 인도하심을 구할 때, 그들은 개척자를 도와 중요한 역할을 감당하고 있는 것이다.

예비 개척자들은 종종 다음과 같은 중요한 질문을 제시한다. "효과적인 기도 동역자들을 어디서 찾을 수 있습니까?" 로버트 로건은 이 질문에 대해 훌륭한 해답을 준다. 그는 (1) '당신을 위해 기도하겠다' 고 말한 사람들, (2) 전화해서 기도 제목이 무엇인지 묻는 사람들, (3) 그들의 기도에 대한 응답을 받았는지 묻는 사람들, (4) 기도의 사람임이 잘 알려져 있는 사람들, (5) 당신과 사역을 나누고 그 사역을 통해서 서로 마음이 맞는 사람들, 즉 당신이 그들을 좋아하고 그들도 당신들을 좋아하는 경우에 속하는 사람들의 명단을 만들 것을 조언한다.[11)]

예비 개척자들은 이러한 기도 동역자들과 더불어 중보자들을 추가적으로 모을 수 있다. 어떤 교회개척자들은 기도 세미나를 열고 그 과정에서 기도 영역에 은사가 있지만, 한 번도 그 은사를 개발시키지 못한 사람들을 발견한다. 개척자는 그러한 사람들 중에서 기도 동역자들을 찾을 수 있을 것이다.

일단 중보자들을 찾았으면 그들이 자신들의 역할을 이해할 수 있도록 도와주어야 한다. 기도 동역자들과 정기적으로 기도 제목을 나누는 것이 매우 중요하다. 이러한 기도 제목들은 응답의 여부와 시기를 알 수 있도록 구체적인 것이어야 한다. '한 지역 사회를 축복해 달라' 라고 하나님께 구하는 것이나 '대상 그룹에게 전도' 하는 노력을 축복해 달라고 하는 것은 너무 애매모호하다. 반면에 구체적인 기도들은 하나님께서 그 기도에 응답하실 때 중보자들과 개척자가 함께 기뻐할 수 있는 기회를 제공해 줄 것이다.

기도에 관한 정보를 중보자들과 함께 나누는 것은 매우 유익하다. 이렇게 공유하는 정보는 중보자들이 그들 자신의 사역에서 계속해서 자라가도록 도와준다. 중보자들이 개척자를 위해 기도하도록 격려하는 것은 그들의 영적 성장에도 기여할 수 있다.

결론

기도의 토대는 교회개척을 위한 절대적인 요소이다. 교회개척자는 훈련된 기도의 삶을 살아야 한다. 예수님, 성령님, 그리고 하나님의 천사들이 기도팀의 일원이라는 사실을 아는 것은 개척자에게 커다란 확신과 힘을 가져다준다. 중보기도팀의 사역 또한 교회개척의 성공 여부에 중요한 역할을 담당한다. 바울 서신서들을 통해 우리는 바울이 자신의 동역자들을 위해서 기도했을 뿐만 아니라, 그들에게 기도를 요청했던 예들을 찾아볼 수 있다. 바울은 신실한 기독교인들의 지속적이고 뜨거운 기도 없이는 교회개척에 따르는 영적 전쟁에서 이길 수 없다는 사실을 잘 알고 있었다. 개척자는 기도에도 동일한 헌신을 해야 한다.

주

1) For a more extensive discussion on this subject see: Herbert J. Kane, Christian Missions in Biblical Perspective (Grand Rapids: Baker Book House, 1976), 125-138.

2) Albert von Ostertag, Uebersichtliche Geshiehte der protesttische Missionen von der Reformation bis aur Gegenwart (Stuttgart 1858), 4.

3) Roland Allen, Missionary Methods: St. Paul's or Ours? (Grand Rapids: Wm. B. Eerdmanss, 1979), 15-17.

4) Dallas Willard, The Spirit Of The Disciplines (New York: HarperCollins Publishers, 1988), 158.

5) Logan points out in Robert E. Logan, Steven L Ogne, The Church Planter's Tool Kit.

6) Thomas Wade Akins, Pioneer Evangelism (Rio de Janeiro: Brazilian Baptist Convention, 1995), 50-567.

7) Avery Willis, Master Life I, Discipleship Training (Nashville: The Sunday School Board, 1982), 168-173.

8) Ibid., 21.

9) Dan R. Crawford, Connecting With God (Fort Worth: Scripta Publishing, Inc., 1994), 6.

10) Ken Hemphill, The Prayer of Jesus, translated by Jonathan Kim (Seoul: Seorosarang Publishing, 2003), 53.

11) Logan, Ministry Toolkit. 2-6.

4장 복음전도의 토대

교회개척 준비의 모든 단계들 중에서 복음전도의 토대만큼 중요한 것은 없다. 전도는 교회개척에 절대적으로 필요하다. 교회개척자들은 불신자들을 접촉하고, 그들과 좋은 관계를 개발하고, 그들의 신뢰를 얻고, 복음의 기본 진리를 전하고, 그리스도를 구주로 받아들이도록 인도하고, 교회의 삶으로 들어올 수 있도록 세례를 주고, 계속적으로 제자훈련을 받을 수 있도록 해야 한다. 앞 장에서도 강조한 것처럼 성령님의 인도와 사역은 전도의 기본이다. 많은 사람들이 전도에는 오직 한 가지 방법밖에 없다고 생각하는 경향이 있다. 그러나 효과적인 교회개척은 다양한 전도 방법들로 구성된 복음전도의 토대를 필요로 한다.

전도 방법

신약을 연구해 보면 초대 교회가 다양한 복음전도 방법을 사용하도록 인도했다는 사실을 발견할 수 있다. 이러한 방법들 중에는 대중전도, 소그룹전도, 개인전도, 간접전도, 그리고 문서전도가 있다.[1)]

대중전도

초대 교회는 다양한 대중전도 방법들을 사용하였다. 그들은 기회가 있는 대로 예루살렘 성전에서 복음을 전했다(행 5:42). 다른 지역들로 흩어졌을 때, 그들은 회당에서 복음을 전했다. 바울과 그의 동역자들의 전략은 각 도시의 회당에 먼저 가서 그리스도를 구약 예언의 성취로 제시하는 것이었다. 회당의 문들이 닫혔을 경우, 초대 교인들은 다른 공공장소들을 찾았다. 예를 들면, 바울의 경우 두란노 서원을 이용했다(행 19:9). 또한 기독교인들은 실외 모임에서(행 3장), 시장에서(행 17:17) 그리고 경기장에서(행 17:19)도 복음을 전했다.[2)]

각각의 경우는 사도들이 초대 교회의 방법론을 그들이 처한 상황에 적용시킨 것이라고 볼 수 있다. 그들은 단 하나의 방법에 제한 받지 않았다. 한 가지 방법을 사용하다가 장애물에 부딪히면, 다른 방법들과 장소들을 찾았던 것이다.

소그룹전도

초대 교회는 또한 소그룹전도 방법을 사용하였다. 우리는 사도행전에서 가족이 기본적인 사회의 단위라는 것을 보게 된다. 이것은 헬라어 '오이코스'(Oikos)의 개념에 잘 나타나 있는데, 이 오이코스는 기본적으로 가족, 절친한 친구들, 그리고 때때로 가족의 도움까지도 포함한다. 사도행전에서 우리는 '오이코스'라고 불리는 가정의 소그룹이 기도(행 12:12), 교제(행 21:7), 주의 만찬과 교제(행 2:46), 예배(행 20:7), 증거(행 22, 24, 16:32), 훈계(행 5:42), 그리고 제자훈련에 임한 것을 볼 수 있다. 신약성경은 그러한 사람들 즉 야손(행 17:5), 유스도(행 18:7), 리디아(행 16:15), 스데바나(고전 1:16, 16:15) 그리고 요한 마가의 모친(행 12:12)을 언급하고 있다.[3)]

그들은 그 당시 사회의 가장 기본적인 단위인 가정의 소그룹을 고려했고, 그 위에 자신들의 사역을 세워나갔다. 가장 효과적인 의사소통 수단들 중의 하나는 가족 연결망이었다. 이것과 더불어 소그룹전도는 도날드 맥가브란이 주장하는 것처럼 가족의 구성원들을 지도자로 포함시켰다.[4)] 이 방법은 자동적으로 그 당시 문화에 적절한 방법으로 메시지를 전하는데 기여하게 되었고, 많은 가정의 소그룹들이 설립되는 것을 가능하게 했는데, 그 이유는 그들이 복음전도 전략을 수행해 나가기 위해 큰 건물들이나 외부의 재원들에 의존할 필요가 없었기 때문이었다.

개인전도

신약성경을 보면 초대 기독교인들이 폭넓은 개인전도 방법들을 사용한 것을 알 수 있다. 예를 들면, 에디오피아 내시에게 복음을 전한 빌립의 경험은(행 8:26-40) 개인전도의 몇 가지 측면들을 드러내 준다. 다른 신약성경 자료들은 기독교인들이 심방전도, 즉석전도, 그리고 관계전도 등과 같은 다양한 개인전도 형태들을 사용했음을 시사해 준다.

방문전도

방문전도는 특정 시간과 특정 장소에서 사람들에게 계속적으로 복음을 전하는 것이다. 초대 기독교인들은 날마다 성전에 있든지 집에 있든지, 예수는 그리스도라 가르치기와 전도하기를 쉬지 아니하였다(행 5:42). 다시 말하면, 빌립이 에디오피아 내시와 만났던 경험은 그리스도인들이, 불신자들의 접근을 막연히 기다리는 것이 아니라, 불신자들에게 적극적으로 나아가는 원리를 보여 주고 있다. 성경적 전도는 '오라' 라고 초대하는 전도방식뿐만 아니라, 불신자들에게 나아가는 것도 포함한다.

즉석전도

초대 교회가 사용한 또 다른 개인전도 방법은 즉석전도였다. 그들은 복음을 전하는 데 예상치 않은 기회들을 사용했다. 예를 들면, 바울은 강가에서 만난 몇몇의 여인들에게 복음을 전했고, 그 결과 리디아가 회심하였다(행 16:14). 파선을 당하고 난 후 바울은 그 섬의 지도자에게 증거하는 기회를 갖기도 했다(행 28장). 이처럼 초기 기독교인들은 그들의 삶 속에서 즉석으로 복음을 전했다.

관계전도

신약은 초대 기독교인들이 관계를 통해 전도한 경우들을 기록하고 있다. 안드레는 자신의 형 시몬 베드로가 주님의 말씀을 들을 수 있도록 데리고 갔다. "그가 먼저 자기의 형제 시몬을 찾아 말하되 우리가 메시야를 만났다 하고"(요 1:41). 빌립은 자신의 친구 나다나엘에게 동일한 방법을 사용하였다(요 1:45). 고넬료 또한 같은 유형의 전도 방법을 사용했는데, 그는 가까운 관계망인 "일가와 가까운 친구들을 모았고" 그들이 복음을 들을 수 있도록 했다(행 10:24). 이러한 유형의 전도는 전도 받는 사람들이 전도하는 사람을 신뢰하기 때문에 의심과 불신의 장애물들을 극복할 수 있는 좋은 방법이다. 예를 들면, 나다나엘이 "나사렛에서 무슨 선한 것이 날 수 있느냐"(요 1:46)라고 말하면서 예수에 관한 의심을 표명했을 때, 빌립은 단순히 '와 보라' 라고 대답했다. 나다나엘은 빌립을 믿었기 때문에 예수께 나아갔고, 그분 안에 있는 구원을 발견한 것이다.

간접전도

초대 교회는 전도를 위해 직접적인 방법과 더불어 간접적인 방법들을 사용하였다. 「초대 교회의 전도」(Evangelism in the Early Church)에서 마이클 그린은 1세기 기독교인들은 그리스도를 전하기 위해 그들을 방문하는 사람들의 관심을 끄는 한 방법으로 집안의 장식물들을 이용했을 가능성이 있다고 말한다.[5] 이러한 장식물들은 주의 만찬 장면을 묘사하는 모자이크, 물고기 상징, 그리고 기도 자세를 하고 있는 사람들 등을 포함한 것이었다. 분명히 이러한 것들은 신자들에게 커다란 의미를 주었고, 동시에 불신자들이 그것들의 의미에 관해 묻도록 하거나, 혹은 그 의미에 관해 생각하도록 만들었을 것이다. 이러한 의미에서 그들은 간접전도 형태를 사용하고 있었던 것이다.

문서전도

누가복음은 초대 교회가 사용한 문서전도의 한 예이다. 누가는 데오빌로에게 "이는 각하로 그 배운 바를 알게 하려 함이로라"라고 기록하고 있다(눅 1:4). 이러한 '바' (Things)는 "예수의 행하시며 가르치시기"을 뜻한다(행 1:1-2). 사도행전은 누가가 데오빌로에게 믿음에 관해 가르치기 위해 쓴 또 다른 편지이다. 다른 복음서들 또한 이 책의 서두에서 우리가 언급한 것처럼 다른 청중들에게 예수 그리스도의 생애와 사역 그리고 말씀을 전하기 위한 한 방편이었다. 예를 들면, 요한은 자신이 복음서를 쓰게 된 목적을 다음과 같이 설명한다. "오직 이것을 기록함은 너희로 예수께서 하나님의 아들 그리스도이심을 믿게 하려 함이요 또 너희로 믿고 그 이름을 힘입어 생명을 얻게 하려 함이라"(요 20:31). 문서전도는 복음전파에 있어 아주 효과적인 방법이었다.

요약

그러므로 우리는 간략하게 살펴본 신약성경을 통해 초대 교회가 복음을 전하기 위해 대중전도, 소그룹전도, 개인전도, 간접전도, 그리고 문서전도와 같이 매우 다양한 방법들을 사용한 것을 볼 수 있다. 초대 기독교인들은 비록 오늘날 우리가 가지고 있는 기술적인 도구들(라디오, 텔레비전, 전화, 컴퓨터, 팩스기, 비행기 등)을 가지고 있진 않았지만, 그들이 이용할 수 있는 모든 것을 동원해 복음을 전했다. 어느 한 길이 막혔을 경우 그들은 지상명령의 과업을 성취하기 위해 다른 길들을 찾았던 것이다.

그들이 한 가지 방법만을 고집하지 않았다는 점은 매우 중요하다. 다양한 문화, 종교, 그리고 사회경제적인 수준들을 잘 알고 있던 초대 교회는 복음전파를 단 한 가지 방법에 제한시키지 않았다. 예수님이 약속했듯이 성령님의 인도를 믿으며, 그들은 각각의 문화적 상황에 적합한 방식으로 복음을 전하는 자유를 가졌다. 오늘날의 교회개척자들도 그들이 섬기는 사람들의 필요들을 채우기 위해 다양한 복음전도 방법들을 모색해야 할 것이다.

복음전도 방법들의 상황화

21세기 교회개척자들이 직면하는 과업들 중에 하나는 오늘날의 사회를 구성하는 다양한 그룹들에게 적합한 복음전도 방법을 상황화하는 것이다. 그것은 힘들지만 동시에 흥미진진한 일이다. 초대 기독교인들은 복음의 내용에 관해 철저한 확신을 가지고 있었다. 그렇지만 그들은 구원의 복음을 전하는 데 있어서는 매우 창의적이며 융통성 있는 방법들을 사용했다. 그러한 융통성과 창의성을 통합시키는 것이 오늘날의 교회개척자가 직면하고 있는 매우 중요한 과업이다.

어떻게 하면 오늘날 사람들이 복음을 이해하고 긍정적으로 반응할 수 있도록 복음의 거룩한 진리를 전할 수 있을까? 때때로 사람들은 우리가 전하는 복음을 반대하는 것이 아니라, 그들에 대한 우리의 접근방식을 혐오한다. 그렇다면 어떻게 복음전도 방법들을 상황화시킬 수 있을 것인가? 오늘날의 문화라는 상황 속에서 순수한 복음을 전하기 위한 방법들을 개발하기 위해 교회개척자들이 창의적으로 사고할 수 있도록 다음 몇 가지를 제안한다.

대중전도의 상황화

많은 기독교인들은 아직도 빌리 그레이엄에 대한 생생한 기억을 가지고 있다. 이 하나님의 전도자가 영혼을 사로잡는 설교를 하고 구원으로 초청을 했을 때, '내 모습 이대로' 라는 제목의 찬양을 들으면서 수천 명이 앞으로 나아가는 장면을 어느 누가 잊을 수 있을까? 또 어떤 사람들은 루이스 팔라우와 같이 매우 효과적인 전도자들이 인도하는 전도 대회들을 기억하고 있을 것이다. 이 전도자들이 교회개척의 노력들과 연계해서 자신들의 전도 대회들을 이용했다는 점은 매우 흥미로운 사실이다. 아르헨티나의 로사리오에서 루이스 팔라우는 시(市) 대상의 복음전도 대회를 통해 42개 교회들이 개척되는 열매를 맺었다.[6] 플로리다의 올란도 시에서는 빌리 그레이엄 전도 대회와 관련해 30개 이상의 교회들이 개척되었다.[7]

라틴 아메리카에서는 심층전도(Evangelism-in-depth) 방법을 통해 수천 명의 결신자들을 얻었지만 교회들의 성장은 미미했다. 그 상황을 자세히 연구한 결과 내린 결론은 심층전도 방법에는 새로운 교회개척 요소가 부족했다는 것이었다. 교회개척을 심층전도 방법에 추가했을 때 그 결과는 매우 효과적이다.[8] 대중전도의 경우 교회개척 전략은 그 계획과 잘 연결되어야 한다. 예를 들어, 플로리다 전도 대회에서는 교회개척자들을 훈련시키고, 대상 지역 사회 사람들의 마음 밭을 경작하고, 가정 소그룹 성경공부들을 시작하고, 핵심 그룹들을 개발하는 등 교회 하나를 개척하기 위해 상당한 노력과 시간을 들였다. 다른 경우에는 천막이나 임대 건물을 사용했는데, 그곳에서 그들은 몇 달 혹은 몇 년 동안이나 사람들에게 전도하고, 그들을 제자로 만들고, 그런 다음 교회가 시작될 수 있는 핵심 그룹을 형성하도록 대중전도 대회들을 가졌다. 이러한 것들은 교회개척이라는 분명한 목적을 가지고 대중 복음전도 대회를 이용한 몇몇의 예이다.

방문전도의 상황화

방문전도는 교회개척에 필수이다. 이것을 통해 교회개척팀은 교회나 복음주의 기독교인들과 접촉이 없는 사람들을 찾아낼 수 있다. 방문전도를 통해 교회개척팀 구성원들은 때때로 주님의 역사를 경험하고 있는 불신자들이나 복음에 굶주린 사람들을 만나게 된다. 첫 방문을 통해 그리스도를 영접하는 사람들은 마음 밭이 준비된 사람들이다. 이런 사람들은 그들의 삶 속에 생긴 어떤 일 때문에, 혹은 누군가가 이전에 그들에게 복음을 증거 했기 때문에, 아니면 자기 자신들의 종교 전통에 대한 실망의 결과로 그들의 영적인 필요들을 채워 줄 어떤 것을 찾고 있었던 것이다.

그러한 경우, 방문하는 사람은 그 사람들이 복음을 이해하고, 그들이 오랫동안 고려해 왔던 결정을 내릴 수 있도록 도와줄 수 있다. 그러나 많은 경우 이러한 사람들은 예외이지 일반적인 것이 아니다.[9] 그러므로 우리가 생각해야 할 것은, '우리가 방문하는 사람들이 복음을 듣는 것에 흥미를 보이지 않거나 우리가 말하는 것을 이해하지 못할 때 우리는 무엇을 해야 하는가' 이다.

반응을 보이지 않는 사람들을 방문할 때, 무엇보다 우리는 복음과 복음주의 기독교인들에 대한 그들의 태도를 이해하려고 해야 한다. 그리고 우리의 이해를 복음전파의 전략에 포함시켜야 한다. 만일 그들이 복음을 듣는 것을 두려워하거나 거부하는 것이 발견되면, 우리는 후에라도 그들을 그리스도에게로 인도할 수 있도록 그들과 좋은 관계를 형성하고 그들의 신뢰를 얻으려는 노력들을 해야 한다. 즉 방문전도에 대한 우리의 방법은 우리가 사역하게 되는 지역 사회의 수용성의 수준에 맞추어야 한다는 것이다.

너무나 많은 기독교인들이 방문전도는 안 된다는 결론을 내리고 있다. 아마도 이러한 주저함은 그들이 방문을 하면서 경험한 거절 때문에 생겨났을 가능성이 많다. 그러나 이것이 방문전도 그 자체가 버려야 할 방법이라는 의미는 아니다. 다른 유형들의 방문들이 있을 수 있다. 예를 들면,

전도자가 아직 모르는 사람들, 잘 알고 있는 사람들, 가족, 혹은 친구들을 방문할 수 있다. 또한 방문에는 여러 목적들이 있다. 어떤 사람들은 결신하도록 유도할 수 있고, 또 어떤 사람들과는 관계를 형성한 후 다음 방문의 기회를 위해 일단 놓아두어야 하는 경우도 있고, 어떤 사람들에게는 그들이 가지고 있는 필요와 연결되는 교회의 사역을 제공하는 경우도 있고, 적당한 때에 복음 메시지를 전하기 위해 이미 알고 있는 사람과의 우정을 더 돈독히 해야 하는 경우도 있다.

만일 지역 사회가 일반적으로 복음에 대해 거부 반응을 나타낼 경우 첫 방문에 결신을 목표로 하는 복음전도 방법은 그다지 성공적이지 못할 것이다. 다음의 논의에서 우리는 첫 방문에서 복음을 받아들이지는 않는 사람들의 마음 밭을 경작할 수 있는 몇 가지 방법들을 나누고자 한다. 그러나 여기에서 우리가 주목해야 할 것은 이전에 복음을 잘 받아들이지 않는 지역에서 사용한 방문전도의 방법이 좋은 결과를 내지 못했다고 해서 방문전도의 개념 자체를 버려서는 안 된다는 것이다. 우리가 반드시 해야 될 일은 지역 상황에 가장 잘 맞는 유형의 방문을 계속해서 찾아야 한다는 것이다.

즉석전도의 상황화

즉석전도의 중요성은 하나님의 시간표에 따라 만나게 되는 사람들에게 전도하는 것이다. 빌립이 가졌던 에디오피아 내시와의 경험은 이러한 전도의 한 예이다(행 8:16-40). 우리가 즉석에서 복음을 전할 때, 대상자가 복음에 관해 얼마나 알고 있으며 복음에 대한 그의 태도가 어떤지를 아는 것이 중요하다. 그렇게 될 때 우리는 그가 이해할 수 있는 방식으로 복음을 제시할 수 있다. 빌립이 내시에게 물었던 첫 질문은 "그리스도를 영접하겠습니까?"가 아니라 "읽는 것을 이해하십니까?"였다. 그 내시는 성경에 대한 약간의 지식을 가지고 있었고, 영적으로 굶주린 상태였다. 그가 필요로 했던 것은 그에게 성경을 설명해 줄 수 있는 사람이었다. 그러므로 어떤 경우에는 씨를 뿌리고 그들을 위해 기도할 수밖에는 다른 방법이 없다는 것을 인식하는 것은 중요하다. 즉석전도를 통해 전도자는 그가 잘 알지 못하는 사람들에게도 전도하게 된다.

소그룹전도의 상황화

오늘날 많은 기독교인들이 전도를 위해 자신들의 가정을 다양한 방법으로 사용하고 있다. 기독교인들은 자신들의 집을 (1) 식사 초대를 위해 (2) 교제를 위해 소그룹들을 초대하고 그 시간에 간략한 간증을 나누고 그런 다음 일상적인 대화를 나누는 데 (3) 성경공부반을 여는 데[10] (4) 특별 취미반을 제공하는 데(바느질, 요리, 피아노, 영양, 재정 관리, 미술, 수공예, 다이어트, 연극 등) (5) 특별한 클럽을 만드는 데(양질의 기독교 도서들을 포함하는 독서 클럽) (6) 이웃에 이사 오는 가정들과 연락하는 데 (7) 상담이 필요할 경우 조언해 주기 위해 (8) 불신자들과 기독교 영화를 같이 보고 그들과 대화를 나누는 데 (9) 가정 교사로 섬기는 데 사용하고 있다. 기독교인들이 자신들의 집을 이용해 소그룹들을 시작할 수 있는 방법은 많이 있다.

위에서 언급한 방법들은 계속해서 복음전도 수단이 될 수 있다. 여기서 중요한 것은 심지어 소그룹이라 할지라도 사람들의 필요와 특징들에 잘 맞추어야 한다는 것이다. 모든 소그룹이 동일한 유형을 띠지는 않지만 선교의 모든 다른 측면에서와 마찬가지로 토착화가 소그룹전도 방법에 있어서도 중요한 요소이다.

섬김전도의 상황화

전도에 관한 논쟁들 중의 하나는 세 개의 다른 강조점들, 즉 입지(Presence), 선포, 그리고 설득과 관련된다.[11] 입지전도의 목적은 사람들의 필요들에 대해 선한 간증과 자비와 보살핌을 통해 지역 사회에 기독교의 입지를 구축하는 것이다. 선포전도는 사람들이 이해할 수 있는 방식으로 복음을 전하는 데 초점을 맞춘다. 설득전도는 사람들에게 예수 그리스도를 자신들의 구세주로 영접하도록 설득하는 것을 그 목적으로 한다.

어떤 사람들은 입지전도만을 강조하고, 어떤 사람들은 선포전도만을, 또 어떤 사람들은 설득전도만을 강조하는 경우가 있다. 그러나 흥미로운 것은 신약성경에는 위에서 언급한 세 가지 방법뿐만 아니라, 다른 방법들까지도 함께 사용되고 있다는 점이다. 그 예로, 사도행전 2장에서 우리는 기독교인들이 복음을 전하면서 가가호호 방문한 것(46절), 복음을 전하면서 설득한 것(40절), 궁핍한 사람들을 도움으로써 기독교의 입지를 구축한 것 등을 보게 된다. 이러한 이유로 인해 사람들은 기독교인들에 대해 좋은 인상을 갖게 된다(47절).

지역 사회에 기독교의 입지를 구축하기 위해서는 많은 사람들이 복음과 복음주의자들에 관해 가지고 있는 부정적인 인상들과 그릇된 개념들을 지울 필요가 있다. 많은 사람들은 다양한 이유들로 인해, 우리가 종교에 관한 이야기를 할 때 즉각 그들의 마음을 닫아 버린다. 이러한 태도는 우리가 그들을 돕는 일에 관심이 있는 자비로운 사람들이라는 것을 알게 될 경우 바뀌는 경우가 많다.

섬김전도를 상황화하는 첫 번째 단계는 대상 지역 사회에 있는 사람들의 필요와 태도를 파악하는 것이다. 전도자는 이러한 필요와 태도를 몇 가지 방식으로 파악할 수 있다. 첫째, 전도자는 사람들과 면담을 통해 지역 사회의 필요과 태도에 관해 주의 깊게 경청한다. 지역 사회의 필요를 이해하는 또 다른 방법은 관찰이다. 지역 신문을 읽고, 그 지역 사회의 사람들이 직면하고 있는 문제들에 관해 파악하며, 지역 사회의 자명한 필요에 주목하는 것은 그 지역 사회를 이해하는 데 도움이 된다. 또한 지역 사회의 지도자들과 대화를 나눔으로써 전도자가 반드시 인식해야 할 필요와 태도를 파악할 수 있다.

그 지역의 필요가 무엇인지 파악한 다음에는 이런 필요들을 충족시킬 사역들을 기꺼이 감당할 신자들을 찾는 것이 필요하다. 어떤 경우에는 이러한 사역들을 감당할 수 있도록 신자들을 훈련시킬 필요가 있다. 대부분의 교회에는 지역 사회가 필요로 하는 모든 사역들을 제공할 만한 인적, 재정적 자원이 없다. 그러므로 각 교회는 그들이 가지고 있는 자원을 바탕으로 감당할 수 있는 사역들을 택해야만 할 것이다.

이러한 사역들은 개인들을 위한 것일 수도 있고 어떤 경우에는 가족들, 또 다른 경우에는 그룹들을 위한 것이 될 것이다. 어떤 그룹들은 다른 나라에서 이주해 현지어와 관습들을 배울 필요가 있는 사람들일 수 있다. 또 다른 그룹들은 마약 중독자들, 알코올 중독자들, 사랑하는 사람을 잃어버린 사람들, 심각한 문제아의 부모들, 자신들의 결혼생활을 개선하고자 노력하는 부부들, 장애아를 가진 부모들, 실직을 하고 적당한 직장을 구하기 위해 자신들의 기술들을 개발해야 하는 사람들, 죄수의 가족들, 도움과 벗이 필요한 노인들, 육아법을 배우고자 하는 엄마들, 새로운 환경에 적응하는 법을 배워야 할 필요가 있는 사람들, 주말과 방학 때 놀이를 필요로 하는 아이들, 하루 종일 집 안에 있는 여성들, 재정관리법을 배워야 하는 가족들, 그리고 배우자를 잃고 홀로서기에 적응해야 하는 과부와 홀아비들일 수 있다. 간단히 말해, 교인들이 주님의 이름으로 섬기는 동시에 복음의 씨앗이 심겨지도록 마음 밭을 경작할 수 있는 기회들을 제공해 줄 수 있는 수많은 필요들이 있다.

섬김전도의 한계 중 하나는 사람들에게 구원의 메시지를 전하려는 노력은 하지 않고 사람들을 섬기는 데만 모든 시간을 보낼 수 있다는 것이다. 어떤 경우에는 이러한 활동들이 우리가 앞에서 언급한 것처럼 매우 중요한 요소인 사전전도로 간주 될 수 있다. 그러나 어떻게 간증을 하고, 언제 성경공부를 시작하고, 언제 예수 그리스도를 그들의 구세주로 영접하도록 사람들을 인도할 것인지를 알기 위해서는 반드시 주님의 인도하심을 구해야 한다. 이러한 유형의 전도는 사람들이 복음을 듣지 못하도록 방해하는 장애물들을 극복해야 할 상황에서 특별히 요구된다.

관계전도의 상황화

관계전도는 몇몇 종류의 사람들에게 전도하기 위해서 필수적인 것이다. 관계전도는 전도 대상자에게 복음에 대한 지식이 없어 어느 정도의 작업이 필요한 경우 사용할 수 있는 전도 방법이다. 이러한 경우 일련의 성경공부를 사용하는 복음전도 전략이 전도 대상자가 점차적으로 복음의 의미들을 이해하는 것을 도와줄 수 있다.

또한 관계전도는 복음에 대해 부정적인 태도들을 가지고 있을 때 필요하다. 복음에 대한 이러한 부정적인 태도들은 그들의 종교에서 배운 것으로부터 기인하는 경우가 많다. 이러한 경우 좋은 관계를 형성할 뿐만 아니라, 인내심을 갖고 점차적으로 복음의 기본 진리들을 설명하고, 성령님께서 그들의 마음에 역사하여 그들이 자신들의 의심들을 물리치고 예수 그리스도를 그들의 구세주로 영접할 수 있도록 기도하는 것이 필요하다. 관계전도는 그들이 신뢰할 수 있는 사람들의 입으로부터 복음 메시지를 듣기 원하는 사람들을 전도하는 데 필요하다. 대인 의사소통의 전문가들은 청취자가 메시지를 받아들이기 위해서는 화자를 믿어야 한다고 말한다.

관계를 통해 복음을 전할 때 전도 대상자는 이미 전도자에 대해 높은 신뢰감을 가지고 있고, 그 결과 메시지를 받아들일 수 있는 가능성은 크게 향상된다. 사람들이 교회에 출석하게 된 이유를 파악하기 위해 실시된 조사에 의하면 스스로 교회를 출석한 경우는 10퍼센트였고, 목사의 사역을 통해서 출석한 경우는 20퍼센트이며, 가족과 친구들의 영향과 사역의 결과로 교회를 출석한 경우는 70퍼센트(어떤 교회들의 경우에는 90퍼센트)에 달했다.[12] 이러한 수치는 분명히 나라와 지역 사회마다 다를 것이다. 그러나 분명한 것은 자신이 신뢰하는 사람들의 말만 듣는 사람들에게 전도하기 위해서는 가족과 친구의 사역이 절대적으로 필요하다는 것이다.

한 교회의 복음전도 전략은 그 교인들을 전도에 민감하게 하고, 또 직접 전도를 할 수 있도록 준비시키는 데 있다. 그러면 교인들은 그들이 이미 알고 있는 사람들에게 복음을 전할뿐만 아니라, 다른 사람들에게 복음을 전할 수 있는 입장에 설 수 있도록 그들의 관계 범위를 확장시킬 것이다. 한 연구에 따르면, 사람들이 복음주의 교회의 일원으로서의 기간이 길면 길수록 교회 밖의 친구는 그만큼 적어진다고 한다.[13] 긍정적인 면에서, 이런 관계의 변화는 새로운 신자들이 교회의 교제를 즐기고 그들에게 부정적인 영향을 주는 사람들과는 관계를 끊었다는 것을 시사해 준다. 그러나 반면에 교인들이 불신자인 친구들과 관계를 끊기 때문에, 교회의 복음전도 잠재력을 감소시키는 결과를 가져온다.

그러므로 교회는 교인들이 전도 대상자들의 삶에 적절한 방식으로 복음을 전할 수 있는 위치에 있을 수 있도록 그들의 이웃들, 동료들, 그리고 친지들과 좋은 관계를 맺게 하는 전략을 세우고 권장해야 한다. 관계전도 전략에는 우리의 영향권 안에 있는 사람들을 분석하고, 그들이 복음에 대한 지식을 얼마나 갖고 있는지 파악하고, 예수 그리스도와 개인적인 경험을 가질 수 있도록 인도하기 위해 좋은 관계를 더욱 돈독히 하는 구체적인 계획이 포함되어야 한다.

이를 위한 첫 번째 질문은 '누가 나의 영향권 안에 있는가' 라는 것이다.

친척들

삶 속에서 우리는 많은 사람들과 관계를 형성하고 있다. 일차적으로 가까운 관계는 가족들과의 관계이다. 당신의 예루살렘에서 당신은 부모, 형제자매, 조부모, 이모, 이모부, 숙모, 숙부, 그리고 사촌과 확대 가족관계를 맺는다. 이러한 사람들은 당신과 가장 가까운 사람들이다. 당신은 그들을 잘 알고 있고, 그들의 필요들을 인식하고 있으며, 그들은 당신을 신뢰한다. 그러므로 당신은 그들의 삶에 적절한 방식으로 복음을 전할 수 있는 최상의 위치에 있는 것이다.

당신과 관계를 맺은 이러한 사람들은 하나님께서 목적을 가지고 당신의 영향권 속에 둔 사람들이다. 때때로 우리는 가장 가까이 있는 사람들은 간과하고 완전히 낯선 사람들에게 우리의 복음전도 노력의 초점을 맞추는 경향이 있다.[14] 일반적으로 가족들의 경우 당신은 그들의 세계관과 종교적인 신념들을 연구하는 데 시간을 쏟을 필요가 없다. 당신은 개인적으로 그 사람들과 친하고, 그들에게 복음 메시지를 전할 수 있는 최상의 전략을 만들 수 있는 위치에 있기 때문이다. 가장 친하고 또 가장 많은 공통점을 가지고 있는 사람들이 바로 우리가 전도를 시작할 수 있는 우리의 예루살렘에 있는 사람들이다.

친구들

친척관계를 가지고 있는 사람들을 제외하고, 당신이 매일 만나는 사람들이 있다. 이 사람들은 당신과 공통된 관심사를 가지고 있고(친구들) 공통된 지역 사회(이웃들)에 살고 있는 사람들이다. 이 사람들과는 가족들만큼 그렇게 강한 유대관계를 가지고 있지는 않지만, 당신이 그들에게 주님에 대해서 말할 때 그들이 귀를 기울일 수 있을 정도로 깊이 있는 의사소통의 수준으로 끌어 올릴 수 있다.

이웃들

친한 우정관계를 가지고 있지는 않지만 서로에 대해 어떤 필요들을 갖고 있어, 그것들을 통해 복음을 전할 수 있는 기회를 포착할 수 있는 사람들이 있다. 비록 그들을 친한 친구로 여기지는 않지만 그들을 더 잘 알기 위해 시간을 낼 수 있고, 그들에게 복음을 가장 잘 전할 수 있는 방법을 알기 위해 그들과 친구가 될 수도 있다.

모르는 사람들

모든 전도자는 개인적으로 관계를 맺을 기회를 갖지 못했더라도 같은 지역 사회에 살고 있는 사람들을 늘 생각하고 있어야 한다. 이러한 사람들은 우리와 유사한 종교 배경을 가지고 있을 수 있고, 아니면 세계의 주요 종교들(이슬람교, 힌두교, 불교, 정령주의, 혼합주의) 중의 하나를 신봉하고 있을 수 있으며, 아니면 현대 불신자 그룹(세속주의자들, 후기 근대주의자들)의 일원일 수 있다. 이런 불신자들과 당신 사이에 비록 커다란 지리적 거리는 없다 할지라도 넘어야 할 종교적, 철학적인 거리감은 존재한다. 이런 대상 그룹들을 전도하기 위해서는 그들의 세계관, 종교적인 신념, 기독교에 대한 태도 및 이러한 그룹들을 전도해 본 적이 있는 경험자들이 제시하는 방법론 등을 연구하는 것이 필요하다. 좋은 관계는 복음을 전할 수 있는 가장 좋은 방법이 될 수 있다. 그러므로 관계전도의 첫 단계는 당신의 세계에 있는 사람들을 분석하는 것이다. 구원의 메시지를 전하기 위해 당신과 좋은 관계를 맺어야 될 사람들이 있다는 점을 기억하자.

결론

초대 교회는 성령님의 인도에 따라 다양한 복음전도 방법들을 사용하였다. 복음전도 방법들을 상황화하는 것은 오늘날의 교회개척자들이 직면하고 있는 가장 큰 도전들 중의 하나이다. 유념해야 할 한 가지 중요한 원리는 교회개척자가(어떤 적절한 방법들을 사용하든지 간에) 불신자들과 의미 있는 접촉을 많이 해야 한다는 것이다. 교회개척자들은 복음전도에 있어 어떤 특정 방법을 선호할 수도 있다. 그러나 여기에서 중요한 것은 어떤 방법이 대상 그룹에 가장 효과적인 방법인가 하는 것이다. 만일 교회개척자가 가장 선호하는 방법이 그 지역 사회에서 가장 효과적이지 못하다면, 그는 효과를 높이기 위해 기꺼이 새로운 방법들을 배워야만 한다.

교회개척자들이 대상 지역 사회의 유형을 파악하는 것 외에도 복음 메시지에 대한 지역 사회의 태도와 그들이 결정을 내리는 과정을 이해하는 것은 매우 중요하다. 그 지역 사회에서 이루어지는 의사 결정의 과정을 이해함으로써 전도자는 그 지역 사회 주민들이 그리스도를 믿는 결정을 내릴 때, 그들에게 효과적인 의사 결정 방법들을 제시할 수 있다.

주

1) For a more complete discussion of this point, see, Daniel Sanchez, Iglesia:Crecimientoy y Cutlura (Nashville: Convention Press, 1993), 21-56.

2) For further discussion of this concept, see Michael Green, Evangelism in the Early Church (Grand Rapids, MI: William Eerdmans Publishing Co., 1970), 194-207.

3) Ibid., 207-208.

4) Donald McGavran, Understanding Church Growth (Grand Rapids: Eerdmans Publishing Co., 1970).

5) Michael Green, Evangelism In The Early Church, 216-18.

6) E. Edgardo Silvoso, "In Rosario it was different -- crusade converts are in churches," Evangelical Missions Quarterly, 14, No. 2 (April 1978): 83-88.

7) 빌리 그레이엄 전도 대회 후 시작된 교회의 분석은 다음의 자료를 참고할 것: M. Rodney Webb, Church Planting as a Method of Assimilating New Converts from the Tampa Bay Area Billy Graham Crusade. D.Min./Missiology project, Trinity Evangelical Divinity School, 2001.

8) Malcolm R. Bradshaw, Church Growth through Evangelism in Depth (South Pasadena: William Carey Library, 1969).

9) 랄프 네이버에 의하면 미국에서 이런 범주에 속하는 사람은 단지 5퍼센트밖에 되지 않는다. Ralph Neighbor, Target Group Evangelism: Reaching People Where They Are

(Nashville, TN: Broadman Press, 1975), 18. 어떤 나라에서는 비율이 더 낮을 수도 있고, 또 어떤 나라에서는 그 비율이 더 높을 수도 있다.

10) See Carlos Mraida, La Iglesia en las Casas: Manual Para Ciculos Familiares (The Church in the Homes: Manual For Family Cell Groups) (Buenos Aires, Argentina: Asociacion Bautista Argentina De Publicaciones, 1988).

11) Elmer L. Towns, "Evangelism: They Why And How," in Church Growth State of the Art, ed., C. Peter Wagner (Wheaton)., IL: Tyndale House Publishers, 1986.

12) Lyle Schaller, Assimilating New Members (Nashville: Abingdon Press, 1978), 76.

13) W. Charles Arn, Master Plan for Making Disciples (Pasadena, CA: Church Growth Press, 1982).

14) W. Oscar Thompson, Concentric Circles of Concern (Nashville, TN: Broadman Press, 1981), 21.

5장 전략적 토대

전략적 토대는 교회개척 준비 단계에 있어 매우 중요한 위치를 차지한다. 사실 모든 교회개척에 있어서 가장 중요한 결정 중의 하나는 사용할 모델을 결정하는 것이다. 성공적인 교회개척자들은 새 교회개척을 위해 많은 모델들을 고안하고, 개발하고, 실행해 왔다.[1)]

이 장에서 우리는 모델들을 (1) 양육 모델, (2) 개척 모델, (3) 동역 모델, (4) 증가 모델, (5) 종족 그룹 모델 등의 다섯 가지로 나누어 제시한다. 각 모델은 장점과 단점들을 가지고 있다. 이러한 모델들과 그것들이 가지고 있는 장단점들을 이해하는 것은 교회개척자가 적합한 모델을 선택하고 그것의 장점을 극대화하면서 동시에 단점과 약점을 최소화하는 것을 도와줄 것이다.

양육 모델

양육 모델은 모교회(후원 교회)가 지교회 개척의 책임을 감당하는 방법을 사용한다. 이 모델에서 후원 교회는 새 교회가 교인, 재정 및 시설들의 일부를 사용할 수 있게 해 준다. 양육 모델을 약간씩 변형한 모델들도 존재한다.

모교회-지교회

양육 모델의 변형인 '모교회–지교회' 모델은 가장 흔히 사용되는 유형이다. 후원 교회는 새 교회를 위해 광범위한 책임을 감당하는데, 사실 모교회는 지교회의 개척과 성장에 관련된 사역을 전반적으로 담당하게 된다. 이 모델은 기존의 교회들이 새 교회들을 개척하는 주된 역할을 감당해야 한다는 확신을 가지고 있는 유수한 교단들의 교회론과 일치한다. 모교회는 여러 가지 방식으로 모교회와 지교회의 관계를 형성할 수 있다.

이주(Colonizing)

이 유형은 모교회가 새 교회를 개척하기 위해 핵심 그룹을 새로운 지역사회에 보내는 것이다. 이 유형은 몇 가지 장점을 가지고 있다. 첫째, 새 교회는 처음부터 교회의 사역들을 이끌 지도자들을 가지고 있다. 둘째, 새 교회는 사역을 해 나갈 수 있는 재정적인 바탕을 가지고 있다. 이 핵심 그룹의 십일조는 새 교회를 개척하는 데 필요한 재원을 제공하게 된다. 셋째, 새 교회의 지도자들은 처음부터 튼튼한 교리적인 토대를 가지고 있다. 넷째, 핵심그룹은 모교회와 강한 유대관계를 가지고 있고, 모교회는 새 교회를 지속적으로 후원한다. 다섯 번째, 새 교회는 시작부터 교인들과 출석자들을 가지고 있다. 이 모델에는 몇 가지의 단점들도 있다. 첫째, 핵심 그룹은 모교회의 복사판을 만드는 데 헌신할 지도 모른다. 모교회의 가치관과 활동이 칭찬할만한 것일 수도 있지만, 만일 사역의 초점이 지역 사회와 동떨어져 있다면, 새 교회도 새로운 지역 사회와 완전히 동떨어진 교회가 될 것이다. 둘째, 핵심 그룹의 일원들은 서로 너무나 편하기 때문에 복음전도보다는 유지 사역으로 기울어질 수도 있다. 셋째, 핵심 그룹의 일원들은 대상 지역 사회에서 등장하는 새 교회 내의 지도자들에 대해 거부 반응을 보일지도 모른다. 새 지도자들은 교회와 교단에 대해 아는 것이 거의 없는 풋내기들로 보일 수도 있다. 이러한 태도는 새 교회가 지역 사회와 일치감을 가지고 그 지역 사회를 이해하는 데 방해가 된다. 넷째, 또 다른 단점은 모교회가 지교회에게 독립적이고 자생적인 교회로 발전해 나갈 수 있는 기회를 주지 않고 너무 많은 통제를 할 수 있다는 것이다. 다섯 번째, 이 모델은 핵심 그룹의 구성원들이 언제까지 새 교회 사역에 동참할 수 있느냐에 따라 달라질 수 있다. 여섯 번째, 핵심 그룹은 새 교회가 자신들에게 속한다고 생각하거나 아니면 자신들이 새 교회의 삶과 사역에서 중요한 위치를 차지해야 된다고 생각함으로써 새 교회에 대해 주인 행세를 할 수 있다. 위에 열거한 사항들은 중요한 단점들이다. 그러나 미리 생각해 보고 계획함으로써 이러한 단점들을 최소화할 수 있고, 결과적으로 이 모델이 제공하는 커다란 장점들을 살릴 수 있다.

기동 부대(Task Force)

양육 모델의 변형인 기동 부대 유형은 이주 접근법과 많은 유사점을 가지고 있다. 두 접근법의 주된 차이는 핵심 그룹이 새롭게 형성되는 교회에 머무를 의도를 갖고 있지 않다는 것이다. 처음부터 그들은 새 교회가 설립되면 모교회로 돌아갈 계획을 갖고 있다.

교회개척을 위해 기동 부대 유형을 사용할 경우 지혜로운 교회개척자는 일시적인 기동 부대(핵심 그룹)가 떠날 때 생기는 여파를 최소화하기 위한 방안을 마련할 것이다.

첫째, 교회개척자는 핵심 그룹의 지도자들에게 그들이 모교회로 돌아가기 전에 새 교회의 교인들을 훈련시킴으로써 본인들과 같은 지도자들을 만들도록 격려한다. 둘째, 핵심 그룹의 일원들이 미리 계획하고 조정하여 한꺼번에 모두 다 떠나는 것을 피하도록 해야 한다. 이러한 절차는 새로운 지도자들이 생겨나고, 훈련받고, 새로운 사역의 책임들을 감당할 수 있게 해 준다. 기동 부대 일원들은 그리스도에 관해 "그는 흥하여야 하겠고 나는 쇠하여야 하리라"(요 3:30)고 말한 세례 요한의 태도를 가져야만 한다. 셋째, 기동 부대의 일원들은 모교회에서 새 교회에 출석할 교인들을 추가적으로 모집하여 그들의 재능, 헌신, 그리고 지원을 받을 수 있을 것이다. 그러한 모집은 모교회의 지도자들이 알고 동의하는 가운데 이루어져야 할 것이다. 경험에 의하면 새 교회에 모교회의 교인들을 내어줄 경우 그 모교회는 새 교회를 섬기기 위해 떠난 사람들을 대신하는 새로운 사람들을 받아들이게 된다.

모교회-위성교회[2)]

양육 모델의 한 변형인 모교회-위성교회 형태에서 후원 교회는 다른 지역 사회에 있는 여러 개의 지교회들을 개척하고 후원할 수 있다. 이 모델은 몇 가지의 장점을 가지고 있다.

첫째, 지교회들은 모교회의 후원을 받는다. 이러한 교회들은 모교회 사역의 연장으로 간주되기 때문에 그들은 재정과 인력 면에서 강력한 지원을 받는다. 둘째, 위성교회들은 모교회의 이미지로 인해 도움을 받는다. 한 도시에서 모교회가 잘 알려져 있고 존경을 받고 있다면, 새 교회들은 그들의 지역 사회에서 긍정적인 이미지를 개발해야 한다는 측면에서 이미 점수를 따고 들어가는 것이 된다. 셋째, 이 유형은 모교회가 그 도시에서 다양한 문화 및 사회경제적 그룹들 내에서 사역을 할 수 있게 해준다. 각 위성교회는 다른 그룹을 목표로 하여 모교회에서 불편함을 느끼는 사람들을 전도할 수 있다. 또한 이 유형은 모교회와 다른 유형의 예배와 교제를 원하는 사람들에게 적합할 수 있다. 모교회-위성교회 접근법의 네 번째 장점은 이러한 그룹들이 아파트나 클럽 회관 등에서 만날 수 있기 때문에 건물이나 장비들을 필요로 하지 않는다는 점이다. 다섯 번째의 장점은 교회들이 이러한 모델의 접근법을 통해 그들 교회의 교인들의 수가 감소하는 것이 아니라 증가하는 것으로 본다는 점이다. 이러한 관점은 교회들이 연합하여 교회개척에 동참하는 것을 가능하게 해 주는데, 그 이유는 그들이 새 교회가 생겨남으로 인해 그들의 교인의 수가 감소한다고 생각하지 않기 때문이다.

이러한 장점들과 함께 모교회-위성교회 모델은 몇 가지의 잠재적인 단점들을 가지고 있다. 아마도 이러한 단점들 중에서 가장 큰 것은 모교회가 이러한 교회들을 단지 '영원한 연장 센터들' 로 보고 새 교회들이 독립적인 교회들로 발전하는 것을 원하지 않을 수 있다는 점이다. 교회개척 노력은 새 교회로 하여금 적당한 때에 기성교회가 될 수 있도록 격려하는 융통성 있는 방법론을 사용하도록 함으로써 이러한 단점을 극복할 수 있다. 모교회는 회전문 접근법을 이용할 수 있는데 이것은, 모교회가 한 바퀴 돌아서 그 도시의 다른 그룹들 속에 새로운 위성교회들을 개척하는 것을 의미한다.

다른 위성교회들은 재정과 인력의 한계(이동률이 높은 곳의 지역 사회들의 경우)로 인해 모교회의 계속적인 연장 사역으로 남을 수 있다. 그러나 장기간에 걸쳐서 위성교회들을 책임지는 것은 '놓아주기'를 원치 않기 때문이 아니라, 위성교회의 필요에 의해서 생겨나야 한다. 위성교회를 지속적으로 통제하는 것이 모교회의 통계에 그들의 숫자를 포함시키려는 의도 때문에 생겨나서는 안 된다. 위성교회를 계속적으로 잡아두려고 하는 동기가 이 모델의 가장 큰 단점이다.

이 모델의 또 다른 단점은 기성 교회가 될 수 있는 잠재력을 가지고 있는 새 교회들이 모교회에 대해 의존적인 태도를 형성함으로 실패할 가능성이 있다는 데 있다. 모교회는 위성 교회가 독립성에 방해가 되는 의존적인 경향을 갖는지 그렇지 않은지를 지켜보아야 한다. 모교회-위성교회의 유형에 있어서도 목표는 독립적이고 재생산하는 교회가 되어야 한다. 모교회와 위성교회 모두 이 모델을 실행하기 전에 이러한 잠재적인 단점들을 해결해야 한다. 이 모델의 부정적인 요소들이 사역의 효과를 약화시킬 수 있기 때문이다. 그러나 실제적으로 이 모델의 장점이 부정적인 측면보다 훨씬 더 많다.

후원 교회-활성화 계획

교회개척 양육 모델의 또 다른 변형 형태는 후원 교회-활성화 계획으로써 기존의 교회가 감소하고 있거나 죽어가고 있는 교회들의 활성화를 돕는 것을 말한다.[3] 모교회는 지도력, 입안, 재정, 교회의 비전과 유효성을 다시 회복시켜 줌으로써 감소하거나 죽어가는 교회들을 도울 수 있다. 그 의도는 교회가 생명력을 되찾도록 도와주는 것이다. 이 모델을 실행하기 위해서는 언약을 수립해야 한다. 일반적으로 이 언약은 (1) 죽어가고 있는 교회를 지교회의 수준으로 올려놓기, (2) 후원 교회와 지교회의 교인들로 구성된 전환위원회를 임명하기, (3) 재정과 시설에 관해 전환위원회가 필요한 결정을 내릴 수 있도록 힘을 주기, (4) 지교회의 교인들을 훈련시키기, (5) 지역 사회 연구하기, (6) 전도 전략을 입안하기, (7) 새로운 목회 지도력을 사용하기, (8) 교회 활성화를 시작하기 등을 포함한다. 실제적으로 이 방법은 기존 교회의 활성화를 목적으로 하지만, 실제적인 측면에서 볼 때 사라져가고 있는 교회를 회복시키기 때문에 교회개척과 동일한 결과를 얻을 수 있다.

후원 교회-교정 계획

교회개척 양육 모델의 네 번째 형태인 후원 교회-교정 계획은 활성화 계획과 많은 공통점을 가지고 있다. 차이라고 하면, 교정 과정에 있어서 이전에 있었던 교회가 공식적으로 더 이상 존재하지 않는다고 선언한다는 점에 있다. 일반적으로 이런 경우 이전에 있던 교회의 모든 사역들과 활동들을 폐하고, 지역 사회에 이 교회가 해체되었다고 알리는 데 어느 정도의 시간이 든다.

종종 새 교회의 사역의 초점은 해체된 교회의 사역의 초점과 다르다. 새 사역 그룹은 새 교회가 시작되는 지역의 특성을 연구하는 것을 사역의 시작으로 삼기 때문에 새로운 감격, 생명감 그리고 새 목적의식이 생겨남을 경험한다. 그러므로 실제적으로 이것은 하나의 새로운 교회개척인 것이다. 이 유형은 몇 가지 장점들을 가지고 있다. 첫째, 완전히 새로 시작하는 교회들이 가지고 있지 않은 자원들(교회 건물 등)을 이미 갖고 있다. 둘째, 일반적으로 후원 교회는 지역 사회 연구, 필요 파악, 적합한 전략 수립, 적절한 인력 확보, 인력과 재원 확보를 위한 지원과 같은 분야에 기술을 보유한 사람들을 가지고 있다.

한 가지 단점이라고 한다면, 기존의 건물을 유지하는 데 너무 많은 비용이 들어 새 교회가 다른 일들을 전혀 할 수 없는 경우가 있다는 것이다. 그러나 단점은 그 건물의 일부만 세를 내거나, 아니면 건물을 통해 수입을 올릴 수 있는 사역을 실시함으로써 극복될 수 있다. 또한 후원 교회는 재정 후원과 수리에 필요한 사람들을 제공함으로써 필요한 보수들을 도울 수 있다. 두 번째 단점은 지역 사회가 해체된 교회에 대해 가지고 있는 부정적 태도와 관련이 있다. 여기서 발생하는 단점은 옛 교회를 잠시 동안 완전히 폐쇄하고, 어느 정도 시간이 경과한 후 지역 사회에 완전히 새롭고 다른 교회가 출발한다고 알림으로써 극복할 수 있다.

선구자 모델

교회개척에 필요한 두 번째 그룹의 모델은 선구자 모델이다. 그 주된 특징은 교회개척자가 후원 교회에서 파송하는 핵심 그룹 없이 완전히 밑바닥부터 시작해야 한다는 점이다. 이 모델은 후원 교회를 포함시키지 않기 때문에, 교회개척자는 교회개척팀이나 재원 혹은 현장 지도와 같은 것에 전혀 의지할 수 없다. 이것이 의미하는 것은 교회개척자가 가만히 앉아서 핵심 그룹을 물려받는 것이 아니라, 직접 나서서 그들을 모집해야 한다는 것이다. 즉 교회개척자는 이미 만들어진 교회개척팀을 갖고 있지 않기 때문에, 새 교회가 시작되는 새로운 터에서 교회개척팀을 개발해야 한다. 이 접근법의 어려움은 지역의 지도력이 천천히 개발되며 교단에 대한 이해가 매우 제한적일 수 있다는 점이다. 이러한 한계는 새로운 교회에 훈련받지 않고, 동기 부여가 되어 있지 않은 지도자들이 있는 경우 심각해 질 수 있다. 또한 새 그룹이 교회개척자가 소속하기를 원하는 교단의 교리들을 잘 이해하지 못하거나 좋아하지 않을 경우 긴장감이 발생할 수 있다. 그러나 이러한 잠재적인 단점들은 실제적으로 장점들이 될 수 있다. 첫째, 과거에 효과적이었던 전통적인 접근법을 버리고 교회개척자가 생각하는 성경적인 우선순위를 반영하는 새 교회가 만들어질 수 있다. 둘째, 새 교회의 교인들은 보통 그 지역에서 생겨나기 때문에 거의 자동적으로 토착화될 것이다. 셋째, 새 교회는 재생산하는 유전 인자를 개발할 수 있다. 넷째, 이 모델은 뛰어난 교회개척 능력을 가지고 있는 교회개척자에게 무제한의 기회들을 제공해 준다. 많은 교회개척자들이 선구자 모델의 교회개척을 할 수 있을 것이다.

교회개척자-개발가

선구자 모델의 한 변형인 교회개척자–개발가 형태는 처음부터 새 교회에 남아 그 교회가 하나의 교회로써 발전할 수 있도록 인도하고자 하는 의도를 가지고 있는 교회개척자를 포함한다. 이것은 교회개척자가 주어진 지역 사회로 부름을 받고 헌신했다는 마음가짐을 요구한다. 교회개척자–개발가는 그 지역 사회에서 교회를 개척하는 데 필요한 모든 것을 감당하고, 그곳에 머물러 그 교회를 발전시키고, 그 교회가 다른 교회들을 개척하도록 인도하는 데 헌신해야 한다. 이러한 유형의 사람은 목회 기술뿐만 아니라 교회개척 기술을 가지고 있어야 하고, 그러한 은사들을 그 교회가 가지고 있는 모든 잠재력을 온전히 발전시킬 수 있도록 인도하는 데 사용할 수 있어야 한다.

교회의 비전은 주어진 지역 사회에 교회를 시작하고 설립하는 것으로 끝나지 않는다. 교회개발가는 그 새로운 교회가 다른 새 교회들을 개척하는 책임을 감당하도록 인도하는 데 힘을 써야 한다.[4] 이런 식으로 계속적인 교회개척 운동이 시작될 수 있다.

교회개척자-선구자

선구자 모델의 교회개척자-선구자 변형은 새 교회를 개척한 후, 다른 지도자에게 그 교회를 성숙시키는 과업을 넘겨주고, 다른 지역으로 가서 교회개척 과정을 반복하는 교회개척자를 포함한다. 선구자 역할을 하는 교회개척자는 주로 교회개척에 은사가 있다. 일반적으로 이런 사람은 일단 교회가 개척되고 나면 더 이상 그 교회를 개발시킬 비전이나 열망, 혹은 기술을 가지지 않게 된다. 이러한 유형의 사역자는 일단 처음의 흥분되는 단계가 끝나고 유지와 행정적인 문제들에 많은 시간을 보내게 될 경우 싫증을 느끼게 된다. 이러한 교회개척자의 특성은 주로 새 교회들을 개척하는 데 필요한 은사들을 가지고 있다는 점이다. 이러한 유형의 사람이 교회 개발 은사들을 가지고 있지 않다는 점에 실망하지 말고, 그가 가지고 있는 교회개척의 은사들을 극대화하고, 그가 다른 지역으로 가서 그 과정을 계속 반복할 수 있게 해 주는 전략을 세워야 할 것이다.

모든 사람들이 교회개척의 은사를 가지고 있지는 않기 때문에 교회개척자-선구자 유형의 사람들을 위한 특별한 전략과 지원 시스템이 개발되어야 한다. 이러한 사역자들은 이동성과 적응성이라는 장점들을 소유하고 있다. 교회개척자-선구자로서의 기술과 태도를 지닌 사역자들을 찾고 개발함으로써 교회개척 운동이 활발해질 수 있다.

동역 모델

교회개척의 세 번째 주요 모델은 동역 모델로써 기존의 교회와 새 교회개척 그룹의 자원들을 연합하는 것을 특징으로 한다. 교회와 교회 혹은 교회와 교단 기관 사이의 협력을 통해 새 교회들을 많이 개척할 수 있다. 이러한 동역 모델은 몇 가지 형태로 나누어진다.

다중 후원 모델

다중 후원 모델은 여러 교회들이 새로운 교회를 개척하기 위해 동참하는 것을 특징으로 한다. 이 모델의 장점은 다음과 같다.

첫째, 이 접근법을 통해 후원 그룹들이 교회개척자와 새로운 교회가 필요로 하는 재원, 인력, 물질, 광고, 교통, 시설 및 다른 자원들을 제공할 수 있다. 동역 교회들은 협동을 통해 교회개척에 필요한 자원을 충분하게 공급할 수 있다. 둘째, 이 모델은 새 교회개척이 매우 어려운 지역에 교회를 개척할 수 있는 환경을 만들어 준다. 어떤 지역의 기존 교회들은 너무 약하기 때문에 새로운 교회개척을 후원할 자원을 가지고 있지 못하다. 그럴 경우 비슷한 처지에 있는 교회들의 자원들을 연합함으로써 특정한 교회에 큰 부담을 주지 않고, 필요로 하는 후원을 제공할 수 있게 된다.

이 모델에도 잠재적인 단점들이 있다.

첫째, 이 모델을 사용할 경우 '모든 사람의 일은 누구의 일도 아닌' 상황으로 발전될 수 있다. 달리 말하면 각 후원 교회는 필요한 자원을 제공하는 데 있어 서로에게 의존하기 때문에 정작 교회개척자가 절실히 필요로 하는 도움을 주지 못할 수도 있다. 둘째, 교회개척자는 너무나 많은 '상전들'을 모시게 될 수도 있다. 이 두 가지 단점들은 각 후원 교회의 대표자들로 구성된 중재 위원회를 통해 해결할 수 있다. 이 위원회는 교회개척자로부터 보고를 받고, 후원 교회들로부터 자원들을 모집하며, 후원 교회들에게 새 교회의 발전 경과와 그에 따른 필요를 계속적으로 알려 줄 수 있다. 이러한 단점을 극복하는 또 하나의 방법은 한 교회를 주된 후원 교회로 지정하고, 다른 교회들은 이 후원 교회를 도와 새 교회의 필요들을 충족시키는 방법이다.

이 모델에 또 다른 잠재적인 단점이 있다. 로버트 로건은 "연합은 후원 교회들의 비전을 좌절시키고, 새 교회개척의 수를 감소시킨다"라고 주장한다.[5] 이것은 일리가 있는 주장이다. 스스로 새 교회들을 개척할 수 있는 잠재력을 가진 교회들이 자신들의 자원을 덜 요구하는 동역 형태에 만족하고 안주할 수 있기 때문이다. 이러한 단점을 극복할 수 있는 방법은 스스로 새 교회들을 개척할 수 없는 교회들만 이 동역팀에 가입하도록 하는 것이다. 또 다른 해결책은, 첫 해에는 참여하는 모든 교회들이 배움의 경험을 갖고, 일 년 후에는 각자가 스스로 새 교회를 후원할 가능성을 모색할 것이라는 계획을 가지고 동역팀에 가입하게 하는 것이다.

다중 교회 모델

동역 모델의 두 번째 변형은 다중 교회 유형으로 문화적으로 다양한 대

도시 지역에 특별히 적합하다. 도시의 많은 교회들이 자신들의 건물과 자원을 다른 언어 또는 다른 방식으로 예배를 드리는 교회들과 함께 사용한다. 이 모델의 한 가지 장점은 다양한 언어를 사용하고 다양한 문화에 속한 회중을 통해 지역 사회에 있는 다양한 문화 그룹들에게 전도할 수 있다는 것이다.

다중 교회 유형의 또 다른 장점은 건물 가격이 비싼 도시에서 여러 개의 교회들이 자원들을 연합하여 공유할 수 있는 건물을 가질 수 있다는 점이다. 동시에 건물의 다른 부분들을 사용하거나, 다른 시간에 전체 건물을 다 사용함으로써 이 교회들은 서로의 필요들을 충족시킬 수 있다. 예를 들면, 어떤 교회는 주일 학교를 실시하고, 그 시간에 다른 교회는 본당을 사용하여 예배를 드리거나, 아니면 그 반대로 사용할 수도 있다. 어떤 교회들은 시설을 이용할 수 있는 시간을 극대화하기 위해 예배를 주일 오후나 토요일 저녁에 드리기도 한다.

이 모델에서도 몇 가지의 단점을 발견할 수 있다.

첫 번째 단점은, 한 교회가 자신들을 우세한 교회로 보고, 다른 교회들로 하여금 덜 중요하다고 느끼게 하거나 가치가 덜한 것으로 느끼게 할 수 있다는 것이다. 두 번째 단점은, 다양한 교회들이 자신들만의 독특한 방식으로 신앙을 표현할 수 있는 자유를 갖지 못할 수 있다는 점이다. 달리 말하면, 어떤 교회들은 연합과 동일함을 혼동할 수 있다는 것이다. 세 번째 단점은 동역팀에 속해 있는 한 교회가 동역팀의 비전과 기술을 가지고 있지 않은 목사를 청빙할 수 있다는 점이다. 다중 회중 교회들은 타문화 능력과 강한 조직 기술들을 요구한다. 다중 회중 교회들의 지도자들은 신중하게 선정되고 훈련되어야 한다. 네 번째 단점은 교회들 사이의 갈등이다. 기존 교인들은 새로 가입한 사람들을 거부할 수도 있을 것이다. 큰 교회나 먼저 시작한 교회들이 급성장하여 다른 교회들의 성장을 방해하는 것으로 보일 수도 있다. 다양한 문화적 배경과 생활양식이 오해와 갈등을 초래할 수도 있다.

교회 지도자들은 협력을 통해 이러한 단점들을 해결할 수 있다. 첫째, 교회들은 각 교회가 준수해야 할 공약을 만들어 명시할 수 있다. 둘째, 각 교회의 대표자들로 이루어진 집행 위원회를 구성하여 재정, 건물 사용, 그리고 협동 사업 등에 관한 중요한 사항들을 결정할 수 있다. 셋째, 각 교회는 공약을 준수하려고 하지 않는 목사를 청빙하지 않겠다는 약속에 동의한다. 집행 위원회에 평신도가 들어감으로 후에 목회자가 바뀌더라도 지속성을 가질 수 있다. 넷째, 연합 교회들은 한 교회가 자립할 준비가 되었을 경우, 자립할 수 있도록 도와주고, 나머지교회들은 자신들의 지역 사회에서 불신자들을 전도함으로 새로운 교회를 개척할 것을 모색한다.

다중 회중 교회의 중요한 특징은 회중들 사이의 관계들을 발전시켜 준다는 점이다. 다양한 행사, 식사, 봉사, 교제, 특별 활동 등을 계획하여 모든 회중들을 초청한다. 그렇게 함으로 다른 교회들의 사역에 기여하면서 자신들의 필요도 충족시키게 된다.

입양 모델

입양 모델은 새롭게 설립된 교회가 특정 교단과 관계할 것을 원하는 경우이다. 새로운 교회가 교단에 가입하기를 원하는 데는 몇 가지 이유가 있다. 첫 번째, 기존의 교단과 관계를 맺음으로써 정체성을 확립한다. 두 번째, 교회가 재정 문제, 목사 선정의 문제, 그리고 조직상의 문제에서 도움을 얻을 수 있다. 세 번째, 교회의 가르침과 교단의 교리가 일치할 때 교회는 그 교단의 일부가 되기를 원한다.

여기에 몇 가지의 단점들이 있을 수 있는데, 첫째는 새 교회나 또는 그 지도자들이 단지 물리적인 도움, 즉 재정, 장비, 그리고 물질에만 관심을 가질 수 있다는 것이다. 이 물질주의는 교회를 약화시킬 수 있다. 새로운 교회가 단지 물리적인 도움만 받아들이고 지도력과 조언 그리고 경고들은 피하는 경우가 발생하기도 한다.

또 다른 단점은 핵심 그룹이 가입하고자 하는 교단과의 관계에 있어서 제 기능을 발휘하지 못할 수도 있다는 것이다. 이러한 비기능성은 새 교회가 지역 사회나 혹은 그 지역 사람들 또는 교단이 원하는 것과 무관하게 설립되었다는 사실에 기인할 수 있다. 이러한 단절은 새 그룹의 지도자가 교단과 공식적인 관계를 맺는 절차를 모르기 때문에 생겨날 수도 있다. 또한 새 교회의 지도자들이 동의하지 못하는 경우, 교단과 관계를 맺는 것이 문제가 될 수도 있다. 그러므로 새 교회는 교단 가입 계획을 신중하게 고려해야 한다.

교단이 새 교회를 도울 수 있는 위치에 있을 수 있지만, 그 관계는 조심스럽게 맺어져야 한다. 교회는 교단의 입장과 능력을 분명하게 이해해야 한다. 교단은 그 교회를 이해하고 도울 수 있는 최상의 방법을 결정하는 데 충분한 시간을 가져야 할 것이다. 이러한 부분에 주의를 기울인다면 동역 모델의 입양 변형은 새 교회에 적절한 도움을 제공할 수 있다.

중심 교회 모델

미국 남침례교단의 텍사스 주총회는 동역 모델의 또 다른 형태인 중심 교회 모델을 개발했다. 이 유형은 기성 교회들과 주총회 또는 지방회가 자원을 연합하여 새 교회들을 개척하는 것이다. 이 전략은 중심 교회가 (1) 복음전도를 최우선 순위로 삼고 그것에 장기적으로 헌신할 것, (2) 선교에 우선순위를 둘 것, (3) 선교 위원회를 구성할 것, (4) 선교사역을 담당할 전임 목사를 선임할 것, (5) 매년 구체적인 숫자의 새로운 선교 교회를 시작할 것, (6) 매년 비슷한 수의 사역들을 시작할 것, (7) 정기적으로 적어도 6개의 선교/교회를 후원할 것 등을 요구한다.[6)]

그러면 주총회나 지방회는 선교목사에게 필요한 훈련과 재정의 일부를 제공해 줄 것이고, 그 선교목사는 중심 교회의 교인들이 많은 선교사역을 시작할 수 있도록 지도할 것이고, 그 결과 새로운 교회들이 생겨나게 될 것이다. 이런 과정을 거쳐 생겨난 새로운 교회들은 다세대 주택 지역과 다양한 인종 그룹들 속에서 사역을 하게 된다.

이 접근법은 위성 모델과 공통된 몇 가지 특징들을 가지고 있다. 그러나 중심 교회 접근법의 궁극적인 목적은 교회들이 독립 교회가 되고, 기존의 교회들은 비전과 행동에 있어서 더욱더 선교 지향적으로 되는 것이다. 이 모델은 「한 교회 다양한 회중」(One Church, Many Congregations: The Key Church Strategy)라는 책에 자세히 기술되어 있다.[7)]

번식 모델

어떤 점에서 번식 모델은 선구자 모델과 많은 공통점을 가지고 있다. 그러나 번식 모델의 차이점은 교회 증가를 목표로 하고, 그 목표를 향해 매진하는 것이다. 신학 교육을 통한 교회의 증가와 교회개척 운동을 통한 교회의 증가는 이미 잘 알려진 번식 모델들이다.

지도자 훈련을 통한 증가

번식 모델의 한 형태인 지도자 훈련을 통한 증가는 신학 교육과 계속적인 전도를 통해 셀그룹망을 증가시킴으로써 그 목표를 달성한다. 온두라스 선교사 조지 패터슨이 고안한 이 유형은 "한 교회가 하나님의 능력에 힘입어 크기에 상관없이 자발적인 셀들로 이루어진 지교회들을 증가시키는 것을 목표로 하게 되면, 결과적으로 지교회들은 또 다른 지교회들을 시작하게 될 것이다."[8] 이 프로그램은 교회개척과 제자훈련을 통합시키며, 처음부터 회심자들에게 제자의 온전한 의미를 가르친다.

패터슨에 의하면, 이 제자훈련 접근법은 그 무엇보다도 예수님의 계명에 헌신적으로 순종하는 것을 포함한다. 예수님의 계명은 (1) 회개하고 믿고 성령을 받으라, (2) 세례를 받으라, (3) 하나님과 이웃을 사랑하라, (4) 떡을 나누라, (5) 기도하라, (6) 주라, (7) 다른 사람들을 제자로 삼으라 등이다.[9] 패터슨은 신학 교육 센터들과 교회개척을 감독하고 권장하는 지도구조를 확립함으로써 온두라스 선교지에서 백 개 이상의 교회들이 개척되는 것을 보았다.

케냐의 멀린디시에 사는 클레일런 코시는 지도자 훈련을 통한 증가의 다른 한 예를 개발시켰다.[10] "교회개척의 책임은 지역 교회에 속한 신자들의 몫이다"라는 결론을 내린 코시는 목사들이 자신들의 교인들을 훈련시켜서 그 교인들이 교회를 개척할 수 있도록 하는 계획을 고안했다. 그 훈련은 8단계로 이루어져 있다. (1) 교회를 위해 새 사역 위원회를 선정하라, (2) 새 사역을 위한 지역을 선정하라, (3) 후원 교회를 준비하라, (4) 선정된 지역을 준비하라, (5) 유아 교회를 시작하라, (6) 새 교회에게 재정에 관해서 가르치라, (7) 새 교회와 함께 시설들에 대한 계획을 세우라, (8)

새 교회를 봉헌하라.[11] 계속적인 양육 과정들을 통해 목사들을 훈련한 코시는 3년 만에 멀린디에서 90개가 넘는 교회들이 개척되는 것을 볼 수 있었다.

지도자 훈련을 통한 증가 모델에는 몇 가지 특징들이 있다. 첫째, 이 모델에서 모든 기독교인은 잠재적인 교회개척자로 간주된다. 둘째, 훈련은 실행과 연결된다. 예를 들어, 패터슨은 신학 연장 교육에 '직접전도' 를 더했다. 그는 지도자들을 교회개척 사역에 가담시키지 않은 상태에서 단지 교육만 시키는 것은 충분하지 않다고 생각했다. 셋째, 이 모델에서 지도구조는 교회개척 노력의 지속성을 보장하기 위해서 만들어졌다. 넷째, 이 모델은 그리스도의 계명에 순종하는 것을 기초로 한다. 패터슨은 "기본적으로 교회 증가는 그리스도에 대한 사랑과 모든 민족들을 제자로 삼으라는 그분의 계명에 순종하기를 원하는 열망에서 생겨난다"라고 말했다.[12]

이 모델은 사회경제적 수준이 낮은 지역에 있는 사람들 사이에서 분명한 효과가 있었다. 그리고 패터슨의 동료였던 리차드 스코긴즈와 같은 지도자들은 이 방법이 미국(로드 아일런드주의 프로비던스와 뉴포트)에서 가장 오래된 침례교회와 가장 오래된 회당이 있음에도 불구하고, 교육을 많이 받고 부유한 중산층 미국인들이 사는 도시에서도 효과적이라는 사실을 발견했다.[13] 순종을 바탕으로 하는 훈련 방법은 주목받을 만하다. 신학 훈련이나 지도자 훈련은 반드시 강력한 교회개척 과정을 포함해야 한다.

교회개척 운동을 통한 증가

교회개척 번식 모델의 두 번째 유형은 교회개척 운동을 통한 증가이다. 데이빗 개리슨이 언급한 '주어진 종족 그룹이나 인구 단위 내에서 교회를 개척하는 토착 교회가 기하급수적으로 증가하는 것'[14]과 연관된다. 기독교의 역사에 있어서 아마도 교회개척 운동을 가장 효과적으로 일으킨 사람들은 사도 바울과 존 웨슬리일 것이다. 그들의 지도력을 통해 수많은 새 교회들이 불꽃처럼 생겨났다. 오늘날의 교회개척자들은 이러한 선구자적인 사역자들의 교회개척 노력을 주의 깊게 연구해야 한다.

사도 바울의 지도력을 살펴보면 그가 교회들을 개척할 때 사용했던 몇 가지의 원리들을 발견하게 된다. 첫째, 바울은 나아가야 할 방향을 지도하신 성령의 인도하심에 민감했다(행 16:7, 9). 둘째, 바울은 고통이 따른다고 할지라도 하나님께서 인도하시는 곳에 가는 대가를 기꺼이 지불했다(고후 6:5). 셋째, 바울은 주님께서 보낸 대상 그룹에 자신을 기꺼이 적응시켰다(고전 9:19-23). 넷째, 바울은 복음 제시를 각각의 대상 그룹에 맞추었다(행 13장과 행 17장을 비교하라). 다섯 번째, 바울은 자신을 교회개척자로 보았다. 그는 교회를 시작한 곳에서 오랫동안 머무르지 않았다. 여섯 번째, 바울은 자신의 전략을 건물 사용과 결합시키지 않았다. 회당에서 더 이상 환영받지 못했을 때 그는 학교(행 19:9), 가정(골 4:15), 그리고 시장(행 17:17)과 같이 그가 사용할 수 있는 다른 곳으로 옮겼다(행 19:9). 일곱 번째, 바울은 각 교회개척을 통해 등장한 지도자들을 기꺼이 신뢰했다. 여덟 번째, 바울은 지도자들을 훈련시키고 그들에게 위임하는 데 헌신되어 있었다(행 14:21, 15:35). 아홉 번째, 바울은 할 수 있는 한 모든 힘을 다해 지도자들을 격려했다(행 14:22). 그렇게 함으로써 그는 전 세계에 영향을 끼친 교회개척 운동을 탄생시킨 도구로 쓰임 받았던 것이다.

현재 선교단체들은 교회개척자로 섬기면서 교회개척 운동이 일어날 수 있는 환경을 만들 수 있는 사도 유형의 사람들을 모집하고 있다. 예를 들어, 남침례교단의 국제 선교부는 교회개척 운동들을 일으키기 위해 '전략 조정자들' 을 사용하고 있다. 이러한 유형의 선교사는 다음 사항들을 기꺼이 실천할 수 있어야 한다. (1) 하나님의 부르심에 응답하여 세상 어디든지 그리스도를 따르는 것, (2) 기독교 지역에서 선교사로 사역하는 것, (3) 외국인으로서 정치적인 경계를 넘는 것, (4) 자신의 문화에서 다른 종족의 사람들에게 타문화 선교를 하는 것, (5) 불신자들 속에서 전도하는 데 주된 역할을 감당하는 것, (6) 전 세계에서 지상명령을 이룰 다른 조정자들을 찾는 것, (7) 전문 선교사로 섬기는 것, (8) 대상 그룹에 소명을 가지고 초점을 맞추는 것, (9) 직접전도에 관한 국가법들을 준수하는 것, (10) 정치에 가담하지 않고, 국가에 대한 적대 행위에 가담하지 않으며, 금지당하거나 추방당하지 않는 것, (11) 전통적인 거주 선교가 불가능한 곳에 비전통적이 되는 것, (12) 대상자들에게 전도하기 위해 필요하다면 비거주자가 되는 것, (13) 가족과 70퍼센트 정도 같이 거주하고 이동성과 융통성을 유지하는 것.[15)]

오늘날 성령님께서는 세계의 여러 지역에서 교회개척 운동들을 불러일으키기 위해서 이러한 유형의 사도적인 지도자들을 사용한다. 교회개척 운동과 관련한 요소들은 데이빗 개리슨의 책 「교회개척 운동」(Church Planting Movement)[16)]에 잘 기록되어 있다. 여기에는 다시 한번 세심한 주의를 기울일만한 가치가 있는 방법이 포함되어 있다.

교회개척 운동과 관련하여 몇 가지 사실을 기억해야 한다.

첫째, 이러한 운동은 일반적으로 단순한 지형 구조가 아닌 종족 그룹들의 선을 따라 일어난다. 이것은 이러한 운동이 종종 국가와 정치의 경계선을 넘어간다는 것을 의미한다.[17] 둘째, 교회개척 운동이 초기 단계에서는 교단과 강한 일체감을 갖지만, 시간이 지남에 따라 특히 그 지역에 심한 핍박이 일어날 경우, 교회들은 다른 교단과의 관계를 개발할 수도 있다. 이것은 동일한 핍박을 겪는 기독교인들과 결속하기 위한 것으로, 결과적으로 교단의 선이 애매모호해질 수 있다.

셋째, 교회개척 운동이 성공하려면 평신도들이 새 교회들을 개척하는 데 적극적으로 동참해야 한다. 넷째, 교회개척 운동은 즉흥적으로 일어나는 것처럼 보이지만, 새로운 일을 시작할 사람들에게 현지에서 계속적인 영감을 불어넣어 주어야 하며, 또한 그들을 훈련시킬 수 있는 구조가 필요하다. 다섯 번째, 많은 교회개척 운동은 일반적으로 문자가 없는 사회에서 일어난다. 따라서 복음전도는 문자 형태가 아닌 이야기 형태로 되어야 하는 경우도 있다.[18] 여섯 번째, 어떤 교회개척 운동은 문화적으로 적합한 교회들을 세우는 데 있어 '더 대담한 형태의 토착화'를 시도한다. 티머씨 테넨트는 다음과 같이 설명한다. "우리가 방글라데시에 있는 예수 모스크에 대해 이야기하든지, 인도의 기독교 산니아신 혹은 일본의 소카가까이 스타일의 제자훈련 그룹들에 관해 이야기하든지 간에 새로운 아이디어들이 놀랍게 장려되고 있다."[19] 일곱 번째, 교회개척 운동은 사람들의 모국어와 관습들을 경험적으로 알고 있는 토박이 지도자들이 교회개척을 시작할 때만 일어난다. 중국 교회들에 관해 언급하면서 레이먼드 퐁은 다음과 같이 말한다.

> 오늘날 중국의 기독교에 관한 한 가지 분명한 결론은 그것이 중국적이라는 것이다. 중국인들은 더 이상 중국의 기독교를 외국 종교로 보지 않는다. 25년간의 단절과 8년간의 극심한 고통, 그리고 희망의 부재 속에서 교회는 살아남았

고 성장하였다. 중국 역사상 처음으로 교회가 중국 교회로 존재할 권리를 확보했다. 처음으로 교회가 중국 땅에 뿌리를 내린 것이다.[20)]

교회개척 운동보다 더 많은 회중들을 증가시키고, 불신자들을 구원할 수 있는 방법은 없다. 세계의 모든 종족 그룹들을 복음화하는 데 관심을 가지고 그들에게 전도하고 있는 모든 사람들은 이 방법을 주의 깊게 연구해야 한다. 오직 하나님께서만 그러한 운동들을 일으킬 수 있으므로 교회개척자들은 이러한 축복들이 실현될 수 있도록 기도해야 하고, 그러한 운동을 방해하거나 저지하는 그 어떤 일도 해서는 안 된다.

종족 그룹 모델

종족(민족) 그룹 교회개척 모델은 이미 논한 다른 모델들과 많은 공통점들을 가지고 있다. 그러나 문화적인 언어적 요소들을 고려하는 것도 중요하므로 이 모델을 별도로 다룰 필요가 있다. 어떤 나라는 다른 나라로부터 온 소수 민족들이 섞여 살고 있다. 그들은 일반적으로 공통된 혈통, 언어, 문화, 역사, 그리고 관계 등이 결합하여 한 민족 그룹에게 정체감을 제공해 준다.

그러나 이러한 정체감은 소수 민족 그룹의 일부가 주변 사회 안으로 동화되면서부터 변화하기 시작한다. 이런 변화는 교회개척에 있어 중요한 의미를 시사한다. 사용할 교회개척 모델을 정하기 전에 민족 그룹에 관해 이해하는 것이 중요하다.

종족 그룹들에 관한 중요한 정보

종족 그룹들에 관한 중요한 정보 하나는 그들이 어떻게 그 국가의 주민들이 되었는가 하는 질문을 통해 얻을 수 있다. 주류 사회와 소수 민족 그룹들 사이에는 중요한 차이점들이 있다.[21] 자명한 언어적,[22] 형질적 특징들은 제외하고라도 입국 방법, 입국시의 사회경제적 수준, 그리고 문화적 일치성 등은 민족 그룹들 간의 중요한 차이점들이다.

입국 방법은 그 민족 그룹의 사고방식뿐만 아니라, 주류 사회의 태도와도 많은 관계가 있다. 입국 방법 중에는 (1) 합병,[23] (2) 강제 이주,[24] (3) 자발적인 이민(정치 망명자, 합법 이민, 불법 이민)[25] 등이 있다. 이러한 각각의 유형은 일단의 역사적, 사회적, 정치적, 경제적 요인들을 가지고 있게 마련인데, 이러한 요인들은 그 민족 그룹의 정체감과 그들에 대한 주류 사회의 태도에 영향을 미친다.

두 번째 질문은 그룹의 동화 수준과 관련이 있다. 그룹들 사이에서 뿐만 아니라 한 그룹 내에도 각기 다른 동화 수준이 존재한다. 달리 말하면, 민족 그룹들이 항상 동질체는 아니라는 것이다. 알 에이 셔머혼,[26] 앤드루 그릴리,[27] 말콤 먹피,[28] 그리고 밀턴 고든[29]과 같은 사회 연구가들의 분석에 의하면 주류 사회에는 서로 다른 동화 단계에 속한 소수 민족들이 있다는 것이다. 이러한 논의를 쉽게 하기 위해 우리는 이러한 그룹들을 다섯 가지로 분류한다. (1) 완전 민족, (2) 중간 민족, (3) 변두리 민족, (4) 동화 민족, (5) 소생 민족.[30]

동화 단계

민족이 다른 동화 단계에 이른다는 것은 거기에 맞는 다른 유형의 교회들을 세워야 함을 의미한다. 완전 민족은 분명한 정체성을 갖고 있으며, 사회적 접촉이 자신의 사회/언어 그룹 내에서만 이루어지는 사람들을 말한다. 중간 민족은 이중 언어를 구사하고, 자신의 그룹 밖에서 사회적 접촉을 갖는 경향을 가진 사람들이다. 변두리 민족은 주류 사회의 언어를 훨씬 더 유창하게 구사하고, 자신들의 문화 그룹 내에서보다 밖에서 더 많은 사회적 접촉을 갖는다. 차단 민족은 일반적으로 자신의 혈통 그룹과 전혀 접촉하지 않고, 자기 조상들의 언어를 사용하지 않는다. 소생 민족은 문화적 동화에서 벗어나, 자신들의 문화적 뿌리로 이동해 가고자 하는 사람들을 의미한다.[31]

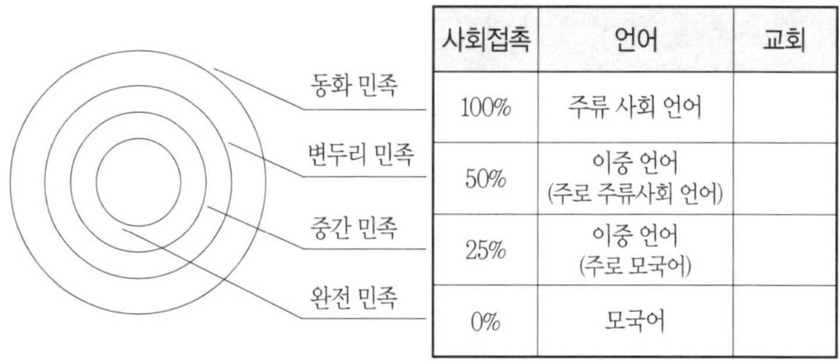

	사회접촉	언어	교회
동화 민족	100%	주류 사회 언어	
변두리 민족	50%	이중 언어 (주로 주류사회 언어)	
중간 민족	25%	이중 언어 (주로 모국어)	
완전 민족	0%	모국어	

다양한 교회 모델들의 필요

소수 민족 그룹들이 다양한 수준의 동화를 경험한다는 사실은 다양한 교회 모델들이 필요하다는 것을 의미한다.

첫째, 회중이 사용하는 언어를 지혜롭게 결정해야 한다. 완전 민족은 모국어를 사용하는 교회를 필요로 할 것이다. 중간과 변두리 민족은 이중 언어 교회를 필요로 할 것이다. 차단 민족은 주류 사회의 언어를 사용하는 교회의 일원들이 될 것이다.

둘째, 다양한 그룹들을 위한 다양한 목회 지도자들이 필요하다. 새롭게 도착한 이민 목회자는 그 국가에서 태어난, 변두리 민족으로 구성된 지역 사회에서 전도하는 데 어려움을 겪는다. 반대로 주류 사회 속으로 많이 동화된 목회자는, 비록 동일한 문화권에서 왔다하더라도 새로 온 이민자들과 의사소통을 하는 데 어려움을 겪을 수 있다.

셋째, 한 민족 그룹이 주류 사회의 언어를 사용한다는 사실이 민족 교회가 그 지역 사회에 필요 없다는 것을 의미하는 것은 아니다. 주류 사회 속으로 구조적인 동화를 경험하지 않는 한, 소수 민족에 속하는 사람들이 주류 사회의 교회에 대거 출석하지는 않는 것이 일반적이다.[32)]

현재 사용되고 있는 교회 모델

다양한 모델들이 민족 그룹들의 필요를 채우기 위해 사용되고 있다.

그러한 모델 중의 하나는 다중 문화 모델로써, 교회가 다양한 사회문화적 배경들을 가지고 있는 개인들로 구성되어 있다. 이러한 교회의 개인들은 유사한 동화 단계에 있고, 그 결과 서로 상당한 공통점들을 가지고 있다. 그렇지 않은 경우는, 문화 및 사회경제적으로 다양한 배경의 사람들이 지도자들이 되어야 하고, 그 교회의 교인들이 되어야 한다.

두 번째 모델은 교회 조합 모델로써 개인들이 아닌 민족 그룹들이 함께 한다는 점에서 다중 문화 모델과는 다르다. 이 모델에는 두 가지 종류가 있다. 첫 번째는, 다양한 민족 교회들이 동일한 건물과 자원들을 사용하지만, 건물의 다른 곳에서 또는 다른 시간에 별도로 예배를 드린다는 것이다.[33)] 이 모델의 두 번째 형태는 서로 다른 그룹들이 주일 학교 시간에는 따로 만나지만 예배는 함께 드리는 경우이다.

세 번째 모델은 후원 모델로써 다양한 형태를 취한다. 먼저, 민족 교회가 독립할 때까지 일시적으로 다문화 교회에 머무르는 경우이다. 다른 경우에는 다문화 교회가 자체 건물 밖에 민족 교회들을 시작하는 것이다. 대개 후원 교회는 지교회가 미래에 책임을 질 건물을 제공하게 된다.

또 다른 모델은 연합 후원 모델로써 다문화 교회와 민족 교회가 공동으로 소수 민족 선교를 후원하는 것이다. 자원들과 전문 지식을 적절하게 사용할 경우, 지교회가 출발하는 데 큰 도움을 줄 수 있다.

마지막으로 또 다른 모델은 소수 민족 교회가 동일한 문화의 소수 민족 선교를 후원하는 것이다. 현재 이 방법은 과거보다 더 많이 사용되고 있다. 소수 민족 후원 교회는 지교회의 문화를 이미 알고 있는 장점을 가지고 있다.

사회문화적 분석에 기초한 다양한 교회 모델들은 효과적인 소수 민족 교회를 개척하는 데 매우 중요하다.[34] 다양한 민족들이 있는 지역에서 사역하는 모든 그룹들은 민족 내의 다른 사람들을 염두에 두어야 하고, '모든 사람들에게 동일한' 접근법을 피하는 전략들을 개발하여 다양한 민족 그룹에게 전도할 수 있는 수단들을 강구해야 한다. 한 민족 그룹에 대한 한 가지 유형의 '선교' 시절은 오래전에 지나갔다.

적합한 모델 선정의 기준

오늘날 다양한 모델들이 다양한 상황 가운데 사용되고 있는 시점에서 생각해 보아야 할 것은 '그럼 나는 어떤 모델을 사용해야 되는가' 하는 질문이다. 이와 함께 떠올릴 수 있는 질문은 '새 교회를 개척하기 원하는 지역에 살고 있는 사람들에게 적합한 모델을 어떻게 선정하는가' 하는 것이다. 이 질문들에 대한 단순한 대답은 없다. 교회개척자들은 이 질문들에 대한 답을 찾기 위해 몇 가지의 요인들을 반드시 고려해야 한다.

첫째, 교회개척자의 은사는 무엇인가? 어떤 교회개척자들은 선구자적인 은사를 받았다. 그들은 비전, 개성, 지도력, 그리고 새로운 지역들로 가서 밑바닥부터 새 교회들을 개척하려는 열정을 가지고 있다. 그들은 교회개척을 위해 사람들을 모집하고 훈련시키고, 현지 지도자들이 개척교회를 책임질 수 있도록 준비시켜 준다. 이러한 사람들은 선구자 유형에 속한다.

반면에 확실한 후원 구조를 갖추고 준비된 사람들로 이루어진 그룹이 함께 시작해야만 일을 더 잘하는 사람들도 있다. 이 교회개척자들은 양육이나 동역 모델들에 더 적합하다. 교회개척의 모델을 선정함에 있어서 교회개척자의 일반적인 특징들과 함께 문화 배경, 타문화에 대한 적응 기술, 개성, 지도력, 교제 스타일, 일 스타일, 사역의 철학, 그리고 은사와 같은 문제들도 함께 고려해야 한다. 이것을 위해 지금까지 언급한 모델들을 살펴보며 자신을 평가해 보는 것도 좋을 것이다.

둘째, 대상 그룹이 누구인가? 대상 그룹에 대한 이해는 적합한 교회 모델을 선정하는 데 있어서 절대적으로 중요하다. 교회개척 모델을 선정함에 있어 세계관, 종교 배경, 문화 배경, 사회경제 수준, 삶의 양식, 사회적인 상호 작용의 유형과 의사 결정의 유형들을 고려해야 한다. 어떤 교회개척자들은 대상 그룹의 문화적 상황을 고려하지 않고 다른 곳에서 매우 성공적으로 사용된 모델을 그대로 사용함으로 큰 실수를 범한다. 이러한 관점에서 대상 그룹에 대한 민족성 및 생활양식을 연구하는 것은 큰 도움이 될 것이다.

셋째, 어떤 재원들을 사용할 수 있는가? 교회개척자가 사역하는 지역에 후원 교회가 하나도 없을 경우 양육 모델을 실행하는 것은 소용이 없다. 새 교회들로부터 멀리 떨어져 있는 소수의 후원자들을 모집할 수는 있지만, 그들의 참여는 매우 제한될 것이다. 그러므로 이용할 수 있는 재정 및 인력 자원을 미리 생각해 봄으로써 모델을 선정할 수 있다.

넷째, 이 모델의 궁극적인 목표는 무엇인가? 교회개척 운동 모델의 목표는 위성 교회 모델과 다르다. 만일 급속하게 성장하며 재생산하는 교회들을 일으키는 것이 목표라면, 번식 모델이 절대적으로 필요하다. 여기서 중요한 것은 모델을 목표와 일치시키는 것이다.

다섯 번째, 교회개척자에게 얼마만큼의 자유가 주어져 있는가? 활동이 제한된 국가에서 교회를 개척하고 있는 선교사는 새 교회의 교인들을 자유롭게 방문하지 못하는 경우도 있다. 왜냐하면 그들과의 접촉이 새 기독교인들의 생명을 위험에 빠뜨릴 수 있기 때문이다. 이런 경우 교회개척자는 제한된 유형의 모델만을 사용할 수 있다.

여섯 번째, 고려 중인 모델의 특징들은 무엇인가? 이 평가를 돕기 위해 스테픈은 다음의 질문을 제시한다. "이 모델의 역사적인 상황은 무엇인가? 이 모델의 저변에 있는 기본적인 가정들은 어떤 것들인가? 장점과 단점은 무엇인가? 어떤 유형의 사회에서 이 모델이 가장 성공할 수 있을 것인가?"[35]

적합한 모델의 선정은 매우 중요하다. 교회개척자들은 새로 탄생하는 교회가 교회개척자의 개성과 은사들을 반영한다는 사실을 반드시 유념해야 한다. 그리고 개척되고 있는 교회가 그 문화에 적합한지 생각해 보아야 할 것이다. 그러므로 교회개척 모델을 선정함에 있어 교회개척자의 자질과 대상 그룹의 특성들은 반드시 고려되어져야 한다.

주

1) Robert E. Logan and Steve L. Ogne, The Church Planter' s Tool Kit (Alta Loma: CRM, 1991), 14-15; Paul R. Orjala, Get Ready to Grow (Kansas City: Beacon Hill, 1978), 108-115; John N. Vaughn, The Large Church (Grand Rapids: Baker Book House, 1985), 100-106.

2) See J.V. Thomas, Investing In Eternity: Indigenous Satellite Church Strategy (Dallas: J.V. Thomas, 1991).

3) Havery Kneisel, New Life for Declining Churches (Houston: Macedonian Call Foundation, 1995).

4) 이것의 좋은 예는 주님께서 릭 워렌을 사용하여 새들백 교회를 개척하고 개발시킨 방식이다. See Rick Warren, The Purpose Driven Church (Grand Rapids: Zondervan, 1995).

5) Robert E. Logan and Steve L. Ogne, The Church Planter' s Tool Kit, 4-15.

6) Pamphlet, "Texas Key Church Strategy."

7) See J. Timothy Allen and J. V. Thomas, One Church, Many Congregations: the Key Church Strategy (Abingdon Press, 1999).

8) George Patterson and Richard Scoggins, Church Multiplication Guide (Pasadena: WIlliam Carey Library, 1993), 12.

9) Ibid., 15.

10) Claylan Coursey, How Churches Can Start Churches (Nairobi: Baptist Publishing House, 1984).

11) Ibid., 14.

12) Patterson, 7.

13) Ibid.

14) David Garrison, Church Planting Movements (Richmond, VA: International Mission

Board of the Southern Baptist Convention, 2000), 7.

15) 이 정보는 남침례교단의 국제 선교부의 지역 국장으로 일한 빌 퍼지 박사의 출판되지 않은 논문에 수록되어 있는 것이다. David Garrison, Church Planting Movements.

17) James B. Slack, "Initiating Church Starting Movements among Peoples on the Frontiers of Lostness," paper presented at the joint meeting of EMS and ISFM, November, 1997.

18) Ibid., 1.

19) Timothy C. Tennent, "Training Missionaries to Resistant Peoples," paper presented at the joint meeting of EMS and ISFM, November 22, 1997, 3.

20) Raymond Fung, Households of God on China' s Soil (New York: Orbis Books, 1982), x.

21) Oscar Romo, "Starting Ethnic Churches," Missions USA (November-December, 1989): 37.

22) 라모 박사는 미국 내에서 500개의 민족 그룹들이 636개의 다른 언어를 사용하고 있다고 주장한다. Ibid., 37.

23) 미국에서 이것은 미국 원주민들, 미국 남서부의 히스패닉계 미국인들과 푸에르토리칸들을 포함한다.

24) 미국에서 이것은 흑인들을 포함한다.

25) For a discussion of these types of migration see R. A Schermerhorn, Comparative Ethnic Relations (New York: Random House, 1970).

26) Schermerhorn, ibid.

27) Andrew Greeley, "IS ETHNICITY UNAMERICAN?" New Catholic World (May/June 1976).

28) Malcolm McFee, "The 150% Man: The Product Of Blackfeet Acculturation," American Anthropologist 70: 1096-1103. McFee' s "Two-Culture Matrix Model" employs the terms: "Unacculturated, Bicultural, Marginal, and Acculturated."

29) Milton M. Gordon, Assimilation In American Life (New York: Oxford University Press, 1964).

30) 그릴리는 이러한 동화를 민족 그룹의 관점에서 제시하는데 동화의 단계를 핵, 동료 여행자, 변두리, 그리고 차단된 민족으로 나눈다. Greeley, op. cit., 106-112. 셔머혼은 동일한 과정을 기술하는 데 주된 차이점은 그의 관점이 주류 사회의 관점이라는 데 있다.

31) 민족들이 어떻게 이러한 범주에 속하게 되는 지를 보여 주기 위해서 다음과 같이 말할 수 있을 것이다. 멕시코계 조상을 둔 히스패닉 가운데서 완전 민족은 자신들을 '멕시칸' 으로 부르는 경향을 가지고 있고, 중간 민족은 '멕시코계 미국인' 이라는 용어에 더 편하고, 변두리 민족은 자신들을 '멕시코의 유산을 가진 미국인들' 로 지칭하는 것을 더 선호하고, 차단 민족은 '미국인' 이라는 용어를 더 선호할 것이다. 반면 소생 민족은 자신들을 '치카노' 로 부를 수 있을 것이다. 멕시코 유산을 가지고 있는 히스패닉들이 자신들을 가리키는 데 사용하는 다양한 용어들에 대한 논의를 위해서는 다음의 서적을 참고할 것: Susan E. Keefe and Amado A. Padilla, Chicano Ethnicity(Albuquerque: University of New Mexico Press, 1987).

32) 이것에 대한 예외는 기존의 대다수 문화 교회들이 자신들의 조직과 교제 유형에 몇 가지의 문화적인 수정을 가한 경우에서 찾을 수 있다.

33) Nineteenth Avenue Church in San Francisco is an example of this.

34) A helpful instrument for a sociocultural analysis is found in New Catholic World, 143.

35) Tom A. Steffen, Passing the Baton: Church Planting that Empowers (La Habra: Center for Organizational & Ministry Development, 1993), 81-82.

6장 철학적 토대

교회개척을 위한 철학적 토대를 세우기 위해 교회개척자가 반드시 숙고해야 할 질문은 '교회개척을 위한 나의 철학과 전략은 무엇인가?' 하는 것이다. 이 중요한 질문에 대답하기 위해서 교회개척자는 다음의 문제들을 고려해야 한다. 새 교회를 위한 나의 목표는 무엇인가? 그 교회는 영원히 지교회로 남을 것인가 아니면, 독립적이면서 재생산하는 교회가 될 것인가? 간단히 말해 교회개척자는 사역을 시작하기 전에 교회개척을 위한 철학적 토대를 마련해 놓아야 하는 것이다.

이러한 질문들에 응답함에 있어 교회개척자와 교회개척 그룹은 교회개척의 토대에 필요한 실재 요소들을 다루어야 한다. 교회개척자는 실제적인 요소 네 가지를 잘 이해해야 한다. (1) 재생산성, (2) 토착화, (3) 상황화, (4) 철수. 교회개척자들과 후원자들이 교회개척에 필요한 철학적 토대를 구성하는 이러한 네 가지 실체들을 분명하게 이해하지 못하고 또한 이 실체들을 받아들이지 못한다면 실제적인 교회개척 노력은 이루어질 수 없다.

재생산성

교회개척을 위한 철학적 토대는 재생산성에 대한 고려로부터 시작한다. 교회의 재생산성은 다른 교회를 개척하는 과업에 착수할 것을 요구한다. 21세기 교회개척의 궁극적인 목표는 복음을 기다리고 있는 세계의 수많은 사람들에게 전도하기 위해 재생산하는 교회들을 개척하는 것이다. 1965년 도날드 맥가브란은 "엄청난 속도로 증가하고 있는 이 세상의 사람들이 필요로 하는 것은 엄청난 속도로 증가하는 교회들이다"라고 말했다.[1] 전 세계를 복음화하기 위해 교회를 증가시키려는 이러한 노력이 바로 21세기 교회개척의 핵심이다.

재생산성의 포괄성

재생산성을 이룩하는 교회개척은 포괄성을 강조할 뿐만 아니라 그것을 유지해야 한다. 21세기의 교회개척이 궁극적인 목표를 달성하려면, 그 목표가 포괄성을 포함해야 한다. 즉, 모든 민족과 모든 종족 그룹들을 복음화의 목표로 삼아야 한다. 다시 말해서, 재생산성은 모든 사람들을 포함시키는 것을 목표로 한다. 21세기 교회개척 운동은, 많은 그룹의 사람들이 존재하는데도 불구하고, 한 대상 그룹에만 헌신함으로써 발이 묶이는 것을 거부한다. 포괄성은 외향적인 초점을 요구한다.

많은 경우 교회개척은 후원 교회나 교단을 구성하고 있는 사람들과 동일한 유형의 사람들만을 대상으로 삼는 경향이 있다. 그러한 재생산이 잘못된 것은 아니다. 그러나 21세기 교회개척은 후원 교회나 교단의 특징들을 그대로 반영하는 교회들을 개척하는 복사 단계에서 한 걸음 더 나아가야 한다. 21세기 교회개척은 모든 사람들을 포함한다.

21세기 교회개척 운동에 의한 새 교회들은 일반적으로 개척 그룹의 교리와 교회 정책의 특징들을 반영할 것이다. 그러나 교회개척의 책임을 맡고 있는 사람들은 이러한 교회개척이 단지 한 유형의 교회 또는 한 그룹의 종족들에게만 제한되지 않도록 해야 한다. 21세기 교회개척 운동들은 처음 모임과는 다른, 다양한 종족들을 맞을 준비를 해야 할 것이다.

21세기 교회개척 운동은 한 지역 사회의 복음화뿐만 아니라 전 세계의 복음화라는 비전과 체제를 갖추고 재생산하는 교회들을 개척하기 전까지는 결코 그 과업을 완수할 수 없다. 재생산하는 교회들은 후원 교회나 개척 그룹과 동일한 종류의 사람들을 전도하려고 할 뿐만 아니라 다른 그룹의 사람들도 전도하고자 한다.

재생산하는 교회는 일반적으로 세상의 모든 사람들뿐만 아니라 각 민족과 종족 그룹에 초점을 맞춘다. 21세기 교회개척 운동들은 복음을 필요로 하는 새로운 그룹의 사람들을 향한 열린 눈과 준비된 마음으로부터 시작된다. 즉, 추수에 필요한 다양한 교회들을 얻고자 하는 안목과 마음이 있을 때 21세기 교회개척 운동이 일어나게 된다. 재생산성 토대는 전 세계의 다양한 종족들을 전도하려고 함에 있어 모든 교회가 온전히 성경의 가르침에 충실하면서도 예배, 모임 장소, 정책 등에 있어 다양한 방법들을 수용할 수 있고 또 수용해야 한다는 것을 강조한다.

이러한 교회개척 운동은 처음에는 어떤 특정 종족 그룹에 초점을 둘 수 있으나 궁극적으로는 한 유형의 교회에만 제한되는 것을 거부한다. 21세기 교회개척 운동은 광범위한 종족들에게 전도하는 것과 모든 사람들에게 전도하는 데 필요한 다양성의 비전을 포함한다.

최종적인 목표는 '모든 민족들'(Panta Ta Ethne)이 되어야 한다. 재생산하는 교회개척을 위해 전체 지역 사회를 포함하는 것은 매우 중요하다. 예를 들면, 중산층 사람들로 구성된 교회는 새로운 지역에 중산층을 위한 교회를 개척할 수 있을 것이다. 그러나 포괄성의 원리에 비추어볼 때, 이 교회는 사회경제적 중산층 이하의 그룹들을 위한 교회와 그 지역의 타민족들을 위한 교회, 그리고 상류층을 위한 교회의 필요에 대해서도 민감해야 한다.

이러한 개념은 교회성장학에서 종종 오해되는 동질 그룹 전략을 설명하는 데 도움이 된다. 교회가 어느 정도의 동질성을 유지할 수는 있지만, 사람들의 집단 내에는 다양한 배경의 사람들이 있기 마련이며, 그것은 마치 한 지역 사회가 다양한 사람들로 구성된 것과 마찬가지이다. 따라서 그 지역 내의 다양한 인구들을 위한 다양한 교회들을 개척하고 개발시켜야 한다. 재생산성을 갖춘 교회는 복제 정신에서 벗어나서 다양한 종류의 많은 교회들을 개척해야 한다.

재생산성을 돕는 특징들

재생산성의 개념에 의하면, 21세기 교회개척 운동에는 적어도 다음과 같은 네 가지의 특성이 있어야 한다. (1) 재생산성에 대한 강조, (2) 재생산하지 못하는 것은 불완전한 것으로 해석, (3) 새로운 교회의 DNA에 재생산성을 심어 넣는 것, (4) 교회들이 재생산할 수 있도록 자유롭게 해 주는 것. 이러한 특성을 지니지 않은 상태에서 교회개척 운동이 지속되고 확장

될 가능성은 아주 희박하다.

재생산성에 대한 강조

재생산성을 돕는 교회개척의 첫 번째 중요한 특성은 교회들이 재생산 가능해야 하고 또한 재생산하고 있어야 한다는 주장과 관련된다. 21세기 교회개척에 있어서 재생산성은 필수적인 것이다! 성경적으로 건전하고, 효과적이며, 건강한 교회가 개척 운동을 위해 재생산성을 지속적으로 유지해야 한다.

21세기 교회개척자들은 이러한 재생산성이 새 교회들과 새 교회개척 운동의 중요한 요소로 남아 있어야 한다고 주장한다. 재생산성에 대한 이 주장은 21세기 교회개척자들에게 새로운 교회에 무제한적인 재생산성을 허락하고 권장할 것을 강조한다. 21세기 교회개척은 새로운 교회들 속에 재생산을 좌절시키거나 방해하는 요소들을 포함해서는 안 된다.

재생산하지 못하는 것을 불완전한 것으로 해석

재생산성을 돕는 두 번째 특성은 재생산하지 못하는 유형들을 불완전한 것으로 해석하는 것이다. 21세기 교회개척 운동은 새로운 교회들이 성령의 인도하심과 능력으로 다른 새 교회들을 개척하는 교회가 되기 전까지 그 과업을 완수하지 못한 것으로 간주한다. 데이빗 개리슨은 "기하급수적인 성장은 전문적인 교회개척자들이나 선교사들이 아닌 새 교회들이 다른 교회들을 개척할 때 비로소 가능한 것이다"라고 말한다.[2)]

한 교회가 새로운 교회개척이라는 과업에 접근할 때, 그 교회는 '재생산'을 생각하고 있어야 한다. 즉, 교회개척을 위한 계획의 초기부터 재생산의 개념을 포함하고 있어야 한다는 것이다. 만일 개척교회를 재생산의 개념으로 무장시키지 못한다면 그 교회개척의 노력은 불완전한 것으로 남게 된다. 그러므로 재생산성의 특성을 포함시키지 않는 그 어떠한 교회 개척 운동도 불완전한 것이다.

새로운 교회의 DNA에 재생산성을 심어 넣는 것

재생산성을 돕는 세 번째 중요한 특성은 재생산성의 개념이 새로운 교회의 유전자에 적혀질 것을 요구한다. 재생산에 대한 비전은 교회의 본질을 나타내며, 또한 교회의 비전을 한 지역 사회에서 세계로 확대시켜 준다. 피터 와그너는 "공격적인 전도가 새로운 21세기 DNA의 일부분이다"라고 말했다.[3)]

21세기 교회들은 처음부터 전 세계의 모든 사람들에게 복음을 전하는 것을 비전으로 삼는다. 21세기 교회들의 사역은 한 지역, 한 집단, 혹은 한 민족에 제한되지 않고, 전 세계의 복음화를 그 과업으로 해석한다. 그들은 재생산하도록 만들어졌다.

교회개척 전문가들은 만일 한 교회가 개척한 지 3년 내에 새로운 교회를 개척하지 못한다면, 그 교회가 다른 교회를 개척할 가능성은 매우 희박하다고 주장한다. 그래서 교회개척팀과 핵심 그룹은 시작부터 그들의 교회는 재생산하는 교회가 될 것이라는 사실을 주지시킬 필요가 있는 것이다. 이러한 개념은 새로운 교회 본질의 일부분이 된다. 즉 새로운 교회의 DNA는 재생산성의 특징을 포함하는 것이다.

회중들이 재생산할 수 있도록 자유롭게 해 주는 것

재생산성을 돕는 중요한 네 번째 특징은 재생산을 방해하는 것들로부터 새로운 교회를 보호하는 것이다. 21세기 교회개척은 새로운 교회들이 계속해서 교회들을 개척할 수 있도록 자유롭게 해 주고, 또한 방해로부터 지켜 줄 것을 강조한다. 21세기 교회개척 운동에 있어서 지속적인 재생산을 방해하는 것들이 허락되거나 용납되어서는 안 된다.

21세기에 개척되는 교회들이 가지고 있는 재생산성의 특징은 포괄적이다. 현명한 교회개척자들은 새로운 교회들이 재생산하는 것을 방해하거나 좌절시키는 것들로부터 자유로워야 한다고 주장한다. 예를 들면, 보조금, 건물과 장비, 그리고 다른 물질적인 것들이 새 교회의 재생산성을 제한한다. 새 교회가 모교회로부터 받은 것을 자신들의 개척교회에 줄 수 있는 힘을 갖지 못하는 경우가 많이 있다. 따라서 물질적인 후원에 의존하지 않는 훈련을 통해 재생산성을 키울 수 있다.

새 교회나 교회 지도자들에게 비성경적이거나 불필요한 요구 사항을 제시하는 규정들은 복음의 자유로운 확산과 교회의 다양성을 저해할 수 있다. 어떤 그룹들은 한 교회가 교회로 간주되기 전에 건물을 가질 것을 요구한다. 다른 그룹들은 교회로 인정하기 위한 필요 사항으로 어느 수준 이상의 교인 수를 요구하고, 또 다른 그룹들은 한 그룹이 교회로 여겨지기 위해서 교회 헌법이나 정관을 만들 것을 요구한다. 그러한 규정들은 새로운 교회가 스스로를 교회로 여기지 못하도록 하며, 또한 교회로서의 책임을 받아들이지 못하게 만든다.

또한 비성경적이고 불필요한 규정들은 지교회를 모교회와 지리적으로 가까운 곳에 두려는 의도에서 만들어진다. 때로 한 교회가 어떤 지역에 있으면 그 지역을 '교회화' 된 것으로 간주한다. 그러나 현대 도시를 약 5 킬로미터의 원으로 나누어 본다면, 그 안에 다른 많은 종족들이 살고 있음을 발견할 수 있고, 다양한 그룹들이 교회에게 다양성을 요구하게 된다는 것을 알 수 있다. 그러므로 한 유형의 사역이 진행되고 있기 때문에 그 지역을 전도된 지역으로 간주하는 것은 그 지역의 다양한 필요들을 간과하는 셈이 된다. 이러한 규정은 새로운 교회가 생겨나는 것을 좌절시킬 수 있다.

교회 지도자들에게 비성경적인 요구 사항들로 부담을 주는 것은 21세기 재생산성에 장애가 된다. 교회 지도자에게 지나치게 높은 교육 수준이나 많은 경험을 요구하는 것은 지도자의 사역을 저해할 수 있다. 특정한 자격을 갖춘 지도자들이 많지 않기 때문에 교회 지도자들을 위한 요구 사항이 교회의 재생산을 방해할 수 있다. 교회 지도자들에게 필요한 가장 중요한 것은 구원의 경험, 소명, 그리고 열정이다. 이러한 자질을 갖추지 않은 개인은 나머지의 다른 어떤 자질을 갖추고 있다 할지라도 성공적인 사역의 희망을 가질 수 없다.

부모들은 자녀들이 생산적인 성인으로 성장하는 것을 방해하는 질병과 위험들로부터 보호하려고 한다. 21세기 교회개척자들도 지속적인 재생산에 방해가 될 수 있는 요소들로부터 교회개척 운동과 교회들을 보호해야 한다. 그들은 교회개척을 위한 계획에 있어 방해가 되는 요소들을 철저히 배제해야 한다. 21세기 교회개척의 궁극적인 목표는 계속적으로 재생산하는 교회들을 세우며, 이러한 교회들이 세상의 모든 종족들에게 전도하고, 그들을 제자 삼도록 하는 것이다.

토착화

교회개척에 있어 실재적인 요소 두 번째는 토착화의 개념이다. 교회개척자는 새 교회가 지역 문화에 얼마만큼 토착화되기를 기대하는가? 토착화라는 목적을 이루기 위해서 교회개척자는 토착화 철학을 이해하고 토착화를 위해 헌신해야 한다.

토착이란 특정 환경에만 존재하는 고유한 것을 말한다. 예를 들어, 바나나는 열대 기후에 고유한 것이다. 바나나를 추운 지역에서 재배하기 위해서는 온실을 만들고, 따뜻한 기온을 계속해서 유지해야 한다. 이렇게 값비싸고도 인공적인 과정은 바나나에게 건강한 생명력을 제공해 주지 않는다. 바나나 나무가 인공적인 방법을 통해서 계속해서 살아남는다고 하더라도 추운 기후 속에서 재생산하기는 어려울 것이다. 동일한 진리가 교회에도 적용이 된다. 지역 사람을 위해서 존재해야 할 교회가 그 지역의 문화에 맞지 않는 낯선 교회가 된다면, 그 교회는 재생산하기 어려울 것이다.

키스 아이텔은 '토착화' 라는 농업 용어가 한 특정한 땅, 특정한 지역, 그리고 특정한 기후에서 잘 자라는 식물을 묘사한다고 말한다. 선교의 목표와 목적은 이러한 모델에 일치하는 교회들을 개척하는 것이다. 아이텔은 "선교사들이 문화적 경계를 넘을 때, 그 목표는 문화적으로 적합한 성장 유형들을 자연스럽게 형성하여 생존 가능한 교회들을 개척하는 것이어야 한다"라고 말한다.[4]

고유화 접근법의 이해

선교학자 앨런 티펫은 교회들이 고유한 교회가 되기 위해 몇 가지 특성을 갖추어야 한다고 말한다.[5] (1) 자아상, (2) 자기 기능, (3) 자치, (4) 자립, (5) 자전(Self-Propaganda), (6) 자체 사역 등의 특성을 갖추어야 한다는 것이다. 자아상은 새로운 교회가 성숙 단계에 이르러 스스로를 그 지역에 속한 주 예수 그리스도의 교회로 보는 것이다. 즉, 다른 지역 또는 다른 사람들 속에 있는 교회의 연장이 아니라, 주께서 특별한 사명으로 특정 문화에 위치시킨 교회라는 것이다. 그 교회는 자체의 필요를 채우기 위해 외부의 도움에 의존하지 않는다.

'자기 기능' 이라는 말은 교회가 예배, 성경공부, 주의 만찬 등을 포함한 모든 활동을 자체적으로 수행하는 것을 의미한다. 사도행전 2장 40-47절은 전도하고, 제자 삼고, 예배하고, 기도하고, 교제하고, 서로를 섬기는 교회에 대해 묘사하고 있다. 스스로 기능하는 교회는 외부의 영향력이나 외부의 공급에 의해서가 아니라, 주님의 인도에 따라 모든 활동들을 수행해 나가는 교회이다.

'자치' 는 개척교회가 성숙의 단계에 이르러 스스로 결정을 내리고 미래를 계획하는 것을 의미한다. 이러한 결정은 교회의 모임, 지도력, 시설, 재정 등과 관련된다. 그 어떤 외부의 힘이나 영향력도 교회 자체의 결정보다 우선하지 못한다. 교회는 성경적으로 그리고 문화적으로 적절한 방법으로 필요한 사항들을 결정한다.

'자립' 은 교회가 교인들의 헌금을 통해 재정적인 책임을 감당하는 것을 의미한다. 이 교회는 외부의 자원들에 의존하지 않고, 주님의 도우심으로 인사, 자료, 건물, 프로그램 등에 필요한 자원을 자체적으로 공급한다. 이 교회는 외부의 도움 없이 공동체의 필요를 채운다.

'자전' 은 교회가 지상명령을 심각하게 받아들이고, 구령과 교회개척을 통해 그 임무를 수행하는 데 헌신하는 것을 의미한다. 자체적으로 전도하는 교회는 선교에 있어 외부의 도움을 구하지 않는다. 이 교회는 세계에 대한 자신들의 책임을 감당한다.

자체 사역은 교회가 구성원들의 필요를 채우기 위해 자체적인 재정과 인력을 사용하는 것을 뜻한다. 티펫은 이러한 특성을 자선이라고 부른다. 이 교회는 지역 사회의 병든 자, 가난한 자, 그리고 외로운 자들을 적극적으로 돌본다.

토착화 원리의 적용

고유한 교회들의 특성은 매우 간단한 것처럼 보일 수 있다. 그러나 이러한 특성은 사회문화적인 상황에 따라 다양하게 적용된다. 토착화된 21세기 교회들을 개발하기 위해서는 이러한 특성들이 어떻게 적용되는지 주목하는 것이 필요하다.

'자치' 라는 용어는 교회의 결정이 자체적으로 이루어지는 것을 의미하는 것뿐만 아니라, 의사를 결정함에 있어서 자체적인 스타일을 갖고 있는 것도 뜻한다. 문화, 사회, 경제적으로 다른 그룹들은 나름대로의 의사결정 스타일을 가지고 있다. 의사 결정의 내용이 성경의 가르침과 일치한다면 의사 결정 스타일의 사용에는 융통성이 있을 수 있다. 자치적인 교회는 외부의 압력에 의해 의사를 결정하지 않는다.

'자립' 이란 말은 교회가 스스로를 부양하는 것을 의미한다. 자립에는 여러 가지 방법이 있다. 자체 건물을 가지고 있고 교회를 섬기는 전임 사역자 모델이 모든 상황에 다 적용되는 것은 아니다. 많은 교회들이 이러한 모델을 택할 수 있는 재정적인 기초를 가지고 있지는 않다. 교회가 급

성장하는 곳에는 여러 교회를 인도하는 목사들이 있다. 또한 경우에 따라 다른 직업을 통해 가족을 부양하며 교회를 섬기는 목사들도 많이 있다.

자립을 이루기 위해서 선교사는 교회를 의존적으로 만들지 않아야 한다. 또 교회생활을 위해서는 물질적인 것들이 필요하다는 느낌을 낳는 보조금도 피해야 한다. 자립할 수 없다는 생각으로 인해 고유한 교회가 되지 못하는 경우가 종종 있기 때문이다.

자체 전도는 교회가 타문화의 교회들을 세우는 것을 의미할 뿐만 아니라, 주변의 문화를 반영하는 교회들을 세우는 것도 의미한다.[6] 토착화된 교회는 전도를 위해 불신자들을 찾고 새 교회개척을 위해 미전도 지역들을 찾는다. 그 교회는 교단이나 선교회가 새 교회를 개척할 것을 기다리지 않는다. 그 교회는 스스로 복음을 전한다. 또한 그 교회는 재생산할 수 있을 뿐만 아니라 재생산하는 교회이다.

토착화된 교회는 공동체의 필요들을 스스로 충족시킨다는 면에서 자급적이다. 교회의 설립자들이 공동체의 필요들을 충족시키는 기능을 감당해서는 안 된다. 초창기부터 교회는 지역 사회를 돕는 사역이 교회 자체의 책임이라는 사실을 배워야 한다.

토착화 철학은 교회개척에 있어서 매우 중요하다. 수세기의 선교 경험을 통해 우리는 외국인의 지도에 따라 외국적인 방식으로 일을 처리하는 교회는 현지문화에 침투하여 성장하고 재생산하는 토착교회를 만들어 내지 못한다는 것을 배웠다. 교회개척자는 반드시 토착화 철학을 가지고 있어야 한다.

상황화

교회개척을 위한 세 번째 철학적 토대는 상황화이다. 토착화에 대한 선교학적 논의가 상황화에 대한 논쟁으로 인해 도전 받고 풍성해졌다는 말에는 어느 정도 일리가 있다. 토착화를 선교사가 현지 그룹을 위해 실시하는 것이라고 하면, 상황화는 현지 그룹 스스로가 실시하는 것이라고 할 수 있다. 그러한 점에서 토착화는 상황화의 튼튼한 기초가 될 수 있다. 이것으로 인해 우리는 비전, 복음전도 전략, 예배, 그리고 교리를 포함하는 상황화의 특성에 대해 논할 수 있다.

상황화를 향해 나아가는 그룹은 하나님께서 주신 비전을 개발한다. 이 비전은 교회가 국내뿐만 아니라 국외에서도 지상명령을 실행하도록 동기를 부여해준다. 또한 그 그룹은 자체적인 복음전도 전략을 개발한다. 다른 나라에서 성공한 복음전도 방법들을 단순히 이식하지 않고, 교회 주변에 있는 사회의 특징과 필요를 이해하려고 노력하면서 주어진 상황에서 사람들에게 전도하는 방법들을 개발한다.

상황화된 교회의 예배 스타일 또한 다른 교회의 예배 스타일과 다르다. 이 차이는 노래, 악기, 관계 유형, 커뮤니케이션 스타일 등을 포함한다. 만일 한 한국인이 해외의 교회를 방문했는데 유일하게 다른 것이 단지 언어라고 한다면, 그 교회는 토착화가 되지 않았을 가능성이 매우 높다. 반면에 현지인이 교회를 방문했는데 문화적으로나 언어적인 측면에 있어서 편안함을 느낀다면, 그 교회는 상황화된 교회라고 할 수 있다.

마지막으로 상황화된 교회들은 그 교회가 속한 상황에서 중요하고 긴급한 문제들에 초점을 맞추는 신학적 성찰을 수행한다. 참된 기독교인들에게는 마땅히 지켜야 할 교리가 있다. 그러나 서구 사회에서 일어나고 있는 많은 신학적 성찰은 다른 사회들이 갈등하고 있는 중대한 문제들을 완전히 무시한 경우들도 있다. 상황화된 교회는 전도, 가르침과 사역을 통해 사회의 중요한 문제들을 다룬다. 간략히 말하면 상황화된 교회는 초대 교회가 1세기 사회에 끼쳤던 것과 같은 영향을 그 교회가 속한 사회에 미칠 수 있다.

사도 바울이 이끌었던 교회개척팀은 상황화된 전략을 사용했다. 안디옥을 떠난 후 그들은 훌륭한 교회의 사회 문화적 특징들을 그대로 복제하려고 하지 않았다. 대신에 그들은 현지 문화를 이해하려고 했으며, 현지인들이 이해할 수 있는 말로 복음을 전하려고 했고, 그들에게 자연스러운 방식들로 신자들을 모으려고 했으며, 현지에서 구할 수 있는 재원을 이용했으며, 친척과 친구를 통해 재생산할 수 있도록 그들을 격려했으며, 그들이 모든 종족 그룹들을 제자화하는 그리스도의 사역자들이 될 수 있도록 도왔다.

상황화된 교회개척 철학은 국내뿐만 아니라 국외에서도 필요하다. 이 방법이야말로 교회들이 증가하고 그들의 지역 사회와 전 세계의 다른 그룹들에 영향을 미칠 수 있는 유일한 길이다. 토착화된 교회 전략들이 해외의 '이국적이고 원시적인' 문화들에서만 필요하다고 믿는 경향들이 있지만, 어떤 곳이든 새 교회의 성공 여부는 지역 사회가 그 교회를 어떻게 보느냐에 달려 있다. 새 교회가 스스로를 '우리 교회' 라고 생각하는가 아니면 '남의 교회' 의 연장이라고 생각하는가? 남부 사투리를 사용하는 교회가 북부 사람들에게 어색한 것처럼 서구 스타일의 교회들도 비 서구 사회에게는 어색하게 보인다.

혁신적인 교회가 필요한 지역에 전통적인 교회는 부적절하다. 역으로 전통적인 교회만이 생존 가능한 지역 사회에서 혁신적인 교회는 교회가 아니라 '이단'으로 간주될 수 있다. 그러므로 토착화된 교회들은 다양한 세대 그룹들뿐만 아니라, 지역 사회에 있는 다양한 언어와 문화 그룹들에게 전도하기 위해서 필요하다.

교회개척자들은 상황화의 개념을 받아들여 문화에 적응할 수 있는 교회들을 개척하도록 노력해야 한다. 자신의 경험들을 복사하고, 자신이 편한 교회를 재생산하려는 경향은 강한 영향력을 미친다. 하지만 교회개척자와 교회개척 그룹이 상황화 원리에 헌신할 때 비로소 토착화된 교회들이 탄생하게 될 것이다.

철수(撤收)

교회개척 운동을 지속, 발전시키기 위한 실재적인 요소의 마지막은 톰 스테픈(Tom A. Steffen)의 말처럼 선교사들을 적절하게 철수시키는 것이다.[7] 데이빗 개리슨(David Garrison)은 선교사 또는 교회개척자가 실제적으로 그 사역으로부터 손을 뗄 그때에 고유한 교회가 완성되고 안정되게 된다고 말한다.[8]

한 교회는 그 교회의 개척자가 전도자에서 교사로, 거주 조언가로, 순회 조언가로, 부재 조언가로 변해 가는 만큼 재생산하는 교회가 될 것이다.[9] 선교사나 혹은 교회개척자의 철수에 있어 그 목표는 기독교 신앙이 지속적으로 이루어지도록 하기 위한 깨끗한 교체이다. 그래서 톰 스테픈은 "언제 개척한 교회를 떠나야 하는지를 아는 것은 언제 교회개척을 시작해야 되는지를 아는 것만큼 중요하다"라고 한다.[10]

현명한 교회개척자는 교회의 지도력이 현지인들의 손으로 온전히 넘겨지기 전까지는 참된 고유화 또는 참된 재생산을 할 수 없다는 사실을 알고 있다. 대부분의 경우에 지도력을 현지인들에게 넘겨주는 것은 교회개척자로 하여금 자신의 지도자 역할을 포기하거나 극소화할 것을 요구한다. 그럼에도 불구하고 그가 교회를 떠나는 것이 종종 재생산하는 교회를 시작하는 가장 창의적이고 중요한 단계가 되는 것이다.

결론

교회개척자들은 반드시 분명하고 힘 있는 철학을 가지고 살아가야 하고 섬겨야 한다. 이 철학적 토대에 의해 교회의 유형이 결정된다. 즉, 재생산하는 교회로 성장하는가 아니면 한 회중에만 제한되어 있는 교회로 남는가, 토착화된 교회가 되는가 아니면 외국인 교회로 남는가, 상황화된 교회가 성숙하는가 아니면 적응을 못한 교회로 갈등하는가, 선교사나 교회개척팀이 철수한 교회가 되는가 아니면 통제 받는 교회로 남는가 등이 결정된다. 교회개척자가 사용할 접근법을 분명히 하며, 특정한 교회개척 및 개발 철학에 헌신하기 전까지 사역은 피해를 입을 수밖에 없을 것이다. 모든 교회개척자는 이 철학적 토대를 쌓도록 최선을 다해야 할 것이다.

주

1) Donald A. McGavran, "Wrong Strategy: the Real Crisis in Mission," International Review of Missions 54(1965): 451-61.

2) David Garrison, Church Planting Movements (Richmond, VA: International Mission Board of the Southern Baptist Convention, 1999), 8.

3) C. Peter Wagner, Church quake (Ventura, CA: Regal, 1999), 8.

4) Keith Eitel, "To Be or Not to Be?: The Indigenous Church Question," in Missiology: An Introduction to the Foundations, History and Strategies of World Missions, ed. John Mark Terry, Ebbie Smith, and Justice Anderson (Nashville: Broadman & Holman Publishers, 1998), 301.

5) See A. R. Tippett, Verdict Theology in Mission Theory (Lincoln, IL: Lincoln Christian College Press, 1969).

6) See William A. Smalley, "Cultural Implications of an Indigenous Church," Readings in Dynamic Indigeneity, ed. Charles H. Kraft & Tom Wisely (Pasadena, CA: William Carey Library, 1979), 31-51.

7) Steffen, Passing the Baton, 13-20.

8) Garrison, Church Planting Movement, 44.

9) Tom Steffen, Passing the Baton, 214.

10) Ibid., 215.

7장 지도력의 토대

교회개척의 준비 단계에서 지도력에 관한 문제들이 제기된다. 이 영역이 중요한 까닭은 인간의 다른 모든 노력과 마찬가지로 교회개척도 적절한 지도력을 요구하고 또한 그 지도력에 의존하기 때문이다. 이 중요한 지도력은 교회개척 사업을 구상하는 행정 그룹에서부터 현지팀, 그리고 실제적으로 교회개척을 하게 되는 교회개척팀의 개인에 이르기까지 모든 영역에 영향을 미친다. 교회개척자들은 필요에 의해서 지도자가 될 것이다. 그러나 필요한 전도에 진척이 있고, 교회가 시작되면 그들은 반드시 '사도적인 지도자들' 이 되어야 한다.

교회개척자들은 사도적인 사역이 하나님으로부터의 능력에 의지한다는 진리를 받아들여야 한다. 이 사역의 초점은 불신자들을 찾고, 그들에게 전도하여, 교회의 일부가 되게 하고, 믿음 안에서 성숙하게 자라게 할 뿐만 아니라, 그들이 영혼 구원에 동참하게 하는 데 있다. 이 장은 교회개척에 있어 중요한 주제인 지도력을 다루게 된다.

사도적인 교회들은 사도적인 지도자들의 사역을 통하여 탄생한다. 이 장은 성령의 인도하심과 충만케 하심에 따라 사도적인 교회개척자가 될 수 있는 사람들의 특징과 교회개척의 다양한 접근법들에 맞는 개인들을 평가하는 방법들을 고찰한다.

교회개척자들의 특징

사도적인 지도자들의 모델이나 특징들을 논리적이면서도 가장 정확하게 모색할 수 있는 곳은 성경이다. 사도적인 지도자들이 갖고 있는 특징들과 관련해 성경을 연구하는 것은 과거로 일 보 후퇴하는 것이 아니라, 영원한 사명을 현재에 맞는 적절한 방식으로 실행하기 위해 하나님의 말씀에 나와 있는 계시를 사용하는 것이다. 이 장에서 우리는 기독교 지도자들의 많은 특징들 중에서 소명, 인격, 확신과 헌신의 특징들을 제시한다.

확실한 소명

교회개척 지도자들의 중요한 특징 중의 하나는 이 사역이 하나님의 계획이며 단지 인간의 소망이 아니라는 분명한 깨달음이다. 아브람(아브라함)은 갈 바를 알지 못하고 나아갔다. 그는 하나님께서 자신을 새로운 곳으로 인도하고 계신다는 것을 알았고, 또한 하나님께서 자신에게 준 확실한 약속을 믿었기 때문에 고향을 떠난 것이었다(창 12:1-3). 바울은 하나님의 사역에 대한 자신의 '소명'에 대한 경험을 아그립바 왕 앞에서 증거했다. "아그립바 왕이여 그러므로 하늘에서 보이신 것을 내가 거스리지 아니하고"(행 26:19-20).

다른 기독교 사역자들과 마찬가지로 교회개척자들은 자신들의 삶이 하나님의 계획 안에 있다는 확신을 필요로 한다. 데이브 페이지(Dave Page)는 기독교 사역에 대한 일반적인 소명과 교회개척에 대한 구체적인 소명 간의 차이를 설명한다. 페이지는 교회개척을 '소명 안의 소명'이라고 생각하며, 이러한 인도하심을 받는 모든 사람들은 그것에 순종하기를 조언한다.[1)]

오브리 맬퍼스(Aubrey Malphurs)는 교회개척 지망자들이 교회개척에 대한 특별한 인도하심이나 혹은 소명을 찾을 수 있도록 해 준다. 그는 하나님의 말씀(성경)이 하나님의 뜻을 발견하는 데 도움이 되는 결정적인 자료를 제공해 준다고 가르친다. 게다가 맬퍼스는 우리의 삶에 대한 하나님의 계획하심이 우리의 사역에 대한 하나님의 뜻을 찾도록 인도해 준다고 말한다. 하나님께서 우리에게 주신 지도력, 믿음, 전도, 모험 정신, 지역 교회사역에 대한 애정과 같은 은사들을 발견하는 것은 우리가 교회개척자들이 되어야 된다는 그분의 의도를 표시해 주는 것이라고 했다.[2)]

하나님께서 자신을 교회개척 사역으로 인도하셨다는 확신 없이 그 사역을 시작해서는 안 된다. 새 교회개척에 대한 하나님의 소명을 깨닫는 것은 우리로 하여금 교회개척자가 되기를 원하는 하나님의 의도뿐만 아니라, 새 교회가 개척되는 장소와도 연관이 있다. 달리 말하면 교회개척자들의 소명은 사람뿐만 아니라, 장소와도 관계가 있다는 말이다. 즉 하나님은 교회개척자를 특별한 대상 지역으로도 부른다는 의미이다. 하나님의 소명만이 교회개척자로 하여금 하나님께서 의도하신 새 교회개척 노력을 계속적으로 해 나갈 수 있도록 한다.

모든 성경적인 지도자의 첫 번째 특징은 하나님께로부터 오는 분명한 소명이다. 사도적인 교회개척자는 사역에 대해 이와 같이 동일한 하나님의 인도하심을 경험한다. 또한 교회개척자의 소명의식이야 말로 교회개척에 추진력을 제공함을 인식하게 된다.

깨끗한 인격

그 어떤 능력, 추진력, 개성 또는 훈련도 기독교 사역자들과 지도자들에게 있어야 하는 올바른 인격을 대체할 수 없다. 이 원리는 특별히 사도적인 교회 지도자들에게 적용이 된다. 하나님께서 사용하신 사람들은 한결같이 존경할 만한 인격을 갖춘 남녀들이었다. 데이빗 피셔는 '목회자의 온전함의 힘' 을 인용하면서 지도자들에게 있어야 하는 온전함과 인격의 필요를 강조한다.[3)]

요셉은 이스라엘 백성들의 대표로서 인격과 온전함의 특징을 보여 주었다(창 37-50). 바울은 디모데에게 지도자들에게 필요한 자질들을 요약하면서 "책망할 것이 없는"(딤전 3:2)이라는 말로 시작한다. 젊은 목회자 디도는 자신이 세울 장로들도 "책망할 것이 없어야"(딛 1:5-7)한다는 메시지를 들었다.

'책망할 것이 없는' 사람이 되기 위해서 지도자는 흠 없는 인격을 갖춘, 즉 행동에 대한 비난을 듣지 않는 온전함을 분명히 보이는 사람이 되어야 한다. 토마스 리는 '책망할 것이 없음' 은 훌륭한 기독교 지도자를 구분하는 용어로 보아야 한다고 말했다.[4)]

디모데전서 4장 12절도 인격에 대해 동일하게 강조하고 있다. 디모데는 말과 행실(삶)과 사랑과 믿음과 정절에 대하여 믿는 자에게 본이 될 것

을 조언 받았다. 이러한 특징들 중 적어도 세 가지는 온전하게 사는 것과 관련이 있다.[5)]

성경적 지도자들이 갖추어야 할 덕목들을 포함하는 개념으로 '책망할 것이 없음' 을 해석할 때, 우리는 지도자들이 그들의 배우자들에게 신실하고, '절제하며', '자제하며', 신뢰할 수 있고, 공정한 판단을 내리는 지각 있는 사람이어야 하며, '존경할만하며', 행동을 통해 자신의 삶 속에 나타나는 하나님의 임재하심을 표현하는 사람이어야 한다는 사실을 발견하게 된다.

훌륭한 기독교 지도자의 인격의 또 다른 특징은 '환대' 혹은 다른 사람들을 섬기는 마음, 진리를 가르치고 틀린 것에 대해 올바른 것을 제시할 수 있는 능력, 절제 능력 특별히 술에 대한 절제 능력, 그리고 다른 사람들을 존귀하고 정중하게 조심히 다루려는 자세이다. 지도자는 '폭력을 행하지 않으며' 사람들을 이용하려고 하는 태도를 가져서는 안 된다. 훌륭한 지도자는 분쟁, 욕심, 다툼이라는 의미에서 결코 '싸움을 좋아해서는' 안 된다(딤전 6:4-5 참조). 오히려 훌륭한 지도자는 '온유' 해야 하며, 친절하고, 융통성이 있으며, 상대방을 고려하며, 사랑이 많아야 한다.

기독교 지도자의 인격은 사랑에 기초한 가정 내의 지도력과 물질적인 것에 대한 올바른 태도를 포함한다. 기혼으로서 자녀를 둔 기독교 지도자일 경우 온 마음을 다해 자신의 가정을 다스리며, 자녀들을 올바르게 인도해야 한다. 또한 지도자는 물질에 대해 올바른 자세를 가지고 있어야 한다. 탐욕이나 거짓이 드러나면, 그것은 영적인 지도력을 파괴한다.

바울은 교회 밖의 사람들로부터 호평 듣는 것을 언급함으로써 기독교 지도자들의 인격에 필요한 목록을 마무리한다. 교회개척자들은 이 자질을 갖추어야 한다. 새 교회개척에 헌신한 지도자들은 불신자들로부터 나쁜 평을 받을 만한 행동이나 경향을 피해야 한다. 지역 사회가 교회개척자의 인격이 온전함을 인식하게 될 때, 그 지역에서 교회개척이 용이하게 된다.

효과적인 지도자와 교회개척자는 반드시 자족의 특성을 개발해야 한다. 많은 교회개척자 후보들의 삶과 사역들이 자신들의 생활과 신분에 대한 불만족으로 인해 피해를 입고 있다. 이러한 문제로 인해 그들은 교회개척을 위한 노력을 포기하거나, 아니면 평안의 부족으로 인해 기쁨과 만족이 사라지게 된다. 기쁨과 만족이 교회개척자의 삶에서 사라지는 만큼 그 효과도 타격을 받게 된다.

사도 바울은 모든 기독교 지도자들에게 자족의 필요성을 강조했다. 그는 비성경적인 가르침을 고수하며, 교만하며, 변론과 언쟁을 좋아하는, 경건치 못한 자들에 대해 경고하고 있다. 바울 사도는 그러한 사람들은 '경건' 을 '금전적인 이익' 을 얻는 수단으로 생각한다(딤전 6:3-5)고 말하고 있다.

사도 바울에 의하면 "자족하는 마음이 있으면 경건은 큰 유익이 된다"는 것이다(딤전 6:6). 자족은 외부적인 상황에 영향을 받지 않고, 환경을 다스릴 수 있는 주인이 되는 것을 의미한다. 빌립보서 4장 10-11절에서 바울은 자신이 어떠한 형편에든지 자족하기를 배웠고, 상황을 다스리는 주인이 되었다고 표현했다. 물질적인 것들에 대한 탐욕이나 안전에 대한 염려를 피할 수 있는 사람은 영적 파괴를 피할 수 있는 사람이고, 자족할 수 있는 사람이다.

기독교 지도자들뿐만 아니라 교회개척자들은 자족이라는 자질이 가져다주는 자유로 인해 큰 유익을 얻는다. 교회개척에 대한 대부분의 노력들은 유명세를 타지 못하기 때문에 잘 나타나지 않는다. 드러나지 않는 사역에 남을 수 있는 능력이야말로 대부분의 교회개척자들이 갖고 있는 특징들이다. 효과적인 교회개척자들은 세상적인 보상보다는 하나님과 그분의 왕국의 영광을 목표로 하기 때문에 역경 속에서도 교회개척의 과업을 계속해 나갈 수 있다.

효과적인 지도자의 인격은 의사 결정과 행동에 있어서 성숙함의 특징을 보여야 한다. 바울은 신실함(딤 3:6)과 책망할 것이 없음(딤전 3:10) 등을 포함하여 여러 가지 지도력의 자질들을 열거했다. 그들 중, 성숙함은 나이보다는 영적인 문제였다. 바울은 새로 입교한 자를 지도자의 위치에 두지 말 것을 조언하고 있는데, 그 이유는 그 자리로 인해 교만해질 수 있기 때문이다. 디모데전서 3장 6절과 10절에 나타나는 바울의 가르침에 있어서 성숙함의 반대는 교만이다. 이 악은 새롭게 개종한 지도자나 오래된 지도자 모두에게서 나타날 수 있다. 그러한 교만으로 인해 사단이 준비해 놓은 영적인 덫에 빠질 수 있다고 바울은 경고한다. 사탄은 교만한 지도자를 눈멀게 하여 자신의 덫에 걸리게 하고, 그들을 패배와 고통과 파멸로 인도한다. 바울은 그 진행 과정을 떨어짐, 올무에 걸림, 빠지게 됨 등으로 묘사했다(딤전 6:9). 마귀는 교만과 자만으로 인해 하나님의 뜻을 따르지 않는 지도자들에게 많은 해를 끼친다.[6)]

효율적인 교회개척자에게는 모든 성공이 하나님께로부터 온다는 사실을 깨달을 수 있는 영적인 성숙함이 있어야 한다. 일반적으로 성숙함의 덕목이 높이 평가되고 있지만, 성경은 영적 성숙함을 가장 중요한 것으로 여긴다. 참된 열매를 맺는 교회개척자들은 성숙함의 덕으로 인해 겸손함의 은혜를 유지하는 사람들일 것이다.

미국 남침례교 해외 선교부(지금은 국제 선교부) 선교사였고 후에 행정가로 일했던 키스 팍스는 한때 선교사들을 위한 성경공부를 인도했다. 그 성경공부 시간을 통해 성령께서 선교사들의 삶에 강력히 임했고, 그중 한 선교사는 키스 팍스에게 "저희들에게 부흥의 큰 경험을 갖게 해 주셔서 감사합니다"라고 말했다. 팍스는 이에 대해 "제가 부흥의 경험을 갖게 한 것이 아니라, 그 부흥이 일어났을 때, 제가 여기 있었을 뿐입니다"라고 대답했다. 이것은 교회개척자와 지도자에게 필요한 성숙함과 겸손함의 좋은 예이다.

교회개척자들은 성장하는 기독교인의 삶을 살아야 하며, 기꺼이 변화되고자 하는 마음을 지니고 있어야 한다. 사실, 누구도 교회개척자에게 필요한 자질을 모두 소유하고 있지는 않다. 하지만 어떤 영역에서 부족함이나 연약함이 있다고 해서 교회개척에 대한 소명을 던져버려서는 안 된다. 오히려 소명은 성령의 도우심으로 인해 교회개척 지망생이 약한 부분들을 개발할 수 있도록 도와줄 것이다.

효과적인 교회개척자의 인격은 솔선수범하며 쉽게 좌절하지 않는 능력, 다른 사람들과 협력하면서 또한 독립적으로 일할 수 있는 능력, 대중이 보지 않는 곳에서도 즐거이 일할 수 있는 자세, 그리고 복음전도의 능력 등을 포함해야 한다. 성장하는 능력과 변화하려는 태도를 통해 교회개척 지망생은 자신들의 한계를 발견하게 되고, 그러한 영역에서 자신들의 능력들을 강화시킨다. 성장과 변화에 대한 열린 자세는 교회개척자의 인격에 있어 중요한 자리를 차지한다.

정직, 순결, 신중함, 온전함, 존경, 성숙함, 성장의 능력을 통해 나타나는 인격은 교회개척 지도력에 있어 매우 중요하다. 조셉 스토웰은 "실망의 암흑이 가득한 이때, 인격 중심의 지도력의 빛이 횃불처럼 타올라 많은 사람들을 그리스도와 같은 삶으로 인도할 것이다"라고 말했다.[7] 따라서 교회를 개척하는 지도자가 되기를 원한다면, 성령님이 당신 안에 하나님의 인격을 만들 수 있도록 자신을 내어 드려야 할 것이다.

지속적인 헌신

효과적인 교회개척자는 그 과업에 온전히 헌신하며 딴 곳으로 눈을 돌리지 않는다. 그 어떤 실망, 좌절, 반대, 또는 핍박도 헌신된 교회개척자를 막을 수 없다. 사도적인 교회개척자들은 집중된 헌신을 통해 사탄의 어떠한 방해에도 흔들리지 않고 인내할 수 있다.

모세는 하나님께서 계시하신 계획에 헌신했기에 '죄의 쾌락'에 연연하지 않고 하나님의 백성들을 인도할 것을 택했다. 느헤미야는 예루살렘 성전 재건을 인도했고, 이스라엘 백성에게 동참할 것을 요구했는데, 그 이유는 그 과업을 하나님의 인도하심으로 보았고, 그 과업에 헌신했기 때문이었다(느 1-7장). 예수님은 하나님 아버지의 계획에 헌신했기에 개인의 편안함을 위해 그의 능력을 사용하라는 사탄의 유혹을 거부했다(눅 4:1-13). 예수의 이름으로 전도하지 말라는 강압에도 불구하고 예루살렘 기독교 공동체는 위협으로부터 구원이나 보호가 아니라 하나님의 말씀을 전할 수 있는 담대함을 위해 기도했다(행 4:13-31).

새 교회개척에 대한 헌신은 확실한 비전과 지속적인 믿음의 두 가지 토대와 깊이 연관되어 있다. 비전은 더 나은 미래를 이해하고, 개발하고, 그리고 성취할 수 있게 해 주는 능력이다. 비전은 무엇이 '될 수 있는' 자질을 말한다. 모든 기독교 사역자는 비전을 가져야 하며, 교회개척자는 특별한 비전을 가져야 한다.

교회개척자들은 교회를 다니지 않거나 적대적인 불신자들이 기독교 예배 공동체로 모이게 되는 것을 볼 수 있는 능력을 하나님으로부터 받은 사람들이다. 이러한 종류의 비전 때문에 그들은 위협, 어려움, 실망, 혹은 장애물들로 인해 쉽게 단념하지 않는다. 그들은 생명이 없는 사람들 가운데서 새로운 회중들이 일어나기를 꿈꾸고, 이러한 꿈들이 하나님에게로부터 왔기 때문이 현실이 될 것이라는 확신을 가지고 있다.

교회개척에 대한 헌신의 두 번째 토대는 바로 끊임없는 용기를 만들어 내는 지속적인 믿음이다. 교회개척자는 이러한 믿음과 굴복하지 않는 용기가 절대적으로 필요한 사람들이다. 조셉 스토웰은 믿음을 우리가 하나님과 그분의 말씀에 대해 믿는 것이 사실이라고 하는 흔들리지 않는 확신이라고 정의한다. 이러한 믿음에 대한 확증은 행동 가운데 나타난다. 끊임없는 믿음은 우리가 믿는다고 말하는 것의 증거이다. 하나님에 대한 믿음이 우리의 존재와 우리의 행위를 결정한다.[8)]

히브리서 11장은 하나님의 사람들이 하나님께서 주신 믿음으로 성취할 수 있었던 놀라운 일들을 기록하고 있다. 이 위대한 본문은 믿음을 정의하기보다는 하나님의 사람들이 믿음으로 할 수 있는 것들에 대해 말해주고 있다. 히브리서 11장 1-6절은 하나님께 나아가는 자는 반드시 그가 계신 것과 그가 약속을 지키시는 분(자기를 찾는 자들에게 상 주시는 분)이라는 사실을 믿어야 된다고 말하면서 믿음의 구성 요소에 대해 언급하고 있다. 여기서 강조하는 것은 기독교 지도자가 장애물과 실망 그리고 좌절감이라는 강의 건너편에 있는 승리를 볼 수 있게 하는 것이 바로 믿음이라는 것이다. 오직 믿음의 사람들만이 자신들의 안전지대를 넘어서 위험을 무릅 쓰고 하나님을 위해 크고 위대한 일들을 시도하는 용기를 갖는다.[9] 교회개척에 따르는 모험을 감수할 수 있도록 하는 것이 바로 지속적인 믿음이다.

교회 지도자들은 자신들의 믿음을 주님이 아닌 사물이나 사람들에게 두고자 하는 유혹을 종종 받는다. 어떤 지도자들은 사람들이나 계획이나 명예에 자신들의 초점을 맞춘다. 사람들에게 초점을 맞출 경우, 지도자들은 종종 사람들에게 이용당하거나 통제 당하는 결과를 맞게 된다. 자신들의 계획에 초점을 맞출 경우 지도자가 사람들을 이용하여 자신들의 꿈을 이루려고 하는 결과를 가져온다. 번창이나 재정, 지위 혹은 명성이 높아지는 것에 초점을 맞출 경우 지도자가 잘못된 동기들을 가지고 사역을 하는 결과를 가져온다. 믿음의 초점을 다른 곳에 두는 것은 왜곡된 섬김을 낳는다. 이것에 관해 조셉 스토웰은 다음과 같이 말했다.

> 자신의 안전과 보안이라는 관점에서 사역을 하고, 충돌이나 반대가 없도록 하기 위해 모험을 감당하지 않는 것은 매혹적이다. 안전하고 위협이 없는 환경을 고수하는 목자는 그리스도의 영광과 이익을 가져오는 사역에서 종종 요구되는 힘들고 위험한 과업들을 감당할 수 없을 뿐만 아니라, 궁극적으로 자신이 초점을 맞추어서 피하려고 했던 바로 그 불안을 만들어낼 것이다. 보안과 안전을 스스로 만들려는 시도가 위험을 초래하게 된다.[10]

교회개척자들은 새로운 교회를 시작하는 데 있어 많은 장애물과 방해물들을 직면하게 된다. 적들 뿐만 아니라 친구들의 저항은 전체적인 흐름을 방해하고 위험에 빠뜨리게 한다. 불신자들의 냉담함은 많은 교회개척자들로 하여금 이미 믿고 있는 사람들을 찾도록 만들고, 과거의 성장 위에 새로운 교회를 세우려고 하는 쉬운 방법을 찾게 만든다. 그러나 지속적인 믿음은 교회개척자들로 하여금 믿음으로 발을 내딛는 용기를 가지게 하여 하나님을 믿고, 불신자들에게 전도하고, 그들을 새로운 회중의 교제권으로 들어오게 한다. 한마디로 말해, 이러한 교회개척자들은 다른 신앙, 관습 그리고 세계관들을 가지고 있는 사람들을 목표로 하는 모험을 기꺼이 감수하는 사도적인 지도자들이 된다.[11]

새로운 교회를 개척하고자 하는 목표에 대한 헌신은 교회개척자들이 계속해서 그 과업에 초점과 방향을 맞추도록 돕는다. 하나님께서 주신 비전과 믿음은 사도적인 교회개척 노력들을 시작하고 완성할 사람들에게 요구되어지는 헌신에 필요한 토대들을 형성한다. 헌신된 지도자는 주님께서 그 과업이 완성되었다고 말씀하시기 전까지는 결코 포기하지 않을 것이다.

결론

교회개척자들을 포함하여 모든 교회 지도자들은 확실한 소명, 깨끗한 인격, 분명한 확신, 그리고 지속적인 헌신의 특징들을 가지고 있어야 한다. 물론 다른 특징들이 추가적으로 필요할 수도 있다. 사도적인 교회개척자들은 추수할 곳에서 더 크게 쓰임 받기 위해 이러한 자질들을 갖추려고 노력해야 할 것이다.

교회개척에 도움이 되는 확신들

교회개척자들이 성령님을 통한 성경적인 확신들을 신실하게 고수할 때, 재생산이 가능하게 된다. 성경을 잘 아는 교회개척자들은 자신들의 삶과 개척교회의 삶 속에 성경적인 확신을 심어 재생산을 이룰 수 있도록 기도할 것이다. 교회개척을 장려하는 교회 기관들은 절대적인 재생산성을 포함하고, 권하고, 후원하는 토대 위에 세워 나가야 한다.

목적의 확신

21세기 교회개척에 필요한 확신은 교회가 반드시 재생산의 목적과 의도를 가지고 있어야 한다는 것이다. 이 개념은 '목적이 이끄는 전략'(릭 워렌의 용어)과 '최종 비전'(데이빗 개리슨의 말)으로 불려왔다. 이 확신은 재생산의 목표를 최우선에 두고 모든 접근 방법이 이 목표에 기여하는지를 평가한다. 만일 어떤 방법이 교회를 재생산의 목표에 기여하지 않을 경우 효과적인 교회개척자는 그 전략을 과감히 버릴 것이다.[12]

이 확신의 목적과 최종 비전은 교회개척자가 시작한 교회가 후에 또 다른 교회들을 재생산할 수 있도록 하는 교회개척 운동이다. 그리하여 끝없는 확산이 실현된다. '재생산 원리'를 따르는 교회들과 운동들은 오직 목적에 기여하는 요소들만 사용하고, 목적 달성을 방해하는 것들은 피할 것이다.

교회개척자의 마음에 반드시 있어야 하는 21세기의 최우선적인 확신은 바로 목적의 확신이다. 재생산하는 교회라는 목적을 따라 교회개척자들은 도움이 되는 수단들은 사용할 것이고, 그 목적을 달성하는 데 방해가 되는 방법들은 버리게 될 것이다.

교회 본질에 대한 확신

재생산하는 교회를 개척하는 지도자들은 교회의 본질에 대한 확신들을 가지고 있다. 또한 그들은 교회의 본질에 관해 오직 성경적인 가르침만을 고수한다. 교회가 건물, 고등 교육을 필요로 하는 안수 받은 지도자들, 그리고 광범위한 헌법과 부칙들과 같은 제한적인 요인들을 피할 때만이 재생산하는 교회들을 낳을 수 있다. 지방회나 총회와 관련을 맺는 것이 도움이 되고 심지어는 권장할만한 것이지만, 지방회나 총회에 가입해야만 교회가 될 수 있다는 강요는 지양해야 한다. 건물, 안수 받은 지도자, 그리고 기관과의 관계들이 교회를 위해서 유익하고 도움이 되지만, 신학적으로 볼 때 모든 교회에 반드시 필요한 것은 아니다.

어떤 지방회는 한 그룹 신자들이 교회로 받아들여지고, 그 지방회에 소속되기 위해서 반드시 교회 부지를 가지고 있어야 한다는 규정을 채택했다. 그 결과로 그 지역에서 가장 중요한 교회 중의 몇몇이 그 지방회와 관계를 맺을 수 없게 되었는데, 그 이유는 그러한 교회들이 임대 시설이나 가정형 시설에서 모임을 가졌기 때문이었다. 재생산이 가능한 교회개척은 그러한 제한적인 규정들을 거부하고, 성경적인 개념, 즉 두세 사람이 모일 때 주님께서 그 가운데 임재하시므로 그 회중은 교회로 불릴 수 있다는 것을 받아들인다.

교회들은 재생산 능력들을 감소시키거나 방해할 수 있는 규정들로부터 자유로워야 한다. 그러한 요구 사항들은 교회의 목에 매달린 '연자맷돌' 이 되어, 그 교회의 재생산을 불가능하게 만들 수 있다. 현명한 교회개척자는 성경 외적인 규정들에 의해 회중이 교회가 되지 못하는 상황을 피한다.

교회의 본질에 관한 바람직하고 성경적인 확신들은 다양한 유형의 교회들을 허용한다. 그것은 모든 교회들이 그 지역에 있는 사람들에게 전도하는 데 필요하기 때문이다. 재생산하는 교회가 생겨나는 것을 보기 원하는 교회개척자들은 셀 교회들이나 가정교회들을 허용하고 심지어 권장한다. 재생산하는 교회의 지도자들은 새 교회들과 기존 '교회들' 사이에 다소 차이가 있다 할지라도 새 교회들을 수용한다. 참된 교회의 개척이 비성경적인 규정들로 인해 지장을 받지 않도록 한다.

교회 재생산에 대한 확신

재생산하는 교회개척 운동에 관계하는 교회개척자들은, 하나님께서는 교회들이 다른 교회들을 개척하기를 원하신다는 확신으로 일한다. 이 모델은 벌써 성경적인 근거, 역사적인 배경, 그리고 현대의 실상으로 제시되었다. 케냐의 말린디 지역에 있는 기리아마 종족들 속의 교회개척가인 클레일런 코시는 지역 교회들을 위한 하나님의 계획은 이러한 교회들이 새로운 교회들을 출산하는 것이라고 선언한다. 그는 교회개척의 주된 책임은 "지역 교회로 모인 개별 신자들의 것이다"라고 말한다.[13]

21세기 교회개척자들은 오직 한 모습의 교회로만 남아있을 교회를 개척하는 것은, 많은 수확을 원하는 주님의 의도를 이루는 것이 아니라고 믿는다. 세상의 모든 불신자에게 전도하는 가장 효과적인 수단은 재생산하는 교회가 지속적으로 확산되는 것이라고 믿는다. 이 확신으로 인해 21세기 교회개척자는 그러한 재생산이 자연적인 것이고, 가능한 것이며, 그리고 기대되어지는 것이라는 원리를 교회에 심어주게 된다.

로버트 로건은 요한복음 17장 20-23절에 대해 언급하면서 교회 내의 모든 모임은 불신자들에게 하나님께서 그들을 사랑하시기 때문에 예수님을 보냈다는 사실을 알리기 위한 목적을 가지고 있어야 한다고 말한다. 로건은 이러한 복음전도의 목적에 일조하지 않는 교제는 열매를 맺지 않아 그리스도가 저주한 무화과 나무처럼 시들어지게 되어 있다고 주장한다.[14] 마크 테리도 이에 동의하면서 "교회가 지교회를 개척할 때 초대 교회의 본을 따르게 되고, 지상명령에 순종하게 되며, 그 성장 가능성을 향상 시킨다"고 말한다.[15] 이러한 교회야말로 하나님께서 의도하신 교회의 본질에 따라 살아가는 교회라고 할 수 있을 것이다.

재생산하는 교회들에 관한 교회개척자의 확신 속에는 재생산이 신속할 때 가장 효과적이라는 이해가 포함되어 있다. 잘못된 전략은 교회가 먼저 크고 강해진 후에야 비로소 다른 교회를 개척할 수 있다고 가르친다. 그러나 사실은 빠른 확산이 종종 가장 폭넓은 기독교 운동의 확대로 이어진다.

성경적인 교회가 되고자 한다면, 다른 교회들을 개척함으로써 불신자에게 복음을 전하려고 애써야 한다. 새로운 교회들을 개척하고자 하는 것은 교회 본질의 일부분이다. 재생산하는 교회들을 개척하는 지도자들은 재생산이 교회 본질의 일부분이라는 확신을 가지고 있다!

성경적 방법들에 대한 확신

재생산하는 교회들을 개척하고자 하는 21세기 교회개척은 재생산하는 교회성장을 향상시키는 방법들만을 사용한다. 현명한 교회개척자들은 성령님의 능력과 자원을 사용함으로써 다른 교회들을 개척하며, 개척을 방해하는 모든 방법들은 피할 것이다. 찰스 브록은 씨 뿌리는 자(교회개척자), 씨(말씀), 영(성령), 그리고 토양(대상 인구)에 관계되지 않은 모든 것들은 피상적일 뿐만 아니라, 실제적으로 효과적인 교회개척에 방해가 된다고 말한다. 그러므로 브록은 교회개척자들이 '과다한 짐'을 피할 것을 권한다.[16)]

성경적인 메시지는 변할 수 없다. 그러나 메시지가 선포되는 방법들은 변할 수 있고, 또한 많은 경우에 방법적인 변화가 필수적인 것이 된다. 문화적인 실체에 방법들을 적용시킬 때, 교회개척자는 성경의 가르침과 이상은 결코 타협될 수 없다는 확신을 유지한다. 그러나 성경적인 가르침과 상충하는 그 어떤 방법도 효과적이지 않다. 비성경적인 결과[예를 들어 반(反)선교 교회]를 낳는 전략 또한 용납되어서는 안 된다. 교회개척에 사용되는 전략은 그 본질과 결과에 있어서 성경적인 표준과 일치해야 한다. 그러나 이러한 원리는 사용되는 방법들에 있어서는 자유를 허용한다.

본서는 효과적인 교회개척으로 이어지는 많은 전략들과 방법들을 벌써 소개했고, 또한 앞으로도 제시할 것이다. 이 부분에서 강조하고자 하는 바는 교회개척 방법들이 반드시 성경적이어야 하고 또한 성경적인 결과를 가져와야 한다는 점이다. 즉, 이 방법들은 재생산하는 교회를 세우는 데 도움이 되어야 한다.

현지 지도자들과 자원에 대한 확신

재생산하는 교회들은 현지 지도자들과 자원에 관한 확신의 기초 위에 세워진다. 외부 지도자들이나 외부 자원에 의존하게 하는 방법들은 교회의 재생산성을 방해하는 요인이 된다.

현지 지도자들

외부 지도력에 의존하는 교회는 재생산할 수 없다. 후원 단체(선교회, 모교회, 교회개척자)가 권위와 지도력을 고수하면 할수록 재생산하는 교회개척 운동이 일어날 수 있는 가능성은 줄어들게 된다. 이러한 이유로 인해 톰 스테펜은 '바톤 전달하기' 즉 외부 지도력에서 현지 지도력으로 변화되어야 할 것을 촉구한다.[17] 현지 지도자들과의 신뢰를 쌓고, 그들에게 힘을 실어주는 방법들만이 재생산하는 교회개척을 이룰 것이다!

찰스 브록은 자신의 성공적인 교회개척에 기초하여 교회개척자가 재생산 스타일의 지도력을 사용할 것을 조언한다. 그는 새신자들에게 구원 후 첫날부터 높은 수준의 교회생활을 요구해서는 안 된다고 말한다. 심지어 가르침과 공공 기도를 인도하는 방법들조차도 반드시 새신자들이 쉽게 사용할 수 있는 것들이어야 한다.[18] 지나치게 높은 수준의 설교와 가르침은 교회개척에 있어서 재생산성을 질식시키게 된다.

그러므로 현지 지도자들이 처음부터 그 운동 속에 자연스럽게 포함되도록 격려해야 한다. 톰 스테펜은 교회개척의 한 원리를 다음과 같이 언급한다.

> 교회개척자가 전도, 교회 개발, 그리고 교회 번식의 일상 활동에 많이 참여하면 할수록 위임은 그만큼 적게 일어난다. 사역에 대한 이런 접근법은 일반적으로 현지인들의 영적 발전을 방해하고 궁극적으로는 철수 단계를 지연시키거나 멈추게 한다.[19]

스테펜은 계속해서 지속적인 교회성장을 보장하는 가장 쉬운 방법 중의 하나는 처음부터 현지 지도자들을 모든 교회 활동에 참여시키는 것이라고 가르친다. 그는 다음과 같이 결론짓는다.

> 만일 교회개척자들이 세계 비전을 가지고 들어가서, 그 비전이 뿌리를 내리도록 도와주어 자라도록 한다면, 현지 신자들은 교회개척자들의 철수에 준비된 성숙한 자들이 될 것이다.[20)]

지속적인 재생산을 격려하기 위해서는 현지 지도자들을 모든 활동에 반드시 포함시켜야 한다.

교회 지도자들에게 불필요한 요구 사항들을 부과하지 않을 때, 지도력을 더욱 향상시킬 수 있다. 예수님의 가르침과 바울의 가르침을 보면 도덕적인 인격과 그리스도를 따르고자 하는 헌신이 신학적인 훈련, 학위, 혹은 거창한 이력서보다 더 중요했다. 그러므로 재생산하는 교회를 일으키기를 원하는 사람들은 교회 지도자들에 대한 불필요한 요구 사항들에 대해 주의해야 할 것이다.

간혹 집에서 멀리 떨어진 곳에서 이루어지는 훈련에 참여할 것을 강요함으로써 현지인들이 지도자가 되는 것을 방해할 수 있다. 이런 요구의 결과로 교회의 참 지도자들이 지도력을 잃고, 현지인들에게 존경 받지 못하는 사람이 단지 교육을 더 많이 받았다는 이유만으로 지도자의 위치에 서게 되는 일이 생길 수 있다. 데이빗 개리슨은 "선한 의도를 가진 선교사들, 교회들, 아니면 교단 지도자들이 신약성경에서 요구하는 것들보다도 더 많은 것들로 교회 지도자들에게 짐을 지울 때에 교회개척 운동은 방해를 받게 된다"라고 기록하고 있다.[21)]

지속적인 재생산성을 제한하는 지도자 선출과 훈련 방법들은 결코 사용해서는 안 된다. 현지인들이 지도력을 발휘할 수 있게 될 때, 교회들은 재생산하게 될 것이다. 만일 모든 새 교회가 훈련을 많이 받은 외부인을 요구한다면, 재생산하는 교회개척의 가능성은 줄어들게 된다.

그러므로 교회개척자는 현지 기독교인들이 교회들을 인도할 수 있도록 현지 수준에서 지도력 훈련을 제공해야 할 것이다. 이것이야말로 적합한 지도력이 가능하게 하며, 교회가 불필요하게 제한 받지 않도록 하는 방법인 것이다. 이러한 지도력의 실제를 제공하지 못하는 그 어떠한 방법도 재생산성을 유지하지 못한다.

현지 자원을 확보하는 방법들

새로운 교회들을 탄생시킴으로써 재생산하는 교회들을 개척하기를 희망하는 지도자들은 현지 기독교인들이 물질적인 것들에 의존하지 않도록 주의해야 한다. 교회 건물, 악기, 방송 시설 등과 같이 현지 교회가 스스로 조달할 수 없는 물품들을 일방적으로 제공함으로써 그 교회가 다음 교회를 재생산할 수 있는 능력을 방해하거나 불가능하게 만들 수 있다.

어떤 선교회가 1954년에 한 나라에서 선교 일을 시작했다. 얼마가지 않아 이 선교회는 복음을 증거하는 견고한 몇몇 교회들을 탄생시켰다. 선교사들은 비싼 피아노를 각 교회에 공급해야 한다고 주장했다. 그러나 선교사들이 공급해 준 피아노를 갖게 된 교회들은 피아노가 있는 교회를 개척할 수 있을 정도로 강한 교회가 못 되었다는 사실이었다. 그 교회들은 스스로 새 교회들을 개척할 수 없다고 생각했는데, 그것은 그들이 새 교회에 피아노를 갖추어 줄 능력이 없었기 때문이었다.

현지 자원을 사용하는 방법은 재생산할 수 있는 교회를 가능케 한다. 찰스 브록은 다음과 같이 잘 표현하고 있다.

교회개척자가 외부로부터 들여온 물질적인 도움에 의존하면, 그는 현지 지도자들에게 쉽게 고칠 수 없는 교훈들을 가르치게 되는 것이다. 새 교회가 다른 교회를 개척할 것을 생각할 때, 교회개척자가 사용한 방법대로 할 수 없을 경우, 좌절감을 느끼게 되고 포기하려는 경향을 보이게 된다. 선교사들이 사용하는 물질적인 '목발들' 이 처음에는 복인 것처럼 보였지만 성장을 방해하고 저해시켰으며, 재생산할 수 있는 교회를 탄생시키지 못하는 비극을 낳게 된 것이다. 그러므로 현지 경제의 재생산 가능한 능력에 민감한 지혜가 필요하다.[22]

물질을 지혜롭게 사용하는 것은 종종 교회의 성장에 도움이 된다. 데이빗 개리슨은 재정이 선교사들을 후원하고, 새 교회를 개척하는 데 중요한 역할을 한다고 지적한다. 복음을 새로운 종족에게 소개하는 것은 종종 외적인 후원을 필요로 한다. 외부의 자본들은 전도, 기독교 문서 개발, 방송, 영화 제작, 성경 번역 등에 큰 도움을 줄 수 있다.

그러나 외부의 도움이 의존심을 유발하고, 주도권을 저지하고, 본격적인 교회개척 운동을 방해할 때 문제가 된다.[23] 도움이 후원이 될 때 그것은 종종 의존심을 낳고, 의존심은 재생산에 관련된 문제를 만들어낸다. 보조금은 재생산을 방해하는 커다란 적이 될 수 있다.

보조금과 관련된 문제는 보조금이 허용하는 만큼만 전도하도록 제한한다는 점에서 더욱더 악화된다. 대부분의 경우, 보조금의 사용은 교회개척 노력의 확장에 한계를 정하는 것이 된다. 건물, 장비, 그리고 목사의 사례비에 대한 보조금은 종종 재생산이 가능한 교회개척에 건강하지 못한 효과를 가져온다. 개리슨은 "좋은 의도를 가진 외부인들이 건물을 사 주고, 목사의 사례비를 보조함으로써 성장을 후원할 때, 그들은 자발적이고 토착적인 교회개척의 능력을 제한하게 된다"[24]라고 말한다.

재생산을 지속적으로 이루는 교회를 세우는 방법은 개척자의 사역에서 뿐만 아니라 개척되는 교회에서 물질적인 것들에 대한 의존을 피하는 것이다. 현지 기독교인들이 대체하거나 유지할 수 없는 그 어떤 것들도 소개되어서는 안 된다. 브록은 이 원리를 다음과 같이 요약한다.

> 첫날부터 교회개척자는 재생산을 생각해야 한다. 현지인들이 스스로 공급할 수 없는 그 어떤 것도 제공해서는 안 된다. 이것이 인색한 것인가? 그렇지 않다. 장기적으로 볼 때, 이것은 현지인들을 위해 최상의 것을 고려한 책임감 있는 청지기 정신에서 나오는 것이다.[25]

재생산하는 교회를 시작하기 원하는 교회개척자는 그 교회가 현지 자원에 의존하도록 해야 한다. 많은 교회들이 보조금과 물질적인 보조로 인해 재생산 수준에 도달하지 못하나, 현명한 교회개척자는 그러한 함정을 피한다.

지금까지 우리는 교회개척자들의 삶에 필요한 특성과 자질들 그리고 그들의 사역에 중요한 원리들을 살펴보았다. 이제는 교회개척자가 되어야 하는 사람들을 발견하는 방법들에 눈을 돌려보기로 한다. 교회개척자들을 선정하는 것은 하나님의 일이지만 몇 가지의 평가 도구들을 통해서 어떤 사람이 교회개척자로서 효과적일 것인지를 예측해 볼 수 있다. 이러한 평가 도구들은 교회개척자를 파송하는 단체가 개척자의 자질들을 이해하는 데 도움이 된다. 이 평가 프로그램은 두 가지의 질문, 즉 (1) “이 사람이 교회개척자가 될 수 있는가?” (2) “이 사람은 어떤 유형의 교회개척을 시도해야 하는가?”를 답하는 데 도움을 줄 것이다.

교회개척자에 대한 평가

평가의 가장 중요한 목적은 적절한 리더십을 찾는 것이다. 많은 교회들은 개척자들이 주어진 상황에 필요한 자질들을 갖추고 있었기 때문에 개척되었다. 반대로 말하면, 신실하고 헌신된 많은 사람들이 교회개척에 필요한 소명, 은사, 기술, 그리고 성품을 가지지 않은 상태에서 교회를 개척하려고 함으로써 좌절과 실패를 경험했다는 것이다. 토마스 그레이엄은 자질을 갖추지 않은 사람들은 다음과 같은 여섯 가지의 방법으로 교회개척의 노력에 마찰을 가져온다고 말한다. 1) 불신자들이 전도되지 않는다. 2) 교회들이 계획성이 없다. 3) 기회를 놓친다. 4) 선교사들이 실패를 경험한다. 5) 결혼생활과 가정이 스트레스를 경험한다. 6) 자원에 대한 책임감이 떨어진다.[26)]

이러한 사실들은 자질을 갖춘 교회개척자들의 발견에 대한 중요성을 강조하는 것들이다. 교회개척의 과정에서 개척자가 매우 중요한 역할을 감당하기 때문에 교회개척에 필요한 영적, 개인적, 사회적, 그리고 사역적 자질들을 평가하기 위한 시스템과 센터가 개발되었다.

평가의 이점

효과적인 평가 과정을 거칠 경우 많은 유익이 발생한다. 첫째, 평가 과정이 교회개척자들에게 교회개척 자질이라는 관점에서 자신들을 평가할 수 있는 기회를 제공해 준다. 이러한 자기 평가는 교회개척자가 교회개척에 얼마나 적합한지를 현실적으로 바라볼 수 있게 해 준다. 둘째, 그 과정은 교회개척 지원자가 개척 기술들을 평가함에 있어 훈련된 사람들을 포함시킬 수 있는 기회를 제공해 준다. 숙련된 평가자들은 교회개척자가 깨닫지 못한 장점들과 한계들을 지적할 수 있다. 셋째, 평가 과정을 일찍 갖게 될 때, 그것은 교회개척에 초점을 맞춘 전체 사역 훈련 계획을 고안할 수 있는 기회를 제공해 준다. 넷째, 교회개척 지원자들은 개선해야 할 분야들을 발견하고 부족함을 고쳐 나갈 수 있다. 또한 자신에게 가장 적합한 유형의 교회개척을 정확하게 이해할 수 있다. 다섯 번째, 교회개척 소명과 은사를 가지지 않은 사람들은 소명과 은사가 없다는 사실을 발견하게 된다. 따라서 교회개척의 스트레스와 실패를 경험하지 않고, 부름을 받은 유형의 사역에 초점을 맞출 수 있다. 그러므로 평가 과정에는 많은 유익이 있는 것이다.

평가 방법

현재까지 평가의 효과적인 방법들이 많이 개발되었다. 이러한 방법들 중 일부는 자기 평가, 교회개척자 평가 인터뷰, 인턴십과 관련된 평가, 그리고 혼합된 방법들을 포함한다.

자기 평가

자기 평가 과정에는 몇 가지의 장점들이 있다. 한 가지 장점은, 그 과정에 다른 사람들을 포함시키지 않아도 되므로 시간이나 재원을 들일 필요 없이 신속하게 할 수 있다는 점이다. 혼자서 시행하는 영적 은사, 특성, 리더십 유형의 평가 도구들이 이러한 목적에 도움이 된다. 두 번째 장점은, 교회개척을 고려하는 사람들이 자기 분석과 성찰에 시간을 보낼 수 있다는 것이다. 교회개척 지원자들은 교회개척과 관련된 자신들의 태도, 능력, 그리고 교회개척에 관한 이해 정도를 그 어느 누구보다도 잘 안다.

셋째, 자기 평가 접근법은 스스로의 약점들을 발견한 교회개척 지원자들이 특정 분야에서 도움을 구할 수 있도록 동기를 부여해 준다.

그러나 자기 평가에는 몇 가지의 단점들이 있다. 첫째, 잠재적인 교회개척자들은 현재 자신의 모습보다는 미래에 되고 싶은 모습에 더 초점을 맞출 수 있다. 둘째, 자기 평가 접근법만을 사용할 경우 다른 평가자들이 제공할 수 있는 객관적인 평가를 놓칠 수 있다. 셋째, 자기 평가의 결과를 다른 사람들의 자기 평가 결과와 비교해 볼 수가 없다. 따라서 다른 사람들에 비해 자신들이 어느 정도의 수준인지를 알 수 있는 가능성이 없게 된다. 넷째, 이러한 접근법을 사용하는 사람들은 부절적한 행동 영역에 초점을 맞출 수 있다. 예를 들어, 어떤 사람은 특정 기술과 관련해 아주 높은 점수를 받을 수 있지만, 그것이 교회개척 상황에서는 꼭 필요한 것이 아닐 수 있다. 다섯 번째, 잠재적인 교회개척자는 올바른 정보에 기초한 결정을 내릴 수 있는 충분한 영역에 초점을 맞추지 못할 수 있다. 여섯 번째, 자기 평가의 결과에 따라 스스로를 추천할 경우 다른 사람들로부터 추천을 받은 사람들에 비해 효력이 떨어진다. 자기 평가에 몇 가지 장점이 있기는 하지만, 많은 한계들로 인해 잠재적인 교회개척자는 평가 전문가들의 도움을 구할 필요가 있다.

평가 인터뷰

교회개척자 평가 인터뷰는 여러 가지 장점을 가지고 있다. 첫째, 평가 인터뷰에는 일반적으로 훈련된 사람들이 참여한다. 그들은 무엇을 살펴봐야 할지를 알고, 인터뷰 대상자가 긴장하지 않고 중요한 관심사에 초점을 맞추도록 도와준다. 그들은 전형적인 행동과 비전형적인 행동을 구분할 수 있고, 행동에 관한 미래의 예상보다는 과거의 행동에 초점을 맞추도록 훈련을 받은 사람들이다. 둘째, 평가 인터뷰는 여러 명의 평가자들을 사용할 수 있다는 장점을 가지고 있는데, 이로 인해 관찰한 내용을 서로 비교하여 일치된 결론을 지을 수 있다. 셋째, 이러한 유형의 평가는 일반적으로 매우 철저하다. 어떤 평가자들은 최소한 4시간을 인터뷰에 투자할 것을 주장하는데, 그 결과 프로필을 만드는 데 필요한 구체적인 답들을 찾을 수 있는 기회를 가질 수 있다. 잠재적인 교회개척자들이 이러한 인터뷰에 대해 걱정할 수 있지만, 인터뷰를 하는 사람들이 훈련받은 사람들로서 인터뷰의 의도를 정의해 주고, 그 과정을 설명해 준 다음, 무엇을 기대하는지 분명하게 가르쳐 주고, 인터뷰에 소요되는 시간을 설정하고, 그 인터뷰의 비밀성을 보장해 줄 것이기 때문에 안심해도 된다.

인턴십과 관련된 평가

교회개척에 참여하고자 하는 사람을 평가하는 최상의 방법 중의 하나는 교회개척 인턴십과 관련되어 있다. 교회개척 인턴십의 과정에서 경험자가 멘토로 선정되어 섬긴다. 경험자가 멘토링과 관련해서 훈련을 받지 않았을 경우, 먼저 훈련에 임해야 한다. 그렇게 할 때, 좋은 멘토로서 인턴을 잘 보살피고 인도할 수 있다. 과정이 시작되면 멘토와 인턴은 언약을 맺게 되고, 그 결과 멘토와 인턴은 정확한 절차와 기대치를 이해하게 된다.

인턴십에 필요한 것 중의 하나는 정기적인 만남과 정기적인 보고이다. 보고는 평가 인터뷰의 모든 부분들을 다루어야 한다. 시간이 지남에 따라 멘토는 기술과 행동의 관점에서 인턴을 더 잘 알 수 있는 기회를 가지게 된다. 인턴십이 끝나갈 즈음에 멘토는 인턴과 만나 전체 경험을 돌아보고 최종 평가서를 작성할 것이다.

이러한 평가서는 인턴이 교회개척을 준비하는 데 큰 도움이 된다. 또한 멘토의 인도에 따라 교회개척에 참여할 사람을 선별하고자 하는 지도자들에게 도움이 된다. 인턴십 과정이 정상적으로 진행되었을 경우, 멘토는 인턴의 기술과 행동을 심도 있게 관찰하게 된다. 따라서 전형적인 평가 인터뷰의 결과보다 인턴십 평가서에 더 많은 무게가 실리게 된다.

혼합 평가

많은 경우 혼합적인 방법이 평가 과정에 도움을 준다. 예를 들어, 어떤 상황에서는 인터뷰 전에 자기 평가를 실시하도록 한다. 또 어떤 경우에는 교회개척에 동참하는 사람들이 평가 센터에서 일련의 평가에 임한 후, 인터뷰 과정을 거쳐, 그룹 활동에 참여한다. 이러한 혼합 평가는 다양한 방법들의 장점들을 이용하기 때문에 매우 유익하다. 혼합 평가는 교회개척에 동참하고자 하는 사람에게 다양한 활동들에 참가할 수 있는 기회를 주고, 그 결과를 평가할 수 있는 기회를 제공하게 된다.

평가 과정

교회개척 지원자들 중에는 평가도 받아 보지 않고, 거절될 것이라는 두려움으로 인해, 평가에 대해 부정적인 태도를 가지고 있는 사람들도 있다. 사실, 제한된 자격 기준에 기초하여 평가를 실시하고, 교회개척 지원자들이 교회개척자로서 일할 수 있는지의 여부에 관해 융통성 없는 결정들을 내린 경우들이 있었다. 평가 과정은 교회개척자가 될 수 있는 사람들을 놓치고, 자질을 갖추지 못한 사람들을 승인하는 이중 오류에 직면하기도 한다.

평가 과정에서 이러한 오류가 발생하지 않도록 주의해야 한다. 교회개척에 필요한 자질들을 갖추고 있으나, 다른 면의 자질이 부족하다는 이유로 사람들을 거절하지 않도록 유의해야 한다. 그러나 분명한 것은, 교회개척을 위한 소명이나 자격 요건을 전혀 갖추지 않은 사람들도 있다는 점이다. 그들이 어떤 지역에 배정되어 좌절감과 패배감을 경험하기 전에, 평가 과정을 통해 결격 사유를 발견하는 것은 본인뿐만 아니라 함께 일할 사람들에게도 도움이 된다.

첫째, 평가 과정을 통해 교회개척 지원자가 필요한 자격 요건을 구비하고 있고, 즉시 개척을 시작할 준비를 갖추고 있다는 결론을 얻을 수도 있다. 이것은 그 사람이 교회개척의 책임을 감당하는 데 필요한 은사와 훈련을 받았다는 가정에 근거한 것이다. 자격을 갖춘 교회개척자들을 받아들이는 것이 평가의 주된 목적이다. 그러나 여기에는 다른 사역에 더 잘 맞는 사람들을 교회개척에 참여하게 할 수 있는 위험도 있다.

둘째, 평가 과정을 통해 교회개척 지원자들이 개척에 필요한 자질들을 소유하고 있지 않다는 것을 스스로 발견하게 해 준다. 또한 다양한 영역의 평가들을 통해 가장 적합한 사역의 영역을 찾을 수 있게 해 줄 것이다. 그러나 이와 같은 경우 실망스러운 평가 결과가 교회개척자에게 어려운 경험이 될 수 있고, 사역에 있어 해로운 결과들을 가져올 수 있다.

셋째, 평가 결과가 추가적인 경험과 훈련을 받을 것을 요구할 수도 있다. 필요한 자질들의 일부를 가지고는 있지만, 이러한 교회개척 기술을 충분히 개발시키지 못한 사람들은 개척을 연기하고 특정 자격 요건을 갖출 수 있을 것이다.

넷째, 평가 결과를 분석한 후, 교회개척 지원자가 훈련된 멘토 밑에서 교회개척 인턴십을 거칠 것을 추천할 수 있다. 인턴십은 인턴이 가지고 있는 장점들에 대해 추가적인 확신을 갖게 하고, 부족한 영역을 개발할 수 있는 기회를 제공해 주어 균형감을 얻을 수 있게 해 준다.

그러므로 평가 과정에 참여하는 교회개척 지원자들을 위한 선택은 '예', '아니요', '기다리시오' 또는 '예, 그러나…'가 된다. 이와 같은 평가 과정을 통해 교회개척 지원자에게 특정 영역들을 계속해서 개발하고 강화시킬 필요가 있다는 것을 가르쳐줄 수 있다. 평가는 모든 교회개척 노력에 있어서 중요한 단계이다.

적합한 평가는 교회개척자들이 현장에 신속히 투입될 수 있도록 돕는다. 동시에 평가는, 추가적인 훈련과 성숙이 필요한 사람들이 힘든 사역에 착수하기 전에 그러한 자질을 확보할 수 있게 해 준다. 주의 깊은 평가 후에 다른 영역의 사역들을 추구하도록 권함을 받는 사람들은 장기적으로 볼 때 이러한 충고에 고마워할 것이며, 교회개척의 노력에 있어서 자신들의 동료가 될 뻔한 사람들도 마찬가지로 고마움을 가질 것이다. 반면, 평가를 통해 승인된 사람들은 커다란 확신을 가지고 교회개척의 사역에 접근하게 될 것이다.

평가 영역

수많은 평가 전문가들이 중요한 교회개척 자격 요건 목록을 작성했다. 찰스 리들리는 이 영역에서 심도 있는 자료들을 제공해 준다. 「교회개척가 선정 방법」(How to Select Church Planters)에서 리들리는 다음과 같은 특징들로써 '교회개척자 프로필'을 소개했다. 비전을 제시할 수 있는 능력을 소유함, 본성적으로 동기 부여가 됨, 사역의 주인 의식을 만들어냄, 불신자들과 관계를 맺음, 배우자와의 협력을 이룸, 효과적으로 관계들을 세워 나감, 교회성장에 대한 헌신을 나타냄, 지역 사회에 민감함, 다른 사람들의 은사를 사용, 융통성과 적응성을 보임, 그룹의 결속력을 만들어냄, 탄력성 또는 회복력을 보여 줌, 그리고 믿음을 사용함.[27)]

피터 와그너의 「많은 추수를 위한 교회개척」(Church Planting For A Greater Harvest)은 교회개척자들을 위한 자격 요건의 목록을 다음과 같이 제시했다. 헌신된 기독교 사역자, 솔선수범가, 외로움을 기꺼이 견뎌낼 수 있는 마음, 적응성, 높은 수준의 믿음, 후원형의 배우자 및 가족, 지도력에 대한 자원함과 능력, 다정한 성품, 하나님으로부터 온 교회개척에 대한 분명한 소명.[28)]

「배턴 전달하기: 능력을 부여해 주는 교회개척」(Passing the Baton: Church Planting that Empowers)에서 톰 스테펜(Tom Steffen)은 교회개척자들에게 중요한 것으로 다음과 같은 특징들을 나열한다. 소명에 대한 헌신, 영적 성숙, 가정/독신 관리, 심리적인 성숙, 복음전도의 경험, 사람들과 마음을 같이 하는 상황 기술들, 섬기는 지도자/제자, 효과적인 행동 입안자, 융통성과 적응성, 체력, 기본적인 의료 기술들, 재정 후원 유지/확대.[29)]

미국 남침례교단 국제 선교부 아시아 지역담당 선교사인 빌 퍼지는 교회개척 운동 지도자들을 위한 기준들을 다음과 같이 기술한다. 솔선수범가, 모험 감수자, 헌신적인 사람, 자기 자신의 모델들을 기꺼이 개발하려고 하는 사람, 용기를 가지고 있는 사람, 조정자, 네트워킹하는 사람, 컴

퓨터를 다룰 줄 아는 사람, 팀 리더, 복음 제시를 상황에 적응시킬 수 있는 사람.[30)]

넓은 지역을 담당하여 교회개척을 지도하는 '전략 조정 선교사'(Strategy Coordinator)의 자격 요건을 논하면서 퍼지는 그들이 다음과 같은 것을 하기를 원하고 또 할 수 있어야 한다고 말한다. 오늘날의 세상 그 어느 곳에서라도 그리스도를 따르겠다는 부르심에 대한 응답, 선교사로서 기독교 선교단체 내에서 일할 수 있는 능력, 외국인으로서 정치적인 변경을 넘을 수 있어야 함, 타문화 선교를 할 수 있어야 함, 불신자들의 그룹 속에서 복음전도의 주된 역할을 감당할 수 있어야 함, 세계를 향한 마음을 가지고 지상명령에 순종하기를 원하는 동역자들을 찾아야 함, 전문적인 선교사로 섬길 수 있어야 함, 전폭적으로 대상 그룹에 초점을 맞추어야 함, 직접 전도에 관한 법을 준수해야 함, 정치에 관여하지 않으며 국가의 적대감을 피해야 함, 추방을 당하거나 금지령을 받지 않도록 해야 함, 전통적인 거주 선교가 불가능할 경우 비거주 선교를 할 수 있어야 함, 필요하다면 대상 인구를 전도하기 위해 비거주 선교사가 될 수 있어야 함, 가족과 시간을 70%만 보낼 수 있는 이동성과 융통성을 가져야 함.[31)]

「21세기를 위한 성장하는 교회개척하기」(Planting Growing Churches For The 21st Century)에서 오브리 맬퍼스는 평가를 위한 주된 영역들과 부차적인 영역들을 제시한다.[32)] 주된 영역들로는 영적 은사, 열정, 성품, 리더십, 그리고 사역의 생명주기이다. 부차적인 영역들로는 타고난 은사, 재능 및 능력, 독특한 사고방식, 학습, 의사 결정 및 전도이다.

위에서 인용된 저자들이 교회개척에 있어 중요한 것이라고 기술한 몇 가지 공통적인 자격 요건들이 있다. 이러한 것들은 모든 교회개척자들이 가져야 할 '일반적인' 자격 요건이라고 말할 수 있다. 또한 몇몇 저자들(예로 스테펜, 퍼지)이 특정한 교회개척 모델들을 염두에 두고 기술한 자격 요건들이 있다. 그러므로 이러한 자질들은 특별한 교회개척 상황들 속에서 평가자들이 반드시 고려해야 하는 '특수한' 자격 요건들로 간주될 수 있을 것이다. 그러므로 일반적인 자격 요건들의 목록을 언급한 후, 특정한 모델 자격 요건들의 목록을 기술하는 것이 도움이 될 것이다. 일반적인 자격 요건들을 몇 가지의 영역으로 분류함으로써 어떤 자격 요건들이 가장 중요한 것인지 알 수 있게 된다. 그리고 자격 요건들의 분류를 통해 교회개척 지원자들이 어떤 영역의 개성과 기술을 개선해야 하는지를 확인할 수 있다.

일반적인 자격 요건

교회개척자들을 위한 일반적인 자격 요건은 영적 범주로 시작된다. 영적 범주는 헌신된 기독교인, 교회를 개척하라는 부르심을 하나님으로부터 받은 사람, 높은 수준의 믿음, 영적 성숙, 그리고 영적 은사를 포함한다. 개인적 범주에는 본성적인 자기 동기 부여, 후원형의 배우자와 가족, 다정한 성격, 심리적인 성숙, 가정/독신 관리, 융통성 및 적응성, 체력, 불신자와 관계를 맺음, 교회개척에 헌신, 지역 사회에 민감함, 다른 사람들을 존중하는 것 등이 포함된다.

행정적인 범주에는 자원하는 마음, 지도력, 섬기는 지도자/제자, 효과적인 행동 입안, 재정 후원 유지/확대, 비전을 제시하는 능력, 사역의 주인 의식 창출, 다른 사람들의 은사 사용, 그룹의 응집력 창출, 복음전도의 경험, 그리고 제자훈련의 경험 등이 포함된다. 위에서 기술한 일반적인 자격 요건들이 일반적으로 교회개척의 양육 모델 및 동역 모델과 일치한다고 볼 수 있다. 그 이유는 이러한 모델들이 일반적으로 교회개척자가 속한 문화 그룹 속에서 시행되고 후원 단체들로부터 재원을 확보할 수 있는 가능성을 갖고 있기 때문이다.

일반적인 자격 요건들에 대한 자기 평가는 위에서 언급된 항목들을 포함한다. 자기 평가는 여러 가지 방법으로 행해질 수 있다. 그중 한 가지 방법은, 위에서 언급한 항목들을 나열한 후, 강점들과 약점들을 찾기 위해 1부터 5까지의 평가 기준을 사용하는 것이다. 또 다른 방법은 이러한 항목들을 나열한 후, 교회개척 지원자가 이러한 각각의 영역에서 보여 준 이해와 능력들을 간략한 문장으로 묘사하는 것이다.

특수한 자격 요건

일반적인 자격 요건들에 더해서 선구자 모델 및 번식 교회개척 모델과 더욱 밀접하게 관련된 특수한 자격 요건들이 있다. 이러한 특수한 자격 요건들은 영적, 개인적, 행정적 범주 아래 분류될 수 있다. 영적 범주는 그 어느 곳이라도 그리스도를 따르겠다고 자원하는 마음과 기독교 세계 선교단체 내에서 일할 수 있는 마음을 포함한다. 개인적 범주는 외로움을 견뎌내는 마음, 사회적으로 적응할 수 있는 능력, 솔선수범형, 가족과 시간을 70%만 보낼 수 있는 이동성과 융통성, 그리고 회복 능력 등을 포함한다. 행정적 범주에는 이중 직업을 가진 사람 혹은 전문적인 선교사로서 섬길 수 있어야 함, 전폭적으로 목표 그룹에 초점을 맞추는 것, 세계화에 대한 인식, 사회 및 정치적 경계를 넘을 수 있는 능력, 타문화 선교를 할 수 있는 능력, 기본적인 의료 기술들을 가지고 있어야 함, 미전도 종족들을 우선적으로 전도하고자 하는 마음, 지상명령에 순종하는 다른 기독교인들과 동역하려는 마음, 직접 전도에 관련한 국가법들에 대한 민감함, 정치에 관여하지 않고 국가의 적대감을 유발하지 않음, 추방을 당하거나 금지령이 떨어지지 않도록 함, 전통적인 거주 선교가 불가능할 경우 비거주 선교를 할 수 있어야 함, 필요하다면 목표 인구를 전도하기 위해 비거주 선교사가 될 수 있어야 함 등을 포함한다.

특수한 자격 요건들에 대한 자기 평가는 특별한 유형의 교회개척에 있어 방향성을 제공함으로써 교회개척자에게 도움을 줄 수 있다. 어떤 교회개척자들은 이미 핵심 그룹이 형성되어 있는 교회를 개척할 때는 잘 할 수 있지만, 개척가 모델을 사용할 때는 스트레스를 경험할 수도 있다. 다른 사람들은 개척가 모델이 더 잘 맞을 수 있으며, 다른 모델들 속에서는 지나치게 세밀한 감독으로 인해 불편함을 느낄 수도 있을 것이다. 적절한 평가는 이러한 경향들을 발견하고, 교회개척 지원자들이 가장 효과적으로 일할 수 있는 유형의 교회를 개척할 수 있도록 인도해 줄 수 있어야 한다.

주

1) Dave Page, Church Planting Notebook (Loomis, CA: CPR: Church Planting Resources, nd), 25.

2) Aubrey Malphurs, Planting Growing Churches for the 21st Century, 2nd ed. (Grand Rapids: Baker Books, 1992, 1998), 83.

3) David Fisher, The 21st Century Pastor (Grand Rapids: Zondervan, 1996), 204.

4) Thomas D. Lea and Hayner P. Griffin Jr., The New American Commentary, volume 34, 1, 2 Timothy, Titus (Nashville: Broadman Press, 1992), 109.

5) Joseph M. Stowel, Shepherding the Church: Effective Spiritual Leadership in a Changing Culture (Chicago: Moody Press, 1994).

6) See Lea, 113.

7) Joseph M. Stowell, Shepherding the Church, 148.

8) Stowell, 207.

9) Malphurs, 1998, 71-73.

10) Stowell, 207.

11) See Reggie McNeal, 1998, 25.

12) See Rick Warren, The Purpose Driven Church and David Garrison, Church Planting Movements.

13) Claylan Coursey, How Churches Can Plant Churches (Nairobi, Kenya: Baptist Publication House, 1984), 1.

14) Logan, Beyond Church Growth, 198.

15) Mark Terry, Church Evangelism, 213. Charles Brock, Indigenous Church Planting, 30.

17) Tom Steffen, Passing the Baton, 174-75.

18) Charles Brock, Indigenous Church Planting, 130-33.

19) Tom Steffen, Passing the Baton, 174.

20) Ibid., 174.

21) Garrison, Church Planting Movements, 51.

22) Brock, Indigenous Church Planting, 128.

23) Garrison, Church Planting Movements, 51.

24) Ibid., 51.

25) Brock, Indigenous Church Planting, 130.

26) Thomas Graham, "How to Select the Best Church Planters," Evangelical Missions Quarterly 23 (1): 70-79. Cited in Tom A. Steffen, Passing the Baton: Church Planting That Empowers (La Habra: Center for Organizational and Ministry Development, 1993), 40.

27) Charles R. Ridley, How To Select Church Planters (Fuller Evangelistic Association, 1988), 7-11.

28) C. Peter Wagner, Church Planting For A Greater Harvest (Ventura: Regal Books, 1990), 52-56.

29) Tom A. Steffen, Passing the Baton, 43-53.

30) 남침례교 국제선교부에서 지역 책임자 중의 하나로 섬기고 있는 빌 퍼지 박사가 구전(말로 전해진 전투)을 활용하는 방법에 관한 정보를 제공했다. 퍼지에 의하면, 바울이 예수님에 관해 가르치기 위해 성경공부의 방법을 사용한 것이 아니라 구전의 방법을 사용했다. 바울은 단순한 암기기술의 방법도 사용했다. 아시아라는 상황에서 사람들은 죄에 대해서는 큰 반응을 보이지 않지만 복에 관해서는 많은 반응을 보인다. Bill Fudge, "Church Planting Movements," updated paper.

31) Ibid.

32) Aubrey Malphurs, Planting Growing Churches for the 21st Century, 78.

8장 재정적인 토대

교회개척의 재정적인 부분이 중요하므로 교회개척에 필요한 준비 단계로 재정적인 문제들을 반드시 고려해야 한다. 교회개척자는 전임 목사와 사역자들에게 사례할 재원, 커다란 공간을 가진 건물과 시설, 많은 투자를 필요로 하는 프로그램, 그리고 교회의 모든 교인들을 위한 풍성한 자료를 고집하는 많은 기존 교회들의 모델을 항상 따를 필요는 없다. 그러나 한편으로는 어떤 특정한 물리적인 요구들이 존재하며, 그것들은 반드시 채워져야 하는 것들이다.

처음부터 모든 자료와 장비를 고집하는 것은 결혼하기도 전에 차, 집, 가구, 그리고 가정용품을 모두 갖추기를 바라는 부부와 마찬가지이다. 그런 상황은 결코 생겨나지 않는다. 새로운 교회는 현재 가지고 있는 것으로부터 시작한 후, 사역을 강화하고 확장시킬 수 있는 재원을 갖도록 성장해 나가는 것이다.

반면, 교회개척자는 최선을 다해 새로운 교회를 개척하고, 그 교회가 잠재력을 십분 발휘하는 데 필요한 재원을 어떻게 확보할지를 알아야 한다. 교회개척자가 직면하는 첫 번째 문제는 재정 후원을 찾는 것이다. 다음의 계획들은 교회개척자가 교회개척을 후원하는 데 필요한 자본을 확보하는 데 도움이 될 수 있다.

교회개척자를 위한 재정 지원

교단 지원

몇몇 교단들은 교회개척자들과 가족들을 위한 후원 시스템들을 가지고 있다. 어떤 선교 단체들은 선교사들을 임명하고 가족들을 돌보고 선교지에서 자신들의 사역을 감당할 수 있는 자본을 제공한다. 일반적으로 이러한 선교사들은 자신들에게 할당된 지역에서 자립하는 교회들을 개척하는 사명을 갖게 된다. 이러한 경우 선교사들을 위한 재정 지원은 상당기간 지속된다. 이럴 경우 선교사들은 그들을 임명한 선교부의 요구 사항들을 충족시켜야 한다.

어떤 교단들과 교회개척 그룹들은 새 교회들이 자립하도록 돕는 프로그램들을 가지고 있다. 이를 위한 몇 가지 방법들을 소개한다.

교회개척자 – 개발가

예를 들어, 어떤 교단 국내 선교부들은 3년 내지는 5년 동안 교회개척자에게 재정을 제공하는 프로그램들을 가지고 있다. 후원의 액수는 새로운 교회가 재정의 일부를 감당하게 되면서 감소된다. 이 방법은 일반적으로 교회개척자가 새 교회의 담임목사가 될 것을 기대할 때 사용된다.

교회개척자 – 중심

교회개척자–중심 프로그램이란 교회개척자가 새로운 지역으로 가서 교회를 개척하여 개발한 다음 그 교회를 통해 그 지역에서 다른 교회들을 개척하는 것이다. 이러한 유형의 프로그램은 교회개척자–개발가의 경우와 마찬가지로 교회개척자를 후원할 수 있다. 달리 말하면, 교회가 더 많은 책임을 감당할 수 있게 됨에 따라 후원 액수를 감소한다는 것이다. 그러나 선교부는 교회개척자가 추가적인 교회들을 개척할 수 있도록 추가적인 후원금을 제공할 수 있다.

교회개척자 – 창설자

교회개척자–창설자형은 교회를 개척하여 어느 수준까지 끌어올린 후, 다른 교회 개발가에게 그 교회를 맡기고, 자신은 다른 곳으로 가서 새로운 교회를 개척하는 것을 말한다. 이러한 유형은 탁월한 교회개척 은사들을 가지고 있는 반면에 교회의 조직을 개발하고 지속적인 유지와 양육을 제공하는 기술과 태도가 부족한 사람에게 잘 맞는다. 일반적으로 이러한 유형의 교회개척자는 사역을 계속해서 수행해 나가기 위해 계속적인 후원을 받는다.

교회개척자 – 전략가

교회개척자–전략가는 일반적으로 특정 단체와 협력하는 경험을 갖춘 사람이다. 교회개척자–전략가의 과업은 새로운 교회들이 필요한 지역들을 찾고, 교회개척자들을 모집하고 훈련시켜서 감독하며, 그 교회들이 자랄 수 있도록 후원 체계를 제공하는 일을 한다. 일반 선교사들과 지역담당 선교사들은 국제적인 수준에서 교회개척 전략가들로서 섬긴다. 이러한 유형의 사역자들은 지속적인 수준의 후원을 받고 자립하는 교회들을 개발한다.

모(母)교회 지원

많은 교회개척자들은 모교회로부터 재정적인 후원을 받는다. 일반적으로 이러한 교회들은 교회개척에 대한 비전을 가지고 있고, 새로운 교회들을 위한 재정을 마련해 둔다. 교단 기관들과 마찬가지로 모교회들은 교회개척자가 교회개척 초창기에 필요한 재원들을 확보할 수 있도록 도우며 철수하는 계획을 가지고 있을 수 있고, 또한 새 교회가 성장함에 따라 재정적인 책임감을 질 수 있도록 격려할 수 있다.

기동 부대 접근법 또는 이주 접근법과 같은 경우에는 새로운 교회를 개척할 수 있도록 하기 위해 모교회에서 핵심 그룹을 형성할 수 있다. 이러한 접근법은 교회개척자가 지도자급에 있는 핵심 그룹의 도움을 받을 수 있을 뿐만 아니라, 그들의 재정적인 도움을 받을 수 있는 가능성을 제시한다.

다수 교회 지원

다수 교회 지원은 새로운 교회를 후원하기 위해 두세 교회가 연합해서 재원을 모으는 방법이다. 모교회 후원의 특징들 중 많은 부분들이 이 전략에도 적용이 된다. 그러나 각각의 후원 교회가 어느 정도의 후원을 얼마나 오랫동안 제공할 것인가에 대한 분명한 생각을 가지고 있는 것이 중요하다. 후원 계획을 수립해 놓고 조정이 이루어지지 않아서 교회개척자가 후원을 받지 못하는 경우는 없어야 한다.

이중 직업을 가진 교회개척자

외부의 후원이 제한적이거나 없을 때, 또는 교회개척자가 특별한 유형의 소명을 느낄 때, 개척자는 교회를 개척하는 동안 일반 직업을 통하여 자립할 수 있다. 이러한 접근법은 교회개척자가 새 교회개척에 전폭적으로 헌신할 수 없다는 단점을 가지고 있다.

그러나 이 접근법에도 몇 가지의 장점이 있다.

첫째, 교회개척자는 교단 기관이나 다른 교회들의 재정적인 한계에 구속받지 않고 주님께서 인도하신다고 생각되는 곳이면 어디든지 갈 수 있다.

둘째, 교회개척자는 종종 일반 직업을 통해 지역 사회의 많은 사람들을 만날 수 있는 기회를 얻게 되고, 그들과 좋은 관계를 맺을 수 있다. 예를 들어, 학교 교사로 일하는 교회개척자는 매일 사람들을 만날 수 있고, 그들을 개척되고 있는 새 교회로 초대할 수 있다.

셋째, 교회개척자가 지역 사회에 기여하는 직업을 가짐으로써 그 지역 사회와 일체감을 가질 수 있다는 것이 절대적인 장점이다.

후원에 대한 팀 접근법

몇몇 교회개척자들은 팀 접근법을 사용하는데, 이런 경우 두 쌍의 부부가 일반 직업을 가지고 일하고, 세 번째 부부가 새 교회를 개척하는 데 전임한다. 일반 직업을 가지고 일하는 부부들은 성경공부시간이나 예배 때 리더십과 더불어 재정적인 후원을 제공할 수 있다. 이러한 설정은 한 그룹 혹은 팀으로 이루어진 사람들이 새 교회개척에 기여할 수 있게 하고, 또한 불신자들이 호감을 가질 수 있는 사역들을 할 수 있도록 돕는다.

선교 사역자

어떤 교회에는 교역자 중에 '선교사역자' 라고 불리는 사람들이 있다. 이러한 선교사역자들은 교인들과 자원봉사자들이 교회개척에 가담하게 하는 사역을 한다. 선교사역자들은, 교회개척 전략가들과 마찬가지로, 교회가 필요한 지역을 찾아내고, 개척에 필요한 사람들을 모집하고 훈련시키며, 그들이 새 교회를 개척할 수 있도록 인도해 준다. 선교사역자는 지속적인 후원을 받는다.

관심 있는 기증자

교회개척자는 새 교회를 개척하는 데 필요한 재정을 지원할 사람들을 모집할 수 있다. 이것은 기증자가 될 수 있는 사람을 개인적으로 접촉하고, 비전을 설명하고, 가치 있는 일에 기여하도록 도전하며, 진행되는 사항들을 정기적으로 설명해 주는 것을 포함한다. 상당한 후원을 확보하는 데 성공적이었던 교회개척자들은 비전을 공유하는 것이 기증자 확보에 있어 가장 중요한 단계임을 강조한다. 이러한 비전의 공유는 기증자들의 상상력을 사로잡고, 그들에게 구원과 제자훈련 사역에 기여하고자 하는 동기를 제공한다. 어떤 교회가 전국을 목표로 한 복음전도 사역에 10억 원을 기증했다. 교단 기관도 아닌 사역에 왜 그렇게 큰 액수의 헌금을 했는지 궁금해 하는 사람들에게 담임목사가 들려준 말은 "지금까지 교단의 누구도 민족복음화의 비전에 관해 우리 교회에게 자세히 설명해 준 적이 없었기 때문이다"라는 것이었다.

교회개척에 필요한 후원 확보를 통해 교회개척자가 새 교회를 개척하는 동안 가족을 부양할 수 있다. 이제 필요한 재정들을 실제적으로 확보할 수 있는 방법들을 살펴보도록 하겠다.

교회개척 계획안 제시

교회개척에 필요한 재정 확보 단계 중의 하나는 서면으로 된 계획안을 작성하는 것이다. 그 계획안은 특정 지역에 교회를 개척해야 하는 필요성을 강력하게 제시해야 한다. 즉, 그 지역 인구의 통계학적 분석과 더불어 새로운 교회를 개척해야만 하는 필요성을 제시해야 하는 것이다.

인구의 통계학적 분석은 새 교회의 성장에 대한 잠재력을 강조하는 데 도움이 된다. 한 지역에 불신자들은 많지만 교회가 거의 없거나 전무하다면, 견고하게 성장하는 교회를 설립할 수 있는 가능성은 매우 큰 것이다.

또한 계획안은 전체 비전과 더불어 전략에 관해 분명히 해야 한다. 만일 잠재적인 기증자들이 대상 그룹, 개척 전략, 활동 계획, 기대되는 결과에 대해 구체적으로 이해한다면 그들은 이 계획에 대해 더 큰 관심을 갖고 적극적으로 지원하게 될 것이다.

교회개척팀, 핵심 가치, 사역 접근법, 그리고 팀원들의 헌신에 대한 정보 또한 도움이 될 것이다.

서면으로 작성된 계획안은 필요한 재정적 도움이 어떠한 것인지를 분명히 밝혀야 한다. 애매모호한 표현들을 사용하는 것은 도움이 되지 않는다. 반면에 주의 깊게 작성된 계획안은 이 중요한 계획에 참여할 사람들의 상상력을 사로잡을 수 있다.

2부_ 사역 계획 입안

교회개척 과정의 두 번째 단계인 입안 단계는 매우 중요한 부분을 차지한다. 이 단계에서는 비전을 개발하고, 후원 관계들을 분명히 하고, 팀 구성원들을 선정할 뿐만 아니라, 대상 그룹을 확인한다. 어떤 의미에서 교회개척자는 새 교회의 설립과 개발에 필요한 청사진을 만드는 것이다. 이 청사진을 통해 교회개척자는 어떤 종류의 교회가 세워져야 하고, 그 과업을 달성하는 데 어떤 종류의 팀이 필요하고, 어떤 종류의 전도 방법들이 가장 적합한지를 결정하게 된다. 사역 계획을 입안한 후에야 비로소 교회개척자는 분명히 정의된 전략을 가지고 교회개척을 추진해 나갈 수 있다.

9장 비전과 사명의 구체화

교회개척의 입안 단계에서 첫 번째로 해야 할 일은 새로운 사역에 대한 비전을 만들고, 그것을 나누는 것이다. 분명하고도 확실한 비전이 없는 교회개척은 성공을 이루지 못한다. 교회개척자들은 개척할 교회에 대한 비전을 주님으로부터 받아 다른 사람들과 나누고, 이 비전을 분명히 함으로써 많은 사람들이 이 과업에 동참할 수 있도록 해야 한다.

비전 개발하기

성경은 "묵시가 없으면 백성이 방자히 행하거니와"(잠 29:18)라고 단언한다. 하나님의 나라에 큰 영향을 미친 사람들은 비전에 이끌린 사람들이었음을 성경은 분명히 기록하고 있다.[1] 구약에서 예루살렘 성 주변에 성벽을 재건하기 위해 하나님의 백성들을 인도했던 느헤미야는 우리에게 영감을 주는 예로써 비전의 중요성을 보여 준다. 첫째, 느헤미야는 필요를 인식했다(느 1:1-4). 둘째, 그는 금식, 기도(5절), 다른 사람들을 위한 중보(6-10절), 그리고 하나님의 축복을 구하면서(11절) 또한 비전을 구했다(4절). 셋째, 그는 비전을 붙잡았고, 그것을 성취하기 위해 희생할 준비가 되어있었다(2:1-10). 넷째, 그는 그 비전을 사람들과 나누었다(2:18). 다섯 번째, 그는 그 비전을 실현하기 위해 일치와 연합을 요구하는 전략을 개발했다(4:15-23). 여섯 번째, 그는 그 비전을 성취하기 위해 대외적인 장애물들을 극복했다(5:1-6:4).

신약에서 우리는 바울의 삶이 분명하고도 확실한 비전에 이끌린 삶이었다는 증거를 발견하게 된다. 디모데후서 1장 11절에서 바울은 "내가 이 복음을 위하여 반포자와 사도와 교사로 세우심을 입었노라"라고 말하고 있다. 사도행전은 바울이 교회개척의 비전을 어떻게 실천했는지에 대한 구체적인 설명을 제공해 준다. 고린도후서 11장 24-27절에서 바울은 자신의 비전을 이루기 위해서 경험했던 갈등들을 묘사하고 있다. 사도행전 26장 19절에서 바울은 자신이 하늘에서 보이신 것을 거스르지 않았다고 증거했다.

비전은 효과적인 교회개척자들의 삶과 사역에 있어서 절대적으로 필요한 요소이다. 성장하고 재생산하는 교회들을 개척한 사람들, 심지어 다른 사람들이 불가능하다고 생각하는 장소에서 이런 교회들을 개척한 사람들을 연구해 보면, 그러한 교회개척자들은 '하나님이 원하시는 것에 대해 분명하고 확실한 비전으로 동기 부여 받았다' 라고 결론 내릴 수 있다.

조지 바나는 사역에 대한 비전을 "하나님께서 택함 받은 종들에게 주시는 것으로써, 더 나은 미래에 대한 분명한 심상이며, 이것은 하나님과 자신 그리고 상황에 대한 정확한 이해를 기초로 한다"[2]고 정의한다. 이 정의를 통해 비전은 분명한 것이며, 현재 상태보다 나은 것이며, 미래에 초점 맞추어진 것이며, 하나님께서 주신 것이며, 지도자들에게 주어지는 선물이며, 상황에 적합한 것이며, 현실적인 관점을 반영하며, 실현가능한 꿈을 꿈꾸며, 현실 위에 세워진다고 결론 내릴 수 있을 것이다.[3]

데일 갤러웨이(Dale Galloway)는 비전을 "존재하지 않는 것이 현실화된 것으로 볼 수 있는 능력 또는 하나님께서 주신 선물"로 정의하고 있다.[4] 이 정의가 내포하고 있는 것은 다음과 같다.

첫째, 교회개척자들은 반드시 하나님께서 그들이 개척하기를 원하는 교회, 즉 최종 결과에 대한 그림을 마음에 가지고 있어야 한다. 하나님께서는 아브라함에게 "하늘을 우러러 뭇별을 셀 수 있나 보라"라고 말씀하셨다. 그런 다음 하나님은 그에게 "네 자손이 이와 같으리라"(창 15:5)고 말씀하셨다. 하나님께서는 아브라함이 스스로를 강력한 나라의 아비로 보기를 원하셨다.[5] 이 그림은 삶의 여정에 있어서 그를 인도하는 빛이 될 것이었다.

둘째, 교회개척자들은 미래적인 안목을 갖고 있어야 한다. 여기서의 그림은 지금 현재가 어떠하냐가 아니라, 하나님의 도우심으로 미래가 어떻게 될 수 있느냐 하는 것이다. 즉, 교회개척자는 모든 물리적, 정신적, 정서적 장애물들을 물리치고, 하나님의 무한하신 능력의 관점에서 미래를 바라봐야 한다는 의미이다.

셋째, 그 그림은 확고한 그림이어야 한다. 하나님께서 비전을 주셨으므로 그 비전을 실현하는 데 필요한 확실한 동기를 그 비전에서 찾을 수 있다. 교회개척은 개인의 성취 문제가 아니라 하나님께 대한 순종의 문제이다. 교회개척자들은 사도 바울과 마찬가지로 "하늘에서 보이신 것을 내가 거스리지 아니하고"(행 26:19)라고 말할 수 있어야 한다.

비전의 중요성

교회개척자가 하나님께서 주신 확실한 비전을 가지고 있을 때, 몇 가지 중요한 일들이 발생한다.

첫째, 비전은 분명한 방향 감각을 제공해 준다. 초창기에 교회개척자는 조직적이지 않은 환경에서 사역을 하기 때문에 무엇을 어떻게 성취해야 하는가에 관해 많은 의견들을 듣게 된다. 그러나 교회개척자로 하여금 올바른 방향으로 나아가도록 하는 것은 분명한 비전이다.

둘째, 분명한 비전은 교회개척자가 적합한 동역자들로 이루어진 팀을 모집하는 데 도움이 된다. 교회개척자가 대상 그룹과 새 교회에 대한 비전을 나눌 때, 큰 관심을 가지고 그 비전에 끌리는 사람들이 있을 것이다. 그러나 그러한 비전에 동의하지 않는 사람들도 있을 것이다. 이런 평가 과정은 견해 차이로 인해 생길 수 있는 미래의 갈등을 예방해 주기 때문에 도움이 될 수 있다. 특정 교회개척의 비전을 실현하기 위해 한 팀을 모집하는 것은 엄청난 양의 에너지, 헌신, 그리고 열정을 동원해야 하는 일이다.

셋째, 분명한 비전은 일체감을 높인다. 교회개척자와 팀이 동일한 비전을 가지고 있을 때, 각자의 사역이 비전 실현에 어떤 도움이 되는 지를 분명히 알 수 있게 된다. 하나의 교회가 개척되기 위해서는 다양한 일들이 수행되어야 한다. 그렇기 때문에 노력과 에너지가 분산될 수 있는 가능성이 있다. 그러나 분명한 비전은 사람들이 함께 일할 수 있도록 고무시키고, 방향의 혼선을 피할 수 있게 해 준다.

비전 갖기

미래 교회개척자들이 종종 질문하는 한 가지는 "어떻게 하면 분명하고도 확실한 비전을 가질 수 있을까요?"라는 것이다. 이 질문에 대해 첫 번째로 언급해야 하는 것은 비전을 갖는다는 것은 한 과정의 결과라는 것이다. 이 과정은 여러 가지의 중요한 단계들을 포함한다.

첫째, 교회개척자는 하나님의 구속의 의도에 대한 명확한 개념을 갖고 있어야 한다. 마태복음 28장 19-20절과 같은 단락에 대한 이해뿐만 아니라, 예수 그리스도의 복음을 사람들에게 전하고자 하는 불타는 열정을 가지고 있어야 한다. 하나님께서는 비전 실행에 깊이 헌신하지 않을 사람에게 비전을 주지 않는다.

둘째, 교회개척자는 계속적인 기도와 묵상의 시간을 가져야 한다. 이 기도는 교회개척가의 삶에 대한 하나님의 뜻, 하나님으로부터의 분명한 명령, 사역의 대상 그룹에 대한 분명한 이해, 필요한 교회개척팀의 유형에 대한 분별, 그리고 하나님께서 세우기 원하는 교회의 유형과 크기에 대한 분명한 그림을 하나님께 구해야 한다. 그러한 통찰력은 하나님의 도움 없이 인간의 성찰만으로는 생겨나지 않는다.

셋째, 교회개척자는 사역 대상 그룹과 관련된 필요와 기회를 직접 경험해야 한다. 사역 대상 그룹의 가치, 생활양식, 필요를 개인적으로 앎으로써 교회개척자는 그 그룹 내에 교회를 개척하는 데 필요한 전략을 개발할 수 있고, 성장과 재생산의 잠재력에 대해 문화적으로 적합한 비전을 개발할 수 있다.

넷째, 교회개척자는 자신의 비전을 '조율' 하는 노력의 일환으로 다른 비전을 가진 교회개척자들과 대화를 나눌 필요가 있다. 교회개척의 비전을 개발하고 그것을 실행해본 사람들은 교회개척자가 비전의 개발과 구체화에 대해 더 잘 이해하도록 도와줄 수 있다.

다섯째, 교회개척자는 비전을 잘 표현할 필요가 있다. 이 표현은 본래 교회개척자가 기도하고 묵상할 때 떠오르는 모든 생각들을 기록함으로써 시작되는 브레인스토밍 유형의 과정을 포함한다. 그 다음 이러한 생각들은 선정과 평가의 목적으로 몇 가지 범주로 나눌 수 있으며, '의도, 가치, 전략, 대상 그룹, 사역 장소 및 재정 계획서'[6]를 개발하는 데 필요한 토대가 될 수 있도록 정리할 수 있을 것이다.

다음 단계는 비전 선언문을 작성하는 것이다. 이 선언문을 통해 비전을 효과적으로 전달할 수 있도록 하기 위해 다음과 같은 질문들을 숙고해 볼 필요가 있다. '비전은 명확한가? 행동을 불러일으킬 정도로 도전을 주는가? 머릿속에 그림을 그릴 수 있도록 해 주는가? 미래 지향적인가? 현실적이면서도 발전적인가? 문화적으로 적절한가?'[7]

여섯째, 교회개척자는 비전 선언문을 비전 슬로건으로 축소할 필요가 있다. 맬퍼스는 이 목표를 달성하기 위한 다섯 가지의 단계들을 제안한다. (1) 비전 선언문의 본질을 포착하라, (2) 비전 선언문의 본질, 즉 핵심을 가지고 그것을 몇 단어 내지는 하나의 문장 혹은 가능한 한 적은 수의 문장들로 표현하라, (3) 구조와 단어 선택에 있어 창의성을 발휘하라, (4) 비전 공동체에 친근한 언어를 사용하라, (5) 다른 비전 선언문들과 슬로건들을 모으는 습관을 만들라.[8]

비전 전달하기

비전 전달은 다른 사람들과 함께 비전을 성취하고자 할 때 필수적인 단계이다. 한 사람의 비전으로만 남는 비전은 관계된 사람들의 기도와 헌신으로 이루어지는 후원의 힘을 가질 수가 없다. 하나님으로부터 비전을 받는 사람은 이 비전을 다른 사람들에게 나누라는 명령도 받는다.

교회개척팀에게 비전 전달하기

비전 전달의 첫 번째 단계는 교회개척팀과 비전을 나누는 것이다. 교회개척팀은 교회개척자가 가지고 있는 비전과 동일한 비전을 가져야 한다. 그렇게 되도록 하기 위해서 교회개척자는 그 팀이 하나님으로부터의 비전을 붙잡을 수 있도록 도와주어야 한다. 다음과 같은 활동들을 통해 그 일을 이룰 수 있다.

성경공부와 기도

교회개척팀은 함께 성경을 공부하고 기도를 함으로써 동일한 비전을 가질 수 있다. 신약, 특히 사도행전의 공부를 통해, 지상명령의 성취는 교회개척을 포함하며, 개척교회가 새 교회들을 개척하는 데 동참하는 것이 하나님의 뜻이라는 결론에 도달할 수 있다. 안디옥 교회가 쉬지 않고 말씀을 연구하고 기도할 때, 선교사역에 관한 하나님의 뜻에 대한 비전을 붙잡았다. 성령님께서 그들에게 다음과 같이 말씀했다. "내가 불러 시키는 일을 위하여 바나바와 사울을 따로 세우라 하시니"(행 13:2). 마찬가지로, 교회개척팀이 함께 성경을 읽고 기도하는 시간을 가질 때 하나님의 뜻을 분명히 알게 될 것이다.

대상 지역 사회 방문하기

성경공부와 더불어 교회개척자는 교회개척팀이 지역 사회의 필요들을 알 수 있도록 도와주는 활동을 통해 그 팀이 비전을 붙잡을 수 있도록 도울 수 있다. 예를 들어, 교회는 주일 학교 시간에 교회개척팀 구성원들을 교회를 절실히 필요한 곳으로 데리고 간다. 그곳에서 팀 구성원들이 많은 아이들이 거리에서 놀고 있는 것, 어른들이 길거리에 앉아서 소일하고 있는 것, 청소년들이 마약을 하는 것 등을 목격하게 된다. 결과적으로 팀 구성원들은 그 아이들과 어른들과 청소년들에게 복음을 전하기 위해 교회가 어떤 일을 해야 하는 지에 대한 새로운 비전을 가지고 돌아가게 된다. 예수님께서는 무리를 보고 불쌍히 여겼는데, 그것은 그들이 목자 없는 양과 같았기 때문이었다. 팀 구성원들이 대상 그룹을 볼 때 필요한 사역에 대한 비전을 더욱 쉽게 붙잡는다.

교인들에게 비전 전달하기

교회개척자는 하나님의 비전을 교회개척팀에게 전달할 뿐만 아니라, 그 비전을 교인들에게도 나누어 주어야 한다. 다음은 비전을 교인들에게 전달하는 데 도움이 되는 몇 가지 활동들이다.

첫째, 교회개척자는 주어진 비전으로 살아야 한다. 교회개척자 개인의 삶 속에서 그 비전이 살아 움직이고 있음을 볼 때, 사람들은 더욱 쉽게 그것을 이해할 것이며, 그 비전의 일부분이 되기를 원하게 될 것이다. 달리 말하면 교회개척자는 그 비전의 화신이 되어야 한다. 예수님은 모든 말과 행동을 통해 자신의 비전을 보여 주셨다. 마찬가지로 교회개척자도 그 비전을 자연스럽게 전달하는 삶을 살아야 한다.

둘째, 교회개척자는 설교와 가르침을 통해 그 비전을 전달할 수 있다. 설교와 교훈을 통해 비전을 표현할 때, 사람들은 그 비전이 특정한 그룹에게 전도하기 위해 마련된 전략일 뿐만 아니라, 성경적인 원리에 기초하고 있다는 것을 알 수 있다. 앞에서 언급한 바와 마찬가지로, 이러한 공통의 이해는, 하나님으로부터 주어진 비전을 이루기 위해 연합한 교인들에게 방향 감각, 일치, 동기 부여를 제공할 수 있다.

셋째, 교회개척자는 비전을 미디어를 통해 반복적, 창의적으로 전달할 수 있다. 이러한 미디어에는 소책자, 시청각 자료, 역할극, 드라마, 새신자들을 위한 특별반, 간증, 소식지, 주보 및 노래 등이 있다.[9] 비전을 계속적으로 살리기 위해서는 반복이 절대적으로 필요하다. 비전을 제시하는 데 있어서 창의성은 사람들을 지루하게 하지 않고, 그들로 하여금 계속적으로 최선의 헌신을 할 수 있게 해 준다.

넷째, 교회개척자는 열정을 가지고 비전을 전달해야 한다. 많은 프로그램과 활동이 사람들의 주의와 시간과 재원들을 차지하기 위해 경쟁한다. 따라서 사람들이 주의를 기울이고 동참하기를 원한다면, 비전을 전함에 있어 열정이 있어야 한다. 비전이 호소력을 가지려면 중요한 의미를 내포해야 하며, 영원한 결과를 낳는 것이어야 한다. 다시 말해서, 사람들은 정말로 중요한 것, 즉 자신들의 삶뿐만 아니라 다른 사람들의 삶에 변화를 일으킬 만한 비전에 동참하기를 원한다. 듣는 사람들의 헌신을 유도하고자 한다면, 이러한 중요성이 열정적으로 전달되어야 한다.

「새들백교회 이야기」에서 릭 워렌은 '성숙한 교회를 위한 새들백의 2020 비전'을 표현하고 있다.[10]

우리는 성숙 언약에 헌신한 15,000명의 교인들을 꿈꾼다.

우리는 1,000개의 소그룹 연락망을 꿈꾼다.

우리는 교인들을 위한 평생 개발 연구소를 꿈꾼다.

우리는 5,000명의 신자들이 참가하는 수요 예배를 꿈꾼다.

우리는 250명의 은사를 갖춘 평신도 교사진을 꿈꾼다.

새들백 교회가 그렇게 효과적인 이유는 하나님께서 릭 워렌에게 주신 비전에 있으며, 그는 그 비전을 다른 사람들에게 나누었다.

비전에 관해 생각할 때, 한 가지 명심해야 할 중요한 사실이 있다. 그것은 비전과 사명을 구분하는 것이다. 우리가 앞에서 언급한 것과 마찬가지로, 비전은 하나님께서 교회개척팀을 통해 성취하기를 원하시는 최종 결과에 대한 심상이다. 비전을 구체화하는 좋은 방법은 '이 교회가 5년, 10년, 20년 후에 어떤 모습일까?' 를 질문하는 것이다.

사명의 설명

하나님께서 주신 사명도 교회개척자와 후원자들에게 설명되어져야 한다. 이 설명은 사명 선언문에 나타난다. 사명 선언문의 주제는 세 가지의 질문들에 대한 답을 제시한다. (1) 하나님께서는 우리가 무엇을 성취하기 원하시는가? (2) 하나님께서는 우리가 누구에게 전도하기 원하시는가? (3) 하나님께서는 왜 우리가 이 일을 하기를 원하시는가? 만일 우리가 지상명령을 모델로 삼는다면, 이러한 질문들에 다음과 같이 답할 수 있을 것이다. 무엇을? 제자 삼는 사역을. 누구를? 열방 또는 모든 족속을. 왜? 승리하신 그리스도를 영화롭게 하기 위해(하늘과 땅의 모든 권세를 내게 주셨으니).[11] 모든 교회의 사명 선언문은 지상명령의 재선언문이어야 한다는 말

에는 일리가 있다. 다음의 사명 선언문들은 이러한 요구 사항을 충족시키는 예들이다.[12)]

> 우리의 사명은 불신자들을 온전히 헌신한 예수 그리스도의 제자들로 변화시키는 것이다.
> 우리의 사명은 중부 도시들과 그 주변에 사는 사람들에게 하나님의 사랑을 나누어 주어 그들이 온전히 헌신한 그리스도의 제자들이 될 수 있도록 하는 것이다.
> 우리는 우리의 교단을 이끌어 전 세계의 모든 사람들이 예수 그리스도를 믿음으로 구원을 받게 하는 하나님의 사명에 동참하게 할 것이다.[13)]

두 번째 사명 선언문이 위에서 언급한 질문들에 대해 답하고 있는 점에 주목하라. 무엇을 – 하나님의 사랑을 나누는 것을. 누구를 – 중부 도시와 그 주변에 사는 사람들을. 왜 – 그들이 온전히 헌신한 그리스도의 제자가 될 수 있도록 하기 위해. 모든 선언문이 간략하다는 점에도 주목하라. 사명 선언문들은 사람들이 쉽게 기억하고 포스터, 편지지, 티셔츠 등에도 사용할 수 있게끔 작성되어야 한다.

또한 모든 선언문들은 성경적인 기초를 가지고 있다는 점에 주목하라. 이 점이 세상 단체들의 사명 선언문과 교회들의 사명 선언문 사이에 차이를 만든다. 잘 작성된 사명 선언문은 교회개척자들로 하여금 하나님께서 성취하기를 원하시는 과업에 초점을 맞추게 하고, 동일한 생각을 가진 팀 구성원들을 모집하는 것을 도와주고, 사역의 평가를 가능하게 해 준다.

주

1) See, George Barna, The Power of Vision (Ventura: Regal Books, 1992).

2) Ibid., 28.

3) Ibid., 27.

4) Dale E. Galloway, 20/20 Vision: How To Create A Successful Church With Lay Pastors And Cell Groups (Portland: Scott Publishing, 1986), 29.

5) Galloway, 30.

6) Aubrey Malphurs, Planting Growing Churches for the 21st Century (Grand Rapids: Baker, 1992), 239.

7) Ibid., 239. For a more extensive discussion of this see Aubrey Malphurs, Vision for Ministry in the 21st Century (Grand Rapids: Baker, 1992), 31-39.

8) Malphurs, Planting Growing Churches, 240.

9) For a more extensive discussion, see Malphurs, Planting Growing Churches, 242-244.

10) Rick Warren, 363.

11) Aubrey Malphurs, Ministry Nuts and Bolts (Grand Rapids: Kregel Publishers, 1997), 63.

12) 이 사명 선언문들은 마태 로드 침례교회와 윌로우 크릭 커뮤니티교회의 것으로써 오브리 맬퍼스의 Ministry Nuts and Bolts 64-65쪽에 기록되어 있다.

13) 1995년 2월에 채택된 남침례교 총회 해외선교부의 비전 선언문.

10장 후원망 조성

교회개척자들은 고립되어 사역할 수 없다. 심지어 개척자 모델을 사용할 수밖에 없을 때도 그들은 사역에 필요한 후원 시스템을 제공할 사람들과 재원들을 필요로 한다. 다양한 개척 모델들은 다양한 사역 관계들을 필요로 한다. 이 장에서 우리는 부모 모델, 선구자 모델, 동역자 모델, 번식 모델, 종족 그룹 모델 등에 필요한 교회개척 관계들을 논할 것이다. 그러나 다양한 모델들의 의미들을 논하기 전에 우리는 후원 교회들과 그룹들이 책임을 효과적으로 수행하고자 할 때 필요한 일반적인 준비에 초점을 맞출 것이다.

교회개척 후원을 위한 준비

교회개척을 지원할 계획을 세우는 모든 그룹은 사용할 모델과 상관없이 개척과 관련된 문제들을 해결할 준비를 갖추어야 한다. 이 준비는 영적, 정서적, 사회적, 철학적 그리고 전략적 요소들을 포함한다.

영적 준비

영적 준비는 교회개척을 지원하기 원하는 모든 교회 또는 그룹을 위한 필수적인 단계이다. 교회개척 지원 계획은 하나님께서 영혼 구원과 교회개척을 통해서 지상명령이 이루어지기를 원하신다는 분명한 확신에 기초해야 한다. 후원 단체들은 이 확신을 분명하게 함으로써 교회개척을 자신들의 최고 우선순위들 중의 하나로 받아들일 수 있어야 한다.

무엇보다 후원 그룹은 교회개척에 관한 비전과 특정 교회개척에 관한 소명 또는 방향 감각을 가지고 있어야 한다. 물리적인 준비가 중요한 것은 사실이다. 그러나 물리적인 준비를 아무리 많이 한다고 할지라도, 그것이 영적 준비를 대체할 수는 없다. 교회개척 그룹이 영적으로 준비되어 있지 않으면 결단코 양질의 후원을 제공할 수 없다.

새 교회개척에 필요한 영적 준비는 두말할 필요 없이 영적 훈련을 통해서 생겨난다. 기도, 성경공부, 그리고 교회개척의 필요와 결과에 대한 이야기들이 새 교회를 후원하는 데 필요한 영적 토대를 세운다. 목사와 지도자들은 교회가 설교, 기도, 그리고 훈련을 통해 영적 준비를 갖출 수 있도록 도울 수 있다.

정서적 준비

교회개척을 준비하는 교회나 그룹은 새 교회를 출산하고 양육할 책임을 기꺼이 받아들여야 한다. 후원 그룹은 새 교회가 성장할 수 있도록 그 교회에 필요한 사람, 비품, 시설물 그리고 재정을 위해 기꺼이 희생할 준비를 갖추어야 한다. 그러나 교회는 새 교회를 돕기 위해 바람직하지만 반드시 필요하지는 않은 장비나 시설물을 구입하는 것을 연기해야 할 경우도 있다.

사회적인 준비

후원 교회나 그룹은 섬길 지역 사회와 사람들을 이해하려고 함으로써 사회적인 준비를 갖추어야 한다. 대상 지역 사회의 인구 통계학적 특징과 사이코 그래픽(시장을 분류할 때 쓰이는 소비자의 생활양식 측정 기술) 특징을 더 잘 이해할 때, 대상 지역 사회와 후원 그룹 간에 더욱더 친밀한 관계가 형성된다. 후원 그룹과 지역 사회 간의 이러한 일치감은 교회개척을 돕는 결속감을 갖게 해 준다.

대상 지역 사회에 대한 사회적 이해는 후원 그룹이 가지고 있는 자원들을 더욱 효과적으로 사용할 수 있는 능력을 제공해 준다. 이러한 사회적인 지식은 필요한 교회의 유형, 필요한 프로그램의 유형, 가장 효과적인 복음전도 방식들을 결정하는 데 도움을 줄 것이다.

전략적인 준비

후원 교회나 그룹이 각자의 역할을 이해하고 필요한 지침을 제공하기 위해서는 개척 철학과 전략에 주의를 기울일 필요가 있다. 후원 교회 또는 그룹은 다음의 질문들에 대한 답을 숙고해야 할 것이다. 새 교회에 대한 우리의 목표는 무엇인가? 그 교회가 지교회로 영원히 남아야 하는가, 아니면 적당한 때에 독립 교회가 되어야 하는가?

토착 교회의 철학을 공부하는 것이 후원 교회 또는 그룹에게 도움이 될 것이다. 토착 교회는 (1) 자아상, (2) 자아 기능, (3) 자취, (4) 자립, (5) 자전, (6) 자기 사역[1)]을 가지고 있다고 가르치는 철학은 제1부 사역의 기초에서 자세히 다루었다.

일반적인 선교 방법에 대한 공부가 후원 그룹에게 큰 도움이 될 수 있다. 이러한 공부는 교회개척에 필요한 전략을 세울 수 있는 토대를 제공해 준다. 이러한 전략적인 준비는 실제적인 교회개척에 필요한 사항들을 결정하는 데 기초가 된다. 전략적인 준비에 사용되는 시간은 반드시 필요한 시간이다.

조직적인 준비

교회개척에 동참하기 위해서는 비전을 붙잡고 후원자로서의 역할을 이해해야 할 뿐만 아니라, 선교 위원회, 개발 협의회, 또는 개척 기동 부대를 만들 필요가 있다. 선교 위원회는 교회를 필요로 하는 지역 사회를 파악하는 것을 도울 수 있다.

이 위원회는 교회개척에 도움이 되는 환경을 교회 내에 만들 수 있다. 이 위원회는 교인들의 역할을 조정하여 수고의 중복을 피할 수 있다. 이 위원회는 교회개척과 관련된 목표를 설정할 수 있고, 또한 교회가 목표를 달성하도록 도전을 줄 수 있다. 이 위원회는 지교회와 모교회 간의 통신 채널이 될 수 있다.

지교회의 목회자와의 정기적인 만남을 통해, 이 위원회는 지교회의 필요를 파악할 수 있고, 또한 모교회 내에서 그 필요들을 충족시킬 수 있는 재원들을 찾을 수 있다. 이 선교 위원회는 지교회가 문제들을 해결하는 것을 돕고, 지교회에 목사가 없더라도 모교회가 후원을 계속할 수 있도록 인도할 수 있다. 이와 같이 다양한 기능들로 인해 선교 위원회는 모교회가 새 교회들을 설립하는 데 효과적인 역할을 감당한다.

선교 위원회가 절대적으로 중요하기 때문에 그 회원들은 다음과 같은 자질들을 가져야 한다. 그들은 다른 사람들에게 본이 되는 삶을 사는 영적인 사람들이어야 한다. 그들의 선교 정신은 전염성을 가지고 있어야 하며, 교회가 그들의 열정에 전염될 수 있어야 한다. 그들은 다른 사람들과 함께 일할 수 있는 사람들이어야 하는데, 그 이유는 위원회가 모교회 및 지교회와 긴밀한 관계를 유지해야 하기 때문이다. 그들은 자원해서 일하고자 하는 사람들이어야 한다. 교회에게 도전을 주기 위해 이 위원회는 지역 사회에 대해서 연구해야 할 뿐만 아니라 교회 내의 인력과 재정에 관해 연구도 해야 할 것이다. 그들은 주어진 사역을 수행하기 위해 기꺼이 훈련을 받아야 할 것이다. 그들은 목사를 도우며, 필요한 정보를 제공하며, 그의 지도에 따라 일해야 할 것이다.[2)]

관계의 준비

새로운 교회개척을 고려하고 있는 교회가 생각해야 할 또 다른 질문은 '우리가 우리의 지교회와 어떤 관계를 가질 것인가?' 하는 것이다. 일반적으로 교회들은 다음과 같은 방식 중의 하나로 지교회와 관계를 맺는다. (1) 자랑스러운 조부모, (2) 율법적인 부모, (3) 지배적인 부모, (4) 성숙한 부모.[3)]

자랑스러운 조부모

지교회와의 관계에 있어 특권은 원하지만 책임은 원치 않는 것이 자랑스러운 조부모로서 관계를 갖는 것이다. 조부모 같은 교회들은 지교회가 있다는 사실을 서슴없이 자랑하지만, 어떠한 도움도 제공하려 하지 않는다. 그 결과 지교회는 마치 고아와 같이 버림받은 느낌을 갖게 된다. 이러한 후원 교회들은 새 교회들의 건강을 향상시키는 데 아무런 도움을 주지 않는다.

율법적인 부모

어떤 교회는 지교회와 율법적인 방식으로 관계를 맺는다. 율법적인 부모는 자원을 가지고 있지만 그것을 자녀와 나누기보다는 자신들이 젊었을 때 경험했던 어려움과 자신들의 재정적인 필요를 채우는 것이 얼마나 힘들었는지에 대해서 이야기하는 데 시간을 보낸다. 율법적인 부모와 같은 교회는 새 교회를 거의 돕지 않는다. 그들의 철학은 '내가 고생을 했으므로 너도 고생을 해봐야 해' 라는 것이다. 이러한 철학을 가지고 일하는 교회들은 지교회를 도와주려고 하지 않고, 지교회가 고생하기를 기대한다. 심지어 새 교회들을 도울 수 있는 자원이 있다고 할지라도 비난은 빨리 하면서 도와주는 것은 느리다.

지배적인 부모

어떤 교회는 지교회들에 대해 지배적인 태도를 취한다. 그들은 지교회가 모든 지시와 제안에 순종하기를 바란다. 이런 교회는 지교회에 대한 모든 결정을 모교회가 내릴 것을 고집한다.

심지어 새 교회의 재정 운영마저도 세심하게 감독한다. 많은 경우 이로 인한 결과는 지나친 의존이다. 다른 경우에는 지교회의 반항심 또는 거부감이라는 결과를 낳기도 한다.

성숙한 부모

다행히 어떤 교회는 지교회들에 대해 책임 있는 부모들로서 행동한다. 이러한 교회는 성숙한 태도를 보여 준다. 성숙한 부모 같은 교회는 의존적인 태도를 만들지 않으면서 도와주려고 한다. 이러한 교회는 지교회가 개성을 개발하고, 책임을 감당하고, 적당한 수준의 성숙도에 이를 수 있는 여지를 허용한다. 이러한 교회는 지교회가 실수를 할 때 놀라지 않고, 실수를 통해 배우고 계속해서 성장할 수 있도록 도와준다.

그러므로 지교회를 후원할 것을 고려하고 있는 교회나 단체는 지교회들과 어떤 유형의 관계를 맺을 것인지에 주의를 기울여야 한다. 후원 그룹과 새 교회 간의 관계와 관련한 일반적인 문제들은 교회개척 과정의 중요한 부분을 차지한다.

부모 모델 후원

후원 관계에 부모 모델이 사용될 경우 교회개척은 특별한 성격을 갖는다. 5장에서 언급한 바와 같이 부모 모델의 다양한 표현들은 다음과 같다. (1) 이주 접근법, (2) 기동 부대 접근법, (3) 위성 접근법, (4) 활성화 접근법, (5) 교정 접근법. 이 모델들을 사용하기 위해서는 몇 가지의 질문들에 대한 답을 숙고해야 하고, 특정한 관계들을 맺고 유지해야만 한다.

이주(Colonization)

이주 모델을 사용할 때의 관계들과 관련해, 고려해야 할 질문들은 다음과 같다. (1) 새 교회개척을 도울 핵심 그룹을 누가 형성할 것인가? (2) 후원 교회가 어떤 재정 후원을 제공하고, 얼마나 오랫동안 제공할 것인가? (3) 누가 선교 위원회를 구성할 것인가? (4) 어떤 기도 후원이 제공될 것인가? (5) 어떤 추가적인 자료들을 제공할 것인가? (6) 교회개척자를 어떻게 선정할 것인가? (7) 어떻게 새 교회가 모교회와 똑같이 되는 것을 방지할 수 있을까? (8) 교회 운영 규약은 어떻게 결정할 것인가? (9) 어떤 시스템을 통해 교회개척자의 활동을 보고 받을 것인가?

다른 필요한 질문들은 다음과 같다. (10) 후원 교회가 교회개척에 어떻게 참여할 것인가? a) 지역 사회를 조사함으로써? b) 미디어를 통해서? c) 밑거름이 되는 활동을 통해? d) 가정 성경공부를 시작함으로써? e) 다른 활동들을 통해서? (11) 새 교회의 모임 장소를 확보하는 데 후원 교회가 어떻게 도울 것인가? (12) 새 교회가 재정 프로그램을 만드는 것을 어떻게 도울 것인가? (13) 새로운 지도자 훈련을 어떻게 도울 것인가? (14) 새 교회가 독립 교회를 이루는 방향으로 나아가는 것을 후원 교회가 어떻게 도울 것인가? (15) 새 교회가 독립하고 난 후, 후원 교회는 새 교회와 어떤 관계를 가질 것인가?

기동 부대(Task Force)

기동 부대 모델 역시 위에서 언급된 질문들에 대해 분명한 답을 갖고 있어야 한다. 그리고 다음과 같은 추가적인 질문들을 다룰 필요가 있다. (1) 어떻게 새 회중에게 미치는 영향을 최소화하면서 핵심 그룹 구성원들이 후원 교회로 돌아가게 할 것인가? (2) 지역 사회에서 교회 지도자들을 찾고, 훈련하고 사용하는 데 필요한 계획을 어떻게 세울 것인가? 기동 부대의 역할은 특별히 어려울 수 있다. 따라서 기동 부대 역할은 가장 유익한 결과를 가져올 수도 있고, 심각한 결과를 낳을 수도 있다.

위성 교회(Satellite Congregations)

이미 제기된 질문들이 위성 교회 모델에도 적용이 된다. 그러나 추가적인 질문들을 통해 이 모델에 대한 전략에 초점을 맞출 수 있다. (1) 자립의 가능성을 가지고 있는 위성 그룹들과 지속적인 사역으로 남게 될 위성 단체 사이의 구분을 어떻게 지을 것인가? (2) 독립적인 교회가 될 수 있는 잠재력을 가진 위성 그룹들에 대해서, 후원 교회는 새 교회의 발전을 격려하기 위해 어떤 기준들을 세울 것인가? (3) 새 교회가 후원 교회에 의존하도록 하지 않는 전략을 어떻게 만들 것인가?

활성화 계획(Revitalization Project)

활성화 계획을 사용할 때 후원 그룹은 다음의 질문들을 고려해야 한다. (1) 쇠퇴하는 교회를 지교회 신분으로 바꾸기 위해 어떤 계획을 갖고 있는가? (2) 전이 위원회는 후원 교회와 지교회의 구성원들로 이루어진다. 누가 전이 위원회의 구성원이 될 것인가? (3) 지교회의 교인들을 어떻게 훈련시킬 것인가? (4) 지역 사회 연구를 누가 인도할 것인가? (5) 새 전도 전략들은 어떤 것인가? (6) 누가 지교회의 목사가 될 것인가? (7) 활성화 계획을 언제 착수할 것인가?

교정 계획(Reclamation Project)

교정 계획 모델을 사용하고자 하는 후원 그룹은 활성화 계획에서 고려된 질문들을 반드시 고려해야 하며, 더불어 다음과 같은 질문들을 추가하여 생각해 보아야 한다. (1) 쇠퇴하는 교회가 공식적으로 존재하지 않게 되는 날짜는 언제인가? (2) 쇠퇴하는 교회의 재산이 후원 교회 내지는 다른 기관으로 양도되는 데 필요한 절차는 무엇인가? (3) 교회 건물을 얼마나 오랫동안 폐쇄할 것인가? (4) 건물 수리 계획은 어떠한가? (5) 새 교회의 시작 예정일은 언제인가?

동역 모델 후원

교회개척을 위해 기존 교회들의 자원을 함께 모으는 동역 모델 역시 후원 그룹과 새 교회 간의 관계들에 대한 분명한 계획을 필요로 한다. 부모 모델의 후원에서 다루었던 많은 것들이 동역 모델에도 적용된다. 영적, 정서적, 사회학적, 전략적, 조직적 그리고 관계적 준비들을 동역 모델들에도 적용시켜야 할 것이다.

다중 후원(Multiple Sponsorship)

다중 후원은 하나의 새 교회를 시작하기 위해 여러 교회들이 함께 동참하는 것이다. 부모 모델에 제기된 많은 질문들이 다중 후원 모델에도 적용된다. 그러나 이 모델의 효과를 높이기 위해 추가적인 질문들을 다룰 필요가 있다. (1) 여러 후원 교회들이 어떻게 새 교회의 재정 후원에 동참할 것인가? (2) 후원 교회들이 제공하게 될 인력, 물질, 광고, 교통편, 그리고 시설들을 어떻게 조정할 것인가? (3) 후원 교회들이 동참해야 할 조정 위원회를 어떻게 만들 것인가? (4) 교회개척 지도자가 누구에게 보고할 것인가?

다중 회중(Multi-Congregational)

5장에서 언급한 것처럼 다중 회중 모델은 문화적으로 다양한 도시 지역에 적합하다. 많은 도시에 있는 교회들이 건물을 다른 언어, 다른 형태, 또는 다른 시간에 예배를 드리는 교회들과 나누어 사용한다.

이 모델이 효과적으로 기능하기 위해서는 여러 이슈들을 먼저 다루어야 한다. (1) 이 모델을 구성하는 다양한 교회들의 동역 신분을 보장하기 위해 어떤 계약을 맺어야 하는가? (2) 각 교회의 지도자들로 구성되는 집행 위원회를 어떻게 만들 것인가? (3) 재정 문제는 어떻게 다룰 것인가? (4) 건물의 공간과 다른 자원들을 어떻게 할당할 것인가? (5) 교회들이 공동 예배 경험에 동참할 수 있게 하는 계획들을 어떻게 세울 수 있을 것인가? (6) 다양한 교회들이 자신들의 문화와 일치하는 방식으로 교회 생활을 표현하는 자유를 갖도록 돕기 위해 어떠한 조치를 취할 수 있을 것인가? (7) 이 모델에 헌신하겠다는 사실을 보장하기 위해 현재 그리고 미래 지도자들이 어떤 약속을 할 것인가? (8) 성장한 교회들이 이전해 나가는 자유를 보장하기 위해 어떤 약속이 필요한가? (9) 공간이 있을 경우 다른 교회를 모집하거나 새로운 교회를 시작하는 데 필요한 약속들은 어떤 것들인가?

입양(Adoption)

입양 모델은 새롭게 설립된 교회가 특정 교단과 관계를 맺으려고 할 때 생겨난다. 입양이 긍정적이고, 관계를 돈독히 하는 결과를 가져오도록 하기 위해서는 다음의 질문들에 답할 필요가 있다. (1) 새롭게 설립된 교회와 그 교회가 관계를 맺기를 원하는 교회 또는 단체와 교리적, 교회론적,

그리고 복음전도적인 면에서 어떤 유사성을 가지고 있는가? (2) 왜 새 교회가 형성되었는가? (3) 피입양 교회의 관계적, 재정적 기대는 무엇인가? (4) 피입양 교회는 어떻게 기능할 것인가? (5) 공식적인 관계 이전의 기간을 위해 어떤 계획을 세울 수 있는가?

핵심 교회(Key Church)

핵심 교회 모델은 교회가 교육사역이나 음악사역과 같은 사역들에 헌신하는 것과 동일한 수준으로 교회개척에 헌신할 것을 요구한다. 이러한 헌신의 측면에서 교회개척 전략을 개발하기 위해 몇 가지의 질문들에 답해야 한다. (1) 핵심 교회가 언제 선교를 최고의 우선순위로 삼겠다고 헌신했는가? (2) 핵심 교회가 언제 선교 위원회를 구성했는가? (3) 핵심 교회가 언제 선교를 담당할 목회자를 선임하였는가? (4) 핵심 교회가 매년 얼마나 많은 교회들을 개척하는 데 헌신할 것인가? (5) 핵심 교회가 교회개척 프로그램을 수행하는 데 얼마나 많은 자원들을 모집할 수 있는가?

선구자 모델 후원

선구자 모델의 주된 특징은 교회개척자가 밑바닥부터 시작해야 한다는 점이다. 이 모델에는 후원 교회가 없을 수 있다. 따라서 교회개척자는 개척팀이나 후원도 없이, 심지어는 지역 사회로부터 현장 안내조차도 받지 못하고 시작해야 할 수도 있다. 이런 점에서 선구자로서 교회개척자가 대답해야 할 몇 가지 중요한 질문들이 있다. (1) 나는 교회개척에 있어 어떤 역할을 맡을 것인가? a) 교회개척 개발형? b) 교회개척 선창자형? (2) 나는 어디서 재정적 후원을 받을 수 있을 것인가? a) 외부로부터? b) 현지 지역 사회로부터? (3) 나는 어디에서 교회개척팀을 모집할 것인가? a) 외부로부터? b) 현지 지역 사회로부터? (4) 나는 어디에서 교회개척에 필요한 도움을 구할 것인가? a) 외부에서? b)현지 지역 사회에서?

번식 모델 지원

번식 모델은 선구자 모델들과 많은 공통점을 가지고 있다. 그러나 번식 모델의 독특한 점은 이 모델에 헌신한 사역자들이 교회 번식에도 최대한 헌신했다는 것이다. 번식 모델은 지도자 훈련과 교회개척에 특별한 주의를 기울여야 한다.

지도자 훈련

번식 모델에 필요한 후원을 모집하는 것은 어떤 점에서 다른 모델들에 필요한 후원을 모집하는 것과 유사하다. 주된 차이점 중의 하나는 그 후원이 한 명의 교회개척자를 위해서 모집되는 것이 아니라 많은 새 교회들을 위해 모집된다는 것이다. 새 교회들의 망은 지도력 훈련 프로그램의 설립, 교회개척자들의 개발, 특정한 관계적 실체들을 필요로 한다.

이 모델과 관련해 대답해야 하는 질문들은 다음과 같다. (1) 지도자 훈련 책임자를 어떻게 후원할 것인가? (2) 훈련의 최종 결과는 교회개척이라는 사실을 보장하기 위해 어떤 종류의 지도자 훈련 프로그램이 필요한가? (3) 훈련 받을 교회개척자들을 어떻게 모집할 것인가? (4) 훈련 받을 교회개척자들은 어디에서 모임을 가질 것인가? (5) 이러한 프로그램의 경제적인 가능성을 보장하기 위해 어떤 종류의 이중 직업(Bi-Vocational) 교회개척 전략을 세워야 하는가? (6) 클레이 코시(Clay Coursey)[4]는 새 교회들을 개척하는 데 필요한 기본적인 단계들을 다음과 같이 설명했다. a) 교회를 위한 새로운 사역 위원회를 선정하라. b) 새로운 사역을 위한 지역을 선정하라. c) 후원 교회를 준비하라. d) 선정된 지역을 준비하라. e) 유아 교회를 시작하라. f) 새 교회에게 재정에 관하여 가르치라. g) 새 교회와 시설들에 관해 계획하라. h) 새 교회를 봉헌하라.[5] 그 단계를 따르는 교회개척 프로그램을 어떻게 고안할 것인가?

교회개척 운동(Church Starting Movements)

지도자 훈련을 위한 번식 모델의 적용에 사용된 많은 질문들이 교회개척 운동에도 적용된다. 계속적인 개척 운동을 일으키는 촉매가 되기 위해서 전략 조정선교사들은 다음과 같은 질문들을 숙고해야 한다. (1) 교회개척 운동을 일으키는 나의 역할에 대한 후원을 모집하기 위해 누구와 사역 관계를 맺을 것인가? (2) 나는 사역을 위해 어떤 종족 그룹으로 부르심을 받고 있는가? (3) 나의 종족 그룹이 재생산하는 교회들을 개척하도록 어떻게 그들에게 전도하고, 그들을 제자로 만들고, 훈련하고 준비시킬 수 있을까? (4) 나의 종족 그룹이 문자를 모르는 사람들일 경우를 대비해 나는 이야기 들려주기 전략을 얼마나 잘 알고 있는가?

종족 그룹 모델 후원

종족 그룹 교회개척 모델들은 앞서 논한 다른 모델들과 많은 유사점들을 가지고 있다. 이것은 주로 전 세계에 걸쳐 많은 도시 지역에서 발견되는 문화적 다양성과 민족 그룹들 속의 다양한 차이들을 강조하기 위해 사용된다. 이러한 요인들로 인해 특별한 몇 가지의 질문들을 생각해 볼 필요가 있다. (1) 그들은 어떻게 그 나라의 거주민들이 되었는가? a) 합병,[6] b) 강제 이주,[7] c) 자발적인 이주(정치적 피난민, 합법 이민, 불법 이민).[8] (2) 그들의 동화 수준은? a) 완전 민족, b) 중간 민족, c) 변두리 민족, d) 동화 민족, e) 활성화 민족.[9] (3) 이러한 다양한 그룹들에게 전도하기 위해서는 어떤 유형의 교회가 필요한가? (4) 이러한 그룹들 사이에서 교회를 개척하기 위해 필요한 후원을 어떻게 모집할 것인가?

결론

지금까지 보았듯이 다양한 환경에 있는 다양한 사람들에게 복음을 전하기 위해서는 다양한 교회개척 모델들을 고려해야 한다. 출발점은 영적, 정서적, 사회적, 철학적 그리고 전략적 준비를 포함해 일반적인 준비를 하는 것이다. 이러한 일반적인 준비와 더불어 중요한 것은 교회개척을 위해 맺어야 할 다양한 유형의 관계들을 이해하고 설명할 수 있어야 한다는 것이다. 필요한 후원 관계를 확보하기 위해서 개척 계획에 각 모델의 목적이 분명히 반영되어 있어야 한다. 이러한 관계들이 분명하면 할수록 교회개척 전략의 수행이 더욱 순조로워질 것이다.

주

1) See A. R. Tippet, Verdict Theology in Mission Theory (Lincoln, IL: Lincoln Christian College Press, 1969).

2) For a discussion on the Missions Committee, see Jack Redford, Planting New Churches (Nashville, TN: Broadman Press, 1978), 29-33.

3) See Don F. Marby, "What Kind of Sponsoring Church are You?" Louisiana Baptist Convention, Alexandria, Louisiana.

4) Clay Coursey, How Churches Can Start Churches (Nairobi: Baptist Publishing House, 1984).

5) Ibid., 14.

6) In the U.S. this includes Native Americans, Southwestern U.S. Hispanic Americans, and Puerto Ricans.

7) In the U.S. this includes African Americans.

8) For a discussion of these types of migration see R.A. Shermerhorn, Comparative Ethnic Relations (New York: Random House, 1970).

9) 그릴리(Greeley)가 다양한 단계들을 핵 민족, 여행 동반자 민족, 변두리 민족 그리고 단절 민족으로 묘사할 때, 그는 동화를 민족 그룹의 관점에서 제시하고 있다. Greeley, op. cit., 106-112. 셔머혼(Schermerhorn) 역시 동일한 과정을 기술하는데, 주된 차이점은 그가 그것을 지배 사회의 관점에서 바라보는 것이다.

11장 팀 구성원 확보

팀 구성원은 교회개척에 있어서 절대적인 요소이다. 오브리 맬퍼스는 다음과 같이 지적하고 있다. 바울은 지상명령의 비전을 혼자서 성취하지 않았다. 그는 팀을 통해 사역했다. 바울의 첫 교회개척 여행 직전 그 팀은 바나바와 바울로 구성되었다(행 11:22-30). 첫 번째 교회개척 여행에서 그들은 마가(행 13:2-3, 5), 누가(행 16장), 그리고 다른 사람들(행 18장)을 그 팀에 추가시켰다. 세 번째 여행에서는 또 다른 사람들이 그 팀에 추가되었으며, 또한 새로운 팀들이 구성되었다. 사도행전 19장과 20장은 에라스도, 가이오, 아리스다고, 소바더, 세군도 그리고 두기고를 언급하고 있다.[1)]

팀 멤버들의 선정은 교회개척에 있어서 매우 중요한 단계 중의 하나이다. 교회개척의 복잡성은 교회개척자 혼자서 그 과업을 성취할 수 없음을 잘 나타내 주고 있다. 따라서 교회개척자의 사역을 뒷받침해 주고 보충해 주는 팀은 필수적이다. 그러나 대부분의 교회는 전임 유급 교회개척팀을 가질 수 있는 충분한 자원들을 갖고 있지 못하다. 이러한 현실로 인해 교회는 재정적인 후원을 확보할 수 있는 사람들이나, 이중 직업을 가지고 일할 사람들, 또는 이미 재원을 가지고 있는 사람들을 교회개척자로 모집할 필요가 있다.

어떤 후원의 수단을 가지고 있든지 교회개척자는 교회개척팀을 구성하기 위해 전임 사역자를 위한 자원들이 반드시 있어야 한다는 것은 오해이며, 교회는 그 오해를 극복해야만 한다. 교회개척자는 충분한 기도 후에 팀 멤버가 되기를 자원하는 사람들과 팀 멤버가 될 수 있는 사람들을 찾아야 한다. 한 가지 중요한 원칙은, 그 팀이 교회개척자의 은사나 기술들을 가진 사람들이 아니라, 교회개척자의 은사와 기술을 보완할 수 있는 사람들로 구성되어야 한다는 것이다.

역할별 팀 멤버 선정

교회개척팀의 구성은 교회개척 모델에 의해 어느 정도 결정되어질 것이다. 어떤 모델을 선정하든지 선정 과정에 있어서 한 가지 중요한 요소는 교회개척자가 교회개척에 있어서 어떤 역할을 감당할 것인지를 결정하는 것이다.

교회개척자 - 개발가 역할

앞에서 언급한 것처럼, 교회개척자–개발가는 교회를 개척할 것과 그것을 온전한 교회로 발전시키고, 그 교회의 목사로 남을 것을 마음에 그린다. 그는 이 비전의 성취를 도와줄 수 있는 팀을 필요로 한다. 이 역할을 감당함에 있어서 교회개척자는 비전 제시자, 전략가, 영적 지도자, 팀장, 교회의 개척 및 개발 감독자가 되어야 할 것이다.

달리 말하면, 이 사람은 그 교회의 담임목사가 될 것이다. 그는 교회개척자와 개발가로서의 은사들을 필요로 할 것이다. 교회개척자의 은사에 따라 그 마음에 그리는 사역의 모델이 팀 구성을 결정할 것이며, 팀 구성원들은 개척자의 은사들과 기술들을 보완할 것이다.

교회개척자 - 선구자 역할

교회개척자-선구자는 교회를 개척하고, 그 교회를 어느 단계까지 발전시킨 뒤, 또 다른 교회를 개척하기 위해 이동한다. 이 사람은 일반적으로 강력한 교회개척 은사들을 가지고 있지만, 교회를 개발시키고 성숙하게 만드는 은사는 제한되어 있을 수 있다. 이러한 유형의 교회개척자는 교회의 초기 단계들을 도와줄 뿐만 아니라, 목회 지도력에 변화가 일어난 후의 개발 단계에 도움을 줄 팀을 필요로 한다.

대부분의 경우 교회개척자-선구자는 비전과 전도 그리고 설교 영역에서 강력한 은사들을 가지고 있지만, 행정 지도력을 제공하고 다양한 사역들을 개발시키면서 교회에 머무르는 데는 은사와 열망이라는 면에서 제한되어 있다. 그러므로 교회개척팀은 교회의 사역들에 균형을 주고 개척자가 떠난 후에도 지속성을 제공해 주기 위해 행정, 가르침, 그리고 상담과 같은 은사들을 소유해야 한다.

번식 교회개척자 역할

번식 교회개척자는 교회개척을 위해 다른 사람들을 훈련시키고 동참시킨다. 이러한 유형의 교회개척은 연장 센터나 혹은 세분화된 훈련 전략들을 통해 이루어진다. 대부분의 경우 이러한 유형의 교회개척자는 교회들을 직접 개척하지 않고 훈련된 지도자들을 통해서 개척한다.

이러한 유형의 교회개척자는 비전, 가르침, 지도력, 그리고 행정 분야에서 강력한 은사들을 필요로 한다. 번식 교회개척자는 개척자들을 모집하고, 그들이 교회개척팀을 선정하는 것을 인도해 주어야 한다. 개척자들에게 동기 부여를 심어주는 것이 번식 교회개척자의 중요한 역할이다.

교회개척 운동을 일으키는 데 일조하는 번식 교회개척자는 개척자들을 모집하고 훈련시킬 뿐 아니라, 한걸음 더 나아가 개척자들을 훈련시켜 그들이 또한 교회를 개척할 다른 사람들을 모집하고 훈련할 수 있도록 갖추어 주어야 한다. 위에서 언급한 다른 접근법에서와 마찬가지로 교회개척팀은 교회개척자의 은사에 맞추어서 선정되고, 개척 모델은 대상 그룹에 맞추어서 기용되어야 한다. 번식 모델과 관련해서 생각해야 할 또 다른 한 가지는, 교회개척자가 종종 개척팀들을 모집할 수 있는 기존의 교회들을 가지고 있지 않다는 것이다. 그는 종종 밑바닥부터 시작해서 사람들을 주께로 인도하고, 그들을 훈련시키고, 그들에게 비전을 심어주며 과업을 부여하고, 그들을 기도와 상담으로 후원해 주어야 한다. 이러한 접근법은 사도 바울이 교회개척 여행시 사용했던 방법과 유사하다.

종족 그룹 교회개척자의 역할

서두에서 논했던 종족 그룹 모델은 번식 모델과 많은 공통점을 가지고 있다. 그러나 교회개척자가 대상 그룹의 일원이 아닐 경우, 그는 타문화를 대하는 데 필요한 능력을 가지고 있어야 한다. 이것은 대상 그룹의 문화에 속하지 않는 개척팀도 마찬가지다.

이 모델을 사용하는 개척자들은 톰 스테펜이 「배턴 전달하기」에서 권하는 것과 같은 것을 포함한 학습 프로그램을 만들어야 한다. 스테펜은 타문화 연구에 대한 훈련, 선교학, 언어 학습, 의사소통 기술, 그리고 상황화된 제자훈련 방법 등을 학습 프로그램에 포함할 것을 제안한다. 이러한 학습은 타문화에 속한 개척자가 사전 출입 단계, 사전 전도 단계, 전도 단계, 후기 전도 단계, 그리고 종결 단계를 위한 전략들을 고안하는 데 도움을 줄 것이다.[2)]

결론

교회개척자가 채택하는 역할에 따라 개척팀 구성원들의 유형과 은사가 결정된다. 이러한 중요한 단계에 주의를 기울임으로써 교회개척자는 힘을 얻을 뿐만 아니라 많은 장애물들을 피할 수 있게 될 것이다.

교회개척팀 선정의 단계

교회개척팀 선정이 개척자에게 있어 매우 중요한 일이다. 개척팀의 구성을 주도하는 지도자는 팀 멤버들을 모집하는 데 각별한 주의를 기울여야 한다. 팀 구성원들을 선정하는 데 도움이 되는 네 가지 단계들은 다음과 같다.

팀 멤버들의 은사 파악

첫 번째 단계는 교회개척자의 은사를 파악하는 것이다. 교회개척자의 주된 은사들은 비전, 지도력, 설교, 가르침, 그리고 전도와 같은 영역에 있어야 한다는 것이 일반적인 생각이다. 그러나 개척자들이 이런 은사를 모두 가지고 있지 않을 가능성이 많기 때문에 행정, 전도, 예배, 소그룹, 어린이들, 청소년들과 가정, 그리고 목양과 같은 은사들을 가지고 있는 팀 멤버들이 있을 경우 크게 도움이 된다.

어떤 팀 멤버는 한 가지 이상의 은사를 가지고 있을 수 있으며, 예배와 청소년, 소그룹, 그리고 상담 등과 같은 사역 분야를 인도할 수도 있을 것이다. 개척자는 특별한 은사들을 갖춘 팀 멤버들을 찾아, 팀 멤버들이 서로의 은사들을 보완하면서 향상시킬 수 있는 팀을 만들어야 할 것이다. 팀 선정 과정은 팀 멤버가 될 수 있는 사람들이 가지고 있는 은사들을 평가하는 것으로 시작된다.

대상 그룹의 필요 파악

대상 그룹의 필요는 교회개척자와 개척팀이 지녀야 할 은사들을 결정하게 하며, 이러한 필요들은 팀 멤버 선정 과정에서 나타나게 될 것이다. 그러므로 개척팀 모집 과정의 두 번째 단계는 대상 그룹의 필요라는 측면에서 개척자의 은사들을 보완할 구성원을 모집하는 것이다. 예를 들어, 젊은 부부들에게 전도하기를 원하는 교회는 청소년 사역을 즉각적으로 필요로 하지 않을 것이다. 그러나 효과적인 육아실과 어린이 사역을 갖추는 것은 매우 중요할 것이다. 만일 교회가 전통에 따라 세워지고 있다면, 그 교회는 아이들뿐만 아니라 성인들을 위한 주일 학교를 인도할 사람을 필요로 할 것이다. 혁신적인 교회 모델을 따르는 교회는 소그룹 접근법을 요구하게 될 것이다. 교회개척가의 은사들을 보완하고 사역 모델과 부합되는 팀 멤버들은 흥미롭고, 성장하며, 재생산하는 교회들을 설립하는 데 중요한 공헌을 할 수 있다.

로버트 로건(Robert Logan)은 팀 멤버들과 사역 동역자들 사이에 중요한 구분을 둔다.[3] 로건은 후자, 즉 사역 동역자들을 새 교회에서 장기적인 헌신을 하게 될 사역자들로 간주한다. 사역 동역자들의 비전과 헌신은 교회개척자의 비전과 조화를 이루어야 한다. 개척에 대한 그들의 소명 의식은 개척자만큼 강하고 분명해야 할 것이다.

때때로 사역 동역자들이 전임 사역에 대한 재원의 부재로 인해 이중직업 사역자로 시작할 필요가 있을 수 있다. 이상적인 상황은 두 쌍 내지는 세 쌍이 개척자의 사역 동역자로 서약하는 것이 좋다. 이렇게 함으로써 새 교회는 초기부터 탁월한 개척팀과 교회 사역팀을 갖게 되는 것이다.

팀 멤버들의 역할 파악

교회개척에 있어 다양한 모델들은 다양한 은사들을 가진 팀 멤버들을 필요로 하는 것이 당연하다. 개척 전문가들도 다양한 팀 구성을 권한다. 맬퍼스는 다양한 팀들, 즉 2인 팀(한 명의 지도자와 한 명의 매니저), 3인 팀(지도자, 교사, 그리고 프로그래머), 심지어 5인 팀(청소년 사역자와 행정 사역자 포함)을 제안한다.[4] 라일 셸러(Lyle Schaller)는 적어도 3인 팀(목사, 전도자, 그리고 음악 전문가)을 주장한다.[5] 로버트 로건은 개척팀의 일곱 가지 역할을 언급하고 있다. (1) 전도자—대상자들을 모으는 사람, (2) 중재자—예배 지도자, (3) 주일 학교 사역 지도자—학생들을 모으는 사람, (4) 목자—목양을 제공하는 사람, (5) 조직가—행정업무 담당자, (6) 동원가—다양한 재원을 확보하는 사람, (7)재무 행정가.[6]

다음은 교회개척팀에 포함되어야 할 다양한 역할들의 목록이다.

· 지도자 – 교회개척에 있어서 중심이 되는 사람
· 매니저, 행정가 – 조직과 실행에 은사가 있는 사람
· 교사 – 새 교회의 제자훈련을 인도할 사람
· 청소년 사역자 – 청소년들과 그들의 가정에 대한 사역을 인도할 사람
· 목사 – 새 교회의 목양을 담당하는 사람
· 예배 인도자, 중재자, 프로그래머, 음악 전문가 – 새 교회의 예배를 최대화할 모든 자원들을 사용하는 사람
· 전도자 – 모든 초점이 전도를 주관하는 데 있는 사람
· 주일 학교 사역 지도자 – 새 교회의 주일 학교 사역을 세우고 지도하는 사람
· 셀그룹 조직가 – 셀그룹 지도자들을 모집, 훈련, 배치하는 사람
· 재무 행정가 – 새 교회의 재정을 담당하는 사람
· 목양 담당자 – 교인들의 목양을 조직하고 유지하는 사람

교회개척팀의 선정은 교회개척자가 예견하는 필요한 역할들에 전적으로 달려있다. 그러므로 개척팀은 개척에 필요한 역할들을 담당할 은사, 관심, 기술들을 가진 사람들을 포함해야 할 것이다. 개척자와 다른 팀 멤버들의 은사들과의 보완관계에 유의하면서 팀 멤버를 모집하고 선정하는 것이 중요하다.

결론

교회개척팀 구성원들의 선정은 실용적인 토대에 기초해야 한다. 교회개척 모델들과 대상 그룹의 필요에 맞추어 팀 구성원들이 갖추어야 할 다

양한 은사들과 역할들이 있다. 개척자들이 처음부터 필요한 사람들과 재원을 모두 갖춘 팀으로 시작할 수 없는 경우가 많기 때문에 우선순위 목록을 만들어야 할 것이다. 이때 필요한 팀 멤버들의 유형을 결정하고, 그런 종류의 사람들을 모집하는 방향으로 나아가는 것이 중요하다. 앞에서 언급한 것처럼, 사용하는 모델과 지역 사회의 필요들이 선정 과정에 영향을 미칠 것은 의심할 여지가 없다.

주

1) Malphurs, Planting Growing Churches, 248.

2) Tom A. Steffen, Passing the Baton: Church Planting That Empowers

3) Robert E. Logan & Steve L. Ogne, The Church Planter' s Toolkit (Alta Loma: CRM New Church Development, 1991), 2-15.

4) Malphurs, Planting Growing Churches, 254.

5) Lyle E. Schaller, Southern Baptists Face Two Choices for the Future, Biblical Recorder (April 27, 1991): 8.

6) Church Planter' s Toolkit, 2-4.

12장 대상 그룹 선정

교회개척의 공식화 과정에 있어서 한 중요한 단계는 대상 그룹을 발견하고 선정하는 것이다. 바울과 바나바가 교회개척 선교에 있어서 처음으로 한 일은 그들이 어디에 교회를 세울 것인가를 결정하는 것이었다. 선교학자 롤란드 알렌(Roland Allen)은 성령의 인도를 받은 바울은 모든 노력을 에베소와 같은 전략적인 중심지에 집중시켰고, 이러한 도시들을 복음 확장의 기지로 사용했다고 주장한다.[1)]

사도행전에는 이 개척팀이 다양한 그룹들과 그들의 수용성을 알고 있었다는 증거가 있다. 사도행전은 개별적인 문화 그룹들과 그들의 복음에 대한 수용성을 여러 곳에서 언급하고 있다. 예를 들어, 회당에 속한 그룹들 중 복음에 대해 가장 많이 열려있던 사람들은 경건한 이방인들(유대교에 호감을 가지고 있었지만 공식적으로 몸담지 않은 사람들)과 개종자(유대교에 입교한 이방인)들이었다. 전통적인 많은 유대인들이 개종한 것은 사실이지만,

가장 수용성이 낮은 사람들은 바로 전통적인 유대인들이었다.

성령님은 때때로 바울을 그가 생각하던 대상 그룹에서 다른 곳으로 인도하셨다. 예를 들면, 바울은 비두니아에서 전도와 교회개척을 계속할 계획을 세웠다. 그러나 성령님은 바울을 마게도냐로 인도하셨는데, 이곳은 바울이 빌립보, 데살로니가, 베뢰아, 아덴, 그리고 고린도 교회들을 개척한 곳이었다(행 16:1-18:22). 여기서 생각해 볼 수 있는 원리는, 모든 가능한 요소들, 특히 성령의 인도하심을 고려한 후 대상 그룹을 확인하고 선정하는 것으로부터 교회개척이 이루어진다는 것이다.

바울과 동역자들은 가능한 한 많은 그룹과 사람들에게 전도하려고 하는 목적을 가지고 메시지를 전했다. 이러한 교회개척자들로 이루어진 팀은 자신들의 노력을 집중할 전략적인 장소들을 주의 깊게 선정했고, 메시지를 전하면서 사회문화적인 요인들에 주의를 기울였다. 성경 시대의 개척자들은 신중하게 대상 그룹들을 확인하고 선정했으며, 대상 그룹에 따라 복음전파의 방법을 적절하게 변화시켰다. 오늘날 교회개척은 성령님의 인도에 순종하는 것과 더불어 오늘날에 가능한 다른 자원들을 사용하면서 사도 바울과 동역자들의 본을 따라야 한다.

연구 자료 사용

새로운 교회를 설립할 적절한 장소를 선정하는 것이 쉬운 일은 아니다. 자원들이 제한되어 있는 상황에서 교회개척자는 팀원들과 재정을 지혜롭게 활용해야 한다. 좋은 연구 자료는 교회개척자가 자원 활용의 문제들에 대해 현명한 결정들을 내릴 수 있도록 도와준다.

연구 자료 중에는 다음과 같은 것들이 있다. (1) 인구 통계 분석, (2) 사이코그래픽 평가, (3) 일반 프로필. 개척자는 연구 자료를 사용하여 다음과 같은 유형의 연구를 함으로써 큰 유익을 얻을 수 있다. (1) 종교 조사, (2) 지역 사회 지도자들과의 면담, (3) 지역 사회 주민들 연구, (4) 복음 인식도 분석, (5) 의사 결정 단계에 대한 연구, (6) 복음을 거부하는 이유들에 대한 연구. 이러한 도구들은 교회가 성공할 수 있는 영역들을 파악하는 데 도움을 준다.

인구 통계학 분석(Demographic Analysis)

지역 사회의 인구 통계 분석은 그 지역 사회에 새로운 교회 또는 새로운 종류의 교회에 대한 가능성을 제시해 줌으로써 교회개척팀을 크게 도울 수 있다. 이 분석은 거주민들의 수, 사회경제 그룹, 주택의 유형, 교육수준, 고용의 유형, 그리고 가족 구조 등과 같은 요인들을 포함한다. 이러한 사실들은 교회개척팀이 그 지역의 필요들과 가능성들에 초점을 맞출 수 있도록 도와준다.

인구 통계 분석은 그 지역 인구의 증가 또는 감소 추세를 알기 위해 지난 10년간의 수치들과 비교하는 것을 포함한다. 많은 경우 이 분석은 연령 그룹들과 문화 그룹들을 포함한다. 또한 이 정보를 통해 개척자는 그 지역 사회에서 복음을 받아들일 가능성 있는 사람들이 누구인지를 알 수 있다. 일반적으로 교회들은 지역 사회의 성장과 함께 성장한다. 또한 교회들은 다른 교회들이 전도하고 있지 않는 연령 그룹들이나 문화 그룹들(예, 이민자들)을 전도할 때 성장하게 된다.

사회경제적 수준의 분석과 더불어 주택유형의 분석은 그 지역 사회에 어떤 유형의 사역과 지도력이 필요한지를 정하는 데 도움이 된다. 다양한 사회경제적 그룹들은 지도력, 예배 스타일, 음악 유형 등에 관해 서로 다른 취향들을 갖고 있다. 이러한 그룹들에 관한 정보에 따라 그들을 복음으로 전도하는 전략을 적절히 선택할 수 있다.

고용과 가정구조의 유형에 대한 분석은 그 지역 사회의 필요들을 파악하는 데 도움이 된다. 예를 들어, 그곳에 결손 가정이 많다면 그것은 교회가 그런 가정들을 위해 결손 가정 사역을 해야 된다는 것을 의미한다. 노동자 계층 가정들이나 전문직 종사 계층의 사람들이 살고 있다는 것은 교회가 어떤 방향으로 사역을 해야 될지를 말해 주는 것이 된다.

인구 통계 정보는 여러 가지 측면에서 매우 중요하다. 이 정보는 개척자들이 그 지역 사회의 필요를 더 잘 파악할 수 있도록 도와주고, 교회를 통해 필요를 채워 주며, 복음에 반응할 가능성이 가장 큰 그룹에 관심을 집중할 수 있도록 돕는다. 일반적으로 지역 사회가 성장할 때 교회도 성장한다는 사실에 주목하는 것이 중요하다. 또한 사람들이 다른 지역으로 이사할 경우, 복음에 대한 반응을 저해했던 사회적 유대를 떠나 새로운 곳에 정착하게 되므로 복음에 대한 더 큰 수용성을 보이게 된다는 사실을 아는 것도 중요하다. 모든 지역에서 인구 통계 정보를 쉽게 구할 수 있는 것은 아니지만, 세계 어느 나라를 가든지 관청이나 상공부 아니면 인구 정보에 관심이 있는 다른 단체들로부터 어느 정도의 자료를 구할 수 있다.

사이코그래픽 분석(Phychographic Analysis)

인구 통계 분석과 더불어 사이코그래픽 분석은 교회개척자가 어떤 유형의 교회를 설립해야 할지를 파악하는 데 필요한 추가적인 정보를 제공해 줄 수 있다. 이런 유형의 분석은 사회경제적 수준과 주어진 지역 사회의 생활양식에 초점을 맞춘다. 예를 들어, 캐시 에이콘 프로필(CACI ACORN Profile)은 다음과 같은 범주를 사용한다. (1) 부유한 가정들, (2) 중상층 가정들, (3) 유망한 싱글들, (4) 은퇴 계층, (5) 유동적인 청년들, (6) 도시 거주자들, (7) 공단 지역 사회, (8) 다운타운 거주자들, (9) 비거주 지역들. 이러한 각각의 범주 하에 캐시는 다양한 생활양식을 가진 그룹들에 대한 초점을 더욱 세분화하는 하위범주들을 나열하고 있다. 캐시는 이러한 각각의 그룹들에 대해 시몬스 시장 조사국(Simmons Market Research Bureau)의 자료를 이용해 다음과 같은 중요한 정보를 제공해 준다. (1) 자아 개념, (2) 구매 스타일, (3) 지난해에 있었던 중요한 사건들, (4) 정치적 견해, (5) 개인적인 견해/관점, (6) 구매 습관, (7) 레저 활동.

이러한 요인들을 이해함으로써 교회개척자는 대상 그룹에 가장 적합한 전도방법, 광고 유형, 예배 스타일, 그리고 지도자들을 택할 수 있다. 이 책의 13장과 그 이후에서는 서로 다른 유형의 청중들과 의사소통하는 다양한 수단들과 특정 그룹에 가장 효과적인 접근방법들이 제시될 것이다. 사이코그래픽 분석을 확보하는 데 어떤 노력을 기울이든지 간에 그것에 투자한 시간은 결코 헛된 것이 아님을 발견하게 될 것이다.

위에서 언급한 여러 유형의 정보는 개척자들이 지역 사회에서 발견하는 사역 초점 그룹들의 프로필을 만들 수 있게 해 주고, 또한 개척교회이라는 상황 속에서 지역 사회의 사람들에게 전도하고 그들을 제자로 만드는 데 가장 효과적인 전략을 고안할 수 있게 해 준다. 대상 그룹에 대한 이해는 적합한 전략을 수립하는 데 있어 필수적이다. 다양한 사회경제, 문화, 그리고 세대 그룹들은 전도 전략, 예배 스타일, 설교 방법, 의사 결정 과정, 그리고 리더십 스타일을 결정하는 데 중요한 영향을 미치는 다양한 특징과 기호를 가지고 있다.

개척 교회들은 지역 사회에 속한 전도 대상자들의 프로필을 개발한다. 예를 들면, 새들백 커뮤니티 교회는 새들백 샘(새들백 지역의 보통사람)의 프로필을 만들었다. 이 프로필은 교회가 전도하려고 하는 지역 주민들이 다음과 같은 특징들을 가지고 있음을 드러내 준다. (1) 교육을 잘 받았음, (2) 자신의 직업을 좋아함, (3) 자신이 사는 곳을 좋아함, (4) 자신과 가정의 건강 상태에 우선순위를 둠, (5) 소그룹보다는 대그룹에 포함되어 있기를 원함, (6) 조직화된 종교에 대해 회의적임, (7) 최근에 유행하는 음악을 좋아함, (8) 5년 전보다 자신의 인생을 더욱더 즐기고 있다고 생각함, (9) 인생에서 자신의 지위에 대해 만족할 뿐만 아니라 심지어는 잘난 체함, (10) 형식적인 것보다는 일상적이고 비형식적인 것을 선호함, (11) 시간과 돈에 쫓김.[2)]

자체적인 연구 실시

교회개척자와 개척팀이 전문적인 단체 내지는 연구자료를 통해 확보할 수 있는 정보 외에도 그 지역 사회를 이해하는 데 도움이 되는 정보를 입수할 수 있는 방법이 있다. 개척자와 개척팀은 그 지역 사회에 대해서 자체적인 연구를 실시함으로써 전문적인 프로필들에서 확보할 수 있는 것보다 더 많고 유익한 자료를 얻을 수 있다. 직접적인 연구를 통해, 전문가들이 이해하지도 못하고 중요하게 생각지도 않는 사실들에 대해 직접 질문할 수도 있고 이해를 얻을 수 있다. 다음은 지역 사회 인구에 대한 자체적인 연구를 위한 제안들이다.

일반적인 종교 조사

일반적인 종교 조사는 대상 지역 사회가 교회를 개척하기에 전략적으로 적합한 곳인지를 결정하는 데 취지가 있다(구체적인 종교 조사에 대해서는 뒤에서 추가적으로 언급할 것이다). 어떤 의미에서 모든 지역 사회들은 더 많은 교회들을 필요로 한다. 그러나 한 개척자가 모든 지역 사회에 교회를 세울 수 있는 인력과 자원이 없기 때문에 가장 전략적인 지역 사회를 선정하는 것이 바람직하다. 그러므로 교회를 개척하고자 하는 사람은 다음의 질문들에 대한 답을 찾아야 한다.

- 그 지역 사회에는 몇 개의 교회들이 있는가?
- 그 교회들 중 얼마나 많은 교회들이 구원의 메시지를 전하고 있는가?
- 그 교회들이 지역 인구 중 몇 퍼센트에게 전도하고 있는가?
- 그 교회들이 모든 사회경제 그룹 및 사회문화 그룹들에게 전도하고 있는가?

일반적으로 정부 기관들이 행하는 인구 조사는 종교에 관한 정보를 수집하지는 않는다. 그러나 종교에 관한 정보는 다음과 같은 방법으로 확보할 수 있다. (1) 그 지역 사회에 있는 교회들의 목록을 만드는 것, (2) 교회의 지도자들과의 면담을 통해 활동적인 교인들의 수와 그들 중 몇 명이 그 지역 사회 출신인지를 알아보는 것, (3) 어떤 그룹들을 전도하고 있는지, 교회가 어떤 예배 스타일을 가지고 있는지, 그 교회가 어떤 사역들을 하고 있는지를 관찰하기 위해 이러한 교회들을 방문하는 것. 이러한 정보는 후원자들이 그 지역 사회에 새 교회를 설립하는 것에 대한 가능성을 파악하는 것을 도와준다. 개척자가 지역 사회에 있는 사람들에게 전도하기 위해 어떤 전략이 필요한지를 파악하는 데 도움이 된다.

종교 조사는 교회개척팀으로 하여금 조직화된 종교와 교회들에 대한 사람들의 태도를 이해하도록 하는 데 큰 도움이 된다. 그것은 주민들에게 복음을 전하는 과정에 영향을 미칠 수 있는 기존의 감정들을 파악할 수 있고, 또한 이러한 장애물들을 피할 수 있는 방법들을 제시해 줄 수 있다. 그것은 그 팀이 기존 교회들이 부딪쳤던 과거 문제들에 대해 조심하도록 경고해 주며, 이러한 요인들에 의해 제기된 문제들을 줄이는 방법들을 제시해 줄 수 있다. 이처럼 종교 조사는 전문적인 프로필을 통해서 얻을 수 없는 많은 정보를 제공해 줄 수 있다.

지역 사회 지도자 면담

또한 개척팀은 지역 사회 지도자들을 면담함으로 그 지역 사회와 사회의 필요들에 관한 중요한 정보를 얻을 수 있다. 이러한 지도자들은 학교 행정가들, 지역 회사 사장들, 사회봉사 단체 책임자들, 경찰서의 경관들, 클럽과 조직단체의 회장들, 부동산업자들, 주민회의 임원들과 목사들이 될 수 있다. 간단히 말해, 교회개척팀은 그 지역 사회의 주민들과 그들의 필요들을 아는 사람들과의 면담을 필요로 한다.

다음의 질문들이 이러한 면담에 도움을 줄 수 있다. (1) 이 지역에 얼마나 오래 사셨습니까? (2) 이 지역 사회에 현재 가장 시급한 필요들은 무엇입니까? (3) 이 지역 사회에서 일하시면서 배운 것들은 어떤 것들이 있습니까? (4) 이 지역 사회를 돕기 위해 준비하는 사람에게 어떤 조언을 해 주시겠습니까? (5) 이 지역 사회의 사람들과 의사소통하는 데 어떤 방법들이 효과적이었습니까? 이와 같은 질문들은 교회개척팀이 한 지역 사회에 사는 주민들의 특징과 필요를 파악하기 위해 사용할 수 있는 질문들 중의 몇 가지 예이다. 지역 사회의 주요 지도자들의 경험과 지식은 교회 개척에 필요한 정보를 많이 제공해 준다. 질문들은 그 지역 사회에 맞게 수정되어야 한다. 중요한 것은 이러한 지도자들의 경험으로부터 도움을 받는 것이다.

지역 사회 주민 조사

일반적으로 한 그룹이 지역 사회의 사람들을 조사하려고 할 때, 대부분의 주민들은 별 관심을 보이지 않고, 어떤 경우에는 분노를 표시하기까지 한다. 주민들이 이렇게 반응하는 이유 중의 하나는 종교 조사를 위해 자신들을 방문했던 사람들과의 불쾌한 경험으로 인한 것이다. 어떤 지역 사회에서는 주민들로부터 정보를 얻는 것이 거의 불가능하다. 이러한 경우에 교회개척자들은 그들과 의사소통할 수 있는 다른 방법들을 모색해야 한다. 그러나 많은 경우 지역 사회 주민들의 거부 반응보다는 이전 그룹들의 비효과적이고 부적절한 방법이 문제가 된다.

세계 여러 나라에서 효과적인 것으로 여겨지는 지역 사회 주민 조사의 방법은 사람들이 영적인 필요를 자각하고 있는지에 집중하는 것이고, 만일 자각하고 있다면 이러한 필요가 무엇인지에 집중하는 것이다. 그러므로 이 방법은 많은 정보를 얻으려고 하지 않는다. 이 방법은 다음과 같은 질문들을 제시한다. (1) 이 지역 사회에서 가장 큰 필요들은 무엇입니까? (2) 왜 이 지역 사회의 많은 사람들은 교회에 출석하지 않습니까? (3) 어떤 종류의 활동들이 당신과 당신 가정의 문제들을 해결하는 데 도움이 되겠습니까? (4) 만일 우리가 이 지역 사회의 가정들을 돕기 위한 모임을 시작한다면 참석할 용의가 있습니까? 이러한 질문들의 목적은 지역 사회의 필요들이 무엇인지를 알고, 어떤 종류의 사역들이 그 지역 사회에 도움이 되는지, 그리고 성경공부에 참석하기를 원하는 사람들이 누구인지, 그 지역 사회에 행사를 개발할 경우 관심을 가질 사람들이 누구인지를 파악하는 데 있다. 이러한 질문들은 지역 사회의 특성에 맞추어서 수정될 수 있다. 한 지역 사회에서 사용된 질문들이 다른 지역 사회에서 수정되는 경우가 종종 있다. 중요한 것은 지역 가정들의 필요를 알고, 그들을 돕기 위해 어떻게 교회의 프로그램들을 적용시킬 수 있을지 연구하는 데 필요한 도구를 고안하는 것이다.

평안의 사람(Man of Peace) 조사

새 교회의 핵심 멤버가 될 사람들을 찾는 데 사용하는 많은 방법들 중에서 가장 유익한 것은 평안의 아들(Son of Peace)을 발견하는 것이다. 어떤 그룹들은 누가복음 10장 5-6절에서 평안을 받을 만한 사람의 개념에 기초한 방법을 사용해 왔다. 이 방법은 복음에 관심이 있는 가정을 찾기 위해 지역 사회의 가정들을 방문하는 것이다. 이러한 가정을 찾은 후에 먼저 그 부모에게 전도하고, 그들을 훈련시켜 자녀들과 나머지 친척들 그리고 친한 친구들을 그리스도에게로 인도하도록 하는 것이다. 그런 다음 전도된 사람들을 성경공부반으로 편성한다. 이러한 사람들이 성경공부에 참석할 때, 교회개척자는 봉사의 은사를 나타내는 사람들에 주의를 기울인다. 이 그룹에서 교회개척자는 교사, 음악 사역자, 주일 학교 사역자와 레크리에이션 지도자를 선정한다. 이러한 과정을 통해 그들이 사역들을 수행해 나갈 때, 그 교회의 지도자로서의 능력이 개발되는 것이다. 그러므로 평안의 사람은 새 교회의 핵심 그룹의 일부가 된다. 이 사람과 그 가족이 사역에 중요한 위치를 차지하게 된다. 이러한 사람들은 새 교회에 희망을 가져다준다.

구체적인 종교 조사

지역 사회에 대한 일반적인 종교 조사에 대해서는 앞에서 언급했다. 그것은 그 지역의 일반적인 종교 현황을 보는 것이다. 즉, 얼마나 많은 교회에 몇 퍼센트의 사람들이 출석하는지, 이러한 교회들이 얼마나 효과적으로 복음을 전하고 있는지, 그리고 그 교회들이 어떤 그룹들에게 전도하고 있는지를 파악하는 것이다. 구체적인 종교 조사는 그 지역 사회 사람들 가운데 작용하고 있는 종교적인 요인들을 더욱더 자세히 파악하는 것이다. 이 조사는 그 지역 사회 사람들의 복음 인식도, 의사 결정 유형, 그리고 복음에 대한 그들의 거부 반응 내지는 수용성을 파악하는 것이다.

복음 인식도 조사

구체적인 종교 조사는 지역 사회 주민들의 복음 인식도를 이해하는 데서 시작된다. 「최신 그리스도인의 의사소통」(Contemporary Christian Communications)[3]에서 제임스 엔겔(James Engel)은 사람들이 복음에 대해 가지고 있는 지식과 수용성을 측정하는 저울을 소개한다. 이 저울은 다음의 자각 단계들을 의미한다.

8 초월자에 대한 인식 그러나 복음에 대한 지식은 없음

7 복음에 대한 초기 인식

6 복음의 기본에 대한 인식

5 복음의 의미를 파악

4 복음에 대한 긍정적인 태도

3 개인 문제 인식

2 행동 결정

1 결정 그리고 그리스도를 믿음

* 새로운 피조물

+1 결정 후 평가

+2 그리스도의 몸에 합류

+3 개념과 행동의 성숙

이 저울을 융통성 없이 사용해서는 안 되지만, 이것은 복음전도에 여러 가지 방식으로 도움이 될 수 있다.

첫째, 이 저울은 모든 사람들이 복음 지식에 관해 동일한 수준에 있지 않다는 사실을 이해할 수 있게 해 준다. 유년 시절부터 하나님의 말씀을 들을 수 있는 복음적인 환경에서 자란 사람들이 있다. 이러한 사람들은 복음에 대한 기초적인 지식을 가지고 있다. 성경에서 디모데가 이 그룹들을 대표한다. 바울은 "또 네가 어려서부터 성경을 알았나니 성경은 능히 너로 하여금 그리스도 예수 안에 있는 믿음으로 말미암아 구원에 이르는 지혜가 있게 하느니라"(딤후 3:15)고 말한다. 반면에 복음에 대해 전혀 알지 못하는 사람들이 있다. 아덴의 아리오바고에 있었던 헬라인들이 이 그룹의 대표이다. 그들은 천지를 지으신 창조자, 참되신 하나님을 알지 못했다(행 17:24). 또한 약간의 종교적인 지식은 있지만 복음을 이해하기 어려운 전통에서 살아온 사람들이 있다. 바울은 유대인들에게 그리스도의 십자가가 거침돌, 즉 복음에 대한 그들의 이해를 어렵게 하는 것이라고 말했다(고전 1:23). 심지어 예수께서 하나님으로부터 오신 것(요 3:2)을 확신한 니고데모도 예수의 메시지를 이해하는 데 어려움을 겪었다. 그는 "어떻게 그런 일이 가능합니까?" 라고 물었다. 그러므로 우리는 모든 사람들이 복음을 이해하는 수준이 동일하지 않다는 것을 인식해야 한다.

둘째, 이 저울은 그리스도를 영접하는 결정이 복음의 진리들을 점차적으로 이해하고 반응하는 여정의 결과라는 사실을 이해할 수 있도록 도와준다. 사마리아 여인이 그러한 경우이다(요 4장). 이 여인이 예수님을 어떻게 이해했는지 보자.

1. 유대인으로서: 당신은 유대인으로 어찌하여(사마리아인들을 싫어한 문화 그룹의 일원)
2. 존경 받는 사람으로서: 주여 물 길을 그릇도 없고(그 여인을 인격적으로 대함으로써 예수님은 그 여인의 존경을 얻었다)
3. 선지자로서: 내가 보니 선지자로소이다(그 여인이 자신에게 배움을 줄 수 있다고 생각한 종교인)
4. 메시야로서: 이는 그리스도가 아니냐?

엔겔의 저울과 사마리아 여인의 경험을 볼 때, 복음을 점차적으로 이해하며 여러 과정을 통해 구원에 이르게 되는 사람들이 있다는 사실을 이해할 수 있다.

셋째, 이 저울에는 사회 영역이 더 분명하게 강조될 필요가 있다. 복음에 대한 긍정적인 태도는 대부분의 경우 복음전도자에 대한 신뢰감과 연관된다. 일반적으로 사람들은 영적인 문제들에 관해서 자신들이 신뢰하지 않는 사람들의 말을 듣지 않는다. 이것은 개념적 영역(그들이 아는 것)과 사회적 영역(그들이 메신저를 믿는 신뢰)으로 나누어 생각해 볼 수 있다.

엥겔의 저울은 많은 경우에, 특히 복음에 대한 배경이 없거나 전도에 대해 부정적인 감정들을 가지고 있을 경우에 사회적 영역에 주의를 기울이는 것이 절대적으로 필요하다는 것을 보여 준다. 다시 말해서, 교회개척팀은 복음을 전하기 전에 사람들의 신뢰를 얻어야 한다. 이 저울이 결코 융통성 없이 사용되어서는 안 될 것을 다시 한번 강조하는 바이다. 이 저울은 우리가 존경과 신뢰를 받는 만큼 사람들이 복음을 향해 마음을 열게 된다는 사실을 알 수 있게 도와준다.

의사 결정의 유형 조사

구체적인 종교 조사의 두 번째 측면은 지역 사회 사람들의 의사 결정 유형을 고려하는 것이다. 그리스도를 영접하는 결정을 내리는 과정을 추적하는 다이어그램은 교회개척자들이 특정 지역 사회에서 어떤 전도방법이 더욱더 효과적인지를 결정하는 데 도움을 줄 수 있는 분석 도구가 되어준다. 「선교 커뮤니케이션론」(Communicating Christ Cross-culturally)에서 데이빗 헤슬그레이브(David Hesselgrave)는 그리스도를 영접하는 결정이 지각되는 방법들을 구분하고 있다. (1) 한 점으로써 또는 (2) 하나의 과정으로써.[4)]

헤슬그레이브는 어떤 사람들은 그리스도를 영접하는 결정을 한 점으로서의 결정으로 생각한다는 점을 보여 주고 있다. 그는 이러한 개념을 아래의 다이어그램으로 표현한다.

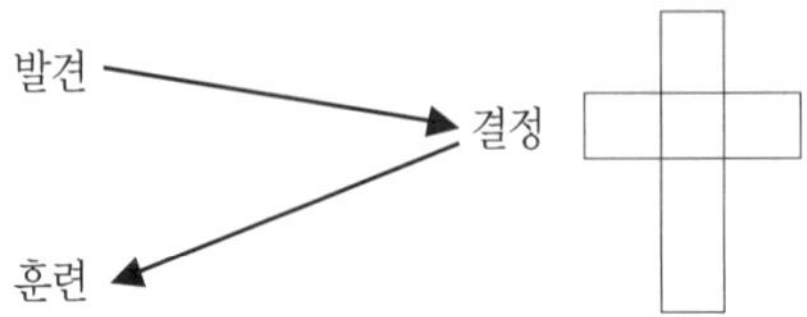

한 점으로 여겨지는 결정은 다음과 같은 세 단계들을 포함한다. (1) 발견, (2) 결정, (3) 훈련. 불신자였던 사람이 첫 번째 단계에서 복음의 진리를 발견한다. 나를 죄에서 구원하기 위해 그리스도께서 죽으셨다. 두 번째 단계에서 그리스도를 마음속으로 영접할 결정을 내린다. 세 번째 단계에서 교회의 일원이 되고 제자로서 그리스도를 따른다.

두 번째로 결정을 바라보는 시각은 과정으로서의 결정이다. 이 방식은 이미 언급된 단계들을 포함하지만 중간 단계들이 있다. (1) 발견, (2) 심사숙고, (3) 결정, (4) 불일치, (5) 훈련. 이 과정에서 피전도자는 그리스도가 자신을 위해서 죽으셨다는 사실을 발견한다. 이 발견이 있고 난 후에 심사숙고의 기간이 따른다. '단지 예수를 나의 구세주로 영접함으로 구원을 얻을 수 있다는 것이 사실일까? 그것과 다르게 말하는 가족들과 친구들의 종교 전통은 어떻게 할 것인가? 내가 그리스도를 영접하면 가족들과 친구들은 뭐라고 말할까?'

이 사람에게 계속적으로 복음을 제시할 경우, 그는 자신의 질문들에 대한 해답들을 찾을 것이고 또한 그리스도 안에서 영적인 가족들을 찾을 수 있다고 생각할 것이며, 이 경우 세 번째 단계인 결정으로 나아가게 될 가능성은 많이 있다. '나는 예수 그리스도를 나의 구세주로 영접할 것이다.' 그러나 이것은 과정의 끝이 아니다. 종종 불일치가 생겨난다. '내가 올바른 결정을 내렸는가?' 많은 경우 불일치는 친척들이나 친구 또는 이웃들의 압력에 의해서 생겨난다. 어떤 경우에 불일치는 이전의 종교 전통에서 들었던 것들과 지금 듣고 있는 것들 사이에서 오는 차이로 인해 생겨난다. 만일 이 불일치가 그 사람의 가슴과 머리에서 해결이 된다면, 그는 교회에 등록하고 그리스도인의 삶을 살면서 훈련의 단계로 나아간다. 반면에 이 불일치가 해결되지 않는다면, 많은 경우 그 사람은 교회 출석과 성경공부 모임에 참석하는 것을 그만둘 것이다. 이것은 때때로 어떤 사회문화적인 상황에서 신앙고백은 많이 있는데 세례가 거의 없는 이유를 설명해 준다.[5)]

헤슬그레이브에 의하면 과정으로써의 결정은 아래와 같은 다이어그램으로 표현할 수 있다.

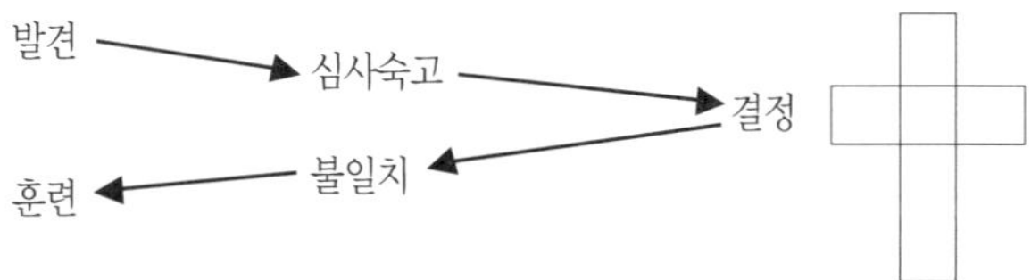

결정을 바라보는 두 가지 방식을 비교 분석해 보면, 우리는 첫 번째 방식, 즉 한 점으로써의 결정이 아마도 복음주의 가정에서 자란 많은 사람들의 경험을 묘사한다고 생각할 수 있다. 유년 시절부터 그들은 하나님의 말씀을 들었고, 그리스도가 자신들을 위해 죽었다고 이해하는 시점에 이르면, 그들은 그리스도를 구세주로 영접하는 결정을 내린다. 그들은 그리스도인들에 의해 둘러싸여 있기 때문에, 확신에 대한 가르침을 많이 받고, 심사숙고 및 불일치와 같은 연장된 기간을 경험하지 않는다.

그러나 복음주의적인 가정에서 자라지 않은 사람의 경우는 두 번째의 결정 방식, 즉 하나의 과정으로써의 결정 방식과 훨씬 더 유사하다. 이 구분은 교회개척팀이 사용하는 전도방법에 대해 중요한 부분들을 말해 준다.

교회개척 방법론과 관련해 이 두 가지의 분석 도구가 의미하는 것들은 무엇인가? 첫째, 만일 사람들의 복음 이해 수준이 다르다는 것을 인식할 경우, 우리는 각 사람의 사회 종교 상황에 우리의 방법론을 맞출 수 있어야 한다. 둘째, 이것은 어떤 사람들은 신뢰하는 사람이 복음을 말해 주지 않으면 복음을 듣지 않으려고 할 것이라는 사실을 의미한다. 즉, 많은 경우 복음이 전해질 수 있는 친분을 쌓아야 한다는 것이다. 셋째, 이것이 의미하는 바는, 복음에 대한 지식이 부족한 사람이나 다른 종교 전통을 경험한 사람들이 그리스도에게로 나아가는 여정은 심각한 심사숙고와 불일치의 기간을 포함할 것이라는 것이다. 따라서 복음을 전하는 자가 인내심을 가지고 질문들에 답해 주고, 피전도자가 의심과 두려움들을 정복할 수 있도록 도와주어야 한다는 것이다. 교회개척자에게 있어서 지역 사회의 유형과 복음에 대한 대상 그룹의 태도를 아는 것은 복음 제시를 위해 사용할 방법들을 선정하는 데 커다란 도움이 될 것이다.[6]

지역 사회에 있는 거부 반응과 수용성 조사

구체적인 종교 조사를 통해 지역 사회를 분석하는 데 있어서 가장 중요한 단계 중의 하나는 사람들이 왜 복음에 반응하는지 혹은 왜 거부하는지 그 이유를 파악하는 것이다. 티모시 테넨트(Timothy C. Tennent)는 복음을 거부하는 사람들을 네 부류로 나눈다.[7]

첫째, 문화적으로 거부 반응을 보이는 사람들이 있다. 이들은 변화를 거부하는 사람들이다. 복음이 진리라는 주장만으로는 이미 존재하고 있는 문화적인 편견을 뚫고 새로운 신앙이나 관습을 쉽게 받아들이게 할 수 없다. 비록 전도자들이 복음을 여러 가지 방식으로 표현을 하더라도 여전히 거부 반응을 보이는 것은 복음이 변화를 대표하기 때문이다.[8] 교회개척자는 복음의 본질을 변화시키지 않으면서 더 문화적으로 받아들여질 수 있는 형태를 찾아야 한다.

둘째, 신학적으로 거부하는 사람들이 있다. 몰몬교인들에서 이슬람교도들에 이르는 이 그룹들은 진짜인지 아니면 그렇게 인식되는 것인지, 참된 것인지 아니면 만들어낸 것인지에 상관없이 기독교 신학의 특정 부분들을 노골적으로 부인하는 가르침으로 인해 기독교 교리들을 거부하게 되어있다.[9] 교회개척자들은 그 지역 사회에 이런 범주에 속하는 사람들이 많을 경우 신학적인 발화점들을 극복하기 위한 분명한 수단들을 찾아야 한다.

셋째, 어떤 그룹들은 민족적으로 거부하는 사람들이다. 이 사람들은 특정한 종교와 연관하여 자신들의 국민 정체성을 확립한 사람들이다. 한 예는 아일랜드의 개신교인들 대 가톨릭교인들이다. 그러한 그룹의 정체성은 신학적인 것이 아니라, 민족적으로 신앙을 포함해서 상대방을 거부하는 것이다. 다른 예로, 태국 사람은 불교도와 동일한 것이고 불교를 떠나는 사람은 태국의 반역자라고 생각하는 태국 사람들일 것이다. 이런 경우 지역적인 기독교 표현이 명백히 중요하다.

넷째, 정치적으로 거부하는 사람들이 있다. 어떤 사람들이 복음을 거부하는 이유는 복음을 전하는 사람이 정치적 혹은 사회적인 경쟁자라고 생각하기 때문이다. 그러나 다른 경우도 있는데, 그것은 정치 지도자가 복음을 전하는 것을 허용하지 않기 때문에 복음을 들을 수 있는 기회가 없는 경우이다. 이런 경우 교회개척자들은 그 거부 반응의 본질을 이해하고, 장애물들을 극복할 수 있는 전략들을 고안하는 훈련을 받아야 한다.

어떤 경우든 거부 반응을 보이도록 프로그램화되어 있는 사람들에게 효과적으로 전도하는 길은 복음전파를 위해 문화적인 적합성을 이룩하는 것이다. 문화적인 적합성을 이루어 대상 그룹의 문화 속에서 성경을 효과적으로 전하기 위해 개척자들은 성경 본문과 더불어 지역 사회를 해석해야 한다.

결론

지역 사회 분석이 엄청난 노력을 포함하지만 이것은 그 지역 사회에서 교회를 개척하는 데 사용될 전략의 다양한 측면들과 관련이 있는 중요한 정보를 얻기 위함이다. 인구 통계 분석을 통해 교회개척자는 다음의 사항들을 파악할 수 있다. (1) 그 지역 사회에 사는 사람들은 어떤 특성을 지니고 있는지, (2) 그 지역 사회의 구성원은 어떤 인종, 문화, 그리고 세대 그룹들인지, (3) 그들의 교육 및 사회경제적 수준은 어떠한지, (4) 가족 구성이 어떠한지, (5) 어떤 유형의 주택에 살고 있는지, (6) 그 지역 사회에 어떤 경향들이 발전되고 있는지, (7) 앞으로 그 지역 사회의 구성이 어떻게 될 것인지 등이다.

사이코그래픽 분석은 지역 사회 사람들의 생활양식에 관련된 중요한 정보를 제공해 주고, 전도 대상자들의 프로필을 개발하는 것을 도와줄 것이다. 이러한 이해는 그 지역 사회에서 전도하는 데 필요한 전략을 구체화하는 데 도움이 된다. 일반 종교 조사와 구체적인 종교 조사는 지역 사회에서 발견되는 교회들의 수와 그들이 전도하고 있는 사람들의 대략적인 수, 교회들이 전도하고 있지 못하고 있는 특정 문화 및 세대 그룹들을 확인케 해 주는 대단한 가치를 가지고 있다.

구체적인 종교 조사는 사람들의 복음에 대한 인식도, 그들의 의사 결정 과정 그리고 메시지에 대한 거부 반응 및 수용성을 이해하는 데 도움을 줄 수 있다. 이러한 복음 인식도에 대한 분석을 통해 개척자들은 복음을 전하기 위해 어디에서부터 시작해야 되는지를 알 수 있다. 대상자들이 실제보다 더 많이 알고 있다고 가정하거나 실제보다 복음에 더 열려있다고 가정하는 것은 역효과를 낳는 결과를 가져올 수 있다.

의사 결정 과정을 조사함으로써 교회개척자는 전도와 제자훈련에 더욱 효과적인 전략들을 사용할 수 있다. 전도 대상자가 의사 결정 과정에서 겪게 되는 일들을 인식함으로써 교회개척자는 그리스도를 개인적인 구세주로 영접하는 결정을 내리는 사람들에 대해 좀 더 많은 동정심을 가질 수 있고, 그들을 더 효과적으로 인도할 수 있다. 마지막으로, 복음에 대한 거부 반응의 이유를 조사하는 것은 교회개척자가 전도의 장애물들을 극복하는 전략을 개발할 수 있게 해 준다.

지역 사회 지도자들과의 면담을 통해 그곳에 사는 사람들의 유형, 그들의 필요, 그들과 의사소통하는 가장 효과적인 방법, 그들과 관계를 맺으면서 범하기 쉬운 실수들에 대한 중요한 정보를 얻을 수 있다. 그 지역 사회에 사는 사람들에 대한 조사를 통해 사람들의 필요, 기호, 그리고 기대에 관한 구체적인 정보를 얻을 수 있다. 또한 이 조사는 새 교회의 사역에 기여할 수 있는 사람들을 찾는 데도 도움이 된다.

일반적으로 교회개척자들이 대상 지역 사회에 대해서 더 많이 알면 알

수록 더욱더 효과적인 전략들을 고안하고 실행할 수 있다. 대상 그룹을 확인하고 선정하는 과정에 투자하는 시간과 돈은 결코 헛된 것이 아니다. 교회개척에서 이 단계를 소홀히 하면 효과가 크게 떨어질 수 있다. 그러나 이러한 측면에 주의를 기울임으로써 성장하고, 효과적이며, 재생산하는 교회들을 개척할 수 있다.

주

1) Roland Allen, Missionary Methods: Saint Paul' s or Ours? (Grand Rapids, MI: Eerdmans, 1962).

2) Rick Warren, Purpose Driven Church, 170.

3) James F. Engel, Contemporary Christian Communications (New York: Thomas Nelson Publishers, 1979), 207.

4) David J. Hesselgrave, Communicating Christ Cross-culturally, 444-57.

5) C. Kirk Hadaway, Church Growth Principles (Nashville, TN: Broadman Press, 1991), 28-32.

6) For an excellent discussion on this issue see, Viggo Sogaard, Media In Church and Mission (Pasadena: William Carey, 1993).

7) Timothy C. Tennent, Training Missionaries to Resistant Peoples, paper presented at the joint meeting of EMS and ISFM, November 22, 1997, 1.

8) Ibid.

9) Ibid.

3부_ 지역 사회 개발

교회개척에 있어서 가장 중요한 단계 중의 하나는 새 교회개척을 도와줄 핵심 그룹을 구성하는 것이다. 이때쯤이면 교회개척팀이 이미 구성되어 있을 것이다. 그러나 다른 사람들이 개척팀에 합류하고, 그들의 비전에 동참하고, 새 교회의 시작과 개발에 참여하는 것은 필수적이다. 핵심 그룹을 쉽게 구할 수 있지만, 어떤 경우에는 핵심 그룹을 즉시 구성하지 못할 수도 있다. 그러므로 이미 형성된 핵심 그룹과 함께 일할 것을 준비하거나, 경우에 따라 새로운 핵심 그룹을 형성하기 위해 노력해야 할 것이다.

13장 핵심 그룹 개발

핵심 그룹은 새 교회의 핵이다. 팀 멤버들이 핵심 그룹의 일부분이지만 교회 전체의 핵심은 아니다. 팀 구성원들은 교회의 스태프 역할을 감당한다. 그러나 핵심 그룹은 교회의 주축이 되는 멤버들로 이루어져 있다. 교회개척자는 개척팀을 모집하고 난 후 핵심 그룹 형성에 주의를 기울여야 한다.

기존의 교회에서 핵심 그룹을 모집하라

핵심 그룹은 부모 모델과 동역 모델에서 이용할 수 있다. 부모 모델의 경우 후원 교회 내에는 새 교회를 시작하는 개척팀에 기꺼이 합류하려는 사람들이 있을 것이다. 동역 모델의 경우 동역하는 교회들은 교인들이 개척팀에 합류하기를 권할 것이다. 교회개척팀과 동역하지 않는 교회들이 핵심 그룹 형성을 위해서 교인들을 제공하려는 경우도 있을 수 있다.

기존 핵심 그룹의 활용에는 몇 가지의 이점들이 있다. 기존 핵심 그룹의 구성원들은 성숙한 그리스도인들일 것이고, 은사들과 능력들을 가진 사람들일 것이며, 지도자 위치에서 섬겨본 경험들이 있는 사람들이며, 재정적으로 새 교회의 예산에 도움이 되는 사람들일 것이다. 그러나 기존 핵심 그룹에는 몇 가지 단점들도 잠재한다. 첫째, 만일 핵심 그룹이 대상 그룹과 완전히 다르면서 적응하려고 하지 않을 때 지역 사회의 사람들은 새 교회에 호감을 가지지 않을 것이다. 둘째, 만일 핵심 그룹과 개척팀의 예배 스타일, 교회 정치, 제자훈련 방법론, 그리고 지도력 스타일이 맞지 않을 경우 곧 새 교회에 심각한 문제가 생겨날 것이다. 그러므로 교회개척팀과 기존 핵심 그룹이 기도와 교제 그리고 대화에 많은 시간을 보내어서 비전, 목표, 그리고 방법에 대해서 일치를 이루어야 할 것이다.

대상 지역 사회에서 핵심 그룹을 모집하라

어떤 지도자들은 방문전도가 더 이상 효과적이지 못하다고 결론 내렸다. 아마도 방문하려고 하다가 거절을 경험했기 때문일 것이다. 그러나 이러한 평가 때문에 방문전도 자체를 포기해야 하는 것은 아니다. 방문에는 여러 가지 유형들이 있다. 모르는 사람들 방문, 잘 아는 사람들 방문, 그리고 가족이나 친한 친구들을 대상으로 하는 방문들이 있다. 방문의 목적 또한 다르다 – 결신을 위한 방문, 사람들과 친분 관계를 유지함으로써 미래의 방문의 문을 열어 두기 위한 방문, 필요를 채워 주는 사역을 제공하기 위한 방문, 적당한 때에 복음을 전할 목적을 가지고 우정을 돈독히 하기 위한 방문. 지역 사회가 일반적으로 복음을 거부하면 첫 방문에 결신을 목표로 하는 복음전도 방법은 성공하지 못할 것이다. 오히려 그러한 접근법은 거부 반응을 더 심화시킬 것이다. 많은 경우 개발 방문은 상당히 생산적이다. 이러한 유형의 방문에서 교회개척자는 관계를 형성하는데 초점을 맞춘다. 이것은 일반적으로 동일한 사람들을 비공식적으로 여러 번 방문할 것을 요구한다. 처음의 대화는 아주 일상적일 수 있고, 그 대화를 통해 사람들을 잘 알려고 할 수 있을 것이다. 동시에 사람들이 교회개척자와 친해질 수 있도록 해야 한다. 교회개척자는 개인들의 수용성에 주목하고 더 많은 관심을 표하는 사람들에게 집중할 수 있다. 이러한 관계는 그들을 개발 행사와 궁극적으로는 교회 예배에 초청할 수 있는 문을 열어 줄 것이다.

개발 방문은 시간과 에너지의 양에 달려 있다. 개발 방문의 방법을 사용하는 개척자는 이미 안면이 있는 사람들을 방문하고 새로운 사람들을 사귀는 데 엄청난 양의 시간을 보내야 한다. 비록 시간은 많이 들지만 이 방법은 종종 효과적인 전도를 낳는다.

「친절의 모략」(Conspiracy of Kindness)[1]에서 스티브 쇼그린(Steve Sjogren)은 교회개척자가 기존의 관계들을 통해 길을 여는 방식으로 다른 사람들에게 연락하고 사역할 수 있는 다양한 방법들을 제시하고 있다. 그가 기술하는 활동들 중에는 어버이날 카네이션을 달아주는 것, 일요일 아침 신문과 커피를 제공하는 것, 몸져누운 병자들에게 음식을 배달하는 것, 혈압 검사를 실시하는 것, 생일 파티를 기획하는 것, 화재경보기에 사용되는 건전지를 제공하는 것, 부활절 선물을 나누어 주는 것, 그리고 집을 청소해 주는 것 등이 있다.[2] 사람들에게 하나님을 전하기 위해서 이러한 것들을 포함한 다양한 방법들을 사용해 쇼그린은 주일 출석 2천 명 이상의 교회를 시작했을 뿐만 아니라, 20 여 개의 다른 교회들을 개척했다.

이러한 혁신적인 방법들의 사용은 세상에 복음을 들려 주어야 할 뿐만 아니라 또한 보여 주어야 한다는 신념에서 생겨난다. 우리는 방문을 통해 구원의 메시지를 전할 수 있는 문을 열게 된다. 연구 결과에 의하면 개인적인 연락을 취할 경우 굉장히 높은 반응과 유지율을 보여 준다. 셸러는 선교-개발가로서 목사가 20분에서 60분 정도의 방문을 통해 사람들을 직접 초대한다면 첫 예배에 출석하는 사람들의 대부분은 창립 멤버들이 될 것이다[3]라고 설명한다.

결론

핵심 그룹 구성원들을 기존 교회에서 모집하든지 대상 지역 사회에서 모집하든지, 핵심 그룹은 새 교회의 삶과 사역에 중요한 위치를 차지한다. 이 핵심 그룹을 찾고 훈련시키는 것은 노력을 요하며, 이에 투자되는 어떤 노력과 훈련도 헛된 것이 아니다. 핵심 그룹을 찾고 인도하는 것이 새 교회의 토대가 되기 때문이다. 어떤 방법으로 핵심 그룹 구성원들을 모집하든지 간에 한 가지 중요한 요소가 있다. 핵심 그룹은 초기부터 새 교회에 대한 소유 의식이나 태도들을 피하도록 훈련을 받아야 한다. 핵심 그룹은 특별한 위치를 고집하며 교회에 영향을 미치는 것으로 알려져 왔다. 교회가 개척되고 성장한 후에도 어떤 핵심 그룹 멤버들은 대부분의 결정에 영향력을 행사하려고 할 수 있다. 핵심 그룹은 새 교회가 주님께 속하고, 핵심 그룹 멤버들은 그 교회의 교인일 뿐이지 운영자가 아니라는 사실을 이해해야 한다.

주

1) Steve Sjogren, Conspiracy of Kindness (Ann Arbor: Servant Publications, 1993).

2) Ibid., 215-226.

3) Lyle E. Schaller, 44 Questions for Church Planters (Nashville: Abingdon Press, 1991), 86.

14장 의사소통 방법 개발

후원 교회에서 핵심 그룹을 모집하지 못할 경우 교회개척팀은 대상 지역 사회에서 핵심 그룹을 모아야 한다. 때때로 지역 사회의 초기 조사에서 개척팀은 불신자들 중에서 기꺼이 핵심 그룹의 일부가 되기를 원하는 사람들을 찾을 수 있다. 그러나 불신자들과 의사소통하고 그들에게 전도하는 것에 목적을 둔 방법들을 사용해야 한다.

사람들은 의사 전달 방법에 다르게 반응한다. 교회개척팀은 전도 대상자들에게 가장 효과적인 의사 전달법을 파악해야 한다. 물론 대상 그룹에 관한 인구 통계 조사와 사이코그래픽 정보가 이러한 조사에 도움이 된다. 그러나 지역 사회에 있는 불신자들을 알아가며, 그들에게 전도와 제자훈련에 참여시키는 또 다른 단계들을 밟을 필요가 있다.

생산적인 의사소통을 위해 우정전도, 개발 방문, 전화를 통한 홍보, 우편물을 통한 홍보, 그리고 홍보 행사 등의 방법을 활용할 수 있다. 각각의 경우 교회개척팀이 대상 지역 사회에 있는 사람들에게 의사를 전달하고 전도하기 위해 어떤 방법들을 사용할 것인지를 아는 것은 필수적이다.

적절한 의사소통 방법을 선정하라

앞에서 언급한 것처럼 사람들은 의사소통 방법에 따라 다르게 반응한다. 따라서 전도 대상자들에게 가장 적합한 의사 전달법을 찾는 것은 매우 중요하다. 교회개척자는 지역 사회의 유형과 그 지역 사회에서 흔히 사용되는 의사소통 방법에 기초하여 가장 적합한 의사 전달법을 선정해야 한다.

지역 사회들의 유형

교회개척자들에게 가장 큰 부담이 되는 일은 사람들과 접촉하여, 그들이 그리스도인과 새 교회의 교인들이 되게 하는 활동에 참여하게 하는 것일 수 있다. 교회개척 희망자들이 때때로 거절, 무관심, 그리고 형편없는 결과들에 대한 끔직한 이야기들을 듣기 때문이다. 그러나 많은 경우 문제는 복음 자체에 대한 거부 반응이 아니라, 전도자들이 사용한 방법이었을 수도 있다. 예를 들어, 어떤 주택 단지는 외부인들이 자유롭게 출입하지 못하도록 되어있다. 공동 출입구를 사용하는 콘도미니엄, 아파트, 그리고 연립 주택과 같은 경우가 그렇다. 어떤 주택들은 출입문은 없지만 주민들과의 접촉을 제한하는 규정이 있는 경우도 있다. 이런 지역 사회에서는 가가호호 방문이 불가능하다. 교회개척자들과 같은 외부인들과 의사소통하는 것은 출입문이나 규정과 같은 물리적인 장애물들로 인해 제한을 받는다.

거주지의 물리적인 구조와 함께 사회적 특성으로 인해 거주민들과 의사소통이 제한을 받을 수 있으므로, 교회개척자가 사용할 접근 방법을 결정할 때 이런 사회적 특성을 고려해야 한다. 사회사업가들의 연구에 의하면, 지역 사회들은 의사소통 방법에 따라 다르게 반응한다.[1)]

의사소통에 관해 살펴보기 위해 지역 사회들을 다음과 같은 범주로 분류한다.

1. 통합 지역 사회(Integral) – 통합 지역 사회는 개인들이 근접한 관계에 있고 많은 관심사들을 공유하는 지역 사회뿐만 아니라 국제사회까지 포함한다. 통합 지역 사회의 구성원들은 전체 지역 사회의 활동에 참여한다. 이 지역 사회의 이웃들은 자아정체감을 가지고 있고, 상당한 상호 작용을 경험하고 있으며, 지역 사회 밖에도 연결점들을 가지고 있다.[2)]
2. 지방 지역 사회(Parochial) – 지방 지역 사회는 동질의 성격이나 민족 정체성을 가지고 있다. 이 사회는 자기 충족적이며, 주변 지역 사회들로부터 독립적이다. 이러한 유형의 지역 사회는 여러 가지 방법을 통해 자체의 규범과 일치하지 않는 것을 가려낸다. 지역의 이웃은 정체성을 가지고 상호 작용하지만, 외부 사회와 연결점은 가지고 있지 않다.
3. 분산 지역 사회(Diffused) – 분산 지역 사회는 새 분양지부터 도심 주택 단지에 이르는 곳으로 동질의 환경을 갖고 있는 이웃이다. 구성원들은 서로 많은 공통점들을 가지고 있지만 내적 생활에 있어서는 활동적이지 않다. 이 지역 사회는 주변 지역 사회와 연결되어져 있지 않고, 지역의 이웃들과도 특별한 관계를 맺지 않는다. 이 지역 사

회의 이웃은 정체성은 갖고 있지만 상호 작용이나 연결점들은 없다.

4. 전이 지역 사회(Transitory) – 전이 지역 사회는 인구 변화가 계속해서 일어나고 있고 '오래 산 사람들' 과 '새로 이사 온 사람들' 등과 같은 군소 집단들로 나뉘어 질 수 있다. 집단적인 행동이나 조직은 생겨나지 않는다. 이 지역 사회의 이웃은 약간의 연결점들은 가지고 있을 수 있으나, 그들 나름의 정체성도 없고 상호 관계도 없다.
5. 무지역 사회(Anomic) – 무지역 사회는 실제적으로 이웃이 없음을 가리킨다. 이 지역 사회는 극도로 세분화되어 있다. 서로 간의 결합도 없고 사람들 사이에는 커다란 사회적 거리감이 있다. 외부로부터 영향에 대해 지역 사회를 보호할 어떤 방어벽도 가지고 있지 않다. 또한 내부적인 공동 행동을 위해 사람들을 동원할 수 있는 능력이 결여되어 있다. 이러한 유형의 이웃에는 정체성, 상호 작용, 그리고 연결점들이 없다.

대상 지역 사회와 의사소통하기 위한 첫 번째 단계는 사람들과의 접촉을 가능하게 하거나 불가능하게 만드는, 혹은 개방적이거나 폐쇄적으로 만드는, 그 지역 사회의 물리적 또는 사회적 특성을 파악하는 것이다. 효과적인 의사 전달을 위해 그 지역 사회에 맞는 의사소통의 방법을 선정해야 하므로, 교회개척자가 그 지역 사회의 유형을 완전히 이해하기 전에는 적합한 방법을 선정할 수 없다.

지역 사회 의사소통

위와 같은 유형들의 지역 사회를 염두에 두고, 두 가지 관점에서 의사소통의 방법들을 살펴보도록 한다. (1) 정보 수집, (2) 개척되는 새 교회에 관한 정보 전달. 정보 수집은 그 지역 사회에 관한 정보를 확보하는 것이며, 정보 전달은 사람들에게 교회에 관한 소식을 전하는 것을 말한다.

지역 사회에 대한 정보를 수집하는 것과 관련해서 교회개척자는 지역 사회 주민들로부터 필요한 정보를 얻는 가장 효과적인 방법이 무엇인지 알아야 한다. 구성원들에 관한 정보가 없이 지역 사회가 필요로 하는 유형의 교회를 결정할 수 없기 때문이다. 특정 지역 사회의 정보 수집에 가장 적합한 의사소통 방법이 무엇인지를 결정하는 데 유용한 제안들을 소개하면 다음과 같다.

정보 수집 방법

교회개척자는 정보 수집을 위해 네 가지의 기본적인 방법 중의 하나를 사용할 수 있다. 첫 번째, '가가호호' 방법은 단순히 각 가정을 방문하고 주민들과 대화를 나누는 것이다. 두 번째, '매스 미디어' 를 통한 방법은 라디오, 텔레비전, 신문, 우편 등등을 통해 정보를 얻는 것이다. 세 번째, '주요 지역 인사들' 이라고 알려진 방법은 그 지역 사회의 지도자들인 사람들을 면담하는 것이다. 네 번째 방법인 '무작위 샘플' 은 지역 사회에 대한 일반적인 생각을 얻기 위해 소수 사람들을 선정하여 대화를 나누는 것이다. 아래의 차트는 다섯 가지 유형의 지역 사회에 효과적인 정보 수집 방법을 보여 준다. "*"는 그 방법이 그 지역 사회에서 효과적임을 의미하며, "N"은 그 행동이 그 지역 사회에서 비효과적임을 뜻한다. "+"는 그 방법이 다소 효과적이거나 효과적일 수 있음을 의미한다.

	가가호호	매스 미디어	주요 지역 인사들	무작위 샘플
통합 지역 사회	N	+	*	N
지방 지역 사회	*	+	+	N
분산 지역 사회	*	+	N	N
전이 지역 사회	*	+	N	+
무지역 사회	*	N	N	+

이 차트의 목적은 교회개척자에게 지역 사회에 따라 적절한 의사소통 방법이 사용되어져야 한다는 사실에 주의를 기울이도록 하기 위한 것이다. 이 차트는 지역 사회 구성원들의 반응에 대한 예상을 표시한 것이므로 주어진 지역 사회에서 다양한 방법을 시도해 보는 것이 바람직하다.

그러나 일반적으로 '통합 지역 사회' 에 관한 정보를 수집하는 데 있어 가장 효과적인 방법 중의 하나는 '주요 지역 인사들' 을 접촉하는 것이다. 정보를 확보한 후에는 우편이나 전화 등과 같은 매스 미디어를 통해 개척되고 있는 교회를 그 지역 사회에 알릴 수 있다. 통합 지역 사회에서는 주요 지역 인사들을 통해서 쉽게 정보를 얻을 수 있기 때문에, 가가호호 방식과 무작위 샘플 방식도 사용될 수는 있지만 가장 효과적인 방법들이 될 수는 없을 것이다.

사회문화적 그룹의 필요에 초점을 맞추는 가가호호 조사는 지방 지역 사회에서 유익하다. 매스 미디어는 지역 사회의 특정한 필요들을 채워 주는 것에 초점을 맞출 경우 도움이 될 수 있다. 또한 이웃을 잘 알고 이해하는 주요 지역 인사들을 찾아보는 것도 값진 정보를 얻을 수 있는 좋은 방법이다.

분산 지역 사회의 구성원들은 이웃과 관계 맺는 것을 중요시하지 않기 때문에 정보 수집을 위한 방법으로 '가가호호' 와 '매스 미디어' 가 효과적이다. 전이 지역 사회에서는 변화가 급속히 일어나므로 그 지역 사회에 관해 충분히 알고 있는 주요 지역 인사들을 찾는 것이 어렵다. 이러한 유형의 지역 사회에서는 가가호호, 매스 미디어, 그리고 무작위 샘플이 도움이 될 것이다.

무지역 사회에 존재하고 있는 커다란 이질성은 오직 가가호호와 무작위 샘플만이 그 지역 사회에 관한 정보를 제공해 줄 것이라는 것을 의미하는지도 모른다. 중요한 것은 교회개척자가 지역 사회에 관한 정보를 확보하기 이전에 반드시 그 지역 사회의 본질을 이해해야 한다는 것이다.

지역 사회에 관한 정보를 입수한 후에는 그 지역 사회를 대상으로 의사를 전달하는 데 가장 효과적인 방법이 무엇인지에 주의를 기울여야 한다.

정보 전달

정보 수집도 필요하지만 새 교회에 관한 정보를 지역 사회에 효과적으로 전달하는 것도 매우 중요하다. 지역 사회에 관한 정보 수집 방법을 그 지역 사회의 유형에 맞추어야 했던 것처럼, 정보 전달 방법 역시 그 지역 사회의 유형에 적합해야 한다. 전이 지역 사회 혹은 무지역 사회에서는 가가호호 방법이 가장 효과적일 수 있다. 다른 유형의 지역 사회에서는 매스 미디어 접근법이 가장 가능성 있는 방법일 수 있다.

교회개척자들은 지역 사회 유형과 그 유형에 가장 적합한 의사전달 방법을 스스로 개발해야 한다. 앞의 차트와 동일한 성격을 가진 아래의 차트는 다양한 유형의 지역 사회에 적합한 의사전달 전략들을 제시해 준다.

지역 사회 내에서의 의사소통 방법

	신문	가가호호	매스 미디어	주요 지역 인사들
통합 지역 사회	+	N	+	*
지방 지역 사회	+	*	+	+
분산 지역 사회	N	*	+	N
전이 지역 사회	N	*	+	N
무지역 사회	N	*	N	N

이 자료는 교회개척자가 대상 지역 사회의 유형을 파악하고 거기에 적합한 의사소통 전략을 개발해야 한다는 원리를 보여 준다. 앞에서 주어진 정보는 단지 예에 불과하다. 각 개척자는 지역 사회에 대한 정보를 입수해야 하고, 그 지역 사회의 사람들과 의사소통하는 데 가장 효과적인 방법을 찾아야 한다.

적합한 미디어를 사용하라

지역 사회에 따라 효과적인 의사소통 방법이 달라진다. 어떤 지역 사회에서는 미디어가 다른 수단보다 더 유용하다. 지역 사회의 유형에 적절하게 맞춘 미디어를 사용하기만 한다면, 그것은 지역 사회에서 전도하는 데 매우 효과적인 도구가 될 수 있다.

수많은 유형의 미디어가 오늘날 사람들에게 전도하고 새 교회를 개척하는 데 효과적인 것으로 입증되고 있다. 이러한 미디어 중에는 전화, 편지, 라디오, 텔레비전, 소책자, 녹음테이프, 영화, 비디오, 그리고 컴퓨터 등이 있다.

전화

어떤 도시에서는 전화가 새 교회의 회원이 될 가능성 있는 교인들을 찾는 데 매우 효과적인 방법으로 사용되고 있다. 영화, 연극, 유명 인사가 인도하는 재정관리 세미나, 특별한 축제와 음악 프로그램 등과 같은 행사에 사람들을 초대하는 데 전화를 사용할 수 있다. 불신자들에게 전도하고 교회에 출석하지 않는 사람들의 관심을 끌기 위해 호텔의 회의실을 빌려 행사를 가질 수 있다. 이와 같은 행사들을 통해 신자들과 개인적인 친분을 맺은 불신자들은 가정이나 교회 건물에서 열리는 성경공부와 같은 모임에 초청되었을 때 훨씬 더 쉽게 그 초청을 받아들인다.

교회개척을 대중에게 알리는 단계에서 전화 사용이 매우 효과적이었다.[3] 놈 환(Norm Whan)의 「당신을 위한 전화」(The Phone's for You)가 여러 나라에서 2,500개가 넘는 교회들을 개척하는 데 사용되어져 왔다.[4] 그에 따르면, 전화를 통해 지역 사회에 새로운 교회가 개척된다는 것을 간략하게 설명하고, 그것과 관련된 정보가 담겨있는 소책자를 받기 원하는지를 묻는 것이다. 긍정적인 반응을 보이는 사람들은 우편을 통해 정보를 받게 되고, 전화를 통해 새 교회의 창립 예배일이 언제인지를 알게 된다.

전화를 효과적으로 사용하기 위해 적어도 10가지 원리들을 염두에 두어야 한다. (1) 상당히 많은 양의 전화 통화를 해야 한다. (2) 적절한 용어를 사용해야 한다. (3) 사람들에게 모임 날짜를 재확인시켜 주어야 한다. (4) 첫 모임의 계획을 세심하게 수립해야 한다. (5) 두 번째 모임은 창의적이어야 한다. (6) 사전에 사후 전략을 고안해야 한다. (7) 목사와 교회개척팀은 이 접근법에 대해서 긍정적이며 열정적이어야 한다. (8) 긍정적 반응을 보이는 사람들에게 사역하기 위한 더 큰 사역팀을 구성해야 한다.

(9) 그 팀은 방문, 우편, 개인적인 전화 통화 등 추가적인 방법들을 사용해야 한다. (10)기도로 이 일을 추진해 나가야 한다.

첫 번째 원리는 많은 전화 통화를 요구한다. 어떤 교회개척팀은 2만 번의 전화 통화를 했다는 기록이 있다. 불가능한 것처럼 들리지만, 그 일을 4주로 나누게 되면 일주일에 5천 통화를 의미한다. 즉, 월요일부터 금요일까지 하루에 1천 통화를 해야 된다는 것이다. 만일 1천 통화를 10명이 나누게 되면 한 사람이 하루에 100통화를 해야 된다. 20명이면 각자 50통화만 하면 되고, 그것은 하루에 2시간도 채 걸리지 않는다. 다시 말해서, 비록 불가능하게 보이는 일이지만, 많은 사람들이 분담하면 한 달 내에 수천 통의 전화 통화가 가능하다.

두 번째 원리는 전화상으로 이야기하는 방법이 굉장히 중요하다는 것이다. 대화는 간략하면서 정중해야 한다. 전화 통화를 하는 사람은 자신이 누구인지를 밝혀야 한다. 또한 전화 받는 사람이 그룹에 대해 알 기회도 갖기 전에 질색하는 그런 그룹명을 사용하지 않도록 해야 한다.

자신이 누구인지 밝히고 난 후, 사람들을 계획된 활동에 초대한다. 관심을 표하는 사람들에게 무료 티켓, 초대장, 또는 모임에 관한 정보가 담겨있는 편지를 받기 원하는지를 묻는다. 만일 사람들이 이러한 정보를 받기 원할 경우, 이름과 주소를 확인할 수 있는 시간을 갖는다. 많은 경우 이름과 주소가 전화번호부에 기록되어 있지만 다시 한번 확인하는 것이 좋다.

세 번째 원리는 정보를 받기 원한다고 말한 사람들에게 모임에 관한 편지나 전화를 돌리는 것이 중요하다는 사실이다. 전화를 받는 사람들의 10%가 모임에 관한 정보를 원한다면, 이것은 2만 명에게 전화를 할 경우

2천 명이 정보를 원한다는 뜻이다. 일반적으로 2천 명 중 10% 즉, 약 200명 정도가 첫 모임에 참석할 것으로 추정한다. 이것은 교회개척자가 전도 대상자로 여길 수 있는 사람이 1800명이 된다는 말이고, 그들을 다른 모임으로 초대하는 등 사후 조치를 취할 수 있음을 의미한다.

네 번째 원리는 첫 번째 모임을 잘 계획해야 한다는 것이다. 이것은 사람들이 와서 긍정적인 경험을 할 수 있도록 모든 방법을 다 동원하는 것을 의미한다. 계획하는 모든 것은 방문자들을 염두에 두고 이루어져야 한다. 이것은 장소 준비와 프로그램 그리고 방문객을 맞이하는 것 등에 모두 적용이 된다. 미래의 모임들에 대한 계획도 미리 세워져 있어서 첫 모임에 참석한 사람들에게 다음 모임들에 관한 정보를 나누어줄 수 있도록 해야 한다.

다섯 번째 원리는 두 번째 모임이 창의적으로 계획되어야 한다는 것이다. 첫 예배에 나온 사람들은 전화 홍보를 통해 나온 것이다. 그렇다면 그들이 다시 올 것인가? 두 번째 예배에 참석하는 사람들의 수는 상당히 감소된다는 것이 일반적인 기대이다. 때로는 50%까지 감소되기도 한다. 다시 돌아오지 않을 사람들은 예배가 자신들이 생각한 것과 다르기 때문일 수 있다. 교회개척자가 이러한 것들을 다 통제할 수는 없지만 사람들이 두 번째 예배에 관심을 갖도록 할 수는 있다.

셸러는 두 번째 예배를 성공적으로 드릴 수 있는 탁월한 방법을 제안한다. (1) 둘째 주를 위해 수많은 전화 통화를 하라. (2) 두 번째 예배를 위해 전국적으로 알려진 목회자를 설교자로 초대하라. (3) 첫 번째 예배에 참석한 모든 개인과 가정들에게 전화하라. (4) 부활절에 많은 사람들이 교회로 향한다는 가정 하에 첫 번째 주일이 종려주일이 되도록 계획하라.

(5) 둘째 주와 이어지는 주에 사람들이 적게 올 것에 대해 심리적으로 준비하고, 낮은 출석률이 미치게 될 부정적인 영향에 대해 창의적, 긍정적으로 대처하라. (6) 다시 나오기 원하는 사람들을 잘 활용할 뿐만 아니라, 또 다른 첫 방문자들을 끌어들일 수 있도록 주일 오전 프로그램을 철저히 만들고, 그 프로그램을 위해 일할 수 있는 자원 봉사자들을 찾고 모집하고 훈련시켜라. (7) 첫 주일 이전에 스태프 멤버나 훈련된 자원 봉사자들이 모든 잠정적 방문자들을 방문하게 하여, 그들이 교회를 처음 방문하더라도 이전에 만난 사람들이 있어 개인적인 인사를 나눌 수 있도록 하라.[5)]

여섯 번째 원리는 효과적인 사후 전략을 개발하는 것이다. 사후 전략을 개발하기 위해서 교회개척자는 전화 통화를 통해 어떤 사람들이 반응을 보일 것인지 예상하고, 그들을 도울 사역팀을 미리 만들어야 한다. 새 교회는 거짓 광고를 피해야 한다. 교회가 의도적으로 거짓 광고를 하지는 않지만, 만일 훌륭하게 계획된 사후 프로그램이 없다면 그것은 교회가 지킬 수 있는 것보다 더 많은 것을 약속했다는 인상을 줄 수 있다.

셸러에 의하면 반응을 보일 사람들 중에는 다음과 같은 사람들이 있다. (1) 신앙생활 중도 하차 자나 교회 활동을 하지 않고 있는 사람들은 친절한 전화 통화를 통해 교회로 다시 돌아오라는 권유를 받아들인다. (2) 포용과 위로와 사랑을 찾는 외로운 사람들. (3) 새로운 도전에 이끌리는 모험심이 있는 사람들. (4) 정착할 교회를 찾지 못한 새로운 주민들. (5) 심리적인 문제들을 갖고 있거나 일대일 상담을 원하는 사람들. (6) 생활양식, 인종, 육체적인 장애, 또는 신념 체계로 인해 다른 교회에 의해 거부당했다고 생각하는 사람들. (7) 자신들의 교회에 만족하지 못하는 교인들. (8) 종교를 찾는 여정 가운데 이 새 교회가 종착지가 될 수 있을 것이

라는 가능성에 이끌리는 사람들.[6)]

전화와 같은 비개인적인 방법에 반응을 보이는 사람들은 일반적으로 깊은 필요 의식을 경험하고 있는 사람들이라고 가정하는 것이 합리적이다. 그런 사람들이 계속해서 새 교회와 관계를 유지하기를 원한다면 그들을 위한 사역이 제공되어야 한다. 이것은 많은 창의성과 융통성을 요구한다. 예를 들어, 후원 그룹들은 가정 성경공부 그룹들만큼이나 중요할 수 있다. 새로운 사람들도 처음의 핵심 그룹과 마찬가지로 새 교회의 비전과 사역에 대한 지도를 받아야 한다는 것이다. 이렇게 하지 못할 경우 교회의 미래에 많은 문제가 생겨날 수 있다.

일곱 번째 원리는 목사와 교회개척팀이 전화 통화의 방법에 대해 긍정적이며 열정적이어야 한다는 것이다. 이것은 성공을 위해 꼭 필요하지만 쉽지는 않다. 그들은 많은 사람들을 모집, 훈련, 격려, 그리고 지도해야 한다. 어떤 사람들은 중요한 몇몇 단계들을 뛰어넘고 싶은 유혹을 받을 수도 있다. 사람들에게 동기를 부여하고 그들이 계속해서 일할 수 있도록 하기 위해서는 목사와 교회개척팀의 열정이 반드시 필요하다.

여덟 번째 원리는 새 교회에 출석하는 사람들을 대상으로 사역하기에 충분한 사역팀이 필요하다는 것이다. 목사는 다양한 사역들을 위해서 많은 자원 봉사자들을 모집해야 한다.

아홉 번째 원리는 추가적인 방법들을 반드시 사용해야 한다는 것이다. 최초의 전화 통화가 불신자들의 관심을 끌 수 있다. 그러나 그들의 관심을 계속해서 유지하기 위해서는 편지를 보내고, 방문하고, 소책자를 전달하고, 정보를 제공함으로써 계속해서 그들과 연락하는 수단들을 개발해야 한다. 단 하나의 미디어 도구를 이용해 이 일을 성취할 수는 없다. 그러므로 이러한 도구들을 주의 깊게 혼합하여 사용해야 할 것이다.

열 번째 원리는 기도를 통해서 사역을 해나가야 한다는 것이다. 전화 통화는 사람들의 사생활을 침해하는 것이기 때문에 어떤 사람들은 화를 내거나, 무례하거나, 욕을 하거나, 아니면 불친절한 반응을 보일 수 있다. 전화를 거는 사람들이 낙심하지 않고 이러한 반응들을 참아내는 것은 쉽지가 않을 것이다. 불신자에게 전도한다는 것은 영적 전투를 포함한다는 사실을 반드시 인식해야 한다. 이 방법을 통해 많은 사람들에게 전도할 수 있도록 전화를 거는 사람들과 전화를 받는 사람들을 위해 뜨겁게 기도할 중보기도팀을 일으키는 것이 중요하다.

마찬가지로 효과적인 전화사역을 위해 다양한 변형들을 개발할 필요가 있다. 이러한 변형들은 전화를 거는 시간대, 전화 상으로 말하는 방법, 계획된 활동들의 유형, 사람들에게 모임에 관해 알려주는 우편물 등 다양한 전략을 포함한다. 여기서 기억해야 할 것은 교회개척팀이 이러한 방법들을 통해 영적으로 굶주리고 있는 수많은 사람들과 접촉하게 된다는 사실이다.

편지

경우에 따라 전화 통화와 유사한 방식으로 편지를 사용할 수 있다. 릭 워렌과 핵심 그룹은 1만 5천 통의 편지를 대상 지역 사회에 발송했고 부활절 주일에 205명이 예배에 참석했다.[7] 이렇게 하여 공식적인 사역이 시작되었다. 기독교 연합회(C&MA)는 1987년 부활 주일에 편지 광고를 통해 101개 교회를 개척했다.[8] 많은 사람들이 교회개척과 관련해 편지를 사용해 왔다.

다음과 같은 원리들을 고려함으로써 편지 보내기를 더욱 효과적으로 사용할 수 있다.

첫째, 지역 사회의 필요에 대한 조사가 선행되어야 하며, 계획된 활동들은 이러한 필요를 반영해야 한다. 예를 들어, 조사를 통해 지역 사회의 사람들이 가족들의 복지에 대해 크게 염려하고 있다는 것이 나타나게 되면, 그들은 이러한 필요를 다루는 영화나 세미나에 관심을 가지게 될 것이다.

둘째, 전화 조사에 관해 언급한 것들이 이 방법에도 적용이 된다. 많은 사람들이 긍정적인 반응을 보이도록 하기 위해서는 상당히 많은 수의 편지가 필요하다. 미국 기독교 연합회는 하나의 교회를 개척하는 데 3만 장의 편지가 필요할 것으로 판단하고, 편지를 우송하는 데 사용할 우표 예산을 책정했다. 이렇게 많은 편지를 발송하기 위해서는 주소를 기입할 자원 봉사자들이 많이 필요하다.

셋째, 편지를 쓸 때는 쉬운 어휘를 사용하여 사람들의 흥미를 끌 수 있는 내용을 써야 한다.

넷째, 사람들을 다양한 활동에 초대하는 편지들을 보낸다. 예를 들어, 크리스마스와 부활절 연극과 같은 특별한 행사에 초청하는 편지, 특별 후원 그룹에 동참하라는 초대장, 특별 세미나 안내장, 교회나 지역 사회의 사역들과 관련된 특별 위원회에 동참하라는 초대장 등이 있다. 이런 것들은 교회의 창립 예배에 초대하는 편지의 서론이라고 할 수 있다.

다섯째, 방문객에게 좋은 인상을 심어주기 위해 행사들을 위한 준비를 철저히 해야 한다.

여섯째, 모든 매스 미디어와 마찬가지로 사람들의 관심을 사로잡고 그들의 신뢰를 얻기 위해 정기적으로 편지를 보내야 한다. 반복이 좋은 결과들을 가져올 수 있다.

편지 보내기를 사용하면 무례한 사람들을 상대하지 않아도 된다. 따라서 이것은 덜 위협적인 방법이라고 볼 수 있다. 특히 많은 사람들이 전화번호부에 등록되어 있지 않은 지역일 경우 이 방법은 더욱 효과적이다. 편지 보내기를 통해 얻어진 결과는 전화 조사를 통해 얻어진 결과와 유사하다. 편지 보내기 방법을 계획할 경우 문화적, 사회경제적, 그리고 종교적 요인들을 고려해야 한다.

라디오 광고

교회개척자들은 전화 그리고 편지와 더불어 다양한 대중 매체를 사용하여 전도 대상자들을 접촉할 수 있다. 이러한 대중 매체 중의 하나는 성경공부와 여러 활동들에 관해 짧은 광고를 내보낼 수 있는 라디오 방송이다. 라디오의 사용에는 몇 가지의 장점이 있다. 라디오는 일반적으로 대부분의 지역 사회에 보급되어 있으며, 사람들은 다양한 상황 속에서 라디오를 들을 수 있다. 그것은 상대적으로 덜 비싸며, 특히 짧은 광고용으로 사용할 때는 더욱 저렴하다. 라디오 광고는 공신력이 있고, 특히 광고가 잘 구성되어 있을 경우는 더 큰 공신력을 얻는다.

라디오 사용의 또 다른 장점은 그것이 특정 청취자들을 목표로 할 수 있다는 점이다. 예를 들어, '추억의 명곡들' 을 들려주는 것에 집중하는 라디오 방송국이나 프로그램은 젊은 사람들보다는 성인들에게 초점을 맞추고 있다. 대부분 록뮤직을 틀어주는 방송국들은 그 반대일 것이다. 라디오 방송국이나 프로그램의 목표 청취자들을 아는 것은 어떤 방송국을 사용할지를 결정하는 데 도움이 된다.

라디오의 사용과 관련된 문제점들이 있는데, 교회개척자들은 이것들을 염두에 두고 극복해 나가야 할 것이다. 첫째, 라디오는 비개인적이므로 사후 조치를 취할 수 있어야 한다. 교회개척팀은 사람들에게 기도 부탁을 위해 전화를 하거나 편지를 쓰게 함으로써 이런 사후 조치를 취할 수 있다. 또한 라디오 광고를 통해 제공된 책자와 물품들을 요구하기 위해 전화를 하거나 편지를 쓰게 함으로써 사후 조치를 취할 수 있다. 두 번째 문제는 메시지가 눈 깜짝할 사이에 순간적으로 전달된다는 것이다. 이 한계를 극복하기 위해서는 메시지를 특정 기간 동안 연속적으로 방송하고, 때때로 내용에 변화를 주어야 한다는 것이다.

텔레비전 광고

텔레비전은 프로그램과 짧은 광고를 위한 또 다른 수단이다. 텔레비전의 사용에는 다음과 같은 장점들이 있다. 첫째, 사람들은 보고 들은 것을 더 잘 기억하는 경향이 있는데, 텔레비전은 보고 들을 수 있기 때문에 사람들이 더 잘 기억할 수 있도록 도와준다. 둘째, 텔레비전은 넓은 지역에 메시지를 보낼 수 있으므로 많은 사람들이 그 메시지를 동시에 접할 수 있다. 그러나 텔레비전 사용에는 한계점도 있는데 아마도 가장 큰 한계점은 비용일 것이다. 지역이 넓을수록 비용이 더 들어갈 것이다. 이러한 한계는 케이블 텔레비전, 짧은 광고, 또는 공공 예배시간을 사용함으로써 극복할 수 있다. 또한 텔레비전 방송국이 취재하여 뉴스화할 만한 행사들을 만듦으로써 극복할 수 있다.

텔레비전 사용의 또 다른 한계점은 라디오보다 많은 기술을 요구한다는 점이다. 이러한 요구 사항은 교회개척자나 팀 멤버에게 추가적인 훈련을 요구할 수도 있다. 텔레비전을 이용하는 것이 더 힘들기는 하지만 불신자들과 접촉하는 데는 큰 도움이 될 수 있다. 뉴욕의 버팔로에 있는 한 침례교단 교회개척팀은 가정에 초점을 맞춘 통신 성경공부 과정을 무료로 제공한다는 내용의 30초짜리 텔레비전 광고를 2주간 내보냈다. 그들은 등록하기를 원하는 천 명의 사람들로부터 전화를 받았고, 이렇게 시작된 이웃 성경공부 그룹들을 통하여 세 개의 새로운 교회들이 개척되었다. 또 다른 한 그룹도 뉴욕 로체스터에서 매우 유사한 경험을 했다.[9)]

녹음테이프 및 씨디

어떤 교회개척자들은 녹음테이프를 성공적으로 사용했다. 이러한 미디어 사용의 장점은 비싸지 않고, 생산량에 융통성이 있으며, 그것들을 반복적으로 들을 수 있다는 것이다. 또 다른 장점은 녹음테이프를 사용하여 다양한 주제들을 다룰 수 있다는 것이다. 대상 지역 사회에 있는 가정들의 필요를 주제로 다룰 수도 있다. 반면에 녹음테이프는 반드시 운반 혹은 우송되어야 한다는 한계점이 있다. 그러나 어떤 면에서는 테이프들을 운반하는 것을 통해 사람들을 반복적으로 접촉할 수 있는 기회들을 갖는다는 점에서 장점이 될 수도 있다.

소책자

소책자들 또한 불신자들의 마음에 복음의 씨앗을 뿌리는 데 매우 유용한 수단이 될 수 있다. 소책자를 사용할 경우 반드시 유념해야 할 사항들이 있다. 첫째, 매력적이어야 한다. 이것이 의미하는 것은 그 책자가 비싼 것이야 한다는 것이 아니라 그것을 만들 때에 창의성이 발휘되어야 한다는 것이다. 둘째, 소책자들은 문화적으로 적절해야 한다. 이것은 대상 청중이 관심을 가지고 있는 주제를 다루어야 된다는 말이고, 또한 그들의 관심을 사로잡는 방식으로 제시되어야 한다는 것이다. 셋째, 소책자들은 단 한 가지의 목적과 의도를 가지고 있어야 한다. 일반적으로 사람들은 다양한 주제들에 관한 너무 많은 정보가 수록된 소책자를 읽으려고 하지 않는다. 교회개척에 사용될 소책자는 사람들로 하여금 하나님과 그들의 관계를 생각하게 하고 새 교회가 어떻게 도와줄 수 있는지를 생각하도록 만드는 것이다. 넷째, 소책자들은 사람들이 반응할 수 있는 방법들을 제공해야 한다. 즉, 소책자를 받는 사람들이 추가적인 정보를 얻기를 원할 경우 사용할 수 있는 전화번호나 주소가 반드시 포함되어 있어야 한다.

영화

교회개척 시 사람들에게 전도하기 위해 영화를 사용할 수도 있다. 영화의 사용은 다음과 같은 장점들을 가지고 있다. 영화는 매우 설득적이고, 많은 주제들을 다루며, 그리고 실내 또는 실외에서 사용할 수 있다. 또한 영화는 상영된 후 사람들이 즉각적으로 반응할 수 있는 기회를 제공하는 장점을 가지고 있다. 그 반응은 그리스도를 영접하게 하는 초청 내지는 성경공부 모임으로 이어질 수 있는 토론 그룹에 참여하도록 하는 것 등을 포함한다.

영화 사용의 한계점들로는 영화와 영화를 상영할 장소를 임대하는 것이 비싸다는 것이고, 또 다른 점은 적절한 영화를 찾기가 힘들다는 것이다. 그러나 기억해야 할 것은 '예수'와 같은 영화가 세계의 많은 곳에서 놀라운 결과를 낳고 있다는 점이다.

비디오

어떤 교회개척자들은 비디오를 성공적으로 사용한다. 비디오의 장점은 사람들의 흥미를 유발시킨다는 것이며, 그것이 특별히 대상 지역 사회에 중요한 주제에 초점을 맞출 경우 더욱 큰 흥미를 유발시킨다는 것이다. 둘째, 비디오는 토론 그룹 또는 지원 그룹 등으로 자연스럽게 발전하는 데 도움을 줄 수 있고, 특히 청취가이드가 제공되거나 사람들의 걱정거리와 질문에 관해 대화할 수 있는 기회가 주어질 경우는 더욱더 그렇다.

또 다른 장점은 비디오테이프를 반복해서 사용할 수 있다는 것이다. 어떤 교회개척자들은 다양한 비디오를 한 군데 비치하여 비디오도서관을 운영하기도 한다. 이것 또한 교회개척팀에게 대상 그룹과 접촉할 수 있는 추가적인 기회를 제공해 준다. 유사한 방식으로 책과 잡지들을 대출할 수 있다. 어떤 팀들은 비디오들을 사용해 핵심 그룹 멤버들을 모집한다. 비디오는 설립될 교회 유형에 대한 비전을 나누며 사람들이 사역에 동참하도록 도전을 주는 좋은 매개체이다.

컴퓨터와 전자 미디어

우리가 이미 논한 방법들과 더불어 다음의 미디어들이 불신자들을 접촉하는 데 있어서 점차적으로 많이 사용되고 있다. 개인용 컴퓨터, 휴대폰, 팩스기, 전자 우편, 텔레비전이나 전화를 이용한 원격 회의 장비와 같은 도구들이 좋은 예이다. 그와 같은 도구들은 복음을 지역적으로 그리고 세계적으로 전달하는 데 효과적이다. 각각의 경우 위에서 논의한 것들과 마찬가지로 교회개척자가 대상 그룹에 대해 다음과 같은 정보를 갖고 있는 것이 중요하다. 생활양식, 삶의 필요, 영적 상태, 의사 결정 스타일, 그리고 문화적인 규범과 가치 등등.

결론

교회개척자는 개척을 위한 핵심 그룹을 모집하고 확대시키기 위해 다양한 의사소통 방법들을 사용할 수 있다. 개척자는 지역 사회를 연구하고, 필요를 파악하고, 최상의 의사소통 방법과 그 지역 사회에 가장 효과적인 미디어 접근법들을 현명하게 결정해야 한다. 사실 이 장에서 언급되지 않은 어떤 방법이 특정 지역 사회에서 가장 적절하고 효과적인 수단이 될 수도 있다. 문화적으로 적절한 방식으로 정보를 찾고 나누기 위해서는 창의성을 발휘해야 한다.

주

1) Rochelle B. Warren & Donald L. Warren, The Neighborhood Organizer' s Handbook (Notre Dame: The University of Notre Dame Press, 1977).

2) Ibid., 96.

3) Dawn Dwyer, TeleReach Manual: Using the Telephone to Reach People (Nashville: Convention Press, 1989).

4) Norm Whan, The Phone' s For You! Available from Church Growth Development International, 420 W. Lambert, Suite E. Brea, CA. 92621 (714-900-9551).

5) Schaller, 44 Questions, 92-93.

6) Ibid., 95-96.

7) Rick Warren, The Purpose Driven Church, 44.

8) Wagner, Church Planting for A Greater Harvest, 44.

9) For more information see Norman Beckam, "Home Bible Fellowship Campaign," (unpublished paper, 1983).

15장 지역 사회 행사 개발

새 교회를 지역 사회에 소개하는 최상의 방법 중 하나는 관계 맺기 행사(Cultivative Events)들이다. 이러한 모임들은 사람들이 교회개척팀과 친밀한 관계를 맺도록 하며, 개척팀에 대해 신뢰를 쌓을 수 있게 해 준다. 역으로, 교회개척팀은 방문객들의 필요를 더 잘 알게 되며, 그들이 새로운 교회에 동참할 수 있도록 권유할 수 있다. 교회개척팀은 특별히 어린이, 청소년, 그리고 성인들을 위해 이러한 관계 맺기 행사들을 계획할 수 있다.

어린이들과 청소년들을 위한 행사 개발

어린이들과 청소년들을 위한 행사는 부모들에게도 전도할 수 있는 도구가 된다. 여기서 우리는 어린이들과 청소년들을 위한 활동들을 살펴보고, 그 활동들을 어떻게 새 교회개척에 적용시킬 수 있는지를 설명하려

한다. 이러한 활동들에는 여름성경학교, 문학의 밤, 레크리에이션 활동, 자원 가정교사, 특별 공연, 그리고 예술 작품 및 수예품 축제들이 있다.[1]

레크리에이션 활동

레크리에이션 활동은 아이들뿐만 아니라 부모들과 관계를 맺는 데도 성공적으로 사용되어왔다. 여기에는 축구, 야구, 농구, 탁구 등의 스포츠 팀들을 만드는 것이나, 종이와 연필로 하는 게임 등 다양한 활동이 포함된다. 이러한 팀들은 교회 내의 자원 봉사자들로 구성된 팀들과 경기를 할 수 있다.

파티, 교제, 연회, 환영회, 그리고 소풍 등과 같은 친교 레크리에이션 또한 관계 맺기 활동의 일부가 될 수 있다. 하이킹, 배낭여행, 캠핑, 그리고 탐험 레크리에이션(Adventure Recreation)과 같은 옥외 활동도 포함된다. 중요한 것은, 이러한 레크리에이션 활동을 할 뿐만 아니라, 그 활동들을 하기 전에 성경공부, 대화, 그리고 기도를 하는 것이다. 교회개척자들은 자녀들이 상장이나 트로피를 받는 시상식에 부모들을 초대할 수 있고, 이런 연결 고리를 통해 부모들이 성경공부에 참석하도록 초청할 수 있다.

아이들과 청소년들이 레크리에이션 활동에 필요한 장비를 구입하거나, 특별한 행사의 날을 갖는 것은 지역 사회와 관계를 맺는 데 도움을 준다. 지역 사회 지도자들과 부모들은 위험스러운 불량배들과 유해한 환경 등과 같은 부정적인 영향으로부터 멀리 떨어진 곳에 어린이들과 청소년들을 위한 공간이 있을 경우 굉장히 고맙게 생각한다. 이러한 활동들은 지역 사회에 꼭 필요한 사역이 될 뿐만 아니라 친분을 맺고 복음을 증거할 수 있는 기회를 제공해 준다.

여름성경학교

여름성경학교(Vacation Bible School)의 본래 목적은 교회 아이들에게 성경을 집중적으로 가르치는 것이었다. 후에 교회들은 이것이 불신 가정의 아이에게 전도하는 데 효과적인 방법이 될 수 있다는 것을 깨달았다. 최근 교회개척자들은 개척 과정에 이 방법을 사용해 왔다. 이를 위해서 교회개척자는 다음과 같은 몇 가지의 사항들을 반드시 고려해야 한다.

첫째, 교회개척팀은 여러 지역에 여름성경학교를 열 수 있다. 즉, 본인들의 지역 사회와 대상 지역 사회에 여름성경학교를 열 수 있다. 여름성경학교의 성경공부 내용은 기본적이어야 하며, 불신자 자녀들을 목표로 해야 한다.

둘째, 복음을 잘 받아들이지 않는 지역에서는 '여름성경학교' 라는 이름이 거부 반응을 일으킬 수 있으므로 이름 자체를 바꿀 필요가 있다. 이러한 경우들에 있어서 교회개척자는 많은 아이들이 참여할 수 있도록 긍정적인 이미지를 주는 이름을 찾아야 한다. 예를 들어 '여름 인격훈련 세미나' 혹은 '가정을 세우는 여름 성경코스' 와 같은 이름들도 사용될 수 있는데, 이것들은 지역 사회에 있는 부모들에게 긍정적인 메시지를 전달할 수 있다.

셋째, 여름성경학교의 활동에 특별 공연들을 포함시킬 수 있는데, 부모와 조부모 그리고 다른 식구들도 이러한 공연에 초대할 수 있다. 이러한 공연들의 예로는 음악 프로그램, 연극, 졸업식 등이 있다. 공연이 끝난 후, 목사는 하나님의 말씀을 공부함으로써 가정에 참된 평화, 화목, 그리고 행복을 회복할 수 있음을 설명해 준다. 또한 목사는 부모들이 가정에 관한 성경공부 시리즈에 참석하도록 권유할 수 있고, 이것이 곧 성인 성경공부 교제의 시작이 될 수 있다.

성경공부 그룹 모임

아주 성공적인 방법들 중의 하나인 성경공부 그룹 모임은 보통 가정의 거실이나 마당, 놀이터, 또는 대상 지역 사회의 모임 장소 등에서 이루어질 수 있다. 성경 그룹 모임의 형태는 여름성경학교와 유사하다. 주된 차이점은 일주일 동안에 모든 활동들을 하는 대신 일주일에 한 번씩 몇 주간에 걸쳐서 실시한다는 것이다. 이것의 장점은 아이들의 부모들을 알 수 있고, 그들을 교회 설립과 관련된 행사에 참여시킬 수 있는 가능성이 있다는 것이다. 또한 성경공부 그룹 모임 접근법은 참가하는 아이들과 더 많은 시간을 보낼 수 있다는 장점도 있다. 교회개척자들은 성경공부 그룹 모임 접근법을 아이들과 성인들, 즉 전체 지역 사회의 문을 여는 방법으로 본다.

주일 오후학교

새 교회개척에 관심을 가지고 있던 한 교회는 아파트 단지에 있는 놀이터에서 주일 오후학교를 여는 것을 통해 교회개척을 시작했다. 이러한 모임들은 일반적으로 레크리에이션 활동들로 시작되었고, 계속하여 성경공부 및 교제를 위해 아이들과 청소년들 반으로 나누어졌다. 부모들은 주일학교에 대해 매우 고마워했고, 나중에는 성인들을 위한 반들이 시작되었다.

흥미로운 사실은, 교사들이 주일 저녁에 오후반의 출석 인원을 후원교회에 보고를 했고, 이들의 출석수가 교회의 전체 출석수에 포함되었다는 것이다. 일 년 내에 이 교회의 주일 학교 출석수는 백 명에서 오백 명으로 증가했다. 이러한 주일 오후학교 반들은 그 도시의 세 지역에서 세 개의 교회를 개척하는 핵이 되었다.

자원 가정교사

어떤 지역 사회에서는 학교 공부에 뒤쳐진 아이들을 도와주기 위한 자원 가정교사 프로그램이 좋은 결과를 낳았다는 보고가 있다. 일반적으로 이러한 수업은 가정, 도서관 등 아이들과 청소년들을 개별적으로 지도할 수 있는 장소에서 진행된다. 이 프로그램은 아이들의 학교 숙제를 도와줄 뿐만 아니라, 학생들이 공부하는 과목들을 더 잘 이해할 수 있도록 도와준다.

일반적으로 자원 가정교사들은 그 지역 사회에서 교회의 평판을 좋게 해 준다. 또한 이러한 사역은 자원 가정교사들이 아이들의 부모들을 알 수 있는 기회를 제공해 준다. 그 가정교사들은 부모들을 성경공부나 특별 행사에 초대할 수 있다.

예술 활동

교회를 개척하기를 원했던 어떤 교회는 여름방학이 끝날 때쯤 근처에 있는 공원에서 콘서트를 위해 음악 담당자와 몇 명의 청소년들을 내보내 공연에 참여할 아이들을 모집했다. 그 콘서트를 위해 매 주일 아침 두 시간씩 연습하는데 아이들을 초대하기 위해 그 음악 담당자와 보조들은 가가호호 방문했고, 아이들의 문화 개발에 관심을 가지고 있었던 많은 부모들이 허락을 해 주었다. 아이들이 그 음악 담당자와 보조들과 친해지게 됨에 따라, 그들은 자신들의 문제에 대해 말하기 시작했다. 그 음악 담당자와 보조들은 아이들에게 조언을 해 주고, 자신들이 어떻게 회심했는지를 간증했다.

콘서트의 밤이 되었을 때 많은 부모들이 참석했고, 아이들의 공연에 매우 만족했다. 이 행사는 부모들을 가정에 관한 세미나에 초대할 수 있는 기회가 되었다. 그렇게 맺어진 친분 관계의 결과로 성경공부가 시작되었을 뿐만 아니라 그 성경공부를 기반으로 한 교회가 개척되었다.

위에서와 같은 동일한 아이디어를 어린이들 및 청소년들과 관계를 맺을 수 있는 기회를 제공해 주는 연극, 인형극, 그리고 다른 공연에도 사용할 수 있다. 또한 이런 공연들은 부모들과 그들의 확대 가족 구성원들과 친해지게 해 줄 뿐만 아니라 특별 행사에 초대할 수 있는 기회들을 제공해 준다. 그리고 이런 기회들을 통해 부모들과 가족들을 새 교회에 초대할 수 있다.

예술 작품과 공예품 축제

음악 콘서트와 유사한 아이디어 중에 예술품 축제와 공예품 전시회가 있다. 이 방법을 사용하려면 여름 동안 매주 토요일 오전에 그림을 배우거나 공예품을 만드는 수업을 위해 아이들과 청소년들을 모집해야 한다. 여름이 끝날 때쯤 공공장소에 아이들이 준비한 공예품을 전시하는 축제를 연다. 이 축제에 부모들을 초청하여 친분 관계를 맺는다. 친분 관계를 이용해 아이들과 부모들을 다른 활동들에 초대할 수 있고, 그들에게 복음을 전할 수도 있다.

그 외에 성공적인 활동들로는 어린이들을 위한 책을 구비한 이동도서

관, 저녁 콘서트, 게임, 아이들과 청소년들을 위한 경건 서적들, 어린이들을 위한 견학 프로그램 등이 있다. 교회개척팀은 다양한 활동을 통해 아이들과 부모들과 친분 관계를 맺을 수 있다. 모든 활동의 궁극적인 목적은 복음을 증거하는 것이다.

연날리기 대회

어떤 교회개척자들은 수많은 아이들이 연을 가지고 야외에서 모이도록 초청했다. 연이 없는 아이들에게는 연을 나누어 주기도 하고, 연을 직접 만들 수 있도록 도와주기도 했다. 적당한 때가 되면, 심판들은 어떤 연이 최고인지를 정하게 된다. 이러한 유형의 대회는 교회개척자가 아이들 및 부모들과 의미 있는 관계들을 맺을 수 있게 해 준다.

스포츠 클리닉

몇몇 교회개척자들은 지역 사회와 관계를 맺는 행사에 유명한 운동선수들을 초대한다. 이러한 운동선수들은 아이들을 도와 자신들이 좋아하는 스포츠의 기술들을 향상시킬 수 있도록 한다. 아이들의 부모들 또한 초대한다. 쉬는 시간에 운동선수들 중의 한 명이 개인 간증을 하고, 사람들이 매주 계속해서 연습에 참여하도록 초대한다. 이러한 행사들은 종종 성경공부와 다른 행사들을 위한 문을 열어주며 결국에는 새 교회개척으로 이어질 수 있다.

성인들을 위한 행사 개발

어린이들 및 청소년들과 관계를 맺기 위한 행사들뿐만 아니라 어른들을 위한 행사들도 친분을 맺고 복음의 씨앗을 뿌리는 데 도움을 준다. 이러한 활동들로는 영화 축제, 특별한 저녁 모임(Evening with a Purpose), 환영 위원회 및 성경 추첨 등이 있다.

영화 축제

영화 축제는 지역 사회의 필요와 관계가 있는 주제를 다루는 기독교 영화들을 상영하거나 대여하는 것을 말한다. 예를 들면, 그것은 가정에 관련된 영화가 될 수 있다. 성경공부가 계획된 밤에 이 영화들을 상영할 수 있고, 영화를 보여 준 다음 질의응답을 통한 토론의 시간을 가질 수 있다.

어떤 사람들은 영화와 관련된 정보가 담겨 있는 티켓을 인쇄했다. 티켓 아래 부분의 공간에 이름과 주소를 기입할 수 있는 공간을 마련하고, 방문이나 추가 정보 또는 성경공부 참석을 원한다는 표시할 수 있는 공간을 제공한다. 이런 티켓은 사람들과 계속해서 관계를 맺고 성경공부에 참여하도록 권할 수 있는 기회를 제공해 준다. 이렇게 영화를 상영한 후 다음 주에 실시할 성경공부에서 다루게 되는 주제들에 대해 광고할 수 있다.

결혼 수양회

지역 사회 조사를 통해 종종 많은 부부들이 결혼 생활의 어려움을 경험하고 있음을 발견하게 된다. 결혼 수양회는 이러한 부부들에게 결속력을 제공해 줄 뿐만 아니라, 교회개척자들이 불신자들과 의미 있는 관계를 맺고, 그들이 새 교회의 일원이 될 수 있도록 인도할 수 있는 기회들을 제공해 준다.

특별한 저녁 모임

목적을 가진 특별한 저녁 프로그램은 복음을 받아들이는 데 있어 신뢰할 만한 사람으로부터 서서히 받아들여야 하는 사람들을 위해서 특별히 고안되었다. 이 프로그램은 일곱 단계로 구성되어 있다.

첫 번째 단계는, 교인들을 초대해서 불신자들과 친분을 맺을 수 있도록 훈련을 시키는 것이다. 이 훈련은 교인들이 전도 대상자들과 대화를 나누면서 간증과 구원의 메시지를 전할 수 있는 능력을 키워 주기 위한 것이다.

두 번째 단계는, 삶의 경험을 간증하도록 누군가를 초청하는 것이다. 이 간증은 불신자들이 이해할 수 있는 방식으로 나누어져야 한다. 달리 말하면, 간증자는 교인들만이 이해할 수 있는 신학적이고 기독교적인 표현들은 지양해야 된다는 것이다.

세 번째 단계는, 불신 친구들을 '특별한 저녁 모임'이 진행되는 집으로 초청하고, 인생의 참된 행복을 어떻게 찾을 수 있는지에 대해 논하게 하는 것이다. 손님들이 도착하면 누군가가 사람들을 소개하고, 편안한 대화의 시간을 갖는다.

네 번째 단계는, "나는 삶의 참된 행복을 어떻게 발견했는가?"라는 주제와 관련해서 간증할 사람을 소개하는 것이다. 이것은 그리스도를 알기 전의 삶, 그분을 만나게 된 경위, 그리고 이 경험을 가지고 난 후 자신의 삶의 변화를 포함해야 한다.

다섯 번째 단계는, 다과를 나누며 간증자가 참석자들에게 자신의 경험과 간증에 대해 어떻게 생각하는지를 물어볼 수 있는 기회를 제공하는 것이다. 이런 자유로운 시간은 교인들이 불신자들의 질문에 답하고, 영적 문제들에 대한 그들의 관심도를 확인할 수 있는 기회를 제공한다. 이 과정은 다른 모임들에서도 반복될 수 있다. 즉, 다른 사람들을 초대해서 그들로 하여금 간증을 나누게 하는 것이다. 이러한 노력을 통해 일반적으로 교회를 방문하지 않고 또한 성경공부에 참여하려고 하지 않는 사람들의 마음 밭에 복음의 씨앗을 뿌릴 수가 있다.

새가족 환영팀

한 지역 사회로 이사 오는 새로운 사람들을 환영하기 위한 프로그램을 사용함으로써 교회개척에 좋은 결과들을 경험할 수 있다. 이 프로그램에는 그 지역 사회에 관한 정보를 담고 있는 작은 꾸러미(Package)를 준비하는 것이 포함된다. 지역 사회에 관한 정보는 그 지역 사회의 병원, 진료소, 학교, 도서관, 그리고 다른 기관들을 포함할 수 있다. 또한 도시, 기후, 주요 산업, 고속도로 등에 관련된 정보를 포함시킬 수도 있으며, 이러한 정보는 구청이나 동사무소의 자료를 통해 확보할 수 있다. 또한 이 꾸러미에 지역 사회에서 실시되는 성경공부와 사역들에 관한 정보를 담을 수 있다. 이러한 정보를 지역 사회의 새로운 전입자들에게 전해 주는 것은 친분을 맺고 그들을 성경공부에 참여시킬 수 있는 문을 열어 줄 수 있다. 꾸러미에 사탕이나 초콜릿과 같은 작은 선물을 담아도 좋다.

교회개척팀은 이삿짐 센터나 부동산업자들을 통해 새로운 전입자들에 관한 정보를 구할 수 있다. 사람들이 지역 사회에 이사 오고 난 직후에 위와 같은 서비스를 제공하면 훨씬 효과가 높다. 그들이 이사 온 첫 주가 새로운 전입자들을 환영하는 이상적인 때이다. 새롭게 전입해 들어오는 사람들은 보통 새로운 경험이나 관계에 대해 마음이 열려 있기 때문에, 이

때 그들과 접촉할 경우 그들을 새 교회로 인도할 수 있는 가능성이 높다.

무료 성경 추첨

어떤 교회개척자들은 성경공부 참여에 관심이 있는 사람들을 찾아내기 위해 무료 성경 추첨 방법을 사용한다. 이 추첨은 다음과 같은 방식으로 진행된다. 첫 번째 단계, 매력적으로 보이는 성경을 구매한다. 두 번째 단계, 시장, 쇼핑센터, 놀이터, 아파트 단지 등 사람들이 많이 모이는 곳에 테이블을 설치한다. 세 번째 단계, 모교회 사람들의 도움을 받아, 모여든 사람들의 이름과 주소를 카드에 기입하게 한다. 이렇게 함으로써 그 지역 사회에서 열리게 될 성경공부에 관해 대화를 나눌 수 있는 기회를 가질 수 있다. 네 번째 단계, 지정한 날짜에 추첨을 하고 당첨된 사람에게 그 성경을 전달한다. 다섯 번째 단계, 추첨에 등록한 모든 사람들에게 '격려상' 으로 신약성경을 한 권씩 준다. 성경을 전달할 때 사람들에게 그 지역 사회에 있는 성경공부에 참석할 것을 권한다. 성경을 받은 사람들뿐만 아니라 받지 못한 이들에게도 다른 성경 자료들을 제공한다. 교회개척자들은 이러한 방법을 통해 상당히 많은 사람들을 성경공부에 등록시켜 왔다.

기도 제목 조사

성경공부 그룹에 관심을 가지고 있는 사람들을 찾는 또 다른 방법은 기도 제목 조사이다. 이것을 수행하는 방법에는 두 가지가 있다. ⑴ 가족 및 친구들과 함께, ⑵ 지역 사회를 방문함으로써. 이 방법은 사람들과 대화를 통해 기도에 헌신된 그룹이 있다는 것을 알린다. 또한 그 그룹이 사람들의 간구를 주님에게 올려드리고 있다는 사실을 설명해 준다. 그 다음 교회개척팀은 사람들에게 이 기도 그룹이 그들을 위해 기도해 줄 수 있는 제목이나 염려가 있는지를 물어본다.

이 방법이 효과적으로 사용되려면 교회 내에 기도에 열정적으로 헌신된 그룹이 있어야 한다. 또한 지역 사회의 사람들을 찾아가 이야기를 들어주고, 그들의 필요를 파악할 그룹 멤버들이 필요하다. 더 나아가 사람들을 격려해 주며 긴급한 문제가 있는 사람들을 위해서 기도해 줄 수 있는 그룹이 필요하다. 이 방법의 주된 의도는 사람들을 알고, 그들의 신뢰를 확보하고, 그들을 성경공부에 참여하도록 하는 것이다.

천막 전도

어떤 교회개척자들은 500명을 수용하는 텐트를 임대해서 대상 지역 사회의 한가운데 그것을 세웠다. 광범위하게 광고를 한 후, 그 교회개척팀은 여름성경학교와 같이 어린이들과 함께하는 아침 활동들을 시행했다. 그들은 오후에는 청소년들을 대상으로 그리고 저녁에는 주로 성인들을 대상으로 성경공부, 간증, 찬양, 그리고 전도 설교 등의 활동들을 하였다.

교회개척팀은 여름 내내 매일 밤낮으로 활동들을 했다. 이 기간이 끝날 즈음에 굉장히 큰 핵심 그룹이 만들어져 주변에 있는 강당을 임대할 정도에 이르렀고, 이렇게 하여 교회가 설립되었다. 천막 전도는 새 교회를 위한 핵심 그룹을 설립하려는 목표를 가지고 있을 때 숫자에 상관없이 어떤 장소에서든지 행해질 수 있다.

지역 사회 조직 행사

교회개척팀은 수많은 지역 사회 조직 행사들을 추진할 수 있다. 이 개척팀은 지역 사회 조직 행사들을 통해 그 사회의 특정한 필요들을 채워주고, 그 과정에서 지역 사회에 알려질 수 있다. 그 결과 교회가 가정 성경공부를 시작할 수 있게 된다.

예를 들어, 한 교회개척자는 대상 지역 사회가 많은 도둑과 강도들로 인해 상당히 염려하고 있음을 알게 되었다. 그래서 그는 경찰서를 방문하여 그 지역 사회에서 범죄 예방 프로그램을 시작하는 데 필요한 정보를 얻었다. 범죄 예방 프로그램은 이웃으로 구성된 조직을 필요로 하기 때문에, 그 교회개척자는 가가호호를 방문하여 그 프로그램에 대해서 논하게 될 모임에 사람들을 초대했다. 주민들은 그 교회개척자를 지역 사회를 돕기 원하는 사람으로 보았기 때문에, 그를 기꺼이 환영했다. 범죄 예방 프로그램을 시작하는 과정을 통해 교회개척자는 의미 있는 관계들을 형성했고, 사람들을 가정 성경공부 모임으로 초청할 수 있었으며, 그 사람들은 후에 새 교회를 위한 핵심 멤버들이 되었다.

범죄 예방 프로그램과 유사한 행사들을 통해 교회개척자는 지역 사회와 관계들을 맺을 수 있다. 이러한 프로그램들 중에는 학교폭력방지 학부모모임, 건강보호 세미나, 범죄 예방을 위한 자녀들의 지문 인쇄 및 사진 촬영 등이 있다. 또한 지역 사회가 이용할 수 있는 다양한 서비스에 관한 정보를 제공받기 위해 공무원들과의 모임들을 주선하는 것도 한 방법이 될 수 있다.

주말 남성/여성 친교 조찬

어떤 교회개척자들은 주로 토요일에 하는 친교 조찬 모임에 여자들이나 남자들을 초대하는 것이 유용하다는 것을 알게 되었다. 이러한 조찬 모임에서는 교제에 큰 초점을 맞춘다. 조찬 모임을 통해 사람들은 서로를 알게 되고, 후원 관계를 개발할 수 있는 기회를 갖게 된다. 모임을 갖기 전에, 인생의 도전들에 직면했을 때 예수님께서 어떻게 변화를 가져오셨는지에 대해 간증할 사람들을 미리 정해 둔다. 간증 시간이 끝난 후 기도와 교제 시간으로 이어질 수 있다. 이러한 행사들을 통해 새로운 사람들을 성경공부나 다른 유형의 친교 모임에 참여시킬 수 있고, 이러한 사람들은 교회개척 핵심 그룹이 될 수 있다.

친절 행위

「친절의 모략」[2]에서 스티브 쇼그린은 교회개척팀이 수천 명의 전도 대상자들과 접촉할 수 있는 다양한 활동들을 열거하고 있다. 이러한 활동들의 주된 목적은 친절 행위를 통해 불신자들을 섬김으로써 그들과 긍정적인 접촉을 하는 데 있다. 사람들이 왜 교회개척팀 멤버들이 그러한 친절 행위를 하는지에 대해서 물을 경우 그들의 대답은 다음과 같다. "하나님께서 당신을 사랑하시는 것을 실제적인 방법으로 보여 주기 위해서이며, 그분의 사랑이 공짜이듯이 우리의 사랑도 공짜입니다."[3]

쇼그린의 전체적인 접근법은 '전도를 가능하게 해 주는 다섯 가지의 발견' 에 기초하고 있다.[4] 그 다섯 가지 발견은 다음과 같다. (1) 사람들을 친구처럼 대하면, 그들은 나의 말에 귀를 기울인다. (2) 나의 섬김을 보고 사람들은 마음에 감동을 받는다. (3) 내가 사람들을 섬길 때, 그들의 기독교인에 대한 생각을 새롭게 한다. (4) 메시지를 말하기 전에 그 메시지를 실천으로 보여 준다. (5) 수확이 아니라 시작에 초점을 맞춘다.

이러한 친절 행위들로는 다음과 같은 것들이 있다. 어버이날 카네이션 달아주기, 주일 오전 신문 및 커피 나누어 주기, 스포츠 행사장에서 음료수 나누어주기, 버스 정류장에서의 무료 커피 나누어 주기, 신발 닦아 주기, 혈압 측정해 주기, 무료 전구 나누어 주기, 화재경보기용 건전지 무료로 나누어 주기, 가난한 사람들을 위한 음식 수집하기, 무료 세차, 노숙자 혹은 노인들을 위한 무료 식사 제공 등. 친절 행위는 복음을 나누고 교회를 시작할 수 있는 문을 열어 준다.

특별한 날 행사

교회개척자들은 달력의 특정한 날들을 관계 맺기 행사로 사용할 수 있다. 즉, 국가 공휴일로 명절이나 기념일들인데, 이날들을 고려하여 행사를 계획한다면 다음과 같을 것이다.[5]

1월: 새해맞이 행사
2월: 설날(구정), 졸업식, 밸런타인데이 파티
3월: 삼일절 행사, 학교 입학
4월: 식목일, 부활절 연극
5월: 어린이날 행사, 어버이날 잔치, 청소년을 위한 여러 행사
6월: 현충일
7월: 여름성경학교, 제헌절
8월: 광복절
9월: 추석
10월: 국군의 날, 개천절, 한글날

11월: 교회의 추수감사 축제

12월: 크리스마스 연극, 송년 모임

요약

지금까지 언급한 모든 활동들은 사람들과 관계를 맺고 그들을 성경공부로 인도하기 위한 것들이다. 때에 따라 교회개척자는 이러한 활동들을 지역 사회의 여건에 맞추기 위해서 어느 정도 수정을 해야 할 것이다. 또 어떤 경우에는 그 지역 사회들을 위해 특별한 방법들을 개발해야 할 수도 있다. 지역 사회를 알게 될 때, 어떤 방법을 어떻게 수정해서 그 지역 사회에 맞추어 나아가야 하는지를 알게 되기 때문에, 지역 사회에 관한 지식을 충분히 쌓는 것이 매우 중요하다.

결론

관계 맺기 행사들은 교회개척에 있어서 중요한 위치를 차지한다. 불신자들과 교회의 문화적인 차이는 불신자가 복음에 반응을 보이기 전에 해결되어야 한다. 교회의 초대를 거부하는 사람들이라고 할지라도 위에서 언급된 관계 맺기 행사들에는 기꺼이 참석하려고 하는 경우가 많다. 일단 불신자들이 새 교회 소속의 사람들과 알게 되면, 그들은 종종 복음에 대해 더욱더 긍정적으로 반응하고, 그리스도를 자신들의 구세주로 영접하고, 새 교회에 일원이 되기 쉽다.

관계 맺기 행사들의 많은 부분이 대상 지역 사회의 환경에 따라 수정될 필요가 있는 것은 분명하다. 때때로 개척자는 몇 가지의 초기 아이디어만을 가지고 그 지역 사회에 맞는 새로운 그리고 더 상황화된 접근법들을 개발해야 할 것이다. 또한 개척자가 새 교회 설립을 고려하고 있는 곳에 가장 효과적인 행사들을 연구하는 것도 좋은 생각이다. 누군가가 말하기를 사람들이 복음을 거부하는 것이 아니라 우리의 방법에 질려 있는 것이라고 했다. 주님께서 우리에게 지혜를 주사, 우리의 창의력을 최대한으로 사용할 수 있도록 도와주시고, 그 결과 지역 사회에서 우리가 전도하려고 하는 모든 사람들의 마음 문을 열 수 있는 열쇠를 찾을 수 있게 해 주옵소서!

주

1) This is an adaptation of activities discussed in Daniel Sanchez, Iglesia: Crecimiento y Cultura (Nashville: Convention Press, 1993), 83.

2) Steve Sjogren, Conspiracy of Kindness, 212-226.

3) Ibid., 102.

4) Ibid., 101-126.

5) This list has been adapted from a list provided by Thad Hamilton in a "Special Evangelistic Events" notebook produced by the Home Mission Board in 1991.

16장 다세대 주택 단지 개발

다세대 주택 단지에서 사람들을 전도하고 교회를 개척하는 것은 21세기 교회개척자들이 직면하고 있는 가장 큰 도전 중의 하나이다. 다세대 주택 단지가 뜻하는 것은 아파트, 콘도, 연립 주택, 그리고 그 외의 다양한 주거 형태 등으로 많은 사람들이 함께 모여 살도록 조성된 주택 단지를 의미한다. 전 세계에 있는 대부분의 다세대 주택들은 도시에 위치하고 있다. 1970년 도날드 맥가브란은 교회가 도시인구들을 제대로 제자화하지 못하고 있는 사실을 언급하며 통탄했다.[1] 그러나 그 이후에도 별 진전을 보지 못했다.

교회개척자들은 다세대 주택 단지에 살고 있는 사람들에게 전도하는 방법을 찾기에 주력해야 한다. 전 세계에 있는 다세대 주택들을 복음화하고 교회화하는 방법을 찾는 것이 무엇보다 중요하고 시급하다. 교회개척에 대한 그 어떤 연구도 세계의 다세대 주택들을 전도하는 방법과 수단을 고려하지 않고는 완전할 수 없다.

다세대 주택들의 성장

다세대 주택들에 초점을 맞추는 한 가지 이유는 해가 가면 갈수록 세계가 더욱더 도시화되어가고 있다는 단순한 사실 때문이다. 1950년에는 전 세계 인구의 72%가 농촌에 살았고 오직 28%만이 도시에 살았다. 1975년경 59%의 인구가 농촌에, 41%가 도시에 살았다. 2000년에는 45%의 인구가 농촌에, 55%의 인구가 도시에 살고 있다. 세계 인구의 대다수가 도시에 살고 있다. 그 경향은 계속되어 2025년경에는 4백만에서 1천만 이상의 인구를 가진 350개 이상의 도시가 생겨날 것이라고 전망하고 있다. 이런 도시들은 메가 도시, 거대 도시, 초거대 도시로 불린다.

만일 세계가 점점 더 도시화되고 있는 것이 사실이라면, 도시 인구의 대부분이 다세대 주택에 살고 있는 것 또한 사실이다. 도시 인구는 폭발적인 비율로 성장하고 있다. 홍콩, 싱가포르, 쿠웨이트의 경우 인구의 90%가 도시에 살고 있고, 또한 이 인구의 대부분이 다세대 주택에 살고 있다.

세계적으로 볼 때, 홍콩과 싱가포르의 도시 거주 인구 비율은 다른 나라들에 비해 매우 높은 것이 사실이다. 그러나 대부분의 다른 나라의 경우에도 도시에 거주하는 인구 비율이 상당히 높으며, 도시에 살고 있는 인구의 반 이상이 다세대 주택에 살고 있다. 수많은 기독교 교단들이 크게 우려하는 바는 자신들의 교단에 속한 사람들로서 다세대 주택에 살고 있는 사람들의 수가 지극히 적다는 것이다. 다르게 말하면 많은 기독교 교단들이 농촌에 살고 있는 사람들이나 단독 주택 거주자 전도에는 성공적이었다는 것이다. 예를 들어, 텍사스의 한 지역에는 그 지역인구의 46%가 다세대 주택에 살고 있지만, 같은 지역의 남 침례교인 85%가 단독 주택에서 살고 있다.[2)]

기독교인들에게 공통적으로 힘든 사역 중의 하나는 다세대 주택 주민들에게 복음을 전하고, 그들이 다세대 주택 지역의 교회 설립에 동참하도록 하는 것이다. 이것은 참으로 중차대한 도전이며, 이 도전에 응하는 데 필요한 원리를 연구해야 한다.

교회개척자들이 직면하는 문제

다세대 주택에 살고 있는 사람들에게 전도하고 그들을 교회로 인도하는 것은 가능한 일이지만 쉬운 일은 아니다. 다세대 주택 주민들에게 전도하고 그들을 제자화하려고 애쓰는 교회개척자들이 직면하는 문제들이 있다. 이러한 문제들은 내적인 것과 외적인 것으로 나누어 생각해 볼 수 있다.

내적 문제들

다세대 주택에서 교회개척자가 직면하는 내적인 문제 중의 하나는, 많은 기독교인들이 교회 건물, 전임 교역자, 그리고 전통적인 교회 프로그램이 '참된 교회'를 세우기 위해서 필수적인 것들이라고 생각한다는 사실이다. 그러나 실상 초대 교회는 그런 어떤 것도 갖추지 않았고, 그것 때문에 사역을 못하지 않았다. 성경은 오순절 이후의 사도들과 새신자들이 성전에서 모였다는 사실을 암시한다. 하지만 그것은 기독교인들이 곧바로 핍박을 받았기 때문에 오래가지 않았다.

사도행전과 바울 서신의 많은 부분들은 그리스도인들의 가정 모임, 가정교회들에 대해 보여 주고 있다. 사실, 교회 건물들은 기독교 역사의 후반기에 등장했다. 건물, 훈련된 지도자, 시설의 문제는 도시 지역에 살고 있는 많은 사람들에게 전도하고 그들을 제자로 삼기 위해서 극복해야 할 문제이다. 또 다른 내적 문제는, 단독 주택 거주자들의 삶의 양식과 다세대 주택에 살고 있는 사람들의 삶의 양식 사이에 존재하는 문화적인 차이에서 유래한다. 종종 이러한 문화적인 차이로 인해 많은 교회에서 대다수를 차지하고 있는 단독 주택 거주자들이 다세대 주택 거주자들을 거부하거나 그들에 대해 미지근한 태도를 취한다.

반면 다세대 주택 거주자들은 교회 구성원들이 그들에 대해 전혀 관심이 없는 부자들이라고 생각하기도 한다. 또한 그들은 그러한 교회에서 환영받지 못하거나 편하지 못할 것이라고 생각한다. 단독 주택 거주자들과 다세대 주택 거주자들이 각각 갖는 이러한 태도들은, 하나님께서는 편애하지 않는다는 관점에서 다루어져야 한다(행 10장).

어떤 교인들은 다세대 주택 단지에서 사역을 하는 것에 대해 전혀 고려하지 않는다. 최근의 조사에 의하면, 이러한 교회 교인들이 다세대 주택 사역에 참여하지 않는 데에는 다음과 같은 여섯 가지의 이유가 있다. 첫째, 내가 비록 주중에 그들에게 전도하고 그들의 필요를 채워 주더라도 정작 그들은 교회에 나오지 않을 것이다. 둘째, 우리에게는 다세대 주택에서 사역할 교역자들이 없다. 셋째, 그 사역은 결코 교회 설립으로 연결되지 않을 것이기 때문에 그들을 교회 통계에 넣을 수 없다. 넷째, 선교는 지역적으로 먼 곳에 가는 개념이다. 다섯째, 다세대 주택 거주자들의 삶의 양식이 교회의 수준에 비해 뒤떨어진다. 여섯째, 다세대 주택 거주자

들은 교회에 별 도움이 되지 않는다.[3)]

교인들은 위와 같은 잘못된 생각을 갖고 있을 뿐 아니라, 몇 가지 잘못된 생각으로 자신들을 방어한다.

이러한 잘못된 생각 중의 한 가지는, 다세대 주택 거주자들이 다세대 주택에 사는 이유는 교인들을 포함하여 그 누구에게도 방해 받지 않고 조용히 살고 싶어하기 때문이라는 것이다. 사실 어떤 다세대 주택에는 무겁고 커다란 정문이 있다. 그러나 올바른 접근법을 사용한다면 그러한 곳에 사는 사람들에게도 전도할 수 있다. 또 다른 오해는, 다세대 주택 주민들이 너무 자주 이동하고, 그 결과 그들을 전도해 보았자 그 다음날이면 이사를 가버릴 것이므로 전도할 가치가 없다고 생각하는 것이다. 다세대 주택 주민들 중에서 정말 자주 이사를 하는 사람들도 있다. 그러나 연구에 의하면 상당히 많은 수의 사람들이 수년 동안 자신들의 다세대 주택에 살고 있다는 사실이다.

세 번째 오해는, 다세대 주택의 관리인들이 전도자가 주택가에 얼씬거리는 것을 원치 않는다는 것이다. 이러한 신화는 많은 경우에 잘못된 것으로 증명되었다. 나중에 설명하겠지만 올바른 접근법만 사용한다면 대부분의 관리인들은 잘 조직되고 정직하며 믿을 수 있는 교회 그룹들을 적이 아니라 친구로 여기게 될 것이다.

다세대 주택 단지에서 교회를 개척할 소명을 받은 개척자는 올바른 팀을 모집하고 필요한 지원과 바람직한 반응을 얻기 위해 이러한 문제들과 오해들을 해결해야 한다.

외적 문제

교회개척자는 다세대 주택에서 내적 문제들뿐만 아니라 외적 문제들도 직면하게 된다. 이러한 문제들은 지리적 거리와 사회적 거리와 같은 문제들을 포함한다. 다세대 주택과 기존의 교회 건물 간의 지리적인 거리는 종종 방해물이 되어 활동적인 교인들을 만들어내지 못한다.

때때로 단독 주택 거주자들과 다세대 주택 주민들 간에 존재하는 사회적 거리는 많은 수의 다세대 주택 주민들이 기존 교회에 나오는 것을 막고 지형적인 거리보다 더 심각한 문제를 야기한다. 교회에 관해 다세대 주택 주민들이 어떻게 느끼고 있는지에 관한 조사를 해 보면 다음의 사실들을 알 수 있다. (1) 교회는 나의 돈을 원한다. (2) 사람들의 옷 입는 것이 모두 한결같다. (3) 교회 사람들은 다정하지 않다. (4) 교회 사람들은 다세대 주택 주민들을 원하지 않는다. (5) 다세대 주택 주민들은 교회에서 올바르게 행동하는 법을 모른다.[4] 바바라 오덴(Barbara Oden)은 다음과 같이 설명한다.

> "교회성"(Churchiness)이 문제이다. 교회 언어는 외부인이 이해하기 어렵다. 예배의 방법도 이상하다. 교회 내에서와 밖에서의 행동이 다르다. 복장에 대한 규정도 생소하다. 교회는 이질적으로 인식된다.[5]

특별히 두 그룹 간에 사회경제적인 거리가 있을 경우, 어떤 다세대 주택 주민들은 '우리들은 교회에 입고 갈 옷이 없어' 라고 생각할 것이다. 다른 사람들은 자신들이 기존의 교회에서 받아들여지지 않을 것이라는 두려움을 가질 것이다. 교회 내에 다세대 주택 주민에 관한 이런 잘못된 태도들이 있다면, 교인들은 즉시 회개하고 그리스도 안에서 모든 사람들과 참다운 관계를 맺으려는 진정한 노력을 해야 한다. 이 노력의 첫 출발점은 올바른 용어를 사용하는 것이다. '다세대 주택 거주자'와 같은 용어들은 다세대 주택 주민들의 입장에서 볼 때는 자신들을 격하시키는 것으로 여길 수 있다. 이러한 문제들을 접근하는 최상의 방법은 구성원들이 자신들을 어떻게 호칭하는지를 듣고 파악하는 것이다.

다세대 주택 주민의 관점에서 문제들을 생각해 보는 것이 도움이 된다. 또한 서로 다른 사회경제적인 수준에 있는 사람들은 예배 스타일, 설교, 그리고 리더십에 있어서 서로 다른 취향을 갖고 있다는 사실도 고려해야 한다. 다세대 주택 단지 가까이에 있는 교회들이 이러한 사실에 더 민감하게 반응하여 준비된다면, 주민들의 반응은 향상될 것이고, 그들이 교회의 활발한 회원이 될 것은 분명하다.

다세대 주택의 유형

도시에 따라 다양한 종류의 다세대 지역 사회들이 존재한다. 이처럼 다세대 주택들을 구분하는 한 방법은 건축 스타일에 따라 분류하는 것이다. 예를 들어, 낮은 아파트, 고층 아파트, 콘도미니엄, 타운 하우스, 연립주택 등등. 다른 분류하는 방법은 소유권에 의한 것이다. 예를 들어, 아파트, 임대 아파트, 콘도미니엄, 연립 주택 등등. 이러한 연구는 다양한 종류의 다세대 주택들을 분류하는 데 경제적인 요인을 주된 기준으로 사용한다. 교회개척자가 개척지의 지역 사회를 연구하고 교회개척을 위한 전략을 고안하기 위해 그 정보를 사용한다는 가정 하에 다음의 분류들을 제시한다.[6)]

고소득 다세대 주택

이름이 말해주듯이 이러한 지역 사회의 주민들은 임금이 높은 직업들로 인해 일반적으로 재정적으로 부유하다. 그들이 이러한 유형의 주거지를 선호하는 이유는 직장까지의 거리, 편의 시설, 안전, 사생활 보호, 지역 사회 정체성, 투자 보호, 그리고 관리 등으로 인한 것이다.

부유한 다세대 주택 주민들에게 가장 효과적으로 전도할 수 있는 방법은 물질적인 필요를 공급하는 것이 아니라, 취미 활동과 같은 사회적인 상호 작용을 통해서이다. 그들과 접촉하는 데 있어 가장 좋은 방법은 같은 동에 사는 주민들이나 친구들 또는 관리인과의 관계를 통해서이다. 그렇지 않으면, 편지나 이메일 등을 통해서 접근할 수 있다. 이러한 부류의 사람들은 문화 행사, 결혼 세미나, 스트레스/시간 관리 세미나, 에어로빅 강습, 건강에 관한 강의에 반응할 가능성이 매우 높다.[7)]

중간 소득 다세대 주택

중간 가격의 다세대 주택들은 저가의 주택 지역 사회보다 근사하다. 중간 소득 다세대 주택 거주자들은 사회경제적으로 볼 때 중류층 또는 중산층이라고 부를 수 있다.

기반이 튼튼한 중산층 사람들은 일반적으로 고층 아파트에 거주한다. 일반적으로 수십 동 이상의 아파트가 모여 있는 곳들로 그렇게 복잡하지 않으며, 많은 편의 시설들을 갖추고 있으며, 중산층 지역 사회와 가까이 위치하고 있다. 일반적으로 젊은 사람들이 이러한 유형의 주택을 선호하는데, 그 이유는 관리에 대해서 걱정할 필요가 없고, 여가 생활을 위해 많은 시간을 사용할 수 있기 때문이다.

고층 아파트에 사는 중년층은 종종 안전과 편의를 위해 이러한 유형의 지역 사회를 선택한 사람들로서 자식들을 다 키워서 내보낸 부부들이다. 고소득층 범주에서 언급한 전도방법들이 중산층 다세대 주택의 젊은 층에도 적용이 된다. 나이가 든 사람들은 재정적인 자유, 여행, 영양, 건강, 의료 문제, 자원 봉사, 외로움, 변화에 대한 적응과 관련된 활동에 더 민감하게 반응할 것이다.

저소득층 다세대 주택

연립 주택이 몰려있는 이러한 지역 사회는 사람들이 매우 많고 그다지 좋지 않은 장소에 위치해 있는 경우가 종종 있다. 건물은 2-3층 내지는 5-6층으로 이루어져 있다. 이런 주택들은 도시 외각의 수많은 동네를 차지한다. 이러한 지역 사회의 주민들은 미혼자들에서부터 은퇴한 사람들에 이르기까지 다양하다. 대부분 그들은 육체 노동자들이다. 이러한 다세대 주택에 살고 있는 사람들은 대부분 최저 사회경제적 수준에 머물러 있다. 많은 경우 그곳에 사는 사람들은 물질적, 정서적, 그리고 영적 필요들을 갖고 있다.

이 논의의 앞부분에서 언급한 것처럼 다양한 다세대 주택 단지들은 서로 다른 특징, 필요 그리고 관심사들을 가지고 있다. 다양한 유형의 다세대 주택들과 그 주민들에 대한 연구는 그들에게 전도하고, 그들 속에 교회를 개척하기 위한 전략을 수립하는 데 있어서 절대적으로 필요하다.

다세대 주택 단지 접근법

아마도 다세대 주택 단지 속에 교회를 개척하는 데 있어서 가장 중요한 것은 거주자들에게 접근하는 일일 것이다. 이러한 지역 사회에 접근하기 위해서는 먼저 관리인들을 접촉해야 한다. 일반적으로 지역 사회에 다세대 주택 사역이 없다면, 그 출발점은 관리인이 된다. 어떻게 해서든지 범하지 않아야 할 실수는 '뺑소니' 접근법의 사용이다. 다시 말하면, 몰래 들어가서 전단지를 나누어 주거나 주민들과 이야기를 하고는 몰래 빠져 나오는 것이다. 얼마가지 않아 관리인이 알게 되고 교회 그룹의 접근을 금지하는 규정을 만들 것이다. 많은 교회개척자들이 발견한 다세대 주택 단지 교회개척의 최고 접근법은 관리인들과 만남을 갖고, 그들에게 자신들이 제공할 수 있는 서비스들을 설명하는 것이다.

관리인과의 면담 준비

관리인과의 면담 시 가장 중요한 것은, 그 관리인이 일을 더 잘 하고 주민들을 위해 더 나은 환경을 만들 수 있도록 돕는 서비스들을 제공하는 것이다. 테리 윌리스는 다음과 같이 설명한다.

> 관리인들은 거주자들의 거주를 장기화하고, 주거율 100%를 유지하는 데 관심을 가진다. 이것들은 아파트 운영에 있어서 중요한 요소들이다. 우리의 서비스가 관리인들의 업무에 도움을 줄 수 있는 것들이라면 그들은 우리를 환영한다.[8)]

이러한 측면에서 교회개척자는 관리인에게 서비스들을 제공할 수 있는 교회개척팀과 후원 그룹을 모집해야 한다. 그러므로 교회개척자에게 있어서 출발점은 교회가 제공할 수 있는 기본적인 서비스들을 중심으로 재능 조사를 실시하는 것이다. 이러한 서비스들로는 (1) 방과 후 아이들

돌봐주기, (2) 가정 교습, (3) 레크리에이션 프로그램, (4) 의류 서비스, (5) 고민 상담 및 지원, (6) 재정 상담, (7) 어린이들을 위한 성경공부 등이 있다. 개척자는 재능 조사 결과를 바탕으로 기본적인 서비스들을 제공할 사역자들을 훈련한 후 관리인과의 면담을 시도한다.

관리인과의 면담

교회개척자가 관리인과의 만남을 약속함에 있어서 염두에 두어야 할 몇 가지 사항이 있다. 첫째, 관리인에게 편리한 시간을 택하라. 관리자들은 일반적으로 매우 바쁜 사람들로서 특별히 매월 하순이 더욱 그렇다. 그러므로 교회개척자는 이러한 시간대를 피하고 관리인에게 편리한 시간을 찾아야 한다. 둘째, 교회개척팀은 무엇인가를 팔려고 하는 사람들이 아님을 확인시켜 주어라. 즉, 잡상인이 아님을 분명히 밝혀야 한다. 셋째, 관리인에게 개척자의 의도, 즉 거주자들이 더 오래 머무르도록 도우며 지역 사회에 유익한 서비스들을 거주자들에게 제공할 것이라는 것을 알려라. 넷째, 그러한 노력이 관리인에게는 그 어떠한 비용도 들지 않는다는 사실을 분명하게 표시하라. 다섯째, 자원하는 어린이들과 성인들을 위한 성경공부를 시작하기 원한다는 것을 처음부터 밝혀라.

개척팀이 지역 사회에 유익이 되는 다양한 서비스들을 제공한다면, 관리인은 자원하는 사람들을 위한 성경공부반이나 예배를 자신의 아파트 내에서 가지는 것에 대해 별 신경을 쓰지 않는다. 사람들을 영적으로 뿐만 아니라 물질적, 정서적으로도 돕기를 원하다고 할 때 좋은 반응을 얻을 수 있다. 바비 와쉬는 관리자와의 만남을 어떻게 하면 성공적으로 가질 수 있는지에 대해 다음과 같이 조언한다.

첫 방문 시, (1) 다정하게 그리고 간략히 용건을 말하라. (2) 돕기를 희망하는 마음을 나누라. (3) 관리자가 당신의 계획과 목적을 얼마나 이해하는지에 대해 주의 깊게 들어라. 관리자가 생각하는 가장 큰 필요들에 귀를 기울이라. (4) 가능한 활동들에 대해 관리자에게 간략하게 설명하라. (5) 활동에 대한 계획과 그에 관한 조사를 위해 개별적인 접촉의 가치를 지적하라. 관리인과 지속적인 관계를 유지하라. 그 지속적인 관계는 다음과 같은 것들을 포함할 것이다. (1) 정기적으로 방문하는 것, (2) 위기 상황 시 도와주는 것, (3) 아파트 관리의 규칙들을 알고 준수하는 것, (4) 관리인의 권리를 인정하고, 관리인에 대한 감사를 표시하는 것, (5) 관리자를 위해 기도하고 가능하다면 그와 함께 기도하는 것. 이 모든 것들을 실천함에 있어서 성령의 인도하심을 구하라.[9]

다세대 주택 단지 주민 조사

관리자로부터 허락을 받고 난 후, 거주자들의 흥미 조사를 실시해야 한다. 이 간략한 조사는 각 아파트에 살고 있는 거주자들의 이름과 주소를 파악하는 것을 포함한다. 거주자들에게 각 가정 구성원이나 아파트 동거인의 나이를 표시하도록 한다. 또한 이 조사는 다양한 활동에 대한 거주자들의 관심에 대해 질문해야 하며, 그 거주자가 참여하기를 희망하는 활동이 있을 경우 그것에 대해서도 파악해야 한다. 이러한 활동들 중에는 위에서 언급한 것들뿐만 아니라 언어 강의, 기초 건강반, 홀부모반, 요리 강습, 에어로빅 등과 같은 다른 활동들도 될 수 있다.

또한 이 거주자 흥미 조사를 통해 거주자가 지역 교회에서 활동적인지를 물을 수 있다. 그리고 교회를 찾고 있다면, 그들이 교회에서 얻고자 하는 것이 무엇인지 물을 수 있다. 이 조사에 기초하여 보다 더 적절한 전도 프로그램을 개발할 수 있을 것이다.

모임 장소

관리인들이, 교회개척팀이 제공하는 서비스들에 관심을 갖게 되면, 단지 내의 체육관이나 아니면 다른 공간을 사용하도록 허락해 주기도 한다. 교회개척자들은 다세대 주택 단지를 위한 활동 담당자가 단지 내에 상주하도록 할 것을 제안할 수도 있는데, 그것은 관리인이 활동 담당자를 위해 공간을 제공할 경우이다. 공간이 제공될 경우에는 활동 담당자가 그곳에 머무르면서 전임으로 사역할 수 있는 기회를 갖게 된다. 체육관은 성경공부나 예배를 위해서 사용될 수 있다. 가능하다면 개척자는 그 지역 사회 내에서 공간을 확보하도록 노력해야 한다.

만일 무상 공간 확보가 절대적으로 불가능하다면 교회개척자는 아파트를 하나 대여하는 것과 특별 활동들과 성경공부를 위해서 그것을 사용하는 것까지 고려해야 한다. 이 계획이 가능하지 않다면 교회개척팀은 다세대 주택 단지에서 가능한 한 가까운 모임 장소를 찾아야 한다. 그러나 개척자는 교회개척에 있어서 공간이 주된 요인이 되게 해서는 안 된다. 교회는 이상적인 공간 확보 없이도 시작될 수 있다.

다세대 주택 교회개척

다세대 주택 단지에서 새 교회를 개척하는 데는 다른 지역 사회에서 교회를 개척하는 것과 유사한 점이 많이 있다. 이 책의 앞 장들에서 언급한 제안들이 다세대 주택 교회개척에도 적용된다. 여기서는 다세대 주택 단지와 관련된 몇몇 추가적인 특징들을 살펴보도록 한다. 바바라 오덴과 하비 케니셀과 같은 경험 있는 다세대 주택 단지 교회개척자들은 다세대 주택 단지에서의 교회개척을 위해 다음과 같은 단계들을 제안한다.[10)]

1단계: 후원 교회를 찾아라

'다세대 주택 단지에서 교회를 개척하는 것은 성령의 인도하심에 따른 비전, 꿈, 소명, 그리고 헌신으로부터 시작된다.'[11)] 다세대 주택 단지에 있는 교회들을 위해서도 후원 교회의 조력사역이 매우 중요하다. 이 교회의 독특한 필요가 후원 교회의 도움과 후원을 더욱더 중요하게 만든다. 다세대 주택 단지에서 교회를 개척하는 과정에 있어서 후원 교회 모집을 간과해서는 안 된다.

2단계: 자원 봉사 지도자들을 모집하고 훈련하라

다세대 주택 교회개척에 있어서 대부분의 리더십을 제공하는 것은 자원 봉사자들이다. 자원 봉사 지도자들은 사역에 있어 특별히 중요한 위치를 차지하고 있으므로 이들은 영향력 있는 기독교인의 모습을 드러내야 한다.

가장 빈번히 제기되는 질문 중의 하나는 다세대 주택 교회개척을 위한 리더십과 관련된 것이다. 몇몇 다세대 주택 단지 거주자들은 교회가 어느 궤도에 이르렀을 때, 목사의 사례비를 제공해야 할 필요를 느낀다. 그러나 어떤 거주자들은 충분한 헌금을 하지 못하며, 앞으로도 그러한 자원을 가지지 못할 것이다. 이러한 경우 비전임 교회개척자가 최상의 해답이 될 것이다. 따라서 다세대 주택 지역의 교회개척 전략은 개척자들을 찾고,

훈련시키고, 파송하는 것을 포함해야 한다. 많은 경우 비전임 교회개척자들이 다세대 주택 단지 내에서 배출된다. 이러한 경우 훈련 센터를 설립하는 것은 지속적인 다세대 주택 교회개척의 확장에 도움이 된다.

3단계: 다세대 주택 단지 선정

새 교회를 개척할 다세대 주택 단지를 선정함에 있어서 몇 가지 원칙들이 있다. 그중 특별히 유념해야 할 다섯 가지의 원리들은 다음과 같다.

1. 하나님께서 인도해 주실 것을 기도하고 구하라.
2. 다세대 주택 단지와 후원 교회 간의 근접성을 고려하라.
3. 친지 또는 교인이 살고 있는 지역 사회에 접근하라.
4. 지역 사회의 필요와 후원 교회 교인들의 은사와 기술이 부합되는 다세대 주택 단지를 선정하라.
5. 관리인을 방문하라.[12)]

4단계: 사역 발전 과정을 만들라

교회개척자는 교회가 발전할 수 있도록 돕는 여러 과정을 잘 계획해야 한다. 그 과정은 신뢰성 확보, 거주자 흥미 조사, 첫 행사, 관계 맺기 행사 및 활동, 행사 달력 만들기, 광고, 그리고 필요한 재원들 결정하기 등의 단계들을 포함한다. 물론 이 목록은 부분적인 것이며, 특정 지역 사회의 교회개척에는 필요하지 않을 수도 있다.

다세대 주택 단지의 교회개척자들의 경험을 통해 볼 때, 모든 거주자들과 함께하는 소풍을 출발점으로 하는 것이 도움이 됐다. 이 소풍 행사에서 교회개척팀과 후원팀은 음식, 음료수, 그리고 오락을 제공한다. 주된 목적은 사람들과 친해지고, 그들에게 제공할 서비스들을 알려주는 것이다. 일반적으로 이 팀은 모든 활동들이 자세히 적힌 전단지를 나누어준다. 그리고 사람들이 다양한 활동들에 등록하도록 격려한다.

어떤 교회개척자들은 소위 '개막축제' 라고 불리는 것을 시도했다. 이 활동은 소풍과 유사하지만 훨씬 더 많은 게임을 필요로 한다. 게임들로는 얼굴에 칠하기, 공 던지기, 화살 던지기, 축구, 고리 던지기, 낚시 등이 있다.

또 어떤 개척자들은 영화 축제, 콘서트, 인형극, 스포츠 시합 등을 시도했다. 어떤 경우에는 텐트 설치를 허락 받아 낮에는 레크리에이션 활동을 하고 밤에는 전도집회를 열기도 했다. 지역 사회에 따라 반응이 다를 것이므로 가장 적절한 접근법을 택해야 한다. 다세대 주택 단지 교회개척자는 활동들이 성경적이고, 합법적이며, 사교적이며, 지속적인 효과를 가지고 있는 한 이런 활동들을 제한해서는 안 된다.

5단계: 교회 구조를 정하라

다세대 주택 단지에 위치하고 있는 교회들이 다른 모든 곳의 교회들과 마찬가지로 올바르게 기능하기 위해서는 구조를 가져야 한다. 칼 엘더는 다세대 주택 단지 교회들을 위한 교회 구조를 다음과 같이 기술한다.[13)]

1. 작아야 한다(20-50명).
2. 지도자는 평신도이거나 아니면 비전임 목사여야 한다.
3. 성경공부반은 소그룹이어야 한다.
4. 예배는 간단하고 대개의 경우 짧아야 한다.
5. 예산은 적어야 하며, 교인들이 교회를 위한 책임을 감당할 준비를

해야 한다.

6. 참석하는 사람들, 가족들, 그리고 주민들의 필요들을 채워 주는 것에 우선순위를 두어야 한다.
7. 교회는 고유한 방식에 의해 자체적으로 성장하고 발전할 수 있도록 허락되어야 한다.

교회개척자는 고정관념에 의해 새 교회의 구조를 결정해서는 안 된다. 다세대 주택 단지의 교회 구조는 회중의 필요를 채워 주는 데 필요한 융통성을 가져야 한다. 어떤 교회들은 다른 교회들보다도 더 많은 조직들을 필요로 할 수도 있다. 구조를 교회의 필요에 적응시켜야 한다.

6단계: 교회가 계속 성장할 수 있는 계획을 세우라

다른 지역 사회에서 교회성장에 필수적이었던 활동들의 많은 부분들은 다세대 주택 단지 교회에서도 필요하다. 그러나 새 다세대 주택 단지 교회를 계속적으로 성장시키고자 한다면 지속적인 기도를 강조하고, 관리인과 좋은 관계를 유지하고, 정확한 활동 일정을 유지하고, 새로운 참가자들을 훈련 및 동참시키고, 이 사역에 사용될 수 있는 자원들을 확산시키기 위해 더 큰 지역 사회와 계속적으로 연결점을 갖는 것이 중요하다. 이러한 필수 사항들이 교회를 위한 기본적인 계획 속에서 자리를 찾아가야 한다.

저소득층 다세대 주택 단지 교회 시작

저소득층 다세대 주택 단지 주민들은 중산층 다세대 주택 단지 주민들과 공통된 특징들을 가지고 있지만, 동시에 특별한 전략을 필요로 하는 차이점들도 가지고 있다. 조우 거린과 돈 비치는 저소득층 다세대 주택 단지에 새로운 교회를 개척하고자 하는 개척자들을 위해 다음과 같은 전략을 제시한다.[14)]

1단계: 이중직 목사(Bivocational Pastor)를 찾아라

하나님으로부터 복음전파의 사명을 받고, 저소득층의 사람들을 이해하는 자를 모집하라. 필요 이상의 훈련이 필요한 것은 아니지만, 주민들로부터 존경 받을 만한 사람이어야 한다. 이 사람의 인격과 행동은 어떤 훈련이나 특별한 말재주보다 더 중요하다.

2단계: 모임 장소를 확보하라

저소득층 다세대 주택 단지 내에 사용 가능한 공공건물이 있다면 새 교회는 그곳에서 모임을 가질 수 있다. 만일 이것이 현실적으로 가능하지 않다면 아파트를 임대하거나 구입하여 그곳에서 모임을 가질 수 있다. 시설이 반드시 교회당처럼 보일 필요는 없다.

3단계: 작은 교회 건물을 세우라

교회가 발전하여 더 많은 시설들이 필요하게 되면 교회와 후원 교회는 단순하고 작은 교회 건물을 그 지역 사회 근처나 내부에 세울 수 있다. 비록 작은 건물이라 하더라도 교회가 그곳에 있다는 것을 주민들에게 알릴 수 있다. 일반적으로 교회는 교회 건물값과 유지비가 사역을 방해하도록 하게 해서는 안 된다.

4단계: 성경공부와 예배를 시작하라

모임 장소를 찾게 되면 즉시 성경공부와 예배를 시작하라. 교회개척팀은 다른 지역의 성경공부 그룹들을 위한 전략들과 방법들을 사용할 수도 있다. 중요한 것은 그 지역 사람들의 필요에 맞추어 적용하는 것이다.

5단계: 좋은 관계들을 형성하라

교회개척자는 지역 사회의 공무원이나 관리인들과 좋은 관계를 형성해야 한다. 교회의 계획들과 목표들을 지역 사회관계자들과 나누어야 한다. 교회는 공무원이나 지역 사회 지도자들에게 교회가 지역 사회를 가능한 모든 방법으로 도울 것이라는 것을 알려야 한다. 교회와 개척자는 그 지역 사회의 규칙이나 법규들을 어기지 않도록 주의해야 한다.

6단계: 종교 조사를 실시하라

교회개척팀은 저소득층 다세대 주택 단지 주민들의 종교 조사와 흥미 조사를 실시해야 한다. 이러한 두 가지 조사는 교회개척자가 관계 맺기 행사를 계획하는 데 필요한 정보를 제공해 준다. 이 정보는 교회를 위한 예비 서류 작성의 첫 단계가 될 것이다.

7단계: 음악 사역자를 찾아라

새 교회는 예배시간을 위해 음악과 음악사역자들을 필요로 할 것이다. 악기를 다룰 수 있는 사람들, 특별히 기타를 칠 수 있는 주민들을 찾아라. 이들은 음악사역을 도와줄 것이다. 음악사역과 관련해 후원 교회나 그 지역에 있는 다른 교회들로부터 도움을 받을 수도 있다.

8단계: 심방 프로그램을 시작하라

모든 교회는 사역을 위한 새로운 사람을 찾기 위해 지속적이고 끈기 있는 심방 프로그램을 필요로 한다. 교회개척자는 첫 주부터 정기적인 주간 심방을 시작해야 한다. 개척자는 사람들을 접촉할 때에 교인들을 데리고 다니면서 훈련시켜야 한다.

9단계: 현지 지도자를 모집하라

후원 교회나 다른 그룹들에 속한 지도자들을 어느 정도 의존하는 것이 다세대 주택 단지에서 새 교회를 개척하는 초창기에는 도움이 될 수 있다. 그러나 사실, 교회는 처음부터 리더십과 관련해서 저소득층 다세대 주택에 사는 사람들을 찾고 사용해야 한다. 이러한 절차는 주민들에게 이것이 '우리 교회' 라고 하는 '주인 의식' 을 갖게 해 준다.

10단계: 어린이들을 위한 활동들을 계획하라

새 교회는 어린이들을 위한 사역을 개발해야 한다. 여름성경학교, 성경클럽, 아니면 특별한 가르침의 시간들은 아이들이 교회 식구가 되는 것을 도울 수 있다. 대부분의 저소득층 다세대 주택 단지에는 많은 수의 어린아이들이 있다. 어린이들을 위한 활동들을 계획하는 것은 새로운 교회에 있어서 필수적인 것이다.

11단계: 전도 계획을 세우라

새 교회는 가능하면 빨리 복음전도 예배시간을 계획해야 한다. 모든 예배가 복음전도의 목적을 가지고는 있지만 불신자들을 전도하기 위한 특별한 시리즈가 큰 축복을 가져다주고 또한 그 새 교회의 성장에 일조하게 된다.

12단계: 친교 활동들을 계획하라

저소득층 다세대 주택 단지에 있는 교회는 지속적인 사역의 일환으로 친교 활동들을 위한 계획을 세워야 한다. 교회는 지역 사회의 가족들을 위해 과일, 아이스크림, 게임, 그리고 노래 등을 포함하는 모임을 계획할 수 있다. 이러한 활동들은 가족들을 만나고 교회가 어떻게 사역해야 할지를 아는 데 도움을 줄 수 있다.

13단계: 훈련 기회들을 제공하라

교회는 두 가지 분야에서 훈련을 제공할 수 있다.

첫째, 직업이 없는 주민들을 돕기 위해 '직업 박람회'를 개최할 수 있다. 이러한 노력은 교회가 그들에게 관심을 가지고 있다는 것을 알리는 것이다. 어떤 교회들은 실제적으로 기술이 없는 사람들을 위해 직업 훈련을 제공한다.

두 번째 분야의 훈련은, 사람들이 교회 안에서 그리고 교회를 통해서 사역 기술들을 개발할 수 있도록 돕는 것이다. 저소득층 다세대 주택 단지에 있는 교회의 지도자들은 그들의 임무들을 효과적으로 수행하기 위해서 반드시 훈련을 받아야 한다. 훈련은 교회의 지속적인 발전을 위해 필수적이다.

결론

다세대 주택 단지 교회개척은 오늘날 우리가 살고 있는 세상에서 가장 커다란 필요들 중의 하나이다. 다세대 주택 단지에 살고 있는 많은 주민들은 어떤 점에서 잘 알려지지 않은 종족 그룹 범주에 속한다고 볼 수 있다. 그들이 비록 우리 주변에 있지만 우리는 종종 그들을 보지 못하고, 이러한 사람들 속에 교회가 있어야 한다는 필요를 인식하지 못한다. 다세대 주택 단지에 살고 있는 주민들이야말로 오늘날에 가장 창의적이고 신나는 교회개척 노력을 쏟아 부을 수 있는 대상이다.

주

1) Donald A. McGavran, Understanding Church Growth (Grand Rapids: Eerdmans, 1970), 332.

2) Ebbie C. Smith, A Comparison of the Socioeconomic Standing of Members of Southern Baptist Churches and the Population of Tarrant County, Texas, MA. Thesis, University of Texas at Arlington, 1987.

3) David T. Bunch, Harvey J. Kneisel, Barbara Oden, Multi-Housing Congregations (Atlanta: Home Mission Board, 1993), 4.

4) Ibid., 5.

5) Barbara Oden, "Reaching People in Apartment Communities," cited in Bunch, op cit., p. 5.

6) Bunch, Kneisel, Oden, 2.

7) For a more complete list see Bunch, 84.

8) Terry Willis, "Characteristics of Multi-Family Housing Residents," In Strategies For Starting New Churches In Multifamily Housing Communities, compiled by Carl Elder, (Dallas: Baptist General Convention of Texas, 1985).

9) Bobbie Wash, The Coordinator' s Handbook for Multi-Housing Communities (Houston: Union Baptist Association, n.d.).

10) Bunch, Kneisel, Oden, 2.

11) Ibid., 39.

12) Adapted from Bunch, 45.

13) Carl Elder, cited in Bunch, 58.

14) Joe Guerin and Don Beach, "Strategies For Starting Churches in Multi-Housing in Strategies For Starting New Churches In Multi-family Housing Communities, compiled by Carl Elder, 1985.

4부_ 새 교회 시작

교회개척 과정에서 아마도 가장 흥분되고 도전적인 시기는 개척에 착수하는 단계일 것이다. 이 단계가 가장 흥미로운 것은, 지금까지는 상당히 많은 일들이 이루어져 왔지만 그 결과가 막상 눈으로 확인되지 않았고 나타난 것도 없었기 때문이다. 이때까지의 모든 중요한 준비 단계들은 새 교회를 설립하려는 공통된 비전을 지니고 이에 헌신하고자 하는 일단의 핵심적인 일꾼들을 양산하는 단계였다. 이 핵심 그룹이 공개적으로 교회의 창립을 알리기 전에 해야 할 중요한 필수 요건들이 있다. 이러한 필수 요건들 중에는 모임 장소 선정, 적합한 교회 이름 선택, 소그룹 모임 시작, 융화 과정 개발 등이 포함된다.

17장 예배 장소 선정

새로운 교회가 모임을 가질 수 있는 장소가 있어야 한다. 장소를 제공하고 준비하는 일은 교회개척을 착수하는 단계에서 절대적인 부분을 차지한다. 모임 장소는 새 교회의 발전을 촉진시킬 수도 있고 저해할 수도 있다. 교회개척팀은 새 교회의 모임 장소를 선정하는 일을 신중히 고려하여야 한다.

모임 장소 선정 기준

교회개척 분야의 전문가들이 관찰한 것들 중에서 가장 두드러진 점 중의 하나는 새 교회들이 너무 일찍 그리고 너무 작은 건물을 구입하려는 경향이 있다는 것이다.1) 자신들만의 고유한 모임 장소를 가지고자 하는 바람으로 인해, 어떤 교회들은 잠재력을 최고로 발휘할 수 있게끔 하는 유형의 건물을 지을 수 있을 때까지 기다리기보다는, 개척 당시의 자신들의 능력이 감당할 수 있는 건물을 짓는다. 때로 이런 교회들은 건물 구입에 많은 빚을 지는 관계로 이후의 성장을 위한 사역에 필요한 자원들을 갖출 수 없거나 적게 갖추게 된다. 새로운 교회들은 교회의 건물을 너무 일찍, 너무 작게, 그리고 너무 비싸게 지으려는 경향들을 조심해야 한다. 많은 경우 이 문제에 대한 해결책은 임시 예배 장소를 효과적으로 사용하는 데 있다.

새로운 교회들은 모임 장소로 서로 다양한 유형의 시설들을 사용할 수 있다. 이러한 시설들에는 초·중·고등학교, 대학교, 공공 회의실, 비어있는 가게 건물, 숙박 시설, 사업장의 회의실, 식당, 장례식장에 딸린 예배실, 극장, 레크리에이션 센터, 은행 건물, 대저택, 운동장 등이 있다. 이러한 유형의 장소들은 대부분의 경우 저렴한 가격으로 이용이 가능하며, 새로운 교회가 건물 구입에 모든 물질적 자원을 투입하지 않고 인력 확충과 프로그램 운용을 위한 재정적 자원을 확보할 수 있게끔 해 준다.

적당한 장소를 선정함에 있어 교회는 몇 가지 사항을 염두에 두어야 한다.

첫째, 개척팀은 시작 단계에 모일 수 있는 예상 인원을 고려해야 한다. 예를 들어, 전화 등의 전도 방법을 통해 창립 예배까지 200명을 확보하는 것이 목표라면 개척자는 그 정도의 인원을 수용할 수 있는지 모임 장소의 수용성에 대해 생각해 보아야 한다. 초기의 공중 예배에 많은 인원이 북적대는 것이 그리 나쁜 일은 아니지만, 만약 장소가 너무 협소하다면 많은 사람들이 다시 찾아오지 않을 것이다.

둘째, 건물의 외양은 매우 중요하다. 건물이 너무 비싸 보일 필요는 없지만 예배 장소로 적합한 특성을 갖추어야 한다. 모임 장소로 적합하기 위해서는 우선 깨끗하고, 페인트칠이 잘 되어 있어야 하며, 빛이 잘 들고, 관심을 끌 수 있게 장식되어 있어야 한다. 건물은 지저분한 흠집이 없어야 하며, 잘 갖추어진 유아실이 있어야 하며, 깨끗한 화장실과 좋은 방음 시설, 적절한 실내 온도를 갖추고, 분명한 장소의 구분이 있어 사람들이 길을 잃거나 혼동하지 않게끔 해야 한다. 모임 장소에 그러한 특성들을 갖춘다면, 교회를 찾는 사람들은 편안함을 느끼고 다시 찾아올 것이다.

셋째, 모임 장소는 찾기가 수월해야 한다. 임대한 건물이 많이 알려져 있고 쉽게 찾을 수 있는 위치에 자리한다면 매우 좋을 것이다. 모임 장소를 찾기가 쉽지 않은 경우, 지도와 표지판을 사용하여 그러한 어려움을 상쇄할 수도 있다. 어떤 교회개척자들은 주보, 우편물, 전화번호부에 지도를 추가하여 사람들이 장소를 쉽게 찾을 수 있도록 하기도 한다. 주변의 거리나 건물에 적절한 표지판을 부착하는 것도 큰 도움이 된다. 교회의 기존 교인들은 모임 장소를 찾는 불편함을 기꺼이 감수하고자 하겠지만 초신자들은 그렇게 열심이지 않을 수 있기 때문이다.

넷째, 건물들은 적합한 주차 공간을 갖추어야 한다. 이 점에서 초신자들의 생활 방식을 고려할 필요가 있다. 대도시 지역에서는 많은 사람들이 대중 교통수단에 의존하기 때문에 주차 공간이 필요하지 않을 수도 있다. 그러나 어떤 지역에서는 자가용 소유자가 많아 주차 공간의 확보가 절대적으로 필요하다.

일반적으로 임대 건물들은 이용 가능한 주차 공간을 갖추고 있다. 때로 백화점이나 학교 등 인근 건물 소유주와 협약하여 주일날 교회가 그들의 주차장을 사용하고 주중에 그들의 손님들이 교회의 주차장을 사용할 수 있도록 하는 것도 좋은 방법이다. 중요한 점은 새 교회를 찾는 이들이 쉽게 이용할 수 있는 주차장을 갖추는 것이다.

다섯째, 건물 공간은 교회의 제자화 방식을 반영할 수 있어야 한다. 예를 들면, 어린이들은 물론 장년들에게도 주일 학교를 도입하는 교회들은 다양한 그룹들이 모일 적절한 공간이 필요할 것이다. 반면에, 장년에게는 가정 중심의 셀모임을 운영하고 어린이들에게만 주일 아침에 주일 학교 반들을 운영하는 교회들은 상대적으로 공간이 덜 필요할 것이다. 필요한 장소를 정하기 위해서는 교회의 다른 프로그램들도 고려해야 한다. 많은 주중 프로그램을 계획하는 교회들은 주일뿐 아니라 주중 어느 때라도 사용 가능한 건물을 필요로 한다.

여섯째, 만약 새 교회가 학교나 사무실 등 주중에는 다른 용도로 사용되어지는 건물에서 모인다면 개척팀은 장비들을 보관할 공간과 의자들을 비롯한 교회 비품들의 설치 및 뒷정리를 위한 계획들을 갖고 있어야 한다. 보관 장소가 사용이 용이한 곳이라면 정리 및 보관 작업들이 훨씬 쉬워진다.

일곱째, 건물은 지역 사회 내에서 좋다고 여겨지거나 또는 적어도 중립적인 이미지를 갖고 있어야 한다. 건물과 관련된 나쁜 평판은 이유가 무엇이든, 극복하기에 매우 어렵다. 예를 들어, 만일 부정적 이미지의 하나가 안전성과 관련된 것이라면, 사람들은 어두워진 후에 건물에 오는 것을 망설일 것이다.

여덟째, 교회개척팀은 전도 대상자들과의 관계를 고려하여 건물 유형을 결정하여야 한다. 일반적으로 아이가 있는 젊은 부부들은 초등학교에서 만나는 것에 편안함을 느낄 것이다. 조금 더 나이가 든 이들은 대학의 대강당이나 공공 회의실과 같이 그들 연령의 사람들이 자주 방문하는 곳에 모임 장소가 있다면 더 편안함을 느낄 것이다.

아홉 번째, 임시 모임 장소의 위치는 매우 중요하다. 위치 선정과 관련하여 적어도 두 가지 면을 숙고해야 한다. 하나는 대상 주민들과 관련한 건물의 위치이다. 주민들이 살고 있는 지역에 가까울수록 그들을 끌어들일 수 있는 가능성이 커진다. 두 번째는 앞으로 구입할 영구적인 모임 장소와 관련한 위치이다. 가능하다면 둘 사이의 거리가 가까울수록 장래 이동이 용이할 것이다. 만일 영구적인 건물이 임시 장소와 너무 먼 거리에 위치한다면, 교회는 건물을 옮긴 후에 상당히 많은 수의 교인들을 잃을 수도 있다.

임시 시설의 사용

새 교회가 임시적으로 사용하는 시설들은 전적으로 소유하여 사용하는 건물들보다는 확실히 불편할 것이다. 그러나 이러한 임시 시설들은 목표를 달성하기 위한 수단이다. 교회가 성장해 갈수록, 계속적인 성장에 도움이 되는 유형의 교회 건물을 구입하기 위한 재정적 자원과 경험이 풍부해질 것이다. 만일 새 교회의 지도자들이 건물의 선정과 관련하여 다음의 단계들을 따른다면 큰 도움이 될 것이다.

초기 단계에서는, 필요를 채우기에 적당하면서 동시에 모든 자원을 다 소모해 버리지는 않는 규모와 유형의 건물을 구입해야 한다. 건물이나 시설을 위해 모든 자원을 소모하게 되면 인력, 프로그램, 홍보 등에 투자할 자원이 부족하게 될 것이다.

중간 단계에서 교회는, 필요를 적절히 채워 줄 수 있으면서 성장에 박차를 가하는 데 도움이 되는 건물을 구입할 수 있다. 이 단계에서 성장하고 있는 교회는 예산을 초과하지는 않으면서 이전보다 큰 규모의 건물을 구입할 수 있다. 교회가 보다 확고히 자리를 잡은 시점에 이르렀을 때, 최고의 성장을 가져올 수 있도록 하기 위한 건물의 건축이나 구입을 위해 계획을 세울 수 있다. 이 시점에 이른 교회는 너무 일찍 협소한 교회 건물을 짓는 실수를 피하고, 미래를 바라보며 건축할 수 있는 재정적 능력을 확보하게 될 것이다.

결론

새 교회의 모임 장소는 분명히 상당한 중요성을 갖고 있으므로 개척팀은 건물과 관련된 모든 요소들을 신중히 고려해야 한다. 모임 장소를 위한 가장 중요한 원칙은 개척 초기의 필요에 적합한 동시에 미래의 성장을 저해하지 않아야 한다는 것이다. 따라서 초기 모임 장소를 제공함에 있어 세심한 주의를 기울여야 한다.

주

1) Rick Warren, The Purpose Driven Church, 46.

18장 적절한 이름 선정

새 교회에 적합한 이름을 선정하는 일은 매우 중요하다. 많은 신자들은 성경상의 이름들이나 자신들이 자라난 교회의 이름을 생각할 때 따뜻하고 좋은 느낌을 갖는다. 이런 점이 한편으로는 매우 긍정적으로 보이지만 초신자나 외부인에게는 이런 이름들이 전혀 다른 인상을 심어줄 수도 있다. 어떤 교회의 이름들은 부정적이거나 혼란스런 느낌을 주고 심지어는 불신자들에게 아무런 의미도 전달하지 못하는 경우가 있다. 여기서 우리가 고려해야 할 문제는 다음과 같다. 누구를 대상 그룹으로 하고 있는가? 만일 우리 자신이나 다른 기존 신자들을 만족시켜주려 한다면, 사실 이름은 아무래도 좋을 것이다. 반면에 만일 불신자들이 교회에 뭔가 매력을 느낄 수 있도록 하기 위한 이름을 정하고자 한다면, 적절한 이름을 선택하는 일에 상당한 관심을 기울여야 한다. 이 점을 염두에 두고 아래에 제시된 것들을 고려할 필요가 있다.

피해야 할 실수들

새 교회의 이름을 선정하는 일과 관련하여 몇 가지 기억해야 할 것들이 있다.

첫째, '실로 교회', '비스가 교회', '모리아 교회' 등과 같은 모호하고 불분명한 성경상의 명칭들을 피하라. 그러한 이름들이 교인들에게는 아주 중요한 의미를 지니고 있을지도 모르나 불신자들에게는 아무 의미도 전달하지 못하며, 자칫 그 교회가 사이비 종파에 속한 것과 같은 인상을 줄 위험이 있기 때문이다.

둘째, 교회가 현재 위치하고 있는 지역의 이름을 교회명으로 삼는 것을 피하라. 교회가 새 건물로 옮기게 될 때 이전의 이름을 고수해야 할지, 아니면 혼란을 피하기 위해 개명해야 할지를 결정하는 어려운 순간에 처하기 쉽다. 도시 안의 구역이나 거리 이름을 사용하는 것 역시 마찬가지다. 초기에는 지역 주민과의 일치감을 심어주는 데 유익할지도 모르나 이후 교회가 자리를 옮길 때 명칭을 변경해야 하기 때문이다.

피터 와그너는 로버트 슐러가 시작 단계에서 교회 이름을 '가든 그로브'라고 정했지만 이후 교회가 끼치는 광범위한 영향력에 비해 교회명이 상대적으로 소수의 지역민들과만 유대감을 형성한다는 사실을 깨달았음을 지적한다. 그런 이유로 슐러 목사는 나중에 교회 이름을 '수정교회'(Crystal Cathedral)로 개칭하였다. 와그너는 또한 릭 워렌이 현명하게도 자신의 교회가 한때 위치했던 거리들인 '라구나 힐', '미션 비에조', '엘 토로' 등의 이름을 사용하지 않고, 이 모든 지역들을 둘러싸고 있는 '새들백 골짜기'로 교회 이름을 정했음을 지적한다.[1)]

셋째, 지역 사회의 이름이 이롭지 못한 의미를 지녔을 때, 교회의 이름으로 사용하지 말라. '붉은 악마 교회' 와 같은 이름을 사용할 수 없음은 너무나 당연하다. '전쟁터(Battleground) 교회' 같은 이름도 좋지 않은 의미를 암시하고 있다. 어떤 이름들은 다소 우스꽝스럽기도 하다. '아름다운 발 교회' (Beautiful Feet Church), '천국의 이상 교회' (Heavenly Vision Church), '제임스 국왕 피난처 교회' (Refuge King James Church), '양의 문 교회' (Door of the Sheep Church), '도피성 교회' (City of Refuge Church), '시온산 교회' (Mt. Zion Church), '누가 복음을 전할까 교회' (Who Ever Will Outreach Church), '실로 교회' (Shiloh Church), '로마서 8장 교회' (Romans VIII Church), '사도행전 교회' (Acts Church) 등은 회중들에게는 내부적으로 의미가 있지만 불신자들의 마음속에는 혼동을 초래하기 쉽다. 교회에 대해 애매하거나 부정적인 이미지를 심어주는 이름들은 피해야 할 것이다.

넷째로, 긴 이름을 사용하지 말라. 어떤 사람들은 자신들이 믿는 바 전부를 이름 안에 명시하고자 하기도 한다. '성경을 믿으며, 성화 되어진, 하나님의 주권적 은혜 안에 있는 교회', '신유의 불, 정결한 마음, 말씀을 따라 사는 교회', '믿음 소망 사랑 능력 구원 교회' 는 내부인들에는 그들이 지지하는 것들에 대해 알게 해 주지만, 외부인들은 그런 이름들에 대해 거부감을 느끼거나 혼란스러워 할 수 있다. 어떤 이들은 자신들의 목표 대상을 알리기 위해 긴 이름을 쓰기도 한다. 전화번호부에 적혀 있는 한 교회의 이름은 '고속도로 봉사사역을 위한 국제 오토바이 협회 순복음 교회' 이다. 긴 이름은 불신자들에게 혼란을 주기도 하지만 홍보에도 어려움을 가중시킨다.

다섯째, 한 세대에게만 의미심장한 이름을 사용하지 말라. 예를 들면, 어떤 새 교회는 자신들이 매우 존경하는 외국인 선교사를 기리기 위해 그의 이름을 따서 교회명을 지었다. 그들은 교회 이름을 '앤더슨 기념 교회' 로 명명했다. 문제는 교인 중 소수만이 그 선교사를 개인적으로 알고 있었으며, 더 심각한 것은 그 지역에 속한 사람들은 교회의 이름이 뜻하는 바에 대해 전혀 모르고 있다는 것이다.

지켜야 할 기준들

교회개척팀들이 교회명을 선정하는 데 지침이 되는 몇 가지 기준들이 있다.

첫째, 사용하고자 하는 교회명들의 목록을 만들어 현장 조사를 해 보라. 달리 말하면, 이 이름들을 대상 그룹으로 삼고 있는 불신자들에게 보여 주고, 이 이름들을 들었을 때 무슨 생각이 드는지 물어보라. 그들이 이 이름들을 이해할 수 있는가? 이 이름들이 긍정적인 느낌을 갖게 하거나 친절함과 따뜻함을 전해 주는가? 아니면, 이런 교회명을 지닌 교회의 예배에는 참석하지 않고 싶을 정도의 부정적 느낌을 주지는 않는가?

분명한 것은 교회개척팀이 신자들에게 불쾌감을 주는 이름을 선택하지는 않으리라는 것이다. 또한 이름들이 불신자들에게 어떤 의미를 전달하는지를 이해하는 것은 매우 중요하다. 이름이 풍기는 인상의 중요성을 이해한다면, 그 교회의 성장을 촉진할 수 있는 이름을 지어야 함은 명백하다.

둘째, 교회개척팀은 사람들이 교회와 일체감을 느낄 수 있는 이름을 선택해야 한다. 어떤 이름들은 너무나 많이 사용되어져서 어떤 교회를 지칭하는 것인지 혼동을 일으킬 수 있다. 창의력을 발휘하여 전도 대상자들의 주의를 끌면서도 동시에 교인들이 자신의 교회와 유대감을 느낄 수 있는 그런 이름을 개발해야 할 것이다.

셋째, 개척팀은 간결한 이름을 사용하여야 한다. 이미 지적한 대로 어떤 이들은 자신들의 신조 전체를 교회 이름에 담으려는 경향이 있다. 이런 이름들이 자신들의 신앙을 똑같은 방식으로 표현하기를 원하는 이들의 시선을 끌 수는 있으나, 포용적이기보다는 배타적으로 보이기 때문에 혼란스러워 하거나 뒤돌아서는 사람들이 많이 있을 수 있다. 사람들은 일반적으로 길고 혼동을 초래하는 이름보다는 간결하고 매력적인 이름들을 더 잘 기억한다는 사실을 명심해야 한다.

마지막으로, 개척팀은 자신들이 개척하고자 하는 지역에 그들의 교단명이 어떠한 이미지를 심어주고 있는지에 관심을 둘 필요가 있다. 교단명이 대상 그룹에 속하는 사람들로 하여금 그 교회의 일원이 되기 원하는 마음을 갖게 할 정도로 긍정적인 경우가 있다. 어떤 지역에서는 새 교회가 이단의 분파가 아님을 확인시켜 주기 위해 반드시 교단명을 사용해야 하는 경우도 있다. 또 어떤 지역의 사람들은 교단에 대해 무관심할 수도 있다.

특정 교단에 대해 부정적이거나 부정확한 이미지를 가지고 있는 지역의 경우, 교회명에 교단 이름을 명시하는 것은 지역민들을 교회로부터 멀어지게 할 수 있다. 그럴 경우 교회개척팀은 교단명을 명시하는 것에 대해 신중히 생각해 보아야 할 것이다.

교회개척팀이 선택할 수 있는 것들

새 교회를 위한 이름 선정과 교단명 사용에 대한 문제에 있어 개척자들은 몇 가지 사항을 심사숙고해야 한다. 첫째, 개척자는 교단명이 목표 대상들에게 어떤 의미를 주는지 알기 위해 시장 조사를 할 수 있다. 둘째, 개척자는 공개적이고 세련된 행사들을 통하여 교단의 이미지를 향상시키는 노력을 할 수 있다. 셋째, 개척자는 교회의 간판에는 교단명을 생략하는 대신 교회의 행사 등에서 나눠 주는 책자 등에는 포함시키고, 새로운 신자들에게는 초신자 양육 프로그램 등을 통해 교단의 특징들을 설명해 줄 수 있다. 넷째, 교회개척자는 교회 간판에 교단명의 약자를 사용할 수도 있다. 이렇게 하면 동일 교단에 속한 교회를 찾던 이들에게는 긍정적인 메시지를 주면서, 불신자들에게는 어떠한 부정적인 의미도 전달하지 않게 된다. 가장 중요한 점은, 개척자가 이러한 문제를 성실함과 정직함을 가지고 다룸으로써 기존 신자들에게는 충성심을 고취시켜 주면서 새신자들에게는 교회가 속한 교단에 대한 새로운 이해와 인식을 갖도록 해야 한다는 것이다. 개척자가 당면하는 가장 큰 도전은, 사람들이 구원의 메시지를 듣고 그 교회가 어떤 곳인지를 알 기회를 갖기도 전에 그들을 쫓아버리는 일이 없도록 하는 이름을 선정하는 일일 것이다.

주

1) Wagner, Church Planting For A Greater Harvest, 118-9.

19장 소그룹

소그룹 모임은 수 세기 동안 교회개척자들이 복음의 메시지를 사람들에게 전하며 그들을 제자화하는 데 사용하여 온 가장 효과적인 방법들 중 하나이다. 이러한 소그룹 운용은 성경의 전례에 기초한 것이다. 사도행전 2장 41-47절은 초대 교회가 역동적인 소그룹의 많은 일반적 특징들을 갖고 있음을 보여 준다. 소그룹 모임에서 복음의 메시지에 반응한 사람들은 융화되었으며("세례를 받으매 수가 더하더라" 41절), 제자화되었고("사도의 가르침을 받아" 42절), 교화되었으며("서로 교제하며 떡을 떼며 기도하기를" 42절), 감화되어졌고("사람마다 두려워하는데" 43절), 서로 돌보았으며("모든 물건을 서로 통용하고" 44절), 사역에 참여했다("각 사람의 필요를 따라 나눠주고" 44절). 소그룹의 성경적 특징들과 관련된 다른 본문들은 사도행전 5장 42절, 16장 40절, 20장 20절과 고린도전서 16장 19절, 로마서 16장 5절 등이다.

오늘날 이 방법은 문자 그대로 전 세계에 걸쳐 수많은 교회들을 개척하고 성장시키는 데 사용되어져 왔다. 그러한 교회 중 하나가 대일 갤로웨이(Dale Galloway)가 오레곤주 포틀랜드에 세운 뉴 호프 커뮤니티 교회이다. 그의 저서 「20/20 비전」에서 갤로웨이는 그가 부드러운 사랑의 보살핌이라고 이름 붙인 소그룹의 열 가지 특성에 대해 나누고 있다. (1) 친밀한 가족, (2) 성경을 일상생활에 적용하기, (3) 삶의 간증 나누기, (4) 효과적인 일대일 양육과 보살핌, (5) 격려와 교화, (6) 의미 있는 봉사를 위한 기회, (7) 교제를 통한 전도, (8) 새신자의 제자화, (9) 영적 성장, 그리고 (10)강력한 지도력의 개발.[1)]

위스콘신주의 밀워키에 있는 엘름브룩(Elmbrook) 교회 역시 교회 내의 가정 소그룹들을 위해 이와 비슷한, 이웃 사랑을 위한 목표들을 세웠다. (1) 양육-신자들을 보살피고 먹임으로써 서로의 성장을 위해 상호간 헌신, (2) 심방-새신자와 가족, 친구들에 대한 방문. (3) 친교-가정에서의 모임을 이용, 서로를 반갑게 맞이하며 간단한 다과를 준비하여 대접, (4) 후속 조치-특히 새신자에 대한 계속적인 돌봄, (5) 지역 대상의 프로젝트들-양로원, 소년원, 감옥, 난민 보호소 등, (6) 교통수단이 필요한 사람들을 찾아내어 그들의 필요를 채워 주기-학생들이나 노인들 등, (7) 그룹 상호간의 활동-동참자들이 음식을 가져와서 교제.[2)]

성장하고 재생산할 수 있는 교회를 시작함에 있어 소그룹 모임의 유효성은 재론의 여지가 없다. 교회개척팀은 소그룹 모임이 새 교회를 시작할 수 있는 가장 좋은 방법임을 기억해야 한다. 그리스도인들은 현재 크게 두 가지의 주요 방식으로 소그룹 모임을 사용하고 있는데, 하나는 교회 밖에서의 모임이고 다른 하나는 교회 안에서의 모임이다.

교회 밖에서의 모임

가정 셀그룹

교회 밖에서의 소그룹 모임은 새 교회의 성장에 지대하게 공헌할 수 있는 몇 가지 특징들을 가지고 있다. 첫째, 가정집, 회의실, 사업장 등 이미 사용 가능한 장소에서 모이기 때문에 장소에 대한 압박감에 의해 제한되어지지 않는 잠재적 성장력을 가지고 있다. 다시 말해서, 셀그룹이 주어진 지역 내에 있는 모임 장소의 수만큼 있을 수 있다는 것이다. 새 교회는 소그룹 성경공부를 위한 추가적인 건물 구입에 재정을 지출하지 않아도 된다. 둘째, 많은 경우 사람들은 교회 건물에서의 만남보다는 가정이나 소그룹으로의 초대에 더 빨리 반응한다. 셋째, 교회 건물에서 열리는 조직화된 성경공부 모임보다는 가정 셀그룹의 지도자들을 모으는 것이 보통 더 쉽다. 넷째, 모임이 열리게 되는 집안의 가족들이 참여하고 배우는 입장에 있기 때문에 셀그룹 접근법은 또 다른 지도자들을 키워내는 데 공헌할 수 있다. 다섯째, 가정에서의 비공식적 형태의 모임은 자유로운 대화를 유도하고, 그 결과 불신자들이 점차적으로 구원의 메시지에 대해 알아갈 수 있도록 돕는다. 여섯째, 셀그룹에서의 친교는 자연스럽고 효과적인 제자화 과정으로 나아가는 데 공헌한다. 일곱째, 가정 셀그룹 접근법은 일대일의 양육, 상담, 기도를 가능케 한다.

소그룹 모임이 당면하는 가장 큰 과제는 연속성, 지도자 훈련, 증식이 가능한 조직이다. 이러한 문제 때문에 소그룹은 조직을 필요로 한다. 소그룹에 필수적인 조직 구조는 다음과 같다. 첫째, 셀그룹의 조직 구조는 전도와 제자화라는 목적을 반영해야 한다. 둘째, 조직 구조는 소그룹이 필요로 하는 유형의 지도자를 위한 지침을 제공해야 한다. 셋째, 그룹 안의 모든 사람들이 다양한 유형의 지도자들의 역할을 이해할 수 있게 해야 한다. 넷째, 구조는 셀그룹 모임을 위한 체재를 결정한다. 다섯째, 모임에 대한 보고서는 분명하게 설명되어져야 한다. 여섯째, 구조는 책임과 규율의 기대치를 명확하게 한다.

뉴 호프 커뮤니티라는 이름의 교회는 평신도 목회자, 그룹 지도자들, 조력자들, 셀그룹 모임을 위해 집을 제공하는 사람들 등을 포함한 조직체계를 가지고 있다. 평신도 목회자들은 세 가지 범주로 나누어진다. (1) 훈련생, (2) 예비 평신도 목회자, (3) 평신도 목회자. 이들은 그룹의 지도자를 돕는다. 각각의 자리에 대한 자격 및 역할 설명은 분명하게 제시되어져 있다.

엘름브룩 교회 역시 지도력과 권위체계에 대해 분명하게 규정된 조직구조를 가지고 있다. 이 구조에는 목사, 셀그룹 담당 사역자, 지역 목자, 그룹 지도자, 그리고 그룹 구성원들이 속한다.[3] 모든 참여자들은 셀그룹의 구조를 명확하게 이해하고 표현하며 설명할 수 있다.

이상에서 언급한 두 교회의 셀그룹 모임들은 가정 셀그룹이 효과적으로 기능하고 목표를 달성하기 위해서는 매우 신중하게 조직되고 운영되어야 한다는 사실을 알려주는 예들이다. 서로 다른 이름들을 가지고 있기는 하나 일반적으로 셀그룹을 조직하고 운영하기 위한 주요 유형의 지도자들은 (1) 셀그룹 담당 사역자, (2) 셀그룹 지도자, (3) 예비 지도자, (4) 장소를 제공하는 사람들이다.

셀그룹 담당 사역자

셀그룹에 있어 절대적으로 중요한 지도자인 셀그룹 담당 사역자는 여러 다양한 책임을 맡는다. 그의 주요 과제는 (1) 셀그룹 지도자들 모으기, (2) 지도자들 훈련시키기, (3) 지도자들과 전체 팀들을 위해 다리 역할 하기, (4) 지도자들의 모임을 위해 필요한 모든 자료들을 확보되어 있는지를 확인하기, (5) 셀그룹 모임들에 대한 보고 받기, (6) 새로운 셀그룹 장소제공자를 확보하는 일 돕기, (7) 양육과 모집을 위한 모임 계획하기, (8) 그룹들의 진척 사항에 대해 교회에 보고하기, (9) 최고의 자료들을 찾을 수 있도록 돕기, (10) 교회의 협력과 참여를 격려하기 등이다. 셀그룹 담당 사역자는 매우 중요한 자리이므로 조심스럽게 선택하고 완벽하게 훈련시키는 데에 특별한 주의를 기울여야 한다.

셀그룹 지도자

밥과 베티 잭슨 부부의 공저 「당신의 집은 등대이다」와 같은 책들은 셀그룹의 두 번째 단계의 지도력에 대한 귀중한 정보를 제공한다. 그들은 셀그룹 지도자의 자격에 대해 다음의 것들을 언급한다. (1) 성령충만과 좋은 평판, (2) 교회 및 가정 셀그룹 프로그램에 전적인 협력, (3) 그룹을 인도함에 있어 필요한 책임감, (4) 사교적인 자세와 그룹의 신뢰, (5) 가정 셀그룹의 중요성에 대한 확신 등이다. 셀그룹 리더들의 주요 과제는 (1) 월례회의에 참석하기, (2) 셀그룹 모임을 위한 가정 모으기, (3) 사람들을 초청하는 일 돕기, (4) 성경공부 교재 선택, (5) 충분한 성경과 교재, 필기 도구 등 확보, (6) 모임을 이끌기, (7) 그리스도를 주인으로 영접한 이들에 대한 제자화 훈련 계획을 세우기 등이다.[4)]

예비 지도자

예비 지도자는 지도자와 비슷한 자격을 갖추어야 한다. 그들의 책임으로는 (1) 지도자의 모든 과제수행에 협력하기, (2) 지도자의 부재 시 모임을 대신 인도하기, (3) 회원들과 방문자들의 출석을 확인하기, (4) 기도 제목을 모으기, (5) 기도사역의 책임자로 섬기기, (6) 추가적인 일꾼들을 모으기, (7) 새로운 셀그룹을 시작할 준비하기 등이 있다.

많은 사람들이 위의 책임들을 담당할 사람들을 일컫는 용어로 '부지도자' 라는 표현을 쓴다. 그러나 '예비 지도자' 라는 용어가 사실은 그 위치와 재생산이라는 개념과의 관련성을 더 잘 전달해 준다고 할 수 있다. 따라서 예비 지도자란 새로운 셀그룹을 개척하고, 그 그룹의 지도자가 되며 동일하게 다른 후보생들을 훈련시키기 위한 목적으로 섬기고 훈련 받고 있는 사람이다.

호스트 또는 호스티스

호스트와 호스티스는 셀그룹 접근법에 있어 지대한 역할을 담당한다. 그들은 (1) 가족이나 친구들을 모임으로 초대하고, (2) 셀그룹의 모임 장소를 제공하며, (3) 사랑과 친절이 넘치는 환경을 만들고, (4) 다과를 대접하고, (5) 성경공부에 참여하는 일을 한다. 호스트와 호스티스를 지속적으로 찾아낼 수 있어야만 셀그룹 방식이 계속적으로 유지 및 확장될 수 있다.

셀그룹 모임의 구성

가정 셀그룹 모임을 위한 계획을 세울 때 지도자들은 여러 가지 요소들을 고려해야만 한다. 첫째, 성경공부는 셀그룹 모임의 중심 목적이다. 둘째, 참석자들은 모임에서 진정한 교제를 경험해야만 한다. 셋째, 모임에 참석한 이들은 여러 가지 필요를 가지고 있으며, 그룹이 합심하여 기도하는 가운데 많은 도움과 격려를 받는다. 넷째, 참여자들은 일관적이며 사려 깊은 모임 일정을 필요로 한다.

뉴 호프 커뮤니티 교회는 사랑의 보살핌 그룹은 다음과 같은 순서에 따라 모임을 갖는다. 이것은 셀그룹 모임을 위한 하나의 모델을 제시해 준다.[5)]

활 동	예상 소요 시간(분)
1. 개회-참석자 소개/서로 친숙해지는 시간 갖기	2
2. 개회기도	2
3. 찬양 : 간증, 찬양, 기도 응답 나누기, 서로에 대한 감사 하나님께 대한 감사	5-10
4. 대화식 기도	10
5. 성경공부와 실제 적용	30
6. 가르침의 적용을 위한 중보기도	5-10
7. 폐회기도	2
총 예상 소요 시간	60

아프리카의 존 포크너는 셀그룹 모임을 위한 또 다른 순서를 개발했다. 사람들이 셀그룹에 참석하도록 초대 받을 때, 그들은 모임의 목적이 (1) 성경공부, (2) 새 친구 사귀기, (3) 서로를 위해 기도하기, (4) 서로를 돕기, (5) 새로운 유형의 성경공부를 시작하기 등이라는 것을 미리 듣게 된다.[6)]

모임은 교제의 시간으로 시작된다. 사람들이 서로를 더 잘 알 수 있도록 돕기 위해 여러 질문에 대한 대답을 하도록 한다. 이 질문들은 그들의 어린 시절이나 현재의 삶, 미래의 희망 사항 등과 관련된 것들이다. 예를 들면, 이러한 질문을 던질 수 있다. "당신의 삶에 가장 긍정적인 영향을 끼친 인물은 누구입니까?", "가족을 위해 가장 바라는 것은 무엇입니까?" 또는 "여행을 하게 된다면 어느 나라를 가장 가보고 싶습니까?" 이러한 질문의 목적은 사람들이 서로를 더 잘 알게 되고, 자유롭게 성경공부에 참여할 수 있도록 돕는 것이다.

교제의 시간 이후에는, 요한복음을 한 장 읽고 읽은 내용과 관련된 질문들을 하도록 기회를 준다. 이러한 질의응답 시간은 그들이 직면하는 성경의 가르침들을 분명히 하도록 돕는다. 또한 사람들이 서로의 기도 제목을 나눌 수 있는 시간을 갖는다. 이러한 기도 제목들은 성경공부의 내용, 가족, 직장, 또는 사업과 관련된 것들이 될 수 있다. 모임은 기도의 시간으로 마쳐진다. 이러한 성경공부 방법은 사람들의 지식을 증진시킬 뿐 아니라 교제와 기도의 기회를 제공하는 데 목적이 있다.

다음의 제안들은 많은 사람들의 셀그룹 경험으로부터 나온 것이다. 셀그룹은 사역에 활용하고자 계획하는 이들에게 도움이 될 것이다. 하지 말아야 할 일들부터 살펴보기로 한다. 셀그룹을 계획하는 이들은 결코 다음의 것들을 하지 말아야 한다. (1) 장시간의 기도-모임에 새로 참여한 이들은 이때 어찌할 바를 모를 것이며, 다소 위축감을 느낄 수 있다. (2) 종교나 교회에 대한 토론. (3) 배타적인 소그룹을 형성. (4) 각 사람에게 큰 소리로 읽게 하기. (5) 새로운 참여자들에게 큰소리로 기도하라고 요구하기. (6) 셀그룹을 교회의 축소판으로 만들기. (7) 그룹 안에 전도 대상자보다 더 많은 교회 정규 교인-이런 경우 종종 그룹의 초점이 바뀔 수가 있다.

위에서 언급한 반드시 피해야 할 사항들과 대조적으로 건강한 셀그룹을 위해 반드시 행해져야 할 것들이 있다. (1) 사람들이 편안함을 느끼게 만들기, (2) 가족, 스포츠, 일, 취미 등 사람들이 관심을 갖고 있는 주제들에 관한 대화를 나눔으로 교제를 나누기, (3) 전화, 애완동물, 텔레비전 등 방해 요소들을 제거하기, (4) 모든 사람들이 대화에 동참하는 지를 확인하기, (5) 소심한 사람들에게 부담을 주지 않도록 사려 깊게 행동하기, (6) 모든 참여자들에게 똑같은 자료를 제공하기, (7) 시간관리를 철저히 함으로써 모임의 소요시간이 지나치게 길어지지 않도록 하기, (8) 참석자들이 집에서 성경을 읽도록 권장하기, (9) 새로운 참석자들이 비록 전혀 다른 생활방식을 가지고 있더라도 그들을 격려하기, (10) 그리스도와 그분의 구속사역에만 초점을 맞추기, (11) 부정적인 자세나 그리스도인이 하지 말아야 될 일들을 강조하는 대신 구원의 복음을 강조하기, (12) 부담을 주지 않으면서, 그리스도를 영접하거나 그리스도에 대해 더 알기 원하는 마음을 표현할 수 있는 기회를 주기, (13) 구원에 대해 설명할 수 있도록 '사영리' 같은 소책자들을 구비해 두었다가 적절한 시기에 나누어 주기 등이 여기에 해당한다.

교회개척자에게 있어 지금까지 제시한 조직 구조의 형태나 이러한 접근법을 시행함에 필요한 사람들의 수를 생각하는 일들은 다소 부담스러울 수도 있을 것이다. 그러나 셀그룹이나 다른 모든 접근법들은 소규모로 시작되어 오늘날의 형태로 성장했음을 기억하는 것이 매우 중요하다. 필요한 조직 구조에 대해 밑그림을 갖는 것은 교회개척자가 계속적인 성장을 촉진할 기초를 놓는 것이다.

성경공부 방법

기존의 성경공부도 소그룹의 필요를 채울 수 있다. 이런 경우에는 인쇄된 자료를 주문하고 지도자들을 훈련시키기만 하면 된다. 어떤 경우에는 그룹의 특정한 필요를 채우고 구성원들에게 적합한 수준에서 성경공부를 인도할 수 있도록 계획하는 일이 필요할 수 있다. 다음은 이러한 성경공부들을 계획하는 데 도움이 될 만한 몇 가지 제안들이다.

장 별로 공부하기

사람들을 전도하기 위한 목적으로 성경을 공부할 때, 적합한 방법은 장 별로 진행하는 것이다. 예를 들면, 요한복음을 일주일에 한 장씩 공부할 수 있다. 일반적으로 성경을 공부해보지 않은 사람들은 정답을 알지 못하는 질문을 받을 지도 모르기 때문에 모임에서 약간의 불안을 느끼게 된다. 그러나 공부할 내용이나 질문들을 미리 알고 있다면, 불안감은 많이 줄어들 것이며 성경공부를 위해 더 많이 준비할 수 있을 것이다.

성경공부 그룹이 형성될 때 참석자들은 모임을 위해 정해진 장을 읽어오도록 안내받을 수도 있다. 덧붙여서 각 장을 공부하는 데 길잡이가 될 일련의 질문들을 미리 제시할 수도 있다. 이때는 다음과 같은 질문들이 사용될 수 있다.

1) 이 장의 핵심 인물들은 누구인가?

2) 이 장은 예수님에 대해 무엇을 알려 주는가?

3) 이 장에서는 하나님과의 관계에 대해 어떤 점을 가르치고 있는가?

4) 이 장의 가르침 중 우리의 실생활에 적용할 수 있는 것이 있는가?

이 질문들의 목적은 성경을 공부함에 있어 의미를 깨닫고 그것을 삶에 적용할 수 있도록 돕는 것이다. 이러한 질문들은 가정에서의 성경공부를 위한 개요로 사용될 수 있다. 이 방법은 사람들의 참여를 격려할 수 있고, 하나님의 말씀이 그들의 가슴에 직접적으로 와 닿을 수 있는 토의를 이끌어 줄 수 있다.

예수님의 비유들

전도를 위한 또 다른 성경공부 방법은 예수님의 비유들을 공부하는 것이다. 많은 비유들이 복음전도에 적합하다. 이에는 탕자의 비유, 잃은 양의 비유, 부자와 나사로의 비유, 바리새인과 세리의 비유 등이 포함된다.

비유를 통한 성경공부 시, 다음과 같은 몇 가지 질문들을 통해 그룹을 인도해 갈 수 있다. (1) 어떤 상황 속에서 이러한 비유가 제시되어졌는가? 예를 들면, 예수님이 탕자의 비유를 말씀하셨던 것은 죄인들과 함께 식사하시는 예수님에 대한 바리새인들의 비난 때문이었다. 작은 아들은 죄인을, 큰아들은 바리새인을, 아버지는 하나님을 일컫는 것이었다. (2) 비유의 해석이 성경에 제시되어 있는가? 만일 씨 뿌리는 비유처럼 해석이 주어져 있다면, 그 비유의 공부에서 이것을 다루어야 한다. (3) 이 비유의 중심 진리는 무엇인가? 비유들은 상징적인 어휘들을 사용하기 때문에 가끔 사람들은 전혀 맞지 않는 해석들을 중심 진리로 추정할 수 있다. 예를 들면, 선한 사마리아인의 비유에 있는 기름이 성령을 나타내며, 말은 교회를, 두 데나리온은 구약과 신약성경을 나타낸다고 말하는 사람들이 있다. 이러한 우화적인 해석을 피하기 위해서는 비유의 중심 진리에 집중해야 한다. (4) 이 비유 속에 오늘 내 삶에 적용할 것이 있는가?

이러한 질문들은 참여자가 예수 그리스도의 메시지를 발견하고 그분의 부르심에 응답할 수 있도록 도울 수 있다.

예수님에 의해 변화되어진 사람들

복음전도적인 성경공부를 준비하는 또 다른 방법은 예수님에 의해 그 삶이 변화된 사람들을 공부하는 것이다. 그룹 구성원들의 필요와 특성을 고려하여 그들에게 특별한 의미가 있는 회심 경험을 가진 성경상의 인물들을 선택할 수 있다. 이들 중에는 니고데모(요 3:1-21), 사마리아 여인(요 4:1-42), 삭개오(눅 19:1-10), 에디오피아 내시(행 8:26-40), 다소 사람 사울(행 9:1-22), 고넬료(행 10:1-42), 리디아 (행 16:11-15), 그리고 빌립보 감옥의 간수(행 16:23-34) 등을 들 수 있다. 각각의 성경공부는 이러한 인물들 하나하나에 초점 맞출 수 있다.

이러한 인물 중심의 성경공부를 할 때 제기할 수 있는 몇 가지 질문들은 다음과 같다.

1) 예수님을 알기 전 그들의 삶은 어떠했는가?

2) 그들은 어떻게 예수님에 대한 믿음을 가지게 되었는가?

3) 그들의 삶이 어떻게 변화되었는가?

4) 이 사람의 경험으로부터 무엇을 배울 수 있는가?

이 질문들의 목적은, 참여자가 그 인물들의 삶을 변화시킨 구원의 경험이 자신 또한 변화시킬 수 있다는 것을 이해하도록 돕는 것이다. 이 방법은 중생이라는 성경적 개념을 사람들이 잘 모르는 상황에서 특히 유용하다. 이전에 제시된 방법들에서 사용되어진 질문들처럼, 이 질문들은 사람들이 구원에 대한 성경의 가르침에 대해 관심을 집중할 수 있도록 돕는다.

주제 중심의 성경공부

성경공부를 준비하는 또 다른 방법은 당면한 필요에 관심을 집중하는 것이다. 만일 지역 사회에 대한 사전 조사에서 사람들이 공통의 관심사를 가지고 있다는 사실이 드러나면, 교회개척자는 그러한 관심사들에 특별히 집중된 성경공부를 계획할 것이다. 이러한 관심사들은 가족, 자녀, 일, 사회, 국가, 마약 중독, 알코올 중독과 관련된 것들일 수 있다. 사람들은 분노, 두려움, 회의, 죄책감, 패배 의식, 자기 확신의 부족과 같은 감정들에 빠져 허덕이고 있을 수도 있다. 조지 헌터는 불신자들에게 전도하는 교회들은 죄 사함, 칭의, 영생 등의 메시지를 선포함과 동시에 불안, 의심, 자존감, 통제 불가능한 감정 등과 같은 인간적 투쟁들 또한 다룰 수 있어야 한다고 주장했다.[7] 또 어떤 사람들은 하나님, 예수님, 교회, 성경 등과 관련된 질문을 가질 수도 있다.

지도자가 이러한 관심들과 질문들에 대해 다룰 수 있는 성경공부를 준비할 수 있도록 도울 수 있는 몇 가지 단계들이 있다. 첫째, 용어 색인을 이용해 이러한 문제들에 대해 언급하고 있는 성경 본문을 찾는다. 둘째, 핵심 구절을 찾는다. 셋째, 본문을 요약한다. 넷째, 예화를 찾아본다. 가끔 신문, 방송, 잡지 등에서 적절한 예화들을 발견할 수 있다. 다섯째, 사람들의 문제들에 대한 본문의 적용을 적는다. 이러한 가정 셀그룹 유형은, 성경공부에 대한 초청은 거부하지만, 삶의 문제들에 대한 성경적 해결을 모색하는 모임에 대한 초대는 받아들이는 사람들이 있는 상황에서 특히 가치가 있다. 이러한 모임들이 교회 건물 바깥에서 이뤄진다는 사실은 다른 상황 속에서라면 위축될지도 모를 많은 이들을 모으는 데 효과적이다.

교회 건물 밖에서의 가정 셀그룹들은 불신자들에게 전도하고, 그들을 소규모의 교제권에 연결시켜 주고, 복음의 메시지를 들을 수 있는 기회를 제공하며, 그들이 그리스도에 대한 결단을 내린 이후 제자화를 시키고, 교회 생활과 사역에 그들을 연합시키는 데 있어 매우 효과적인 도구가 될 수 있다.

교회 안에서의 모임

어떤 소그룹들은 교회 안에서의 모임을 포함한 접근법을 시도한다. 이러한 소그룹 모임은 전통적인 주일 학교의 형태를 취한다. 대부분의 경우 주일 학교라는 이름은 적절하지 못하며, 사실 새로운 이름이 붙여져야 한다. 그러나 교회 안에서의 소그룹 모임은 실행 가능한 사역 방법이며, 교회개척에 기여할 수 있다.

수년간 주일 학교는 사람들에게 복음을 전하고 제자화하며 그들을 교회 안의 사역과 교제 안으로 융화시키는 데 있어 가장 효과적인 도구 중 하나였다. 주일 학교를 언급할 적마다 종종 이 방법과 가정 소그룹 모임이 서로 배타적인 것이라고 생각하는 사람들이 있다. 이것은 사실과 전혀 다르다. 이 두 가지 방법을 모두 사용하는 교회는 한 가지 방법만을 사용하는 교회보다 더 큰 성장 가능성을 지니고 있다.

가정 셀그룹 방식과 주일 학교 방식을 모두 사용하는 교회가 커다란 잠재력을 갖고 있는 이유는, 다양한 불신자들을 복음화하고 제자화하기 위해 다양한 방법들이 필요하기 때문이다.「주일 아침 공룡 깨우기」(Revitalizing the Sunday Morning Dinosaur)라는 책에서 켄 헴필은 가정 셀그룹이 몇 가지 특징적인 장점들을 가지고 있다고 인정한다.

셀그룹은 교회 안에 교실을 지을 필요가 없기 때문에 주일 학교보다 돈이 적게 든다. 셀그룹은 기도와 교제를 위한 보다 많은 시간을 제공한다. 교실과 달리 셀은 가정이라는 공간이 제공하는 친밀함으로부터 유익을 얻는다. 셀은 복음 전도에 있어 더 효과적이다. 특정한 필요에 초점 맞춰진 셀들은 주일 학교보다 더 효과적으로 그 필요를 충족시킬 수 있다. 셀들은 주일 학교보다 더 많은 이들이 사역에 참여할 수 있도록 할 수 있다.[8)]

위에 언급한 많은 이점들을 가지고 있는 건강한 셀그룹이 새 교회의 성장에 커다란 공헌을 할 것임이 분명하지만, 주일 학교 역시 계속적인 성장을 위한 많은 장점들을 가지고 있음을 알아야 한다. 따라서 헴필은 주일 학교의 몇 가지 장점을 다음과 같이 언급한다.

주일 학교는 셀그룹보다 조직하고 유지하기가 더 쉽다. 주일 학교는 셀그룹보다 덜 인력 중심이다. 주일 학교의 구조는 셀그룹 구조에서보다 교리의 순수성을 보호하는 것이 더욱 쉽다. 주일 학교 구조는 참여를 보다 용이하게 만듦으로써 예배의 가치를 강화시킨다. 주일 학교는 가족 전체를 결합시킨다. 주일 학교는 효과적인 셀그룹의 모든 기능을 통합하도록 고안될 수 있다. 미국적인 상황에서 주일 학교는 셀그룹보다 더 많은 교회 회중을 참여시킨다.[9)]

이미 지적하였듯이 둘 중 하나만이 유효한 방법이라는 식의 논쟁이 있어서는 안 된다. 둘 다 유효하며 전도, 제자화, 교회의 삶과 사역에 사람들을 융화시킴에 있어 각각 나름대로의 장점들이 있다. 교회를 개척하는 초기 단계에는 적어도 한 방법에 더 집중하도록 만드는 우선적인 요인들이 있을 수 있다. 이러한 요소들 중 하나는 교실의 이용 가능성이다. 또 다른 요소는 교회를 개척하는 지역의 전통적 관행이다. 어떤 곳에서는 새 교회가 신자와 불신자 모두를 위한 주일 학교를 열도록 요구된다. 하지만 다른 지역에서 주일 학교는 오로지 어린이들만을 위한 곳으로 인식된다. 복음적인 기독교인들이 소수인 곳에서는 불신자들과 교회를 연결하는 필수적인 다리로 가정 셀그룹이 기능하기도 한다.

효과적인 주일 학교를 운영하는 것이 가능하고 유익한 곳에서는 다음의 몇 가지 함정들을 피해야 한다. 교제, 격려, 전도, 사역에 관련된 활동들에 대한 시간을 별로 제공하지 않는 강의 중심형의 교사나, 성경에 관한 지식만을 추구하기 위해 주일 아침마다 모이는 자기중심적 그룹은 교회가 성장하는 데 도움이 되지 않는다. 이것은 주일 학교의 목적이 아니다.

몇 년 전 아서 플레이크는 주일 학교의 성장 공식을 명료화한 적이 있다. 이 공식에는 다섯 개의 기본 단계들이 포함된다. '후보자 발견, 조직 확장, 일꾼 훈련, 공간 확보, 사람들 동원.'[10] 이 간단한 공식은 주일 학교가 사람들을 전도하고 제자화시키는 그 주된 임무에 전념할 수 있도록 돕는다.

이러한 목표를 달성하기 위해서는 몇 가지가 시행되어야 한다. 첫째, 주일 학교의 지도자들은 이 중요한 조직의 사역에 대한 비전을 붙잡아야 한다. 둘째, 교사들은 자신들의 역할을 강사가 아닌 제자 훈련자 혹은 격려자로 이해할 필요가 있다. 주일 학교 학급 관리자에 속하는 전통적인 교사와 비서의 관념에 더해, 전도 부장, 양육 부장, 기도 담당자, 사회봉사 담당자 등의 주요 직책들이 필요하다. 이들 모두에 대한 역할이 개발되어야 할 것이다. 셋째, 새로운 학급을 시작하기 위한 특정 목표가 세워져야 한다. 넷째, 교실 사용을 위한 창의력이 요구된다. 이에는 복합적인 주일 학교, 교회 밖에서의 주일 학교 수업, 주중 모임 등이 포함된다.

주일 학교는 불신자의 전도, 제자화, 융합에 매우 강력한 도구가 될 수 있다. 주일 학교는 가정 셀그룹의 많은 특징과 장점을 통합시킬 수 있다. 장년 주일 학교의 참여에 대한 전통이 강한 곳에서는 새 교회 안에 제자화 프로그램을 시행함에 있어 매우 유익한 구조와 내적 요소들이 이미 잠재해 있다. 어떤 지역에서는 불신자들이 셀그룹에 더 호응할 수도 있다. 셀그룹이건 주일 학교이건, 또는 이 둘의 혼합이건 간에 새 교회의 건강한 성장을 위해 소그룹 모임이 필수적이라는 것을 기억해야 한다.

주

1) Dale E. Galloway, 20/20 Vision (Portland, OR: Scott Publishing Col. 1993), 142-145.

2) C. Kirk Hadaway, Stuart A. Wright, Francis M. Dubose, Home Cell Groups and House Churches (Nashville: Broadman Press, 1987), 118, 119.

3) Ibid., 124.

4) Bob & Betty Jacks, Ron Wormer, Sr., Your Home A Lighthouse (Colorado Springs: NavPress, 1986).

5) Galloway, 20/20 Vision, 151.

6) John Falukner, 'Home Bible Studies," unpublished paper, nd.

7) George Hunter, How to Reach Secular People, 60-66.

8) Ken Hemphill, Revitalizing the Sunday Morning Dinosaur (Nashville: Broadman and Holman Publishers, 1996), 87, 88.

9) Ibid., 88-91.

10) Arthur Flake, Building a Standard Sunday School (Nashville: The Southern Baptist Convention, 1922), 49, 59.

20장 융화 과정

새로운 핵심 그룹이 건강한 교회로 자라고 성장하기 위해서는 새로운 사람들을 교회의 친교와 활동들에 연결시켜 주고 참여시키며 융화시키는 일련의 과정들을 개발해야 한다. 새로운 회심자들을 일찍 이러한 과정 속으로 융화시키지 않는 그룹은 이들을 잃게 될 것이다. 새로운 성도를 전체 회중의 친교 속으로 결합시키기 위한 융화 과정은 모든 교회의 개척을 위한 노력 속에서 절대적으로 중요한 위치를 차지한다.

융화 과정의 실례

수세기 동안 많은 그리스도인들은 새로운 성도들을 친교 속으로 결합시키기 위한 융화 과정을 개발하려는 시도들을 해왔다. 예를 들어, 웨슬리는 '구원의 순서' 라고 부르는 과정을 개발했다. 이 구원의 순서는 네 가지 단계로 이루어져 있는데 (1) 각성, (2) 감리교 속회 모임에의 참여,

(3) 웨슬리가 '의로워짐' 이라고 부른 회심, (4) 웨슬리의 용어로 '성화' 라고 표현된 성장. 웨슬리의 그룹들은 이러한 양식을 따라 새로운 사람들을 속회 모임으로 융화시켰다.

융화 과정의 보다 현대적인 예는 윌로우 크릭 커뮤니티 교회의 방법이다. 윌로우 크릭의 융화 과정은 9가지 요소를 갖추고 있다. 그 교회는 교회에 대한 적대감의 단계로부터 영적인 것들에 대한 관심의 단계로 옮겨가는 사람들 속에서 기독교인의 삶으로의 동화 가능성을 본다. 이 양극단들 속에서 개인은 영적인 것들에 대한 공개적인 관심, 영적 요소들을 연구하는 활동, 그리스도인 삶에 대한 헌신, 그리스도인 삶의 양식에 대한 배움, 변화된 삶의 방식, 청지기적 태도로 소그룹 예배에 참여함 등의 단계로 나아간다.

윌로우 크릭 교회는 불신자에게 전도하기 위해 7가지 전략을 시행한다. 신자가 불신자와 우호적인 관계를 맺는다. 성령께서 기회를 주심에 따라 그 신자는 불신자에게 말로 전도를 하며, 구도자들을 위해 특별히 기획된 주말 예배에 그를 데려오기 위해 노력한다. 그 후 그는 새신자가 되어 누구의 압력도 받지 않고 일련의 과정을 거치게 된다. 네 번째 단계는, 새신자를 수요일 혹은 목요일 저녁에 열리는 신자들의 예배로 데려오는 것이다. 다섯 번째, 새신자는 소그룹 모임에 참여하게 되고, 여섯 번째 단계에서는 어떤 사역이나 봉사 활동의 일원이 된다. 일곱 번째 마지막 단계는, 새신자가 하나님 나라의 확장을 위한 일들을 담당하고, 이번에는 본인이 또 다른 불신자와 친해지면서 위의 일곱 단계를 반복하게 하는 것이다.

조지 헌터는 또 다른 융화 단계의 예를 제시한다. 그는 융화 과정을 묘사하기 위해 볼링 핀의 비유를 사용한다.

첫 번째 줄의 볼링 핀은 발견, 즉 사람들이 기독교인으로서의 순례 여행을 시작하기 전에 무엇인가를 발견할 필요가 있는 것들을 상징한다. 이 열에 관련된 중요한 발견은 우리가 하나님께 중요한 존재라는 사실이다. 이것을 발견한 세상 사람들은 매우 드물며 대부분의 사람들은 각자가 하나님께 소중한 존재라는 것을 깨닫지 못한다.

두 개의 핀으로 구성된 두 번째 줄은 새로운 관계를 상징한다. 헌터는 이것을 통해 새신자가 예배공동체 및 소그룹의 그리스도인들과의 관계와 그들의 지지를 필요로 한다는 것을 지적한다. 새신자는 이러한 새 관계들 속에서 안정감을 발견한다.

세 개의 핀으로 구성된 세 번째 줄은 새 삶과 관련된다. 새로운 삶의 첫 번째 특징은 하나님의 뜻을 행하는 것이며, 두 번째 특징은 이웃들을 사랑하는 것이다. 세 번째 특징은 그리스도 안에서의 자유이다. 그리스도 안에서의 새 삶은 자유로움과 해방의 경험이어야 한다.

네 개의 핀으로 구성된 네 번째 줄은 새로운 삶의 양식을 대표한다. 첫 번째 핀은, 신자들이 세상 속에서 살도록 부름 받았지만 세상에 속한 존재가 아니라는 것을 상징한다. 신자들은 문화적 가치가 아니라 하나님 나라의 가치 기준에 따라 살도록 부름 받는다. 두 번째 핀은 봉사와 사역의 삶으로 신자를 부르는 것이다. 세 번째 핀은 증인과 선교의 삶으로 신자를 부르는 것이다. 마지막 줄의 네 번째 핀은 새로운 정체성과 관련되어 있다. 이 핀은 그리스도의 제자가 발견하는 새 정체성과 하나님의 형상이 회복됨에 따라 하나님이 의도하신 새사람으로 변하기 시작함을 상징한다. 헌터는 복음이 우리가 자신에 대해 갖는 가장 깊은 열망과 일치한다고 확신한다.

새들백 커뮤니티 교회의 릭 워렌도 융화 과정을 제시한다. 워렌은 다음의 방식으로 사람들의 순례 여정을 이해한다. (1) 지역 사회-지역 사회 안의 불신자들, (2) 군중-정기적인 참여자들, (3) 회중-교인이 된 사람들, (4) 헌신자들-성숙한 교인들, (5) 핵심 교인들-평신도 사역자들. 따라서 이 교회의 전략은 지역 사회로 나아가 군중들을 데려오고, 예배 참여자들을 교인으로 만들며, 그들을 성숙한 교인으로 그리고 사역자들로 세우는 것이라 하겠다.[1]

이 교회로 하여금 이러한 목표들을 성취하도록 돕는 제자화 전략은 야구장의 다이아몬드의 비유를 활용한다. 첫 번째 베이스는, 교인으로서의 헌신에 초점을 맞춘 학습 과정으로 구성된다. 두 번째 베이스는, 성숙도에 대한 헌신을 강조한다. 셋째 베이스는, 사역에 대한 헌신을 강조한다. 홈 플레이트는 선교에 대한 헌신을 강조한다.[2] 워렌의 계획은 지역 사회 내의 불신자가 그리스도를 구주로 영접하고, 그리스도인 공동체의 일부가 되며, 그리스도인의 삶 안에서 성숙해 가고, 그가 속한 지역 사회를 위한 사역자가 되기까지 이 단계들을 거칠 수 있도록 하는 것이다.

융화 과정 계획

흥미롭게도 불신자 전도와 융화를 효과적으로 이끌어온 교회들은 사역의 초기 단계에서부터 불신자가 성숙하고 헌신된 그리스도인으로 변화되는 여정에 대한 분명한 개념을 가지고 있다. 성숙하며 재생산하는 교인으로의 성장 과정에 대한 이러한 명확한 이해는 교회로 하여금 이러한 목표들을 달성하기 위한 계획들을 수립하도록 돕는다. 다음과 같은 몇 가지의 분명한 특성들이 적절한 융화 과정을 구성하는 데 필요하다.

융화 과정의 특징

일련의 자료들에 대한 조사와 융화 과정의 실제 예들에 대한 연구는 효과적인 융화 과정이 몇 가지 특기할 만한 요소들을 보여 준다.

첫째, 효과적인 융화 과정은 그리스도인으로서의 성숙과 그리스도인 공동체로의 통합 과정이 결코 쉽지 않고 자동적이지도 않다는 확신에 근거한다. 복음과 교회에 대한 초기 접촉부터 공동체 내의 성숙되고 헌신된 일꾼으로 성장하는 과정은 면밀히 감독되어지고 신중히 인도되어야 한다.

둘째, 새로운 사람을 융화시키려는 그리스도인 그룹은 회심의 과정에 특별한 주의를 기울여야 한다. 교회는 구원의 길을 모색하고 있는 사람을 교회의 활동들에 참여시키려 할지도 모르지만, 아직 구원받지 않은 사람을 교회로 통합시키는 것이 융화는 아니다. 지역 사회 내의 불신자가 복음을 듣고 받아들이도록 하는 것이 첫 번째이자 가장 중요한 목표이다. 융화는 새신자를 교회의 삶과 사역에 연합시키는 것과 관련되어 있다.

셋째, 융화 과정은 새신자가 예배, 학습, 친교에 있어서 다른 신자들과 친밀한 관계를 가질 수 있도록 돕는다. 만일 교회가 새로운 회심자를 이러한 관계 속으로 이끄는 데 실패한다면, 새신자의 성장은 매우 제한적일 것이며, 이 신자가 다른 교제권으로 통합되어질 가능성은 더욱 커진다.

넷째, 새신자는 그리스도인의 삶과 봉사에 대해 배울 것이며, 자신의 삶을 그것에 맞추려 할 것이다. 교회는 그리스도인의 삶과 봉사가 요구하는 것들이 무엇인지를 이해하도록 새신자를 이끌어야 한다. 그러면 새신자는 하나님의 뜻을 발견하고 행하며 하나님의 뜻 가운데서 섬기려고 노력하는 공동체의 일부로써 자신을 이해하게 될 것이다.

다섯째, 융화 과정은 새신자의 진보를 계속적으로 확인할 수 있는 기회를 제공한다. 이러한 감독 과정은 새신자를 감시하는 것이 아니라, 그리스도인의 삶에 관한 적절한 제자훈련을 포함한 사랑의 보살핌을 베푸는 것과 관련되어 있다.

여섯째, 융화 과정은 섬김에 대한 연습이나 실제 기회를 제공하는 것을 포함한다. 새 회심자나 교인은 하나님의 영광을 위하여 성령께서 주시는 은사들을 발견하고 사용하도록 인도될 것이다. 새신자를 교회의 친교 속으로 통합시키는 것은 융화에 있어 매우 중요한 자리를 차지한다. 교회 안에서 섬길 기회를 제공하는 것도 융화 과정에 있어 매우 중요하다.

모든 새 교회는 불신자를 관심, 회심 교인, 성장, 그리고 봉사의 과정으로 인도하기 위해 설계된 융화 과정을 개발해야 한다. 적절한 융화 과정은 효과적인 교회개척의 다른 부분들만큼 중요하다.

융화 과정의 선정

모든 새 교회는 비전과 인력에 가장 적합한 융화 과정을 선택하고 이에 착수해야 한다. 어떠한 과정이 개발되든지 간에 새 교회의 사역과 친교 속으로 융화되는 데에 필요한 핵심적인 단계들을 포함하는 것이 중요하다. 이 과정은 새로운 사람들과 접촉하고, 그들과 관계를 형성하며, 양육을 위한 활동들에 참여시키며, 예배에 초청하고, 그들이 환영받고 있음을 느끼도록 도우며, 정기적 예배 참석자가 되도록 격려하며, 다른 신자들에게 소개하며, 그들이 그리스도를 영접하기 위한 결단을 내릴 시간을 주며, 새신자반에 연결시키며, 교회에 합류하도록 격려하며, 영향력, 돈, 재주 등 삶의 모든 영역에서 청지기 정신을 갖는 것을 포함해 계속적으로 성장하도록 도우며, 교회 전도사역의 한 부분이 되도록 하는 것을 포함한다.

교회개척팀은 다양한 융화 과정을 연구하고 자신들의 개척교회에 가장 적합한 요소들을 선택하여야 한다. 새 교회를 개척하는 일에 관련된 이들은 처음부터 융화 과정을 계획해야 한다. 전도되어질 새 사람들을 융화시키기 위한 적절한 계획이 없다면 다른 계획들 역시 바람직한 결과를 낳는 데 실패할 것이다. 라일 셸러의 「새신자의 융화」와 「성장 계획」은 융화 과정을 계획하고 시작하는 데 필요한 탁월한 지침을 제공한다.[3]

주

1) Rick Warren, The Purpose Driven Church, 144.

2) Ibid.

3) Lyle Schaller, Assimilating New Members (Nashville: Abingdon Press, 1978); Growing Plans(Nashville: Abingdon Press, 1983).

21장 준비 단계의 예배

교회개척팀이 소그룹과 적절한 융화 과정의 사용을 통해 핵심 그룹을 형성하고 확장시킨 후에는 이 핵심 그룹의 영적 필요를 채우고, 이 그룹이 교회로 기능하기 시작하도록 예배를 시작하는 것이 중요하다. 이 단계의 예배 활동을 준비 단계의 예배라 부른다. 이 예배는 공적인 예배가 시작되기 전에 이루어진다.

준비 단계의 예배가 가지고 있는 장점

공적인 예배에 앞서 준비 단계의 예배 모임을 활용하는 것이 몇 가지 면에서 유익하다.

첫째, 이러한 활동은 지도자들과 소그룹 참여자들 사이에 교제가 형성될 수 있는 기회를 제공한다. 처음에는 교회개척팀을 구성원들과 핵심 그룹의 구성원들이 서로에 대해 잘 모를 가능성이 높다. 그러나 시간이 지남에 따라 이 사람들은 공동체 의식을 갖게 되고 단일한 정체성을 지니게 될 것이다. 이 중요한 기능은 새 교회와 그 공동체의 토대를 제공한다.

둘째, 준비 단계의 예배는 지도자들을 발견하고 훈련할 수 있는 기회를 제공한다. 사람들은 그룹이 아직 소규모이고 활동이 비공식적일 때, 보다 쉽게 활동에 참여하고 책임 있는 위치를 받아들이게 된다.

셋째, 준비 단계의 예배 기간은 지도자들이 새 교회의 비전을 명확하게 전달할 수 있는 분명한 기회가 될 수 있다. 더욱이 이 기간은 지도자들과 핵심 그룹 구성원들이 비전에 대한 헌신을 확인할 수 있게 해 준다.

넷째, 준비 단계의 예배는 새 교회가 지도자들의 영적 필요를 채우도록 돕는다. 그들이 찬양, 기도, 교제, 그리고 설교를 통해 하나님을 예배함에 따라 그룹은 교회의 특징이 되어야 할 영적 성숙을 얻기 시작한다.

다섯째, 이 준비 단계의 예배는 새 그룹이 교회의 핵심적 기능을 수행해 나가는 데 부차적인 경험을 얻도록 해 준다. 준비 단계의 예배가 제공하는 기능들은 예배, 제자화 사역, 어린이 사역, 방문객 환영과 후속 사역, 새 교회가 창립 예배에 참여할 사람들의 반응을 극대화할 수 있게 하는 다양한 활동들 등이다. 어떤 면에서 준비 단계의 예배를 시작하는 일은 새 교회가 필요로 하는 기능들을 연습하는 기회를 제공한다.

준비 단계의 예배 기간

여기서 자주 제기되는 질문이 있다. 즉 공적인 예배를 시작하기까지 얼마나 오랫동안 준비 단계의 예배를 드려야 하는가이다. 질문에 대한 답은 여러 문제와 관련되어진다.

우선 교회개척자는 핵심 그룹이 비록 제한된 규모에서라도 어느 정도 교회의 기초적 활동들을 수행할 만한 크기인지를 고려해야 한다. 이러한 활동들에는 예배, 음악, 어린이사역 등을 포함한다.

둘째, 개척자는 그룹 안에 일체감과 목표에 대한 공동체적 정신이 있는지를 고려해야 한다. 대부분의 경우 이러한 특성들을 개발하는 데 시간이 걸리기 마련이다.

셋째, 개척자는 그룹 안에 교리적 일체감이 있는지를 고려해야 한다. 그룹 내의 모든 사람들이 모든 교리들을 깊이 있게 이해할 것이라고 기대하는 것은 비현실적이다. 그러나 그들이 성경의 기본 교리들에 대해서만큼은 확실한 개념을 가지고 있어야 할 뿐 아니라 교리적으로 서로 일치해야 한다.

넷째, 교회개척자는 재정적 기초가 충분한지를 고려해야 한다. 즉, 공식적인 예배 단계에 관련된 사역의 확장을 위한 충분한 기금을 제공할 만한 재정적 기초가 있는지를 고려해야 한다. 준비 단계의 예배 기간 동안 핵심 그룹은 청지기 정신에 관한 성경적 가르침에 대해 더 잘 이해할 수 있게 된다.

마지막으로, 개척자는 새 교회에 대한 그룹의 헌신도와 관련된 질문에 부딪히게 된다. 그들이 과연 공식적인 예배로 옮기는 데 필요한 시간과 자원에 투자할 준비가 되어있는가?

앞서 언급한 특징들이 갖추어진 정도에 따라 핵심 그룹이 다음 단계로 나아갈 준비 상태가 결정된다. 얼마나 오랫동안 준비 단계의 예배 기간을 가져야 하는지에 대한 질문에 대한 답은 위의 특징들이 갖추어질 때까지 충분히 계속되어야 한다는 것이다. 모든 새 교회에 똑같이 적용될 수 있는 정해진 기간은 없다.

공식적인 예배 전의 핵심 그룹의 크기

자주 제기되는 또 다른 질문은 공식적인 예배를 시작하기 전 핵심 그룹이 얼마나 커야 하는가이다. 피터 와그너는 이 문제에 대해 이렇게 말한다.

> 만일 교회의 장기적 목표가 200명 이하라면 핵심 인원은 25-30명 정도의 장년들이다. 그러나 200명 이상의 교회로 성장하려 계획한다면 이는 너무 적다. 그때에는 50-100명의 장년들이 필요하다. 이상적 핵심 그룹의 크기를 결정할 여러 변수가 있을 수 있지만, 나는 한 가지 연구 결과에 대해 잘 알고 있다. 미국 남침례교 국내 선교부에 의한 연구에 따르면 50명 이하의 숫자로 공식적인 예배에 돌입하는 남침례교 교회들이 50명 이상으로 시작하는 교회들보다 세 배나 실패할 확률이 높다고 한다. 다른 교단이 이와 마찬가지라 해도 나는 전혀 놀라지 않을 것이다.

공적인 모임의 변수

따라서 공적인 모임을 갖기 전에 적당한 규모의 핵심 그룹을 갖추는 것이 매우 중요하다. 와그너가 적절히 지적했듯이 핵심 그룹의 이상적인 규모를 결정함에 있어 많은 변수가 고려되어야 한다.

변수 중 하나는 그룹의 사회경제적 수준이다. 와그너가 인용한 연구에 따르면 노동층의 사람들은 전문직 그룹들보다는 대규모 핵심 그룹에 대한 필요를 느끼지 못한다고 한다.[1)] 그 이유 중 하나는 후자의 경우 더 나은 시설, 더 많은 사역, 더 높은 수준의 효율성을 기대하기 때문이다. 이 경우 이러한 사역을 제공하기 위해 더 큰 규모의 핵심 그룹을 필요로 하게 된다.

맬퍼스가 지적하듯 또 다른 변수는 지리적 위치이다. 그는 "도시 교회는 더 많은 핵심 그룹을 요구하는 반면 시골 지역에서의 개척은 그보다 적은 수를 허용한다"고 말한다.[2] 위의 관찰은 여기서도 적용될 수 있다.

또 다른 부차적 예상 변수가 있을 수 있다. 시골의 교회는 낮은 인구 밀집도로 인해 도시 교회만큼 많은 핵심 그룹을 기대하지 않을 수도 있다.

핵심 그룹의 규모와 관련된 또 다른 요소는 지역 사회의 수용도이다. 수용도가 매우 높은 지역에서는 50에서 100명의 사람들이 가정 셀그룹에 참여하고 짧은 기간 안에 준비 기간의 예배를 시작하는 것이 용이할 수 있다. 그러나 복음적인 전통을 갖고 있지 않은 사람들이 많은, 저항도가 높은 지역에서는 오랜 시간이 걸릴 수도 있다. 따라서 적은 수의 핵심 그룹을 가능케 하는 이 요소는 공적인 예배까지 장기적인 전략으로 접근해야 할 것을 암시할 수 있다.

대외적으로 새 교회의 존재를 알리기 전에 50명 이하로 시작하는 교회는 저항이 심한 지역에 있거나 부적절한 방법을 사용하는 경우 중 하나이다. 결과적으로 교회가 대외적으로 알려진 후 계속적으로 분투하거나 어떤 경우 아예 사라지게 될 수도 있다. 경험으로 볼 때, 교회개척자는 대외적으로 교회를 알리기 전에 타당한 시간 동안 가능한 많은 사람들이 핵심 그룹에 관련될 수 있도록 애써야 한다. 만일 도심지에 개척한 교회가 6개월 혹은 1년이 지난 후에도 여전히 제자리 걸음을 하고 있다면 이에 관련된 문제를 심각하게 분석해 보아야만 한다. 반대로 짧은 기간 안에 핵심 그룹이 50에서 100명 사이로 성장했다면 이 새 교회의 전망은 밝다고 할 수 있다.

핵심 그룹의 규모를 고려할 때의 다른 변수는 지도자 및 그룹의 사고방식과 목표에 달려있다. 셸러가 지적하듯, "소규모로 남으려는 결정은 개척자, 선교 개발가, 그리고 초기 지도자들의 사역 접근법을 거기에 어울리는 방식으로 강화시킬 것이다. 마찬가지로 큰 규모로 시작하려는 결단은 목회자나 다른 지도자들로 하여금 다수의 사람들과 조화를 이루는 사역법을 개발하도록 할 것이다."[3] 만일 환경적 요소가 동일한데 한 교회는 크게 또 다른 교회는 작게 시작한다면, 크게 시작하려는 사람은 그 비전과 일치하는 목표들을 세웠을 것이다. 반면에 작은 시작을 생각하는 이들은 작은 규모의 시작을 가능케 하는 방법을 사용함으로써 목표 달성을 위한 실행 사이클을 만들 수 있다.

새 교회의 공식적인 사역의 준비는 단순히 시간적인 공식으로 축소될 수 없다. 대신, 측정 가능한 기존의 특징들과 함께 헌신의 질과 비전을 측정할 수 있는 양적/질적 공식에 의해 준비 단계의 예배 기간이 결정되어야만 한다. 새 교회가 공식적인 예배를 시작하려 하기 전에 측정 가능하고 관찰 가능한 많은 특성들이 있어야 함은 필수적이다.

필요한 사역들

새 교회가 공식적 단계로 돌입하기 전에 몇 가지 필수적인 사역들을 시작하고 제공해야 한다. 이러한 사역들은 새 교회에 대한 불신자들의 결정에 중요한 영향을 미칠 수 있다.

어린이 사역

셀그룹 모임이 시작되기 전부터 새 교회는 어린이들을 위한 사역을 제공해야 한다. 앞서 밝힌 바와 같이 어떤 교회들은 주중에 장년들을 위한 가정 셀그룹과 예배시간 동안 어린이를 위한 주일 학교를 운영하고 있다. 또 어떤 교회들은 장년과 어린이 모두를 위한 주일 학교 및 어린이를 위한 예배시간을 가지고 있다.

물론 위와 같은 프로그램이 달리 운영될 수도 있다. 그러나 장년들이 예배를 드리고 있는 동안 어린이들을 위한 특별한 사역을 제공하는 것은 매우 중요하다. 어른들을 위해 아이들을 그저 잠시 돌보는 것으로 이해해서는 안 된다. 부모들은 아이들이 어린이 사역을 통해 영적으로, 정서적으로, 사회적으로 양육 받고 있다고 느끼는지를 기준으로 하여 교인이 될 것인가를 결정하기도 한다.

부모들은 자녀들의 안전뿐만 아니라 성경과 그리스도인의 삶에 대한 지식의 습득에도 관심이 있다. 자녀들이 교회에서 긍정적인 경험을 함으로써 계속해서 교회에 가고 싶어 하는지의 여부 또한 부모에게 중요하다. 이것은 어린이들을 섬기는 데 필요한 소명과 은사를 지닐 뿐만 아니라 훈련되고 헌신된 사람들이 이 사역을 위해 모집되어야 함을 뜻한다.

청소년 사역

방문객의 나이는 새 교회가 갖춰야 할 필요가 있는 프로그램의 종류를 결정하는 좋은 척도이다. 대부분의 방문객이 젊은 부부라면 어린이 사역이 우선순위가 되어야 한다. 그러나 반면에 상당한 수의 방문객 가족이 십대 자녀를 두고 있다면, 새 교회의 초기 단계부터 청소년 사역이 절대적으로 중요하다. 통계학적 조사는 이러한 필요를 규정함에 있어 큰 도움이 될 수 있다. 많은 경우 새 교회의 일원이 될 것인가를 결정하는 결정적 요소는 교회가 어린이와 청소년들을 위해 적절한 사역을 제공하는가의 여부라는 것을 명심해야 한다.

효과적인 청소년 프로그램을 통한 창의적인 제자화 계획이 필수적임은 두말할 여지가 없다. 이 사역은 제자반, 일대일 제자훈련, 수양회, 그리고 다른 여러 방법들을 포함한다. 부모들은 그들의 청소년 자녀들이 무언가를 배우고 있으며 단순히 즐기는 것이 아니라 청소년 프로그램의 결과로 자라고 있다는 것을 느낄 필요가 있다.

청소년들을 위해 초기에 매우 중요한 요소는, 그들이 환영 받고 있으며 청소년 활동에 사회적으로 잘 융화되는가이다. 청소년 지도자들과 청소년 그룹은 방문 중인 청소년들에게 먼저 다가가 그들을 환영하고 그들을 영적, 사회적, 친교적 활동에 포함시키도록 훈련되어야 한다. 청소년 지도자들은 교회의 사역에 청소년을 끌어들일 수 있는 창의적인 방법들을 찾을 필요가 있다.

어떤 교회는 두 시간 동안의 학습을 통해 청소년을 융화시키려고 하였다. 처음 한 시간 동안 교사들은 청소년의 숙제를 도와주었다. 그 다음 한 시간은 성경공부와 레크리에이션 활동으로 보냈다. 이러한 활동들은 부모가 제자훈련과 기도 및 다른 교회 활동들에 참여하는 동안 주중 예배시간에 행해졌다.

선교 여행, 교회 밖에서의 레크리에이션, 캠프, 셀그룹, 회비 조달을 위한 활동 등은 청소년들이 사회적, 정서적, 영적, 지적으로 자라도록 기회를 제공한다. 중요한 점은 교회가 청소년들과 부모 모두에게 깊은 관심을 가지고 있음을 알게 하는 것이다.

새신자반

새신자반은 새 교회의 출현에 있어 필수 불가결하다. 불신자들을 기존의 주일 학교나 셀그룹에 포함시키는 것은 종종 큰 실수임이 입증되어왔다. 그들은 상당한 성경 지식과 친밀함을 지닌 그룹 속에 놓여질 때 위축되며 소외감을 느끼게 된다. 새신자반은 이들에게 담임목사와 다른 새신자를 만나고, 기독교에 대해 기초 지식을 갖게 되고, 그 교회의 비전과 사역에 대해 알게 되며, 덜 위협적인 환경 속에서 복음에 반응하고, 그리스도인적인 경험 안에서 자라며, 교회에 합류하는 과정을 이해하고, 교회 공동체의 부분이 되게 하며, 교회의 사역 속에서 자신들의 영적 은사를 어떻게 활용할 것인가를 배울 기회를 준다. 이 모든 것들은 교회의 일원이 되고 싶어 하는 새신자에게 필수적이다.

결론

대상 그룹의 특성과 필요는 새 교회의 사역을 결정함에 있어 반드시 고려되어야 한다. 새 교회는 종종 기존 교회의 사역들을 다 갖추고 시작하려는 실수를 범한다. 그 이유는 다음과 같다.

첫째, 사역의 복합성은 새 교회의 지도자들을 지치게 할 수도 있다. 새 교회에는 제한된 수의 지도자들이 있기 마련이므로 그들에게 할당된 모든 사역들을 다 수행하려고 상당한 양의 시간과 에너지를 투자할 경우 그들의 에너지는 소진될 것이다.

둘째, 기존 교회의 사역들이 새 교회에는 적절하지 않을 수도 있다. 대상 그룹이 후원 교회와 다를 때, 이런 상황이 대두될 수 있다.

셋째, 새 교회가 성장함에 따라 새로운 지도자들이 생겨날 것이다. 이들은 교인들의 필요에 따라 새 사역을 시작할 수 있고, 사역 참여에 대한 주님의 인도를 따를 것이다.

따라서 새 교회가 그들의 발전 단계에 필수적인 사역에 집중하는 것이 필요하다. 새 교회는 지도력과 재정을 낭비시키는 지나친 확장 노력들을 피해야 한다. 말하자면 새 교회의 표어는 '필요한 것만을 행하는 것' 이 되어야 할 것이다.

주

1) Lyle Schaller, Assimilating New Members (Nashville: Abingdon Press, 1978); Growing Plans(Nashville: Abingdon Press, 1983).

2) Malphurs, Planting Growing Churches, 290.

3) Lyle E. Schaller, 44 Questions for Church Planters (Nashville: Abingdon Press, 1991), 66.

22장 공식적인 예배

외부에 공식적으로 교회의 시작을 알리는 일은 교회개척 과정 중에서 가장 흥분되면서도 가장 큰 도전이 되는 단계이다. 이 단계를 통해 회중들은 그 지역에 새 교회가 생겨났음을 지역 사회 전체에 알리는 기회를 갖게 된다. 준비 단계의 예배를 통해 새 교회는 공식적인 예배를 준비해 왔다. 공식적인 예배가 성공적이 되도록 하기 위해서는 몇 가지 중요한 사항에 주의를 기울여야 한다. 어떤 이는 "첫인상은 다시 돌이킬 수 있는 두 번째 기회가 없다"고 말한다. 방문객들이 가지게 될 첫인상은 영구히 지속될 것이며, 그들이 다시 찾아올 것인지의 여부를 결정지을 것이다. 첫 공식 예배를 어떻게 드리느냐에 따라 방문객들을 불러 모을 수도 있고 쫓아버릴 수도 있다.

최적의 날짜를 선정하라

새 교회의 첫 예배를 위해 선정되어지는 날짜는 전략적인 중요성을 지니고 있다. 원칙은 많은 사람들이 휴일을 맞아 떠나는 시기가 아니라, 많은 사람들이 지역 사회에 머무는 주일을 선택하는 것이다. 이 말은 연휴나 명절 등은 대개의 경우 창립 예배에는 부적절한 날짜라는 것이다. 중요한 국내 혹은 국제 스포츠 경기가 예정된 날도 마찬가지라고 할 수 있다.

어떤 이들은 창립 예배를 드리기에 가장 적절한 날로 부활절을 꼽기도 한다. 일반적으로 연중 다른 어느 날보다도 이날에 많은 사람들이 교회에 가고자 하는 마음을 갖기 때문이다. 어떤 사람들은 부활절을 겨냥하여 종려 주일부터 시작하기도 한다. 또 어떤 사람들은 새해의 첫 번째 주일을 첫 예배에 좋은 시기로 보기도 한다.

또 다른 효과적인 주일은 어버이 주일이다. 이날에는 가정과 어울리는 주제가 적절할 것이다. 해당 지역 사회의 유력 인물들을 대상으로 한 사전 조사 역시 첫 공식 예배를 드리기에 가장 좋은 날에 대한 귀중한 정보를 제공할 것이다.

첫 공식 예배의 날짜가 언제가 되든지 교회와 개인, 지역 사회에 있어 '새로운 출발' 이라는 주제가 부각되어야 한다.

공식적인 예배의 시작을 홍보하라

적절한 홍보는 성공적인 첫 공식 예배를 위해 필수적이다. 이전 장에서 방문, 서신, 전화, 신문, 초청장, 포스터, 라디오, 그리고 텔레비전과 같은 방법들이 새 교회를 알리는 데 도움이 될 수 있다고 지적하였다. 많은 경우, 지역 주민들을 모으고 그들에게 알리기 위해서 위의 방법을 포함하여 다양한 방법을 사용하는 것이 중요하다. 분명한 것은 해당 지역 사회에 대한 상세하고 광범위한 지식을 갖고 있을 때, 보다 현명하고 적절한 홍보 수단을 선택할 수 있다는 것이다. 연구 자료에 따르면, 어느 사회에나 어려운 시기를 겪고 있는 사람들이 있으며, 따라서 전달 방식과 상관없이 복음에 응답할 만큼의 영적 갈망을 경험하고 있는 사람들이 있다. 이러한 사실은 만일 교회개척팀과 창립 교인들이 집중적인 노력을 기울인다면, 문제 해결을 위해 초대에 긍정적으로 반응하여 예배에 참석할 사람들을 찾을 수 있다는 것을 의미한다.

어느 사회에나 복음을 수용할 만한 사람들이 존재한다고 해서 예배를 위한 적절한 홍보가 필요하지 않다고 할 수는 없다. 설사 복음을 수용할 만한 사람들이 있다 할지라도 예배에 대해 알지 못한다면 참석할 수 없을 것이다. 적당한 홍보는 효과적인 첫 공식적 예배가 성공할 가능성을 증대시킨다.

공식적인 예배를 위한 계획을 세우라

첫 공식 예배를 준비하는 단계에 있어 신중한 기획이 필요하다. 많은 방문객들은 자신들이 속할 만한 곳인지를 확인하기 위해 예배에 한 번 참석해 둘러보는 경향이 있다. 만일 예배가 마음에 들었다면 정식 교인이 될 것인지를 결정하기 전까지 꾸준히 예배에 참석할 것이다. 이러한 방문 과정은 대개 그 교회의 교인이 되고자 하는 결심으로 이어진다.

간단히 말해, 만일 첫 경험이 긍정적이라면 그들은 계속 교회에 출석할 것이다. 이러한 긍정적 경험은 예배를 위해 신중한 계획을 세우는 데 달려있다. 예배 장소와 어린이를 위한 프로그램, 예배의 목적, 방문객 환영, 광고, 예배 시간의 길이, 음악, 설교, 설교 주제, 복음 제시, 말씀을 통해 전달되는 비전, 초청 등이 잘 준비되어야 한다.[1]

예배의 전체적 분위기

새 교회의 발전에 있어 가장 중요한 요소 중 하나는 문화적 연관성이 있는 역동적인 예배를 갖는 것이다. 커크 해더웨이(Kirk Hadaway)는 이러한 예배에 대해 다음과 같이 말한다.

> 이 점에 대해 설명하기가 쉽지는 않지만 보통 '흥미진진', '축제', '전류와 같은 흥분', '부흥의 기운' 등의 용어들이 사용된다. 어떠한 단어가 사용되든지 간에 대부분의 성장하는 교회에서 예배를 드려본 사람들은 예배야말로 교회들을 구분시키는 요소임에 동의할 것이다.[2]

그렇다고 해서 사람들의 관심을 끌기 위해 예배가 화려하고 장엄해야만 한다는 것은 아니다. 그러나 예배에 참석하였을 때, 사람들의 삶에 변화가 일어나도록 하는 무엇인가가 필요하다. '변화를 일으키는 그 무엇'은 한 개인이 하나님, 이웃, 자신의 의무들 및 인생 전반에 대해 갖는 태도에 변화를 가져온다.[3] 그러한 사람은 야곱처럼 '여호와께서 과연 여기 계시도다' 라고 말할 수 있다. 교회개척자는 예배가 그 교회의 성장에 긍정적 요소가 될 수 있도록 창립 예배를 계획해야 한다.

예배의 환경

예배를 드리는 장소의 분위기는 예배 경험을 고무시키던가 아니면 방해하는 데 한몫을 감당한다. 어떤 교회는 쾌적한 설비를 갖춘 우아한 건물을 구입할만한 자원을 가진 반면, 어떤 교회는 그러한 여력이 없다. 그렇다고 해서 예배를 드리는 곳의 환경을 향상시키는 방법이 없는 것은 아니다.

예배 장소를 보다 적합한 환경으로 만들 수 있는 여러 가지 개선책이 있을 수 있다. 어떤 경우에는 강대상을 칠하거나 조명을 밝히는 정도의 단순한 작업이 더해질 수 있다. 어떤 교회들은 의자 배치를 바꿈으로써 사람들이 보다 편안하게 출입할 수 있게 배려할 수 있다. 아니면 냉난방 시설에 주의를 기울임으로써 예배 분위기를 향상시킬 수 있다.

여기서 제기되어야 할 근본적인 질문은 이것이다. 방문객들이 우리 교회를 방문했을 때 어떤 인상을 받는가? 때로 교인들은 지저분한 문이나 벽에 익숙해 있을 수 있지만, 그것이 방문객들에게는 교인들의 태만이나 무기력을 드러내는 표시가 될 수 있다. 많은 교회들이 제한된 자원을 가진 게 사실이지만, 많은 경우 교인들의 집이 하나님께 예배를 드리는 곳보다 더 매력적으로 꾸며져 있는 것도 사실이다.

교회 건물 내에 절대적인 관심이 요구되는 세 부분이 있다. 유아실, 화장실, 주차장이다. 부모들은 유아실이 청결하고 담당자들이 유능한지에 큰 관심을 기울인다. 유아실의 질적 수준에 대한 부모의 인상은 그들이 그 교회를 다시 찾을 것인지의 여부를 결정지을 수 있다. 아무리 음악이 훌륭하고 설교가 좋아도 유아실이나 아동시설에서 받는 부정적인 인상을 상쇄할 수는 없다.

주유회사의 최근 연구에 따르면, 여행자들이 주유소에서 가장 꼼꼼히 따지는 서비스는 바로 화장실의 청결성이라고 한다. 방문객들도 그들이 방문하는 교회에서 같은 것을 기대한다.

적당한 주차시설도 필수적인 요소다. 교인들은 방문객들에게 주차 공간을 제공하기 위해 교회 건물에서 조금 떨어진 곳에 주차할 수 있어야 한다. 방문객들은 주차할 장소를 찾는 데 많은 시간을 소요하려 하지 않을 수 있기 때문이다.

이 모든 점들이 방문객들에게 환영의 메시지를 전달함에 있어 아주 중요하다. 따라서 예배의 모든 것들이 방문객들은 물론 기존 교인들에게 감동적인 경험이 될 수 있도록 하기 위해 주의를 기울이는 것은 중요하다.

예배의 목적

예배를 의미 있는 경험으로 만드는 요소 중 하나는 예배의 목적을 규정하는 것이다. 너무나 많은 영적인 필요가 존재하기 때문에 때로 사람들은 모든 예배가 방문객들과 교인들의 필요를 동시에 채우는 것이어야 한다고 생각한다. 그러나 이러한 노력은 교인들을 혼란시킬 수 있다. 때때로 방문객들이 찾아왔는데 설교자가 교리에 관한 설교를 하고 방문객들이 없는데 복음을 제시하는 설교를 하게 되는 경우가 있다.

성장하는 많은 교회들은 주일 아침 예배가 주로 복음전도에 집중되어야 한다고 주장한다. 어떤 문화권에서는 주일 저녁 예배에 많은 방문객들이 찾아오기 때문에 주일 저녁 예배를 방문객을 위해 준비하기도 한다. 중요한 점은 시간이 아니라 목사와 교인들이 각 예배의 목적에 대해 합의하는 것이다. 그렇게 함으로써 교인들은 언제 그리스도인의 성숙에 대한 교리적 설교를 들을 수 있는지, 혹은 언제 사람들을 초청해 복음을 소개하는 설교를 들을 수 있도록 할 수 있는지를 알 수 있을 것이다. 모든 예배가 다 은혜로워야 하지만 각 예배의 주 목적을 알 수 있을 때 훨씬 더 큰 결과를 가져올 수 있다.

방문자 환영하기

성장하는 많은 교회들은 방문객들을 환영하는 방식에 특별한 관심을 기울여 왔다. 복음주의적 기독교인이 된 지 오래된 사람들은 방문객들이 자리에서 일어나 이름을 말하고 방문객을 위한 카드를 받고 환영을 받도록 하는 것이 적절한 절차라고 종종 생각할 수 있다. 때로 한 교회의 교인으로 오래 있었던 사람들은 다른 교회를 방문하였을 때 형제의 환영을 받고 그 자리에 참석할 수 있는 기회를 갖게 된 것에 대한 기쁨을 표현하는 일들이 편안하게 느껴질 수 있을 것이다.

그러나 어떤 연구에 의하면, 사람들이 갖고 있는 가장 큰 두려움 중 하나가 대중 앞에서 발표를 하는 일이다. 그렇다면 새로운 사람들이 예배에 참석하였을 때 어떤 일이 생길 수 있을까? 많은 경우 그들은 자리에서 일어나 회중 앞에서 말하도록 요구받을 때 불편하게 느끼고, 두려워하고, 위축된다. 그들은 모든 사람들이 지켜보는 가운데 일어나야 한다는 사실에 불편함을 느낄 것이다. 어떤 방문객들은 그저 조용히 찾아와 지켜보고, 그 교회에 대해 편안함을 느끼는지에 대해서는 나중에 생각하고 싶어할 것이다. 만일 모든 회중의 관심이 그런 사람들에게 집중된다면, 그들이 그 교회를 다시 찾을 가능성은 매우 낮다.

사람들에게 자리에서 일어서도록 부탁할 때 우리는 보통 두 가지의 목적을 염두에 두고 있다. (1) 우리는 그들이 교회를 방문한 사실에 대해 기쁨을 표현하고자 한다. 그리고 (2) 그들을 심방하거나 그들에게 우편물을 보내기 위해 그들의 이름과 주소를 확인하려고 한다. 그러나 방문객들을 불편하게 하거나 당황하게 하지 않고도 이러한 목적을 달성할 수 있는 방법이 있다.

먼저 방문객들의 참석에 대해 교회의 기쁨을 표현할 수 있는 여러 가지 방법이 있다. 첫째, 교회 지도자들이 모든 방문객들에 대해 간단한 환영의 말을 하는 것이다. 어떤 교회는 환영의 찬양을 부르거나, 혹은 방문객들을 일어나게 하지만 말은 시키지 않거나, 또는 방문자들을 포함하여 모든 교인들이 서로 인사하게 하는 관습이 있다. 또 어떤 교회들은 입구에 사람들을 배치해 두고 방문객들을 환영하고 주일 학교 등에 대한 정보를 제공하며 방문객 카드를 나눠 주고 자리를 찾을 수 있게 도와준다. 어떤 교회들은 입구 가까이에 방문객들을 위한 자리를 준비해 둠으로써 예배가 이미 시작된 경우 자리를 찾느라 당황스러워하지 않도록 배려한다. 방문객들을 환영하는 방식은 문화마다 다르다. 그러나 기본 원칙은 방문객들이 교회를 찾았을 때 편안함을 느끼도록 하는 것이라 할 수 있다.

교회는 방문객을 당황하게 만들지 않고도 그들에 대한 정보를 얻을 수 있다. 한 방법은 그들의 이름과 주소를 적을 수 있는 카드를 주고 작성하도록 부탁하는 것이다. 또 다른 방법은 안내자들이 그들을 환영하고 그들에 관한 정보를 얻는 것이다. 어떤 교회들은 주차장에 안내인을 두고 새로 오는 사람들을 환영하며, 그들이 교회 건물에 도착하면 그들의 이름과 주소를 알아낸다. 교회 지도자들은 많은 불신자들이 카드를 작성하도록 요구 받을 때 어느 정도 불안감을 가질 수 있음을 염두에 두어야 한다. 어떤 이들은 자신들이 교회의 교인으로 정식 등록되는 것으로 생각하기도 한다. 그러므로 방문객들이 갖는 이러한 염려들에 민감하여, 그들이 다시 찾아오도록 하기 위해 긍정적이고, 고무적인 경험을 할 수 있도록 모든 일을 행해야 한다.

광고

많은 교회의 경우 광고를 전하는 방식이 예배에 방해가 되곤 한다. 새 교회의 경우 이러한 광고와 관련해 몇 가지 유념해야 할 것이 있다. 그들 중 하나는 어떤 유의 광고가 예배 중에 전달되어야 하는가 하는 것이다. 만일 불신자들을 위해 특별히 계획된 예배에서라면 일반적인 관심사에 관련된 광고들만 알리도록 하는 것이 바람직하다. 주일 학교 교사 모임 등과 같이 교회의 조직이나 기구와 관련된 광고들은 주보에 싣거나 성경 공부 시간에 알리도록 해야 한다. 그렇게 함으로 방문객들이 자신들과 별 상관이 없는 많은 광고들을 들어야 하는 번거로움을 피할 수 있다.

또 다른 질문은 예배 시간 중 어느 때에 광고가 전달되어야 하는가이다. 많은 예배에서 긴 광고는 예배의 분위기를 해친다. 어떤 교회들은 예배가 시작되기 전에 광고를 알린다. 또 어떤 교회들은 초청의 시간 이후에 광고를 하기도 한다. 각각의 교회는 그 지역의 관심에 맞춰 광고 내용과 광고 시간을 결정해야 할 것이다. 교회개척자들은 광고 시간이 예배 분위기를 방해하지 않도록 조심해야 한다.

예배 시간의 길이

예배 시간의 길이는 문화마다 다르다. 어떤 문화권에서는 주일 아침 예배가 정오가 되었는데도 끝나지 않으면 사람들이 안절부절못하며 심지어는 하나 둘 자리를 뜨기도 한다. 또 어떤 곳에서는 특정한 시간까지 예배를 끝내고자 하는 조급함이 전혀 없기도 하다. 그러나 여기에는 고려해야 할 두 가지 요소가 있다. 첫째, 많은 도시에서는 사람들의 생활 방식이 시간 중심이다. 만일 사람들이 토끼의 걸음처럼 움직이는 활동들에 익숙해 있다면 거북이의 걸음으로 진행되는 예배에 지루함을 느낄 것이다. 둘째, 일반적으로 방문객들은 긴 예배에 익숙해 있지 않다. 예배의 특정 길이를 제시하고자 하는 것은 아니다. 다만 시간의 사용에 유의하여야 한다는 것이다.

예배가 편안한 속도로 진행되도록 할 수 있는 몇 가지 방법들이 있다. 첫째, 앞서 언급한 대로 광고를 일반적 관심사에 관련된 것으로 제한할 수 있다. 둘째, 보다 많은 수의 헌금위원들을 둔다. 만일 헌금위원이 배가 된다면 헌금을 걷는 데 걸리는 시간은 반으로 줄 것이다. 셋째, 단 위에서 말을 전하거나 찬양하는 사람이 내려오고 또 다른 사람이 올라가고 하는 데 소요되는 시간을 줄일 수 있다. 그러나 이것이 예배에 가속도를 붙여 진행해야 한다는 것을 의미하는 것은 아니다. 역동적인 예배는 찬양, 말씀 선포, 초청, 그리고 다른 중요한 활동들에 충분한 시간을 들이도록 모든 것이 구성된다. 다른 말로 하면 역동적인 예배는 예배의 분위기를 방해하지 않으면서도 예배의 정점을 향하여 은혜롭게 나아간다. 예배자들은 예배를 이루는 한 행위가 다른 행위로 이어지며 각각이 예배를 영광스러운 경험으로 만드는 데 서로 협력하는 것을 느낀다.

예배 음악

음악은 예배에서 절대적으로 중요한 위치를 차지한다. 특별히 음악은 우리의 영으로 하여금 하나님을 경배하도록 영감을 준다. 음악이 예배에

의 경험을 긍정적으로 돕도록 하는 여러 가지 요소들이 있다.

첫째, 문화는 예배에 어떤 음악을 사용할 것인가에 영향을 끼친다. 수 세대 동안 많은 사람들에게 영감의 근원이 된 찬양들이 있다. 그러나 어떤 그룹이 수십 년 전에 쓰여진 찬송만을 절대적으로 고집한다면, 그 예배는 현대의 불신자들의 마음을 끌지 못하고 역동적이지 못할 가능성이 크다.

일반적으로 대부분의 개척 교회에 있어 자신들 고유의 찬양곡과 음악을 가지게 되거나 당시 문화를 대표하는 악기들을 활용하게 되는 데 긴 시간이 걸린다. 교회개척자들은 회중들에 의해 사용되는 찬양곡들과 합창곡들이 교리적으로 올바른지에 유의해야 한다. 일반적으로 자신들의 문화를 표현하는 찬양을 부를 때 교인들은 더 적극적으로 참여한다.

때때로 교회 안에서 사용되어져야 하는 악기들에 대해 논쟁이 생기기도 한다. 신자들은 어떤 악기들이 예배에 도움이 되고 또 어떤 것들이 반기독교적인 관행들과 관련되어 있어 방해 요소가 되는지 지혜롭게 결정해야 할 것이다. 구약성경은 많은 다양한 악기들이 하나님을 경배하는 데 사용되었음을 알려 준다.

둘째, 음악에 대한 회중들의 참여가 예배 경험에 도움을 준다. 종종 방문객들은 자신들이 모르는 찬양들을 회중들이 지나치게 많이 부르는 경우 불편함을 느낀다. 어떤 성장하는 교회들은 예배를 준비할 때 그 점을 고려한다. 이런 경우, 회중 찬양의 수를 줄이고 독창이나 성가대의 찬양을 다수 포함한다.

어떤 교회들은 주보에 단순한 곡조의 찬양을 실어, 방문객들이 찬양집에서 곡들을 찾고 어떻게 각 절을 불러야 하는지 알아내는 데 시간을 보내지 않아도 되도록 한다. 또 어떤 교회들은 찬양의 가사들을 스크린에 투사하여 가사를 몰라 당황하는 사람이 없게끔 한다. 다시 말하지만, 이들의 목적은 방문객들의 긴장을 완화시켜 긍정적인 예배 경험을 갖고 다시 방문하고자 하는 마음이 들도록 하는 것이다.

음악은 예배에 없어서는 안 되는 역할을 담당한다. 음악이 해당 문화와 그 문화권의 사람들의 필요에 맞추어 상황화되어질 때 예배의 중요한 요소가 된다.

설교를 준비하라

예배의 초점은 하나님 말씀의 선포이다. 말씀의 선포는 드라마나 디지털 미디어 또는 보다 전통적인 방식인 설교 등의 여러 방법들을 통해 이뤄질 수 있다. 설교의 방법은 다양할 수 있지만 성장하는 교회의 설교 방법을 특징 짓는 몇 가지 요소들이 있다. 이 특징들 중에는 (1) 메시지 주제의 상황화, (2) 메시지의 구속적 논리, (3) 메시지 안에 교회의 비전을 전달하기 등이 있다.

설교의 연관성

성장하는 교회들의 많은 목사들은 사람들의 삶에 관련성이 있는 메시지, 즉 상황화되는 메시지들을 전한다. 이러한 목사들은 자신들이 복음을 전하고자 하는 대상들의 문제, 염려, 그리고 희망을 알고 이해하는 데 많은 시간과 노력을 들인다. 이들은 다음과 같은 질문들을 던진다. (1) 이 사람들의 세계관이 무엇인가? 즉, 절대자의 존재, 삶의 목적, 존재 이유 등에 대해 청중이 가지고 있는 개념들을 이해하려고 애쓴다. (2) 이 사람들의 영혼에 복음으로 채울 수 있는 공허함이 있는가? (3) 이들은 어떠한 문제들에 당면해 있는가? 복음으로 해결해 줘야 할 문제가 가정, 사회, 직장에서의 일상적 삶에 존재하는가? (4) 복음이 전달될 수 있는 가교 역할을 할 문제는 무엇인가?

전 장에서 우리는 예수님께서 메시지를, 니고데모나 삭개오의 경우처럼, 청중의 필요에 맞추셨음을 언급했다. 성장하는 교회의 목사들 역시 마찬가지이다. 예배가 끝난 후 교회를 나설 때 사람들은 설교를 들었다고 느낄 뿐만 아니라, 자신들의 상황 가운데서 자신들을 향한 하나님의 메시지를 들었다고 느낄 수 있어야 한다. 성장하는 교회의 목사들은 사람들의 삶에 연관성이 있는 메시지를 선포한다.

설교의 구속적 논리

성장하는 교회의 목사들이 전하는 설교의 또 다른 특징은 구속적 논리를 지닌다는 것이다. 어떤 설교자들은 죄를 정죄하고 사람들에게 그들이 얼마나 큰 죄인인가를 일깨울 때 본인들이 복음을 전하고 있다고 믿는다. 성경이 죄에 대해 많은 것들을 이야기하는 것은 사실이지만, 그것은 메시지의 일부일 뿐이다. 예를 들면 로마서 6장 23절은 "죄의 삯은 사망"이라고 말한다. 하지만 계속하여 본문을 읽어나가면, 이 본문이 또한 "하나님의 은사는 그리스도 예수 우리 주 안에 있는 영생"이라는 약속을 담고 있음을 발견한다. 복음은 하나님께서 그리스도 예수 안에서 인류의 죄에 대한 대비책을 마련해 놓으셨으며, 누구든지 예수님을 영접하기만 하면 이 세상에서의 풍성한 삶과(요 10:10) 하늘나라에서의 영생이 주어진다는 것이다. '복음' 이라는 단어 자체가 좋은 소식을 의미한다.

성장하는 교회의 목사들은 구원의 좋은 소식을 선포한다. 그들은 죄에 대해서만 언급하지 않는다. 그들은 그리스도 안에서 우리가 죄의 권세로부터 해방되었다는 영광스런 진리를 선포한다. 메시지의 구속적인 논리는 인간이 죄인이라는 사실뿐 아니라, 그들이 죄를 이겨낼 수 있다는 진리도 언급한다. 그들은 인간들에게 그들의 현재 상황뿐만 아니라 어떻게 변화될 수 있는지 미래도 보여 준다. 즉, 메시지의 구속적 논리는 사람들에게 그리스도가 그들 안에 계실 때 어떠한 존재로 변화할 수 있는지에 대한 새로운 비전을 제시하는 것이다.

자신들이 저지른 행위에 대한 죄책감과 패배감에 젖어 교회 문을 나서는 대신, 구속적인 메시지를 들은 이들은 주님의 도움으로 삶이 달라질 것이라는 진리로 인해 새로운 희망을 가지고 떠난다. "내게 능력 주시는 자 안에서 내가 모든 것을 할 수 있느니라"는 본문 말씀이 그들 삶의 표어가 된다. 성장하는 교회는 이러한 구속적 내용의 설교를 선포한다. 교인들은 친구들도 구속적 논리를 지닌 은혜로운 설교를 들으리라는 확신을 가지고 자신 있게 친구들을 예배로 초대한다.

설교를 통한 비전의 전달

성장하는 교회의 설교에는 또 다른 특징이 있다. 그것은 교회의 비전을 전달하고 생생하게 유지시킨다는 것이다. 이와 같은 설교는 사람들의 개인적 삶에 대해 이야기할 뿐 아니라 전체 교회의 비전을 제시한다. 이러한 설교들을 통해 설교자는 교회의 목표와 우선순위를 전달한다. 결과적으로 교인들도 그 비전을 붙잡게 되고, 흥미진진한 계획과 목표를 지닌 교회, 주님이 인도하신다는 확신 속에서 전진하는 교회에 속해있다는 만족감을 느끼게 된다.

교인들은 이런 유형의 교회에서 커다란 만족감을 느끼며, 그들의 친구나 친지들을 초대한다. 비록 방문객들이 처음에는 그 교회의 비전에 대해 많이 이해하지 못할지라도 시간이 지남에 따라 교회 생활과 사역에 긍정적인 느낌을 갖기 시작한다. 그들은 이 교회가 목표를 가지고 있으며 어떠한 방향으로 가고 있는지를 분명히 알고 있다는 인상을 받는다. 정체중이거나 퇴보하는 교회보다는 전진하는 교회에 방문객들은 더 큰 매력을 느낀다.

최근의 연구들은 성장하는 교회의 목사들이 다른 교회의 목사들보다 화술에 더 유창하거나 더 높은 수준의 교육을 받은 것은 아님을 보여 준다.[4] 연구 결과가 증명하는 것은 성장하는 교회의 목사들이 전하는 설교가 보다 더 상황화되어 있고, 보다 구속적인 논리를 지니며, 하나님께서 그 교회에 대해 가진 비전을 전달하는 데 더 성공적이라는 사실이다.

반응 이끌어내기

많은 복음주의적 그리스도인들에게 있어 설교 후에 주어지는 초청의 시간은 매우 중요하다. 신학적으로 초청의 시간은 예수님이 자신을 따르도록 사람들을 초청했다는 데 근거한다. 많은 경우 이러한 초청은 공적으로 행해진다. 따라서 초청의 시간을 제공하는 것은 사람들이 그리스도를 구세주로 영접하려는 공적 결단을 내릴 필요가 있다는 확신에 근거한다.

많은 그리스도인들은 빌리 그레이엄 전도 집회나 다른 복음주의 예배에서 초청이 주어졌을 때, 자신들이나 주변의 가까운 사람들이 그에 응답했던 순간들에 대한 기억을 가지고 있다. 운동장 안의 수백 명의 사람들이 그리스도를 구세주로 영접하고자 앞으로 나서는 것을 지켜보는 것은 잊지 못할 경험이다. 이러한 식의 직접적인 초청은 다양한 때와 장소에서 효과적으로 활용되어 왔다. 그러나 교회 안에서나 운동장과 같은 넓은 장소에서의 공적인 초청이 항상 동일한 결과를 가져오지는 않는다. 앞 장들에서 살펴봤듯이, 친분을 쌓고, 메시지를 점진적으로 나누며, 가정에서 복음에 반응할 기회를 제공하며, 예배에서 그들의 결정을 나누도록 준비시키는 것이 필요한 상황도 있다. 복음전도의 방법도 문화에 상황화되어야 한다.

성장하는 교회들은 사람들에게 그리스도를 마음에 영접하도록 장려하지만 공적으로 결단을 즉각적으로 요구하지는 않는다. 어떤 교회는 중앙통로가 없는 강당에서 모임을 갖고 있었다. 그 교회의 목사는 현실에 맞게 초청에 대한 방법을 바꾸어야 했다. 그의 방법은 다음과 같은 접근법이었다.

메시지를 마친 목사는 모든 사람들에게 고개를 숙이고 방금 들은 말씀에 대해 생각해 보는 시간을 갖도록 요구한다. 그리고는 그리스도를 마음에 영접하고자 하는 사람은 고개를 들고 자신을 쳐다보게끔 한다. 고개를 드는 사람들이 있으면, 그리스도를 영접한다는 말의 의미에 대해 잠시 설명한다. 강대상에서 그들을 위해 기도한다. 그리고는 그리스도를 영접하기로 결단한 사람들에게 주보에 끼여 있거나 앞 의자의 등받이에 있는 카드를 꺼내 작성할 것을 부탁하고, 주중에 교회의 목회자가 그들을 방문하여 결단에 대해 보다 자세히 이야기할 것을 약속한다.

목회자는 그들의 가정을 방문해 질문에 대답하고, 구원의 계획에 대해 그들이 이해할 수 있도록 돕는다. 그런 후, 그들을 새신자반에 등록시킨다. 세례를 받을 때가 되어서야 그들은 회중 앞에서 자신들의 구원에 대한 간증을 하게 된다. 복음에 대한 반응이 매우 제한적인 상황에서 이 목사는 수천의 사람들을 주께로 인도하는 데 성공해 왔다. 복음으로의 초청을 확장시키는 이 방법은 이 교회의 성공에 중대한 공헌을 했다.

위에서 대략 제시한 초청의 방법만이 유일한 방법은 아니다. 위의 예는 특정한 장소에서 초청을 상황화한 예를 제공한 것뿐이다. 이러한 유형의 상황화를 이루기 위해서는 원칙과 방법을 구분할 수 있어야 한다. 원칙은 사람들이 그리스도를 마음에 영접하려는 결단을 내릴 수 있는 기회를 가져야 한다는 것이다. 이러한 결단의 필요성은 모든 사람들에게 적용되는 것이다. 위의 묘사된 예는 원칙이 아니라 초청의 방법과 관련되어 있다. 위의 예에서 목사는 세례식에서 새신자가 예수 그리스도에 대한 믿음을 공적으로 표현해야 한다고 믿는다.

다른 사람들은 다른 방식으로 초청을 확장시킨다. 새신자가 믿음을 공적으로 표현해야 한다는 원칙 안에서 다양한 사회문화적 형태들이 초청의 방법에 활용된다. 예를 들면, 그리스도는 피아노가 연주되고 성가대가 찬양하는 가운데 초청의 시간을 가졌던 것은 아니다. 이런 방식의 초청은 보다 최근에 생겨난 것이다. 어떤 특정한 방법의 초청도 다른 방법들보다 더 성서적이라고 주장할 수는 없다. 중요한 것은 사람들이 주님의 음성에 반응하도록 초청하는 원칙을 유지하는 것이다. 이러한 초청은 지역 상황에 적합하게 이루어질 수 있으며, 더 많은 사람들이 그리스도를 구주로 영접하는 영광된 경험을 갖게 할 것이다.

결론

예배는 교회의 성장에 이바지하는 중요한 요소이다. 예배가 참으로 역동적이기 위해서는 예배 장소, 예배의 목적, 방문객 환영, 광고 방법, 예배 시간의 길이, 음악, 그리고 설교에 주의를 기울여야 한다. 사람들은 자신들이 주님의 임재 가운데 있었다는 완전한 확신을 가지고 교회를 떠날 때, 그 교회를 다시 찾을 것이며 또한 다른 사람들도 이 역동적 축제에 참여하도록 적극적으로 초대하게 될 것이다. 역동적인 예배가 교회의 성장에 공헌한다.

주

1) Daniel R. Sanchez, Iglesia: Crecimiento y Cultura (Nashville: Convention Press, 1993), 139-42 and Rick Warren, The Purpose Driven Church.

2) Kirk Hadaway, Church Growth Principles (Nashville, TN: Broadman Press, 1991), 62.

3) Anne Ortlund, Up With Worship (Glendale, Ca: G/L Publications, 1975).

4) Hadaway, 82.

5부_ 새로운 교회 개발

새로운 교회를 개척하는 개발 단계는 이전 단계들의 노력들보다도 훨씬 더 영구적인 성격을 띠는 문제들을 포함한다. 예를 들어 진수 단계에서 조직은 형성 단계들에 머무른다. 교회가 개발 단계에 도달하면 그 교회는 반드시 공식적인 신분, 조직, 헌법, 시설 등과 관련하여 결정을 내려야 한다. 개발 단계에서 교회가 자라게 하는 원리들, 교회가 필요로 하는 구조 그리고 교회 전략을 수행하는 것을 돕는 행동 계획안 등에 주의해야 한다.

23장 교회 법인

교회개척팀이 사용하는 모델에 따라서 새로운 교회는 공식적인 신분을 갖추기 위해 법인으로 등록되어야 하는 시점에 이르게 될 것이다. 이러한 신분은 두 가지의 중요한 측면을 가지고 있다. 첫째, 법인의 법적인 측면들은 한 사업체의 공식적인 법인화와 매우 유사하다. 이러한 단계는 교회가 정부와의 관계 속에 법적인 지위를 갖고 재정을 처리해 나가는 것을 가능하게 해 준다.

법인화 과정의 두 번째 측면은 종교적인 요소이다. 이 요소는 법인화된 교회가 회중뿐만 아니라 지방회와 교단과 같은 다른 교계 단체들과 관련하여 갖게 되는 공식적인 신분과 관련되어 있다. 법적 그리고 종교적 법인 과정과 관련하여 교회는 법인에 필요한 단계들로 일반적으로 예비 단계, 중간 단계 그리고 최종 단계를 거친다.

예비 단계

법인의 예비 단계는 일반적으로 새 교회가 후원 교회로부터 재정 및 인적으로 지원을 받으며 행정적으로 지도를 받고 있는 기간 동안이다.

법인의 예비 단계는 교회에게 몇 가지의 장점들을 제공한다.

첫째, 예비 단계는 새 교회에게 기초를 다질 수 있는 시간을 제공해 준다. 이 시간은 비전을 분명하게 전달할 수 있는 시간이다. 목사, 개척팀 그리고 핵심 그룹은 비전의 성취를 위해 동역하는 데 확실한 헌신을 한다

둘째, 이 기간은 핵심 그룹이 교제의 결속력을 다지는 시간이 될 수 있다. 이렇게 교제를 발전시키는 이유는 그룹 내에서 생길 미래의 관계들과 함께 감당해 나가야 할 다양한 책임들에 대한 기초를 제공하기 위해서이다 셋째, 이 기간은 핵심 그룹이 확장되고, 새로운 사람들이 동화되는 시간이다. 새 교회를 출석하기 시작하는 사람들 중 많은 사람들, 특별히 미디어 사역을 통해서 나오게 된 사람들은 최초의 핵심 그룹과 마찬가지로 유사한 과정을 거쳐야 할 것이다. 이 과정은 그들이 확실한 비전의 개념을 이해하고 새로운 교회의 활동들을 인도할 전략을 개발하는 데 도움이 된다. 넷째, 이 기간은 새로운 지도자들을 발견하는 기간이다. 새 교인들이 교회 내의 다양한 사역에 동참할 기회를 가지면서 교회와 자신들의 능력을 더 잘 이해하게 될 뿐만 아니라 교회에 대해서 새로운 헌신을 하게 된다. 다섯째, 이 기간은 임시 시설물들을 사용함에 있어서 창의력을 발휘하는 시기가 될 수 있다. 예배에 참석하는 사람들의 수가 어느 단계에 이르면 여러 번의 예배를 드리는 것을 실험해 볼 수 있다. 심지어는 다양한 예배 시간에 스타일의 변화를 주어 다른 예배 스타일을 선호하는 사람들을 교회로 이끌 수 있을 것이다.

또한 이러한 융통성은 예배를 드리는 시간과 관련해서도 다양성을 제공한다. 어떤 사람들에게 있어서는 아침 일찍 드리는 1부 예배가 훨씬 더 매력적이지만, 또 어떤 사람들은 10시나 11시와 같은 전통적인 시간을 선호할 수도 있다. 다른 접근법들을 실험함으로써 새 교회는 그 장점들이 무엇인지 그리고 가장 적절한 접근법들은 어떤 것인지를 발견할 수 있을 것이다.

여섯째, 예비 단계는 새로운 지도자들이 전도와 제자훈련의 영역에서 훈련을 받고 개발되는 기간이 될 수 있다. 핵심 그룹 일원들이 복음전도를 더 빨리 시작하면 할수록 새 교회가 성장할 수 있는 가능성은 더 커지게 된다. 이 단계 동안 지교회는 다음 단계를 향하여 몇 발자국 더 나아갈 수 있다.

중간 단계

핵심 그룹이 위에서 언급한 특징들을 가지게 되면 그 다음 단계, 즉 기능적인 교회가 되는 단계로 나아갈 준비가 된 것이다. 이때 이 그룹은 교회의 특징들을 가지게 된다. 이것은 이 그룹이 예배를 드리고 있으며, 주일 학교 및 제자훈련 계획과 재정 계획안을 가지고 있다는 것을 의미한다.

그룹이 이 단계에 이르게 되면 새 교회가 후원 교회와 어떤 협약을 만드는 것이 중요하다. 이러한 협약들에는 아래와 같은 것들이 포함되어야 한다.

(1) 새로운 교인들의 영입

(2) 재정 처리

(3) 행정 문제

(4) 보고 절차

(5) 목사 초빙 절차

(6) 주의 만찬 집전

(7) 후원 교회의 재정 후원

이러한 문제들과 관련된 협약들은 지교회의 발전에 도움이 될 수도 있고 방해가 될 수도 있다. 이러한 협약들을 만들 때 유념해야 하는 질문은 '새 교회가 독립적인 교회가 될 때까지 계속적으로 발전하는 데 있어 이 협약이 도움이 될 것인가?' 라는 것이다.

이 기간 동안 새 교회와 후원 교회는 지교회가 새 교인들을 받아들이는 방식과 관련하여 협약을 만들어야 한다. 법적으로 새 교회의 교인들은 후원 교회의 교인들이다. 그러므로 이때 새 교회에게 교인들을 받아들일 수 있는 권한을 줄 것인지, 아니면 이 사람들을 새 교회에 포함시키는 승인을 위해 후원 교회의 사무 처리 모임에서 이 사람들의 이름을 보고할 것인지에 관한 결정을 내려야 한다.

새 교회의 재정 처리 또한 매우 중요한 문제이다. 새로운 사역의 초기에는 후원 교회가 지교회의 재정을 관리하는 것이 상례이다. 그러나 어떤 교회들은 새 교회를 위해서 별도의 은행 계정을 만드는데 이것은 새 교회가 자체 경비에 대한 책임을 일찍부터 감당할 수 있도록 도와준다. 만일 후원 교회가 새 교회의 재정을 관리하면서 재정의 용도를 알려주지 않을 경우 새 교회는 책임감을 가질 수 없게 될 것이다.

관심을 가져야 하는 또 다른 요소는 새 교회의 의사 결정 방법이다. 만일 새 교회가 사무 처리 모임을 가질 수 있는 권한이 있으면, 그 결정들의 한계를 설정하고 그러한 결정이 어느 정도의 구속력이 있는지를 정해야 한다. 후원 교회를 포함하는 중요한 결정에 있어 새 교회가 독자적으로 결정을 내려서는 안 된다. 그러므로 의사 결정이 이루어지는 방식에 대해서 합의를 보는 것이 중요하다.

새 교회의 지도자들이 누구에게 보고할 것인가를 명확히 하는 것이 중요하다. 후원 교회는 지교회의 활동들을 알고 있어야 한다. 이러한 보고에는 새 교회의 활동뿐만 아니라 필요도 포함될 수 있을 것이다. 그러므로 새 교회의 지도자가 누구에게 보고할 것인지, 그 보고서를 언제 보내야 하는지, 그 보고서의 내용은 어떠해야 하는지를 명확히 하는 것이 도움이 된다.

지교회와 후원 교회의 관계와 관련하여 가장 중요한 문제는 새 교회가 목회자와 다른 교역자들을 선정하는 것이다. 후원 교회의 목사와 지도자들은 새 교회를 위하여 목회자를 청빙하는 것을 도와야 한다고 생각한다. 그러나 새 교회의 교인들도 반드시 이 과정에 참여해야 할 것이다.

새 교회의 교인들의 의견이 반영되지 않고 그 교인들이 의사 결정에 참여하지 않은 채 후원 교회가 목사를 선정할 경우 많은 어려움이 있을 수 있다. 후원 교회가 선정한 그 지도자가 지도력을 발휘하고 성공적인 사역을 해 나가는 것이 결코 쉽지 않을 수 있다. 그것은 새 교회의 교인들이 자신들의 의사가 반영되지 않았다고 생각하기 때문이다. 후원 교회와 새 교회의 교인들로 구성된 목회자 청빙 위원회를 만드는 것이 도움이 된다. 이 합의는 모든 그룹들이 새 교회의 삶에 매우 중요한 이 과정에 참여할 수 있는 기회를 제공해 준다.

때때로 새 교회에서 정책의 시행 문제가 명확하게 되지 않아 후원 교회와 새 교회 간에 갈등을 겪기도 한다. 어떤 교회들은 후원 교회의 목회자만이 주의 만찬을 집전할 수 있다고 주장한다. 새 교회가 후원 교회로부터 아주 멀리 떨어져 있거나 후원 교회의 목회자가 너무 바빠서 새 교회를 방문할 수 없을 경우 문제가 발생한다. 어떤 교회들은 새 교회의 목회자와 집사들에게 권한을 주어 주의 만찬을 집전할 수 있게 한다. 양측은 사전에 이 문제에 대한 해답을 찾음으로써 이것과 관련하여 갈등이 생기는 일이 없도록 해야 한다.

새 교회의 삶에 있어서 또 하나의 중요한 문제는 재정 후원이다. 새 교회가 자라고 재정적인 책임을 감당할 때까지 후원 교회가 새 교회의 경비 대부분을 제공할 가능성이 많다. 어떤 후원 교회들은 목회자의 사례비를 주는 것에 동참하는 문제와 관련하여 새 교회와 합의한다. 이것은 새 교회가 자립을 할 때까지 후원 교회가 도와주되 새 교회의 재정 수준이 올라감에 따라 후원 교회의 후원 수준을 내리는 계획을 포함한다.

이러한 문제들과 교리, 행정, 그리고 재정 문제들을 명확히 하는 것은 새 교회가 독립 교회가 되는 것에 도움이 될 것이다. 지교회가 후원 교회와 실제로 도움이 되는 관계를 가지는 만큼 정관 또한 협력 정신을 반영할 것이다.

법인 단계

이 책의 앞부분에서 언급한 것처럼 새 교회의 최종 목표는 독립적이고, 자립하며, 재생산하는 교회가 되는 것이다. 법인 설립 행사는 후원 교회와 지교회 모두에게 결혼처럼 중요한 시간이다. 두 그룹 모두 협력하여 목표일을 정하고 필요한 일들을 준비해 나갈 때, 교회 법인은 그 교회가 계속적으로 성장하고 잠재력을 발휘할 수 있게 하는 영감과 힘을 제공해 준다.

법인 설립의 의미

새 교회를 교회로 법인화하는 것은 새로운 법적 지위와 법적 신분을 탄생시키는 것이다. 그것은 새 교회가 사역을 위해 자체적인 재원들을 만들어내는 독립적인 영적 단체가 될 것이라는 것을 의미한다. 이것은 그 교회가 속한 상황 속에서 신약 교회의 모델 위에 세워진 자립, 자치, 자전의 원리로 스스로 사역을 감당해 나가며, 스스로 기능하며, 그리고 스스로의 이미지를 만들어 가는 교회가 될 수 있는 기회를 가진다는 것을 의미한다.

법인의 시기

종종 사람들은 교회가 법인으로 등록되는 것에 대한 목표 날짜를 설정함에 있어 시간적인 부분에 대해서만 생각하는 실수를 범한다. 새 교회가 개척으로부터 얼마 후에 법인으로 등록될 수 있는가? 그 해답은 다소 복잡하다. 어떤 교회들은 일찍 법인체가 될 수 있는 준비가 되어있지만, 다른 교회들은 더 많은 시간을 필요로 할 것이다. 이러한 결정을 위해 몇 가지의 요소들을 고려해야 한다.

첫째, 교회개척팀은 목회자의 지도에 따라 많은 기도 시간을 가진 후에 교회로서 법인화하는 것이 하나님의 뜻이라는 강력한 확신을 가져야 한다. 그들이 많은 기도 속에 교회성장의 실적을 고려하고 미래를 위한 계획안들을 평가한 후 적합한 때가 되었다는 확신을 느껴야 한다. 이 단계는 팀의 더 큰 헌신을 요구할 것이다. 그들은 후원 교회의 재정적인 후원을 받지 못할 것이므로 더 많은 희생을 해야 하는 위치에 놓일 수도 있다. 만일 이것이 하나님께서 교회에게 바라시는 것이라는 확신을 갖게 되면 그들은 자신감을 가지고 교회를 인도할 수 있을 것이다.

둘째, 그 그룹은 교회의 성서적인 개념에 대해 분명히 이해하고 있어야 한다. 이것은 그 교회가 교회의 본질과 사명을 분명하게 이해해야 한다는 뜻이다. 또한 그들은 초점 그룹과 관련하여 지역 교회로서의 사명이 무엇인지를 알아야 한다. 성경적 정체성과 사명을 분명하게 이해하는 교회는 많은 부담과 시험과 어려움을 감당할 수 있을 뿐만 아니라, 그 가운데서 견고히 서 나갈 것이다.

셋째, 교회로서 기능하는 데 필요한 토대를 가지기 위해서는 교인들이 그리스도에게 깊이 헌신하고 서로 간에 긴밀한 교제의 결속력이 있어야 한다. 그들이 동일한 비전을 가지고 있고, 동역자로서 사역에 깊이 헌신하였다면, 그들은 교회가 되는 데 필요한 특징들 중의 하나를 가지고 있는 것이다.

넷째, 한 교회가 지역 사회에서 사역할 수 있는 인력과 재원을 가지고 있다면, 그 교회는 법인화할 준비가 된 것이다. 그러나 이 새 교회를 다른 교회의 전임 목회자, 전임 교역자, 자체 건물, 그리고 프로그램들 등의 틀에 억지로 맞추는 일이 없도록 하는 것이 중요하다. 이중직 목회자가 있고, 임대 건물에서 모임을 가진다면, 그 회중은 교회가 될 수 있다. 정의상으로 독립 교회는 자체의 활동과 사역을 위해 그 자체의 지도력과 재정에 의존하는 교회이다.

교회가 전임 목회자와 자체 건물을 가질 수 있는 충분한 재정 능력을 갖추고 있다면 그것은 확실히 커다란 장점이다. 그러나 그 자체로 한 교회가 독립적인지 아닌지를 결정할 수는 없다. 때때로 회중은 현실 감각을 가지고서 이중직 목회자와 교역자들을 청빙하고, 임대 시설에서 모임을 갖고 자원 봉사자들을 통해 필요한 많은 사역들을 제공해야 한다. 이때 답해야 할 중요한 질문은 '교회가 사역들을 감당해 나갈 수 있는 자체적인 자원들을 제공할 수 있는가?' 이다. 만일 대답이 '예' 라면 그 교회는 독립적인 교회가 될 수 있다.

다섯째, 회중이 교회 정치를 이해하고 다른 교회나 교단과의 관계를 이해하려면 교회 운영 과정을 충분히 숙지해야 한다. 교회와 다른 교회 협의체들과의 관계에 대해서 고려해야 할 때가 바로 이 시점이다.

여섯째, 회중은 교회로서 기능하기 위해 강력한 교리적 토대를 가지고 있어야 한다. 이것은 교인들이 성경의 기본적인 교리들을 이해할 뿐만 아니라, 새 교회에서 그들이 강조할 교리들에 관해 동의한다는 뜻이다.

일곱째, 회중은 그 교회의 사명을 이루는 데 도움이 되는 사역들을 제공하고 사역의 초점 그룹에 있는 사람들에게 사역하기 위해 강력한 지도력 기반을 가져야 한다. 새 교회의 미래를 생각할 때, 평신도 지도력 토대가 목회자 및 교역자 지도력보다 훨씬 더 중요할 수 있다.

교회를 법인체로 등록하기 전에 회중이 준비가 되어있는지 없는지를 가늠할 수 있는 다른 척도들도 있다. 법인에 대한 결정을 고려함에 있어서 그러한 모든 문제들을 주의 깊게 고려하고 많은 기도로 준비해야 할 것이다.

법인 설립 문서

교회들의 법인 설립을 위한 문서들은 지역별로, 교단별로 다양하다.

법인 문서를 준비하는 과업에 임명된 위원회는 그러한 문서들의 예들을 연구하고 필요한 사항들을 모아야 한다.

법인 문서상의 공통된 요소들

대부분의 법인 문서들은 다음 사항들을 포함하는 몇 가지의 공통된 요소들을 가지고 있다.

1. 법인의 목적을 밝히는 전문
2. 교회명 – 선정된 이름이 공식적인 법적 명의가 된다. 이것은 다른 교회가 동일한 명의 하에 법인이 될 수 없다는 것을 의미한다.
3. 교회의 목적 – 간략한 사명 선언문으로 교회의 존재 목적을 기술한다.
4. 교회의 교리 선언문 – 몇몇 교회들은 기본적으로 자신들이 속한 교단의 공식적인 교리 선언문을 사용한다. 또 어떤 교회들은 자체적인 교리 선언문을 개발한다.
5. 교회 서약 – 이것은 주로 교회가 교인들이 따라줄 것으로 기대하는 영적 도덕적 원리들을 약술한 것이다.
6. 교회의 정치와 내규 – 어떤 교회들은 회중 정치 형태인 반면 또 어떤 교회들은 대표 정치 형태이다. 이것은 헌법에 명시되어 있어야 한다.
7. 교회의 교단 소속 – 이 부분은 새 교회와 지방 단체, 주 단체, 지역 단체 그리고 전국적인 단체들의 관계들을 설명해 준다.
8. 개정 절차 – 헌법을 개정하는 방법.

부칙

부칙을 만들어 회원, 직분자, 위원회, 조직, 모임, 그리고 다른 일반적인 규약 문제들과 관련하여 공식적으로 받아들여지는 절차들을 명확하게 기술해야 한다. 이 정관은 교회의 정치 방법을 구체적으로 설명해 준다. 새 교회는 자체적인 부칙을 개발할 수 있고 또한 개발해야 한다. 부칙은 다음의 사항들을 포함해야 한다.

1. 새 교인들이 교인으로 받아들여지고 제적되는 방식 – 교인들을 받아들이는 것은 세례, 교회 이적 편지, 또는 회심 선언문을 가지고 오는 사람들을 포함한다. 제적은 다른 교회로 출석을 옮기는 이적 편지, 활동하지 않는 교인들을 명단에서 삭제하는 것, 그리고 교회가 취한 징계 조치로 제명된 사람들을 포함한다.
2. 재정 처리 – 이것은 모금 방법, 계수인, 은행 계정 만들기, 수표 서명자, 재정 보고자, 예산 설정 방법, 사례비, 요금 청구서 및 구매 비용 지불인, 연간 회계 설정 방법 등과 같은 것을 포함한다.
3. 새 교회의 사무 처리 – 이것은 사무 처리 모임의 계획, 의장 선정, 사무 처리 순서 등과 같은 것을 포함한다. 간단히 말해 이것은 교회에 영향을 미치는 결정들이 어떻게 이루어지고 실행될 것인지를 설명해 준다.
4. 목회자, 교역자 그리고 교회의 다른 직분자들을 선정하고 해임하는 절차들.
5. 토지 매매 절차.

부칙은 구체적이면서 융통성이 있어야 한다. 지침을 제공해 줄 만큼 구체적이면서 동시에 포함된 모든 활동을 위해 지도자들이 사무 처리 모임을 열지 않고 조치를 취할 수 있도록 총괄적이어야 한다. 부칙은 새 교회가 직면할 수 있는 문제들을 예상하여 정해야 한다.

법인 설립 예배

법인 설립 예배는 교회가 후원 교회의 도움과 승인 하에 공식적으로 발족하는 모임이다. 이 예배를 위한 계획을 세우기 위해서는 후원 교회의 직분자들과 새 교회의 직분자들이 참여해야 한다. 법인 예배를 드리는 방법은 다양하지만 이러한 예배들은 일반적으로 몇 가지의 사항들을 포함한다. 이 일반적인 사항들은 찬송, 성경 봉독, 후원 교회의 추천, 교회 설립에 대한 공식 동의, 직분자들 및 위원회 선임, 토지 권리 증서 전달, 법인 동의, 헌법과 부칙 채택, 찬송, 헌금, 설교, 새 교인들을 위한 초대, 새 교인들 환영, 그리고 축도이다.

일반적으로 후원 교회의 추천, 직분자 선임 및 헌법 채택과 같은 공식적인 조치들은 전부는 아니더라도 대부분 설립 예배 이전에 후원 교회와 새 교회 간에 철저하게 논해져야 한다. 이러한 합의는 사전에 무언의 승인이 이루어진 부분에 대해 공식적인 승인을 받을 수 있게 해 준다. 그러한 절차를 통해 장황한 설립 예배와 예배 중의 마찰들을 피할 수 있다.

개발 단계들을 거치면서 교회는 정의해야 할 여러 가지의 법적인 문제들과 교회 문제들에 주의를 기울여야 한다. 이렇게 함으로써 새 교회는 혼란, 논란, 그리고 갈등에서 자유로워질 수 있다. 적당한 시기에 적절한 합의에 이르는 것은 새 교회가 계속해서 협력하여 성장하고 잠재력을 발휘하면서 효율적으로 사역하는 것을 가능하게 해 줄 것이다.

24장 영구 시설

이 책의 앞부분에서 새 교회가 사용하는 임시 시설들에 관해 논했다. 이러한 설정은 비용과 융통성 면에서 여러 가지의 장점들이 있지만 법인체로서의 교회가 영구적인 시설들을 필요로 할 때가 온다. 예를 들어, 필요할 때마다 설치했다가 철거해야 하는 임시 시설을 사용한다면, 일정 기간이 지난 후 사람들은 싫증을 낼 수도 있다. 언젠가는 새 교회가 영구 시설들을 필요로 하는 때를 맞게 된다. 사도적 교회개척자는 이러한 필요에 대해 반드시 준비하고 있어야 한다.

영구 시설들의 확보

회중들이 영구 시설들을 필요로 하는 시점은 반드시 오게 된다. 그러나 이러한 시설들을 제공하는 타이밍과 새 교회의 발달 단계가 서로 맞지 않을 수도 있다. 한 가지 예를 들면, 앞에서 언급한 것처럼 교회 건물을 너무 빨리 그리고 너무 작게 짓는 것을 들 수 있다. 만일 이러한 일이 생기면 회중은 커다란 빚을 안게 되고 동시에 미래의 성장에 필요한 공간을 가지지 못하는 결과를 가져올 수 있다. 그러므로 이때는 교회가 중간 단계의 필요에 적합한 건물을 임대하는 것을 고려해 볼 수 있을 것이다.

영구 시설들을 확보하기 이전에 교회는 일반적으로 세 단계들을 거친다. (1) 초기, (2) 중간, (3) 영구 단계. 새 교회가 영구 시설을 확보해야 하는 때가 오면 교회는 적어도 여섯 가지 요소들을 고려해야 한다.

영구 시설들의 크기

건물의 크기는 교회의 미래 성장과 관련해서 뿐만 아니라 교회가 지게 될 채무라는 점에서도 매우 중요하다. 교회개척 노력에 있어서 믿음으로 행하는 것이 항상 중요하지만 이 믿음에 더해서 '신중하고도 분석적인 판단'을 내리는 것이 중요하다.[1] 교회는 영구 시설의 크기를 생각함에 있어서 몇 가지의 문제들을 유의해야 한다.

첫째, 교회는 새 시설들의 크기를 결정하는 데 있어서 새 교회의 성장 유형들을 고려해야 한다. 이전의 유형들에 기초한 추정은 5년, 10년, 15년, 그리고 20년 후에 예상되는 교회에 대한 매우 정확한 그림을 제공해 줄 수 있다. 너무나 큰 프로젝트를 시도하는 교회는 심각한 재정 문제에 봉착할 수 있다. 교회 융자 전문가인 로버트 킬고어는 다음과 같이 말한다.

> 확장된 건물 공간이 항상 교인들의 수와 출석률을 높여주는 것은 아니다. 사람들은 사역과 프로그램들에 반응을 하며 이러한 것들이 교회 건물보다 앞선다.

> 적당하게 고안된 건물은 교회의 사역과 프로그램을 후원하지만 사역을 만들어 내지는 못한다.[2)]

사람들을 모으는 것은 교인들, 사역, 그리고 프로그램들이기 때문에, 요구되는 건물의 크기를 추정하기 위해 과거의 이러한 노력들이 얼마나 효과적이었는지를 현실적으로 평가하는 것이 필요하다. 영구 시설들의 공급이 교회의 직접적인 사역에 지장을 주거나 방해해서는 안 된다.

둘째, 교회의 성장 단계 또한 매우 중요하다. 모든 새 교회는 초기 단계들을 거친다. 이것은 일반적으로 새 교회가 교역자 사례비, 건물세, 그리고 프로그램 경비와 같은 주된 경비에 대해 외부의 재원으로부터 재정적인 지원을 받는 시기이다. 새 교회가 재정적인 힘을 갖게 될 때 그 교회는 재정적인 책임을 더 갖게 된다.

이렇게 자립을 함으로써 새 교회는 안정 단계로 들어가게 된다. 이 기간 동안 핵심 그룹이 확장된다. 출석률이 더욱더 안정되고 믿을 수 있게 된다. 교회의 재정이 생겨나고 지도자들은 한 해 예산을 추정하게 된다. 교회의 프로그램들은 안정이 되고 교인들이 교회의 사역들을 해 나감에 따라 더 큰 책임감을 보여 준다. 새 교회가 충분히 안정되면 그 교회는 건물 계획안들과 채무 프로그램들과 같은 것에 초점을 맞추는 진보 단계로 나아갈 수 있다.[3)]

영구 시설의 위치

건물이 위치하게 될 장소 또한 매우 중요하다. 다음과 같은 몇 가지 요인들이 장소를 선정하는 데 있어서 실질적인 규칙들이 될 것이다.

아마도 가장 중요한 요인은, 건물이 대상 그룹과 가까워야 한다는 사실일 것이다. 교인들은 교회에 참석하기 위해서 불신자들보다 더 먼 거리를 기꺼이 운전하려고 한다는 것은 사실이다. 교인들이 더 먼 거리를 운전하려고 하지만 일반적으로 그들이 교회 건물과 멀리 떨어져 있으면 있을수록 교회의 활동들과 사역들에 덜 참여하게 된다는 것 또한 사실이다. 목표 그룹으로부터 아주 멀리 떨어져 있다는 것은 교인들이 이웃들을 교회에 출석시키는 데 큰 어려움을 가지게 될 것이라는 것을 뜻한다. 그러므로 건물은 대상 그룹과 가까워야 한다.

두 번째 요인은, 접근성이다. 건물은 사람들이 커다란 노력을 들이지 않고 접근할 수 있는 곳에 위치해야 한다. 건물이 대상 그룹과 가까운 데 있을 수 있지만 접근하기에 매우 어렵고 복잡할 수 있다. 특별히 방문객들이 건물을 찾는 데 어려움을 가질 수 있다. 주위 건물들과 간판들이 너무 많거나 진입로가 너무 복잡해서 사람들이 교회 건물을 찾는 데 어려움을 겪는 경우들이 있다. 앞에서도 언급된 것처럼 간판들을 현명하게 사용하는 것이 도움이 되지만 새 교회 건물을 위한 위치를 선정함에 있어서 처음부터 접근성 문제를 잘 해결해야 한다.

세 번째 요인은, 지역 사회 경향들과 관련이 있다. 미국 부동산 감정가들의 모임(The American Society of Real Estate Appraisers)은 각 지역 사회가 네 단계의 발전을 경험한다는 것을 발견했다. 성장, 안정, 변화, 그리고 갱신이다.[4] 지역에 따라서는 이러한 주기가 완전히 한 번 도는데 50년에서 75년이 걸리기도 한다고 추정한다. 오늘날 많은 도시 지역에서 이러한 유형의 변화는 훨씬 더 빨리 일어날 수 있다. 새로운 교회가 건물 위치로 어떤 장소를 생각할 때 그 지역 사회가 겪고 있는 단계를 확인해야 한다.

이렇게 하는 것은 지역 사회의 경향이 교회의 미래에 얼마나 영향을 미칠 것인지를 추정하는 데 도움이 된다. 킬고어는 다음과 같이 말한다. "교회는 몇 년 안에 지역 사회에서 있게 될 변화들이 프로그램과 사역에 크게 영향을 미칠 것이 분명하다는 것을 안다면 20년 동안 갚아야 될 채무를 지는 재정 프로그램과 같은 것을 만들어서는 안 된다."[5)]

영구 건물 토지

교회가 새 건물을 짓고자 계획한다면 토지 구매는 절대적으로 필요한 것이다.[6)] 토지를 구매할 때 다음과 같은 몇 가지를 염두에 두어야 한다.

첫째, 토지의 지형학적인 면이 중요하다. 그 토지는 추정되는 건물과 필요한 주차를 위해 충분한 공간을 가지고 있어야 한다. 게다가 배수와 태풍 통제와 관련해 문제가 있는 지역에 있어서는 안 된다. 교회 지도자들은 납 오염 등의 심토 문제가 없도록 하고 더러운 냄새를 풍기는 공장들과 가까운 곳에 위치하지 않도록 해야 한다. 또한 그곳은 시끄러운 활동들이 있거나 아니면 교회의 가르침이나 활동에 거슬리는 사업장과 가까운 곳에 있어서도 안 된다.

둘째, 몇 가지의 이유로 인해 지대 설정 법령을 검토해야 한다. 그곳에 교회를 지을 수 있는지, 교회성장에 영향을 미치는 주차 제한 사항들이 있는지 없는지를 분명하게 해야 한다. 또한 교회 지도자들은 교회의 건물 계획안에 해로운 건물 요구 사항들이 있는지 없는지를 파악해야 한다. 예를 들어, 어떤 지역들은 종교적인 목적으로 사용되는 토지와 건물 층수에 대해 제한을 두는 경우도 있다.

셋째, 시, 군, 또는 도가 부과하는 할당금이 얼마인지를 아는 것이 중요하다. 어떤 교회 지도자들은 도로 포장, 연석, 수도, 하수구, 전기선 등에 대해 부과하는 할당금이 건물 예산으로 추정한 액수보다 훨씬 더 많은 것을 뒤늦게 발견한 경우도 있다.

넷째 요소는, 시청이나 군청의 계획과 관련되어 있다. 입안자들은 그 지역 사회에 어떤 계획이 있는지를 알고 있어야 한다. 어떤 교회들은 자신들의 건물들을 짓고 난 후 그 장소에 고속도로가 오래전에 계획되어 있었다는 것을 발견한 경우도 있다. 다른 경우에는 교회의 주차 공간을 현저하게 감소시키거나 건물을 시끄러운 차선에 더 가깝게 만드는 도로 확장으로 인해 이전해야만 했던 교회들도 있었다. 교회는 건물의 이미지와 효율성에 부정적인 영향을 미치는 변화들을 예측하고 피해야 한다.

다섯째는, 교회의 미래 성장 가능성과 관련이 있다. 강, 고속도로, 기찻길과 같은 지형적인 경계 또는 다른 건물들이 교회 건물을 막을 경우 그 교회가 성장을 돕기 위해 주변의 땅을 살 수는 없을 것이다. 교회는 미래 성장과 확장을 제한하는 지역에 위치하는 것을 피해야 한다.

일반적으로 교회는 필요한 것보다 더 많은 토지를 구입해야 한다는 말이 있다. 어떤 교회성장 전문가들은 두 배를 사야한다고 말한다. 이렇게 말하는 이유는 교회는 여유분의 땅을 팔 수는 있지만 일단 막혀 버리면 추가적인 땅을 사는 것이 불가능하거나 매우 어려울 수 있기 때문이다. 만일 재정이 허락하면 땅을 여유 있게 사는 것이 좋지만, 필요한 자본이나 토지가 없을 경우에는 다른 가능성들을 살펴보아야 한다.

영구 건물

새 교회가 건물 구매 또는 건축과 관련해서 갖게 되는 빚은 매우 중요한 문제이다. 잭 레드포드는 다음과 같이 설명한다.

> 교회 부지의 구매와 건물 건축은 교회를 죽일 수도 있고 치유할 수도 있다. 빚이 과중해서 숨이 막힐 정도이면, 그것은 교회의 영을 억누르고 예배에서의 기쁨과 찬양을 제거해 버린다. 또한 긴장된 분위기는 새로운 사람들이 교회에 참석하지 못하게 한다.[7]

건물 구입이 부담이 아닌 축복이 되도록 하게 하기 위해서는 몇 가지 사항들을 고려해야 한다.

첫째, 건물을 구매하고 그것에 대한 빚을 갚는 계획을 세울 때에 대부분의 새 교회들은 전문적인 조언을 받아야 한다. 대부분의 교단에는 건물 채무를 갚아나가는 재정 계획에 대해 교회에 조언을 해 줄 수 있는 전문가들이 있다. 교회는 이러한 전문가들에게 연락하여 그들의 조언을 심각하게 고려해야 한다.

둘째, 교회가 지게 되는 빚이 전체의 재정에 얼마를 차지하느냐에 따라 생각해 보아야 한다. 킬고어는 대부분의 경우 교회는 건물 빚을 갚는 데 재정의 1/3 이상을 할당해서는 안 된다고 조언한다. 이것은 건물이 사람을 끌어들이는 것이 아니라 인력과 프로그램들이 사람을 모은다는 확신에 기초한 것이다. 킬고어는 다음의 예산을 한 예로 제시한다.[8]

지역 경비	15% – 20%
선교비	10% – 15%
사례비	40% – 50%
프로그램 소계	65% – 85%
채무 상환비	35% – 15%
합계	100%

채무 최고 한도를 설정하는 데 있어 고려해야 하는 여러 가지의 변수들이 있다. 일반적으로 교회들이 더 커지면 사례비의 비율은 줄어드는 반면 선교에 들어가는 비율은 더 커진다. 교회마다 프로그램의 종류와 자원 봉사자의 수에 따라 경비가 달라진다. 앞에서도 말한 것처럼 장년들을 위해 가정 셀그룹을 활용하는 교회는 주일 학교를 가지고 있는 교회보다 교육관 공간에 더 적은 예산을 지출한다.

다른 변수들로는 이자율, 이자의 유형(단리, 추가, 할인), 그리고 융자 기간이 있다.[9] 그러므로 빚에 대한 수익 비율은 융자 기간에 따라 다양할 것이다. 킬고어는 교회가 다음의 사항을 기억하도록 촉구한다.

> 빚은 현재의 수입이 갚을 수 있는 범위로 제한되어야 한다. 각 교회가 교인 수와 재정 면에서 성장할 것으로 기대하지만 교회는 이전에 맺은 계약에 대한 채무를 갚기 위해 미래의 교인들에게 의존해서는 안 된다. 이것을 다른 방식으로 표현하면 교회는 영적 목적이 아니라 빚을 갚기 위해 새신자들을 전도하려고 해서는 안 된다는 것이다.[10]

영구 건물을 위한 건축 설계

재정 문제들과 관련해서 언급한 것이 건축 문제에도 적용이 된다. 교회들은 건축 설계 계획에 있어서 전문가들의 조언과 안내를 구해야 한다. 토지 사용을 최대화하고 교회가 계속해서 건축해 나가는 것을 가능하게 하는 마스터플랜을 개발해야 한다. 어떤 교회 지도자들은 그들의 첫 번째 건물을 교회 대지의 가장 눈에 띄는 부분에 건축하여 나중에 그것을 무너뜨리거나 아니면 그 옆에 더 큰 예배당을 지어야 하는 실수를 범하는 경우도 있다. 교회의 현재 필요들을 채워 주는 여러 건물들을 건축하는 데 필요한 마스터플랜은 또 다른 건물들이 세워질 수 있는 가능성을 남겨두면서 위에서 언급한 문제들을 피해야 할 것이다. 그러한 마스터플랜을 따를 때 교회의 사역을 발전시키고 필요한 추가 공간을 제공하는 새로운 건물을 가질 수 있는 것이다.

대안들에 대한 고려

일반적으로 교회가 첫 번째의 영구 건물을 가질 것을 고려할 때에 그 교회는 오래된 기성 교회들의 건물들에서 발견할 수 있는 모든 제반 시설을 갖춘 새 건물을 상상한다. 이러한 계획을 이루기 위해서는 새 교회가 필요한 재정적 자원을 충분히 가지고 있어야 하는데 그러한 상황은 현실적으로 거의 불가능하다.

첫 번째 건물이 교회를 위한 최종 장소는 아닐 것이다. 라일 셸러는 미국에서 상위권 중산층과 고수익 지역 사회에 살고 있는 사람들은 "첫 번째 위치의 첫 번째 건물이 그 위치에서 영구 시설의 1호가 될 것이다"[11]라고 생각하는 경향이 있다고 지적한다. 또한 그는 "반대로 대부분의 흑인, 히스패닉, 아시아인, 백인 노동자 계층의 새 선교회는 수수한 임대 건물에서 더 나은 임대 건물로 그 다음에는 '영구적인' 교회로 이어지는 여정의 일부분으로 첫 번째 건물을 이해하게 될 것이다"라고 덧붙여 말한다.[12]

만일 교회가 충분한 교인과 재정을 가지고 있지 않다면 그 교회는 다른 대안들을 고려해야 한다. 셸러는 교회가 고려해 볼 수 있는 몇 가지의 창의적인 대안들을 언급한다.[13]

첫째, 교회는 일층 건물을 짓고 후에 그것이 상업적인 용도로 팔릴 것이라고 기대하면서 건축을 시작할 수 있을 것이다. 그렇게 되면 새 교회가 그것에 투자한 것보다 훨씬 더 많은 값으로 팔 수 있고 그때는 훨씬 더 적합한 시설을 건축하는 데 필요한 교인들과 자본을 충분히 갖고 있으리라고 기대해 볼 수 있다.

둘째, 교회는 학교 또는 병원보다는 주택을 닮은 '가벼운 건축' 으로 첫 번째 건물을 설계할 수 있을 것이다. 이 방법은 평당 더 낮은 값을 지불한다는 것과 자원 봉사자 사역자들을 사용할 수 있다는 장점을 가지고 있다.

셋째, 교회는 '영구지' 로 추정되는 곳에 있는 저가의 공장 건물들을 사용할 수 있다. 이 계획은 일찍부터 목표 지역에 대한 접근을 제공해 주고, 장기적인 투자를 하기 전에 그 장소의 장점에 대한 실용적인 시험을 제공해 주면서, 비용이 적게 든다는 장점을 가지고 있다. 새 교회들은 저가의 금속 건물들을 세우고 조금 더 영구적인 시설의 모습을 만들기 위해 벽돌로 된 전면을 사용하기도 한다. 때때로 이 계획은 전체 구조를 다 벽돌로 두른 다음 그것을 영구 시설로 만드는 것을 포함한다.

넷째, 어떤 교회들은 한 장소를 예배 처소와 체육관으로 둘 다 쓸 수 있는 다용도 건물을 세운다. 그러므로 이 시설은 예배뿐만 아니라 친교실의 역할을 할 수도 있다. 때에 따라 이 건물은 친교를 위한 장소가 되기도 하고 예배 장소가 되기도 한다. 어떤 교회들은 예배를 위한 시설을 갖춘 교육관을 만들어서 이 공간을 예배 및 교육을 위해 사용한다. 후에 예배 처소가 따로 생긴 후 이 교육관은 교육만을 위해서 사용된다.

많은 교회들이 영구 건물들을 너무 빨리 가지려고 하는 바람에 이러한 건물에 들어가는 엄청난 비용으로 인해 빚을 지게 되고, 이 빚으로 인해 교회는 성장을 위한 프로그램에 대한 자본을 가질 수 없게 되어 어려움을 겪기도 한다. 교회개척자들은 결코 건물 비용이 교회의 사역들을 제한하거나 재생산을 방해하도록 하게 해서는 안 된다.

위에서 제시한 순서들은 교회가 너무 일찍 너무 많은 빚을 갚아야 하는 책임감을 피할 수 있도록 해 준다. 너무 일찍 영구 건물을 소유하려 할 때 빚을 지게 되고, 빚으로 인해 고통을 겪을 뿐만 아니라, 그 빚은 교회가 사람들에게 투자하는 것을 막고, 그 시설들은 성장 필요들을 채우기에는 너무 작은 시설이 되는 경우가 있다.

결론

교회 건물의 구입은 새 교회에게 있어서 커다란 축복이 될 수 있다. 새 건물은 교회에게 안정감과 영속감을 줄 수 있다. 그것은 사역 대상 그룹에게 교회가 떠나지 않을 것이라는 의미를 전달할 수 있다. 교회는 영구 건물이 있기 때문에 새로운 프로그램들이 요구하는 건물을 갖게 될 것이라는 기대에 기초하여 몇 가지의 장기 계획들을 세울 수 있다. 올바른 사람들의 조언을 받고 올바른 결정을 내릴 때에 건물 구입은 새 교회에게 추가적인 힘을 제공할 수 있고, 그 교회가 지역 사회에서 복음의 메시지로 영향을 미치게 하는 것을 도울 수 있다. 교회는 과중한 빚을 짐으로 인해 교회의 미래가 위험에 빠지는 결정을 내리지 않도록 재정에 대해 현실적이어야 하며, 교회가 계속해서 성장할 수 있는 결정을 내려야 한다.

주

1) See, Robert H. Kilgore, How Much A Debtor (Atlanta: Home Mission Board, 1974), 1.

2) Ibid., 8.

3) For further discussion, see Kilgore, 6.

4) Kilgore, 22.

5) Ibid.

6) Malphurs has an excellent discussion of the advantages and disadvantages of purchasing used versus new buildings. Auburey Malphurs, Planting Growing Churches, 337, 338.

7) Jack Redford, Planting New Churches (Nashville: Broadman Press, 1978), 95.

8) Kilgore, 12.

9) See Kilgore, 40-50.

10) Kilgore, 13.

11) Schaller, 44 Questions, 142.

12) Ibid., 142.

13) Ibid., 142, 144.

25장 성장하는 교회

교회가 설립되고 난 후 가장 어려운 일들 중의 하나는 교회가 계속해서 성장하도록 인도하는 것이다. 교회가 지속적인 성장의 목표를 달성하도록 돕는 방법들을 연구하는 많은 길들이 열려 있다. 사우스웨스턴 침례신학원의 스카보로 교회성장 연구소(Scarborough Institute for Church Growth)에서 사역하는 다니엘 산체스와 에비 스미스는 최근 성장하는 히스패닉 교회들에 대해 연구했다. 그들의 연구 결과가 교회의 지속적 성장을 돕는 방법들을 이해하는 데 도움을 줄 것으로 확신한다.

그 연구는 네 가지의 정보 자료들을 사용하였다. (1) 인구 통계학적 분석, (2) 통계학적 분석(지방회의 연간 보고서 참조), (3) 목사와 주요 교인들에 대한 조사, (4) 스카보로 연구소의 연구원에 의한 현장 방문.[1] 보고서, 인터뷰, 그리고 교회들을 직접 방문하여 얻은 자료들을 비교 분석한 결과 그들의 성장에 기여한 몇 가지의 공통점들을 발견하게 되었다. 이러한 공통점들을 살펴봄으로써 교회가 지속적으로 성장하도록 돕는 지도자들에게 필요한 정보를 얻을 수 있을 것이다.

이 보고서의 저자들은 교회성장이 전적으로 성령님의 역사하심의 결과라는 것을 철저히 이해하고 있다. 그들은 또한 성령님께서 다양한 전략, 상황, 그리고 방법을 통해서 역사하신다는 것을 이해하고 있다. 많은 성장 촉진 요인들이 이 연구에서 등장했지만, 이곳에서는 이러한 교회들의 성장에 직접적으로 기여한 것으로 보이는 가장 중요한 요인들만을 소개하고 그것들을 지속적인 교회성장을 위한 지침으로 제시한다.

목회 지도력

중남미 출신으로 서반아어를 사용하는 미국 사람들로 구성된 히스패닉 교회들에 대한 조사는 교회성장의 오래된 원리인 '목회 지도력이 모든 교회성장의 중요한 열쇠이다' 라는 것을 재확인시켜 주었다. 이 조사가 교회성장을 위한 목회 지도력의 중요성을 확인시켜 주었고, 이러한 일반적인 원리가 히스패닉 교회들에서도 적용되고 있다는 것을 밝혀 주었지만, 사실 이 원리는 모든 교회에서 적용될 수 있다. 성장하는 히스패닉 교회들의 목회자들이 가지고 있는 공통점들은 성장하는 모든 교회들의 목회자들에게도 필요한 특징들로 보인다.

목회자들이 성장에 대한 비전을 가지고 있다

히스패닉 목회자들은 여러 방식으로 교회성장에 대한 분명한 비전과 이 성장을 성취하기 위한 대가를 지불할 준비가 되어있는 것을 보여 주었다. 교회가 경험하고 있는 성장에 대해 감사하면서 각 목회자들은 또한 현재의 성장은 앞으로 경험할 성장의 십분의 일도 되지 않는다는 것을 암시했다. 그들 중 어느 누구도 교회의 현재 업적에 만족하고 있지 않았다.

목회자의 비전이 교인들에게 분명하게 표현되었고 인식되었다. 2000년까지 1,000명을 목표로 하던 교회는 그러한 비전의 실현성과 중요성을 보여 주었다. 게다가 목회자가 자신의 비전을 교회 전체와 나누었고 사람들도 그것을 선택했다는 것이 중요한 사실이다.

모든 목회자들은 지역 사회에 있는 히스패닉들에 대한 부담을 분명하게 갖고 있었고, 더 많은 사람들에게 전도하여 그들이 히스패닉 교회에서 복음으로 제자훈련을 받는 날을 꿈꾸고 있었다. 그들 중 몇몇은 문화를 초월하여 지역 사회 전체에 전도하고자하는 비전을 가지고 있었는데 스페인어와 영어 예배를 제공함으로써 이것을 준비하고 있었다.

모든 목회자들은 교회들이 계속해서 성장하기를 바랐지만, 동시에 그 교회들이 오직 주님의 도우심으로 성장할 것이라는 것을 확신하고 있었다. 그들은 자신들이 목회하는 교회들의 미래에 대해서 매우 낙관적이었다. 그들은 직면하고 있는 문제들과 장애물들에 대해 잘 알고 있었다. 그러나 그 지도자들은 이러한 장애물들에 대해 슬퍼하면서 시간을 보내지 않고 그들과 교회 앞에 놓여 있는 기회들에 초점을 맞추었다.

목회자들은 이러한 낙관주의와 비전에 대한 분명한 확신을 갖고 있었다. 한 목회자는 다음과 같이 말했다. “우리는 우리 교회가 예수 그리스도의 복음으로 이 도시에 영향을 미치기를 원합니다. 백인들이 미래를 설계할 때 우리의 교회를 하나의 모델로 사용하기를 바랍니다.” 다른 목회자는 다음과 같이 말했다. “우리는 중요해지거나 유명해지는 것을 원치 않습니다. 대신 우리는 주변에 기독교인의 영향을 미치기를 원합니다.” 또 다른 지도자는 “우리는 주님께서 히스패닉 사람들 가운데서 우리를 계속적으로 축복해 주셔서 그것이 성장으로 나타날 것이라고 믿습니다”라고 확실하게 말했다. 한 교인은 자신의 목회자에 대해서 다음과 같이 말했다. “우리 목사님은 항상 새 목표를 설정하세요. 그분은 우리가 과거에 성취한 것에 대해 결코 만족하지 않으시죠.”

비전을 갖고, 그것을 표현하고 공유하는 것은 성장하는 교회들의 목회자들 거의 모두에게서 발견되었다. 히스패닉 지도자들이 표현하는 것과 같은 목회 비전은 지속적인 성장을 위해 모든 교회에게 꼭 필요한 것이다.

목회자들이 지도력을 발휘하기를 원한다

성장하는 교회들의 목회자들은 ‘교회가 최고의 가능성을 달성할 수 있도록 강력한 지도력을 제공해 주는 것은 목회자의 책임’이라는 것을 확신한다. 그들은 적극적인 섬김의 지도력이 교회를 인도하는 데 필요한 하나님의 방법이라고 본다. 목회자가 발휘해야 하는 지도력의 유형을 선택함에 있어 그들 모두는 ‘설득에 의한 것’이나 ‘단순히 교회의 뜻을 따르는 것’보다 ‘매우 강력하고 직접적인 것’을 택했다. 여기서 중요한 것은 이러한 목회자들이 자신들을 독재적이거나 전제주의적인 지도자로 보지 않는다는 점이다. 대신에 그들은 자신들을 동기를 부여하는 지도자로 본다. 일단 그들이 비전을 받으면 그것을 교인들에게 전달하는 것에 초점을 맞추고, 사람들에게 이 비전의 일부분이 되라고 도전한다. 그들은 이러한 방식을 통해 비전이 교회에서 실현될 것을 믿는다.

이 목회자들은 강력한 목회 지도력의 필요성을 주장하면서 교회의 지도자들이 의사 결정의 과정에 참여할 수 있는 기회를 여러 방식으로 제공한다. 그들은 공유된 지도력이 목회 지도력에 있어 매우 중요하다고 믿는다. 새 교회의 지속적인 성장과 유지는 목회자들이 지도자의 위치에서 지도력을 발휘하는 동시에 교인들이 지도력을 공유하여 비전과 봉사에 동참할 때에 가능한 것이다.

목회자들이 한 교회에서 오랫동안 헌신한다

성장하는 교회의 모든 목회자들은 한 교회에서 오랜 기간 동안 머무를 것이라는 헌신을 하였다고 말했다. 그들은 교회에 머무르는 헌신을 다음과 같이 표현했다. "주님이 말씀하실 때까지", "이 교회가 내가 목회 하려고 하는 유일한 교회이다", "주님께서 오실 때까지", "나는 다른 곳에서 목회할 계획을 가지고 있지 않다." 인터뷰에 응한 그 어떤 목회자들도 현재의 교회를 더 큰 교회로 가기 위한 수단으로 생각지 않았다는 데 주목할 필요가 있다.

그들 각자는 현재 섬기는 장소가 주님께서 그들에게 원하시는 곳이고, 그 특별한 교회를 섬기는 기회에 대해 신이 나 있으며, 또한 도전을 받고 있다는 확신을 분명하게 나타냈다. 이런 목회자들 중 몇몇은 현재의 목회자리에서 목회를 한 지가 상대적으로 얼마 되지 않지만 그들의 평균 목회기간은 8년이었다. 그들은 앞으로 수년 동안 그들의 현재 위치에 머무르고자 하는 열망을 표현했다.

자신의 교회가 계속해서 성장 곡선을 타기를 원하는 목회자들은 장기간의 목회에 헌신해야 한다. 성장은 지속적인 목회를 요구한다. 만일 교회가 계속해서 성장하기를 원한다면 장기 목회에 헌신하고, 그 헌신의 열매를 볼 때까지 다른 것은 거부해야 한다.

목회자들이 목회 기술들을 익혔다

연구한 교회들의 히스패닉 목회자들에게서 찾을 수 있었던 또 다른 자질은, 교회의 일을 해나갈 수 있는 그들의 능력이었다. 그들 중 몇몇은 신학 훈련을 받으면서 지도력에 관한 공부를 했지만, 대부분은 자신들의 일반 직업을 통하여 관리 기술들을 개발하였다. 어떤 사람들은 장기간의 군복무 경험을 가지고 있었고, 다른 사람들은 사업 경험을, 또 다른 사람들은 개인 학습 및 또 다른 경험 등을 가지고 있었다. 이러한 관리 기술들은 교회의 행사들을 조직하고 관리하는 방식에서 나타났다. 즉 그들은 교단을 통해 얻을 수 있는 훈련과 자료들을 사용할 뿐만 아니라, 교회 일을 해나가기 위해 새로운 구조와 새로운 접근법을 개발하고자 하는 자세를 가지고 창의력을 발휘하고 있었다는 것이다. 인터뷰에 응한 목회자들은 교회의 목표를 명확하게 이해하고 있었고, 그 목표를 달성하기 위해서 교인들을 조직하고, 훈련하고, 이끌 수 있는 능력들을 가지고 있었다. 일반 직업에서의 경험이 교회의 지도력을 발휘하는 데 사용되는 지도력과 관리 기술들을 향상시킨 것으로 보인다.

지속적인 교회성장을 경험하기를 원하는 목회자들은 이러한 관리 기술들을 이해하고 개발하는 길들을 모색해야 한다. 이러한 기술들은 다양한 세미나나 수업을 통해서 다듬을 수 있다. 그러나 기술들은 현장에서 배울 때 더욱 확실한 것이 된다. 일반 직업을 통해서 관리 기술의 향상을 이룰 수 있지만, 목회자가 교회 사역을 위해 그 기술을 이해하고 사용할 때 성령께서 도우실 것이다.

목회자들이 모험을 무릅쓸 각오가 되어있다

조사한 히스패닉 목회자들의 대부분은 교회의 일을 위해 작든지 크든지 모험들을 감수할 각오가 되어있다고 말했다. 이것은 단지 어떤 특정한 일을 하기 위해서 모험을 감수해야 한다는 의미가 아니다. 대신에 그들은 주님의 지도력을 구했고 믿음으로 주님께서 교회가 이루기를 원한다고 믿는 것을 기꺼이 실행해 나갈 각오가 되어있었다.

어떤 사람들은 재정적인 후원이 분명하지도 않을 때, 다른 일을 그만두고 전임으로 교회의 일을 하는 것과 같은 모험을 감수한 것에 대해 언급하였다. 또 다른 모험의 예는, 전도와 성장을 위해 교회가 외형적으로 이룰 수 없는 계획들에 적응하도록 하는 것과 더욱더 효과적인 교회가 되기 위해 교회의 구조와 프로그램들을 바꾸는 것이었다.

이러한 모험들은 예배 스타일을 기꺼이 바꾸려고 하는 데서, 양 교회 사역을 강화하기 위해 교회 통합을 기꺼이 감행한 것을 통해 나타났다. 어떤 목회자들은 건물과 장비를 위해 원대한 계획들을 실행했다. 조사팀은 믿음으로 모험을 감행하려고 하는 자세가 교회의 성장을 부추기는 것으로 생각한다.

지속적인 교회성장은 모험 자체를 위해 모험을 감행하는 것이 아니라, 교회를 성장시키기 원하는 강한 소망으로 인해 기꺼이 모험을 감수하는 지도자들에게 달려있다. 목회자는 지각이 있고 신중해야 하지만, 지속적으로 성장하는 교회의 지도자는 모험 감수의 필요가 있을 때 기꺼이 응할 것이다. 교회의 성장은 이러한 모험들을 감당하려고 하는 목회자의 자세에 달려있다.

변화에 대한 긍정적인 반응

교회성장의 두 번째 요인은 목회자들이 변화에 대해 가지고 있는 긍정적인 반응이다. 사회적, 경제적, 그리고 정치적 변화에 대해 위협감을 느끼거나 '자신들이 해 오던 방식들' 을 고수하는 데 모든 시간을 보내는 대신, 변화의 도전을 받아들이고 사람들에게 새로운 방식들로 전도하고, 제자로 만드는 길들을 발견했다. 이러한 교회들이 겪는 다양한 변화들은 생존에서 번영으로, 단일 문화에서 다수 문화로 변화하는 것을 포함한다.

생존에서 번영으로의 변화

많은 히스패닉들은 경제라는 사닥다리의 매우 낮은 부분을 경험했다. 어떤 사람들은 심한 가난을 경험했다. 고생스러운 경험들을 통해 특히 중년층의 많은 히스패닉들은 생존을 위한 사고방식을 개발했다. 집을 마련하기 위해 큰 희생을 치른 그들은 수입을 유지하는 데 전념하였다. 만일 교회 건물에 필요한 비용을 모두 지불했거나 거의 다 지불해 가면, 그들은 지교회를 개척하거나, 건물을 확장하거나, 다른 건물을 짓거나, 다른 곳으로 이사하는 계획들을 거부한다.

이러한 태도는 교회를 위한 전도 프로그램 혹은 다른 교역자를 영입하는 것에 대한 예산 편성에서도 나타난다. 만일 예산 내에서 사역할 수 있고 빚을 지지 않을 수 있다면, 그들은 모험을 감수하지 않는 안전한 방식을 택한다. 모험을 감수하려고 하지 않는 태도는 교회가 가지고 있는 성장 잠재력을 크게 방해한다. 그것은 적극적인 전도 전략이 아닌 유지 사역으로 이어진다. 교인들이 생존 사고방식에서 번영의 사고방식으로 나아가도록 도전을 주고 인도할 수 있는 목회자들은 일반적으로 교회성장을 경험한다. 그러나 이러한 패러다임의 변화를 이루는 것은 커다란 도전이다. 회중이 빚을 다 갚은 작은 건물을 팔고 접근성이 높은 더 큰 건물을 구매하도록 인도한 한 목회자는 "주님께서는 최소한의 것을 생각지 않으신다. 건물을 채우는 것은 충분치 않다. 목회자는 사람들의 사고방식을 바꾸어야 한다"라고 말했다. 또 다른 목회자는 "나는 교인들에게 우리 교회가 훌륭한 백인 교회들만큼 건물, 프로그램, 그리고 교역자 영역에 있어서 효과적일 수 있다는 사실을 확신시키려고 한다"라고 말했다. 한 교회는 실제적으로 백인 교회와 통합했는데, 이것은 목회자와 교인들이 변화로부터 도망하지 않고 그것을 직면하는 자세를 보여 준 경우이다.

그러므로 성장하는 교회들은 주님께서 지역 사회에서 그들이 하기를 원하시는 것에 대한 비전을 가지고 있고, 그러한 비전을 현실로 만드는 데 필요한 헌신, 희생, 그리고 변화들을 감행하는 믿음의 차원에서 살아가기를 원하는 사람들로 이루어진 교회들이다. 교회가 계속해서 성장하는 것을 보기를 원하는 목회자라면 동일한 정신을 가질 필요가 있다.

단일 문화에서 다중 문화로의 변화

위에서 연구한 모든 교회들은 히스패닉 사회에서 일어나고 있는 사회학적 변화들을 잘 알고 있었고, 가능한 많은 사람들에게 전도하기 위해 필요한 변화를 기꺼이 감행하려고 하고 있었다. 목회자들과 지도자들과의 인터뷰에서 이러한 교회들은 히스패닉들이 몇 단계의 동화 단계들을 겪고 있다는 사실을 잘 이해하고 있음이 드러났다. 이러한 히스패닉들의 일부는 최근에 미국으로 이민한 사람들이고 서반아어로 복음을 듣고 예배를 드려야 했다. 그러나 일부는 윗세대부터 미국에 살았고 이중 언어를 사용하는 사람들이다. 어떤 사람들은 미국에 정착한 지 오래되어 스페인어를 잘 알지 못한다. 그러나 그들은 영어를 완벽하게 사용한다. 성장하는 교회들은 이러한 문화적인 다양함을 지각하고 있었고, 이러한 문화 속에서 복음을 전하기 위해 접근법을 바꿀 마음의 준비가 되어있었다.

그 교회들이 사용한 접근법은 매우 다양했다. 모든 교회들은 이중 언어 주일 학교 반들을 개설하고 있었고, 어떤 반은 스페인어로, 어떤 반은 영어로, 그리고 또 어떤 반은 두 언어를 동시에 사용하여 성경을 가르치고 있었다. 이러한 교회들의 차이점들은 예배에서 더욱 두드러졌다. 어떤 교회들은 노래, 광고, 간증 등을 이중 언어로 하는 이중 언어 예배를 드린다. 몇몇 설교자들은 이중 언어로 설교를 했다. 설교자 자신들이 통역자인 셈이다. 또 다른 설교자들은 영어나 스페인어로 설교를 했고, 헤드폰을 가지고 동시 통역을 들을 수 있는 준비를 해 놓았다. 이러한 방식은 설교자가 강단에서 메시지를 통역하는 데 드는 시간을 줄인 경우이다.

다른 교회들은 두 번의 주일 예배를 드리는데 한 번은 영어로 또 다른 한 번은 스페인어로 드린다는 점에서 이중 언어 예배를 드린다. 이런 교회들 중 몇 교회는 주일 밤에 이중 언어 예배를 드리는데 그것은 두 개의 독립 교회가 생겨나는 것을 막기 위해서이다. 각각의 절차에 있어서 그 계획은 다중 문화권의 사람들에게 전도하기 위함이다.

특정 교회가 취해야 할 접근법을 결정함에 있어서 고려해야 할 요소들은 사람들이 겪고 있는 다른 문화적 동화의 단계와 목회자의 언어 능력이다. 그러나 가장 중요한 요인은 목회자와 교인들이 교회의 주된 목적은 문화를 보존하는 것이 아니라 복음을 전하는 것이라는 사실에 헌신해야 한다는 것이다. 대부분의 경우 문화는 복음을 전달하는 도구이다. 하지만 히스패닉 사회의 다양한 인구 그룹들에게 전도하기 위한 변화를 거부하는 교회들은 결국 일 세대 교회로 끝나 버리게 된다. 달리 말하면 이러한 교회들은 젊은 사람들을 잃어버리게 되는 것이다.

교회가 계속적으로 성장하도록 인도하기를 원하는 목회자들은 반드시 이 원리를 자신의 교회에 적용시켜야 한다. 오늘날 세상은 다중 문화 세상이다. 단지 한 문화 그룹에 초점을 맞추어서는 전체에게 전도할 수 없다. 지속적인 교회성장은 목회자들과 교회들이 모든 사람들에게 전도하는 계획을 개발할 것을 요구한다. 때때로 이 계획은 새로운 예배와 새로운 접근법을 포함할 것이다. 때때로 그것은 단지 기존의 접근법을 바꿈으로써 이룰 수 있다. 단일 문화에서 다중 문화로 이동하는 것에 대한 비전은 교회들이 계속해서 성장하는 것을 도와준다.

역동적인 예배

이러한 히스패닉 교회들의 성장의 세 번째 요인은 교인들의 전 인격을 포함하는 예배이다. 그들 교회들의 형태는 매우 다양했다. 그러나 한 가지 공통점은 예배가 전인적이라는 것이다. 그것은 예배들이 문화적인 상관성을 가지고 있다는 사실과 그들이 철저한 전통성보다는 혁신성의 방향으로 나아갔다는 점에서 잘 나타난다.

문화적인 상관성을 가진 예배

이 교회들에서 드리는 예배들은 전인적인 것이었다. 예배들은 내용에 초점을 맞추어 강한 인식 요소를 보여 주고, 형식이 잘 갖추어져 있다. 성경 봉독에 주의를 기울이고 설교는 성경적 개념들을 분명하게 전달한다.

동시에 그들의 찬양, 설교, 간증, 기도, 그리고 교제에는 정서적인 면이 깊이 들어가 있다. 달리 말하면 이러한 교회에 있는 사람들은 예배 시간에 강력한 주님의 임재하심을 느끼고, 그것을 다른 사람들이 부담을 느끼지 않는 방식으로 표현한다.

이러한 예배들을 묘사하는 데 사용되는 표현들 중의 일부는 다음과 같다. '역동적인, 신바람 나는, 열정적인, 커다란 기대감, 치유가 일어나는 예배, 참되고 온전한 찬양, 많은 기도, 사람들이 특별한 방식으로 하나님의 임재하심을 느낀다, 진정한 교제를 경험한다, 사람들이 예배를 빨리 끝내고 떠나려고 하지 않는다, 우리는 모든 사람들의 필요를 채워 주려고 한다.' 그러한 표현들은 이러한 예배들이 전인적이라는 사실을 반영해 준다.

예배가 교인들의 삶에 계속적인 연관성을 가질 때 교회는 지속적으로 성장한다. 전체 예배는 사람들이 매일 직면하는 실제적인 문제들과 관계가 있어야 한다. 때로 드라마를 잘 연출하여 공연함으로써 연관성에 대한 이러한 필요를 채워 줄 수 있다. 교회의 성장을 돕고자 한다면 교회의 예배가 교인들의 전인격을 다루는 연관성을 가지게 해야 한다.

혁신적인 예배

성장하는 교회들의 예배는 혁신적이었다. 그러나 그러한 혁신성이 모두 똑같은 종류의 것은 아니었다. 일반적으로 예배들은 많은 백인 교회에는 맞지 않았을 결정적인 히스패닉 경향을 띄었다. 이것이 정말로 중요한 점이다. 성장하는 교회들의 예배는 단지 어떤 전통적인 유형에 맞추지 않고, 사람들의 문화를 반영하는 경향을 가지고 있다. 그들의 음악, 악기,

찬양팀, 그리고 설교에서 성장하는 교회들의 예배의 성격을 볼 수 있었다.

음악

성장하는 교회에서 사용되는 음악은 다양했다. 형식은 합창과 독창의 적당한 혼합에서부터 매우 혁신적인 것에 이르기까지 다양했다. 조사팀을 놀라게 한 것 중의 하나는, 음악이 반드시 전형적인 라틴 음악이 아니라는 것이었다. 그들이 부른 곡들 중의 일부는 대체적으로 라틴풍을 띠었지만 대부분의 곡들, 특별히 합창곡들은 현대 찬양곡들이었다. 이것은 백인 문화로의 동화 정도를 보여 주든지, 아니면 이러한 유형의 음악을 그 교회들이 쉽게 구할 수 있다는 점을 나타내 주는 것이라고 할 수 있다.

악기

찬양 음악을 사용하는 것과 보조를 맞추어서, 성장하는 교회들의 반 이상이 기타, 드럼, 키보드, 피아노 및 오르간을 포함한 다른 악기들을 사용했다. 음악 소리는 몇몇 성령운동을 주장하는 교회들의 예처럼 그렇게 심할 정도로 시끄럽지 않았다. 추가적인 악기들을 사용하는 것은 사람들을 예배에 참여시키는 데 도움이 되는 것처럼 보였다. 대부분의 경우 예배 시간에 즐거운 축제 분위기가 있었다.

찬양팀

연구 대상이 된 대다수의 교회에는 성가대가 없었다. 대신에 이러한 교회들은 음악을 인도하는 데 음악 사역자를 돕는 찬양팀을 사용했다. 이러한 찬양팀들은 일반적으로 4명에서 8명으로 구성되어 있고, 찬양 인도자와 함께 서서 회중 찬송뿐만 아니라 특송을 불렀다. 악기의 경우에서와 마찬가지로 찬양팀은 교인들을 예배에 참여시키는 데 커다란 공헌을 하는 것처럼 보였다. 몇몇 목회자들은 종종 너무나 많은 활동으로 인해 교회에 성가대를 두기가 힘들다고 말했다. 찬양팀이 있음으로써 성가대에 들어가는 수많은 사람들을 빼앗기지 않고, 동시에 전문적으로 훈련을 받은 음악 사역자를 둘 필요도 없어지게 된 것이다. 이러한 찬양팀은 예배에 도움을 주는 그룹으로써 목회자에게 또 다른 선택권을 주고 있는 것처럼 보인다.

설교

연구의 대상이 된 교회들은 다양한 설교 스타일을 보여 주었다. 어떤 목회자들은 강해 설교를 사용했다. 그러나 대부분은 주제 설교를 하였다. 설교 대부분은 사람들의 필요에 초점을 맞추었다. 이것은 성경 자료의 적용에서뿐만 아니라 사용한 예화들에서도 마찬가지였다. 설교 스타일은 다양하였지만 한 가지 공통적인 요소가 눈에 두드러졌는데, 그것은 설교들이 구속적인 내용을 포함하면서 긍정적인 색깔을 띠었다는 것이다.

이러한 설교들은 사람들이 잘못한 것이나 세상이 왜 그렇게 악한지에 초점을 맞추지 않고 사람들이 긍정적으로 기독교인의 삶을 살고, 자신들의 직장에서 성공하고, 주님의 사역에 기여하는 방법들에 초점을 맞추었다. 다시 말해서, 사람들은 기독교 신앙 안에서 계속적으로 성장할 수 있도록 격려와 영감을 받고 있었다. 한 교인은 "하나님의 권위 있는 말씀이 분명하게 선포되고, 우리는 그 말씀으로 양육되고 있습니다"라고 설명했다. 이러한 설교들이 공통적으로 가지고 있는 또 다른 요소는, 그 설교들 모두가 영감을 주고 감성적이라는 것이었다. 이것은 특별히 설교자들이 사용한 예화들과 그들의 설교 방식에서 잘 나타났다. 많은 예화가 사람들의 일상생활에서 나온 것이어서 사람들이 메시지를 잘 이해하도록 도왔다.

교회가 지속적으로 성장하도록 인도하기를 원하는 목회자는 회중을 역동적인 예배로 인도한다. 만일 전통적인 예배 방식들이 하나님과 이러한 역동적인 만남을 제공한다면, 목회자는 굳이 그것을 바꿀 필요가 없다. 만일 현재의 예배 유형이 역동적이지 않다면, 즉 사람들이 위대하신 하나님의 임재를 느끼지 못하고 교회를 나가고 있다면, 변화는 분명히 필요할 것이다. 지속적인 교회성장은 역동적인 예배에 달려있다.

장기적인 전도 프로그램

성장하는 교회들의 활동들이 보여 주는 네 번째 요인은, 지속적인 전도 프로그램이다. 방법들은 현저한 차이를 보였지만 한 가지 공통점은, 교인들이 지속적인 전도 프로그램 가운데서 훈련 받고 사용되었다는 것이다. 달리 말하면, 목회자와 교인들이 전도하는 데 헌신하였다는 것이다. 이러한 교회들은 전도에 시간, 인력, 그리고 재정을 투자한다. 그들은 전도에 최고 우선순위를 둔다. 전도를 우연히 일어나도록 내버려 두어서는 안 된다. 그것은 교회의 의도된 활동이다. 어떤 방법들은 한 지역에서보다 다른 지역에서 더욱더 많은 열매를 거둔다. 아마도 그것은 그 지역사회 구성원들의 삶의 양식에 더 잘 어울리기 때문일 것이다. 그러나 성공의 주요 요인은 교인들의 지속적인 참여이다.

아래는 그 교회들이 가장 많이 사용한 전도 방법들 중의 일부이다.

개인 전도

조사한 모든 교회에는 지속적인 개인 전도 프로그램이 있었다. 그러나 그들이 개인 전도로 사용하는 방법들은 매우 다양했다. 아마도 여기서 중요한 요인은 지속성일 것이다.

가가호호 전도

몇몇 교회들은 가가호호 방문하여 전도하는 방법을 사용하였다. 예를 들어, 한 교회는 매 주일 아침 가가호호 전도를 한다. 그들은 거의 20년 가까이 이 방식을 사용해 왔다. 교회는 거의 매 주일 공적인 신앙 고백을 경험하고 있다. 이 교회는 그 지방에서 세례를 가장 많이 베푼 히스패닉 교회로 자주 선정됐다. 매 주일 아침 사람들이 교회 건물에 모여 기도한 다음 목표로 하는 이웃들에게로 간다. 그 팀의 구성원들은 기본적으로 문을 두드리고, 사람들과 이야기하고, 그들의 간증을 나누고, 간단한 전도지를 읽어주고, 그리스도를 영접하도록 초대한 다음 그들과 함께 기도한다. 그 팀은 연속으로 3주에 걸쳐서 토요일에 동일한 이웃들을 방문한다. 첫째, 그들은 이전 토요일에 그리스도를 따르겠다고 결신한 사람들과 이야기를 한다. 둘째, 그들은 마음 밭이 좋았지만 신앙 고백을 하지 않은 사람들을 방문한다. 마지막으로, 그들은 이전 방문 시 만나지 못한 사람들을 방문한다. 방문할 때마다 사람들을 교회로 초대하고 그들과 관계를 맺으려는 노력을 한다. 그 교회의 목회자는 토요일 방문의 결과로 많은 사람들이 신앙 고백을 하고 세례를 받는다고 말해 주었다.

관계 전도

반면에 또 다른 교회에서는 교인들이 관계 전도를 실시했다. 이 교회의 교인들은 직장이나 지역 사회에서 일부러 친구들을 만든다. 이것은 그들의 삶의 방식으로 지속된다. 교회는 교인들에게 소풍, 스포츠 행사 관람, 가정생활 후원 그룹 등과 같은 관계 맺기 활동들에 친구들을 참여시킬 것을 격려한다. 이렇게 토대가 형성되면 그것은 가정 성경공부 모임으로 이어진다. 전도를 받은 사람들 중 많은 사람들이 전문직에 종사하는 화이트칼라이다. 사회경제적으로 상류층에 속하는 이러한 사람들은 가가호호 방문보다 관계 전도에 더 호의적으로 반응할 가능성이 높다. 한 교회 목회자는 "우리 교회는 가정교회라기보다는 '재미있는 교회' 로 알려져 있습니다. 우리는 교회 건물에서 멀리 떨어져 재미있는 사람들이 되려고 하는데, 이것이 사람들을 복음으로 끌어들이고 있습니다"라고 말했다.

사역 전도

조사에서 연구한 교회들의 모든 전도를 뒷받침해 주는 것은 사역 전도에 대한 헌신이다. 이러한 유형의 전도는 여러 형태를 취한다. 예를 들어, 한 교회는 사랑하는 사람들을 잃은 이들을 위해 식사를 준비해 줄 자매들을 대기시키고 있었다. 지역 사회에서 누군가의 사망 소식을 들으면 이 여성들은 즉각적으로 서로에게 연락하여 누가 어떤 음식을 가져갈지를 결정한다. 종종 유가족들은 교회에서 장례식을 드려줄 것을 요구하는데, 이것이 이 사역을 생겨나게 하는 것이다. 그 결과 많은 사람들이 주님께로 인도되었다.

다른 사역들은 무료로 음식 나누어 주기, 무료 옷 나누어 주기 및 봉사 단체들 소개 등과 같은 것이 있다. 한 교회는 교회 건물 바로 옆에 사는 사람들을 위한 음식 배급 프로그램을 개발해서 운영하고 있다. 어떤 교회들은 초등학교부터 고등학교까지의 학생들을 가르치는 아카데미와 같이 고도로 조직된 사역들을 하고 있다. 이러한 사역들의 중요한 특징은 이 사역들이 물리적 필요들이나 교육적인 필요들을 채울 뿐만 아니라, 사람들을 주님께로 인도하고자 한다는 것이다. 이러한 교회들에서는 매년 이러한 유형의 사역 전도를 통한 수많은 결신들이 보고되고 있다.

지속적으로 성장하는 교회들에서 전도는 우연에 맡겨질 수 없다. 지속적으로 성장하기를 바라는 교회는 목회자와 교인들 모두가 전도를 우선 순위에 두어야 할 것이다. 장기적인 전도 프로그램은 성장하는 교회를 위해서 반드시 필요한 것이다.

공공 전도

성장하는 교회들은 장기적인 개인 전도 프로그램들을 강조했을 뿐만 아니라, 다양한 형태의 공공 전도를 사용했다. 그 프로그램들에는 관계 맺기 행사와 부흥회가 들어간다.

관계 맺기 행사

설문 조사의 대상이 된 교회들 중 대부분은 관계 맺기 행사들을 공공 전도로 이용한다. 이러한 관계 맺기 행사들에는 연극, 뮤지컬, 친교 모임 등이 포함된다. 이러한 교회들은 주요 기독교 축제들을 전도 행사들로 사용한다. 크리스마스, 부활절, 그리고 추수 감사절과 관련된 축제들은 교회들이 친구들과 이웃들을 초대하는 좋은 기회가 된다.

다른 교회들은 또한 몇몇 문화 행사들을 전도 수단으로 사용한다. 생일잔치와 같은 특별 축하 행사들은 가족과 친구들을 초대하는 때이다. 한 교회는 그 교회가 있는 시 전체를 대상으로 히스패닉 졸업생들을 위한 연회를 연다. 이것들은 탁월한 전도 기회가 될 수 있다.

어떤 교회들은 야구, 축구, 그리고 배구와 같은 스포츠 행사 등을 이용해 새로운 사람들과 친해진다. 한 교회 목회자는 "우리 교회에는 아이들에게 관심을 가지고 있고, 코치로 봉사하고자 하는 형제들이 있습니다"라고 말했다.

부흥회

조사한 교회들의 대다수가 부흥회를 씨 뿌리기가 아닌 수확의 시기로 이용하였다. 달리 말하면 이러한 교회들은 관계 맺기 행사들을 통해 관계를 맺고 복음의 씨앗을 뿌린다. 친구들과 이웃들을 부흥회로 초대할 때쯤에는 이미 간증과 복음을 통해 어느 정도 그들의 마음이 열려 있는 상태인 것이다.

전도 대상자들

이 교회들의 전도 활동과 관련된 중요한 요인은 전도 대상자들이다. 설문 조사팀은 거의 30%에 가까운(29.5%) 사람들에게 있어 현재의 교회가 그들에게는 최초의 교회라는 사실을 발견했다. 약 27.16%가 다른 침례교회 출신이었고, 42.98%는 다른 교단에서 개종을 한 경우였다. 개종한 교인들 가운데서 58.87%가 이전에 천주교인이었다. 이 사실은 우리가 로마 가톨릭 신자들에게 더욱 많이 전도해야 한다는 사실을 재확인시켜 주는 것이다.

성장하는 교회들은 지역 사회에서 가능한 모든 방법으로 전도를 강조한다. 이러한 전도 노력을 기울이면서 교회는 그 지역에 사는 모든 그룹의 사람들을 찾으려고 한다. 어떤 그룹들에게 전도하기 위해서는 새로운 방법들을 필요로 할 것이다. 하지만 성장하는 교회들은 이러한 새로운 방법들을 기꺼이 받아들일 준비가 되어 있을 것이다.

소그룹 사역 제공

이러한 교회들의 성장을 가능하게 한 다섯 번째 요인은, 소그룹 사역을 제공하는 것이다. 조사 대상이었던 많은 수의 교회들이 다양한 방식으로 소그룹을 활용했다. 이러한 소그룹들은 주일 학교나 교회 훈련 시에만 모이는 것이 아니라, 교인들이 사는 지역 사회에서 주중에도 만나는 그룹들이다.

소그룹 전도

전도가 소그룹으로 이루어진다. 이러한 그룹들의 일부는 교회들이 전도를 위해 사용하는 가정 성경공부 친교 모임들이다. 이러한 교회들의 목회자들과 교인들은 종종 천주교 배경을 가진 사람들이 '개신교 교회'를 참석하는 것은 꺼려하지만, 이웃의 성경공부에는 기꺼이 참석하려고 한다고 말했다. 이러한 소그룹 경험이 종종 사람들을 복음주의 교회로 인도하는 다리 역할을 한다.

소그룹 제자훈련

연구한 대부분의 교회들은 소그룹을 제자훈련의 도구로 사용한다. 어떤 교회들은 소그룹을 새신자 훈련 차원에서 세례 준비용으로 사용한다. 한 목회자는 교회가 너무나 많은 불신자들에게 전도하고 있어서 수요일 저녁 제자훈련을 홈 셀 제자훈련으로 대체하고 있다고 말했다. 대개의 경우, 홈 셀 제자훈련은 목회자에 의해 훈련된 집사들에 의해 인도된다. 조사 결과, 성장하는 교회들은 새로운 신자들을 훈련시키고 교인들을 더 철저하게 훈련시키기 위해 시간, 재정, 그리고 인력을 투자하고 있었다.

소그룹은 성장을 지속시키고자 하는 교회들에게 중요한 요소가 된다. 직접 전도나 제자훈련 등 그 어떤 것을 위해 사용하든지 소그룹 접근법은 성장하는 많은 교회들의 주목할 만한 노력의 일환이 되었다. 지속적인 성장을 이루기를 원하는 교회는 소그룹 방법론을 심각하게 고려해야 한다.

새로운 교인들의 동화

이 교회들의 성장을 가능하게 한 여섯 번째 요인은, 방문자들을 환영하고 새 교인들을 동화시키는 것이다. 교회들은 예배에 참석하는 불신 방문자들에 대해 커다란 주의를 기울인다. 방문자를 위한 주차 공간을 마련하고, 예배 시 그들을 환영할 뿐만 아니라, 교인들이 의도적으로 방문자들에게 인사하고, 그들에게 또 방문해 줄 것을 격려한다.

어떤 교회에서는 방문자가 교회를 방문한 지 일주일 후에 각각의 방문자를 목회자와 교인들이 하루에 한 번씩 접촉하려고 한다. 다른 교회에서는 목회자가 예배 시간에 그들을 '방문자들' 이라고 칭하지 않고 '손님들' 로 칭한다. 목회자는 교인들이 예배 전에 방문자들과 친해지고, 그들과 함께 앉고, 예배 시간에 그들을 '손님들' 로 소개하도록 격려한다. 종종 사후 관리 차원에서 교인들은 '손님들' 의 가정을 방문하고 예배 참석에 대한 고마움을 표현한다. 최근의 한 출판물은 주류 교회들이 낯선 사람들을 환영하지 않으면 교인 수가 감소할 것이라고 지적한다.[2)]

성장하는 교회들은 손님들을 환영할 뿐 아니라 새 교인들을 교회 생활에 적응하도록 돕는 모든 노력을 다한다. 어떤 교회들은 새신자반을 통해서, 또 어떤 교회들은 일대일 제자훈련을 통해, 또 어떤 교회들은 홈 셀그룹들을 통해서 이러한 노력을 기울인다. 중요한 것은, 새신자들이 적어도 하나의 교제 그룹에 속하도록 교회가 관심을 기울인다는 것이다. 이것은 단지 그들을 교제권으로 받아들이는 것뿐만 아니라 가능한 빨리 그들에게 사역의 자리를 찾아 주는 것을 포함한다.

한 목회자는 다음과 같이 말했다. "우리 교회를 방문하고, 신앙 고백을 하는 사람들을 많이 얻었지만 얼마 있지 않아 떠나 버린 사람들도 많았습니다. 그들은 교인이 되었지만 교회의 교제권 속으로 들어오지 못했던 것입니다. 친교 그룹들은 교회 뒷문을 닫는 것을 도와주었습니다." 한 교인은 "우리 교회의 친교 모임에는 사랑과 온화함이 있기 때문에 우리 교회를 방문하는 사람들은 그 교제 모임의 일부분이 되기를 원해요"라고 설명했다.

방문자들을 환영하는 사역과 새신자들을 훈련시키는 사역의 효과는 패트릭 채퍼레드에 의한 연구에서도 지지를 받았는데, 그 연구에 의하면 성장하는 교회들은 낯선 사람들을 초대하고, 그들이 편안하게 느끼도록 도우며, 결국에는 그들이 교회의 여러 활동에 참여하도록 한다는 것이다. 채퍼레드는 다음과 같이 설명한다. 교회가 특정 가족의 재산이 아니라

"하나님이 주인이시고 우리는 모두 손님들인 하나님의 집"[3)]이라는 사실을 교인들이 인식하지 못하면 결코 손님들을 교회의 교제권 속으로 들어오게 할 수 없다고 설명한다.

이러한 사실은 몇몇 히스패닉 교회들이 오랫동안 한 가정 내지는 소수의 가정으로 남아있는 이유를 말해 준다. 교회가 '가족 재산' 이라는 느낌은 많은 사람들이 교회를 출석하고 교인이 되는 것을 막는다. 그러므로 성장하는 히스패닉 교회들은 지속적으로 손님들을 초대하고, 그들로 하여금 환영 받고 있다는 마음을 갖게 하고, 그들이 교회의 생활 안으로 들어오도록 모든 노력을 다한다.

지속적인 교회성장은 새로운 사람들을 끌어들이고, 그들을 교제권 속으로 들어오게 하는 강한 교회 프로그램에 의존한다. 지속적인 성장을 바라는 교회들은 새로 오는 사람들이 편한 마음을 갖고 교회 생활을 하며 예배로 나아가게 하는 방법과 수단을 개발해야 한다. 교회의 뒷문을 닫는 것이야말로 지속적인 성장을 이루는 중요한 방법이다.

분명한 제자훈련 계획

성장하는 교회들은 제자훈련을 매우 강조한다. 한 교회는 주일 학교와 교회 훈련을 제자훈련으로 사용하고 있다. 그들은 기존의 주일 학교와 교회 훈련 계간지뿐만 아니라 「하나님을 경험하는 삶」(Experiencing God)과 「은혜로 하는 자녀 양육」(Parenting by Grace)과 같은 특별한 자료들을 추가적으로 사용한다.

제자훈련에 대한 강한 헌신은 여러 가지 방식으로 나타난다. (1) 일대일 제자훈련, (2) 셀그룹에서의 제자훈련, (3) 수요 성경공부를 통한 제자

훈련. 한 목회자는 새로운 신자들을 제자훈련시킬 필요가 너무나 커서 모든 세 가지 방법을 동시에 사용하고 있다고 말했다.

또 다른 제자훈련 방법은 새 교인들을 성숙한 기독교인의 지도 아래 두는 것이다. 한 평신도는 "교회의 사역에 참여할 수 있는 기회가 있을 때 사람들이 얼마나 빨리 배우는지 놀라울 정도예요"라고 말했다. 이전에 성당에서 매우 활동적이었던 한 부부는 개종 후 즉각적으로 교회의 설교 테이프를 복사하는 사역을 도와줄 것을 요청 받았다. 이 부부는 영적으로 성장했고 그러한 중요한 사역에 참여함으로써 커다란 만족감을 얻었다.

이러한 교회들의 제자훈련에 있어서 한 가지 분명한 것이 있었다. 그들은 제자훈련 자료들을 공급하기 위해 외부 자원에만 의존하지 않았다. 그들은 필요 사항들을 결정한 뒤 효과적인 제자훈련 프로그램을 시작하기 위해 훈련을 받고 자료들을 구했다. 이 교회들에 출석하는 교인들에 대한 조사에서 교인들이 성경공부 프로그램과 관련해 매우 높은 만족도를 보이고 있는 것으로 드러났다. 약 56.53%의 교인들이 성경공부에 매우 만족하고 있음을 표했고, 42.24%가 만족하고 있다고 보고했다. 이 정보는 이 교회들에서 교인들의 성경공부에 대한 만족감이 매우 높은 것을 보여 주는 것이다. 그러나 이러한 비율은 예배, 설교, 그리고 음악과 비교할 때 약간 낮은 것이다. 그렇다면 이 정보는 이렇게 급속히 성장하는 교회의 사역들 중에서 개선될 수 있는 영역을 보여 주는가?

분명하고도 지속적인 제자훈련 프로그램은 교회가 계속해서 성장하도록 도와준다. 새 교인들은 반드시 훈련을 받아야 하고 기존 교인들은 반드시 유지되어야 한다. 성장과 제자훈련은 함께 움직일 것이다.

교회 관리에 대한 실용적인 접근법

성장하는 교회들은 계획, 조직, 그리고 관리에 있어 실용적인 접근법을 사용한다. 연구에 의하면, 교회들은 관리 방법에 있어서 약간의 차이가 있는데 이것은 리더십 스타일, 조직, 그리고 사무 처리 모임의 빈도에서도 분명하게 나타났다.

리더십 스타일

인터뷰에서뿐만 아니라 조사에서도 나타난 바는 이렇게 성장하는 교회들의 교인들은 교회가 성장하기 위해서는 목회자가 강력한 지도력을 제공해야 한다는 사실을 강하게 믿고 있었다. 첫눈에 보면 이러한 목회자들이 독재적인 리더십 스타일을 사용하는 것처럼 보이지만 항상 그런 것은 아니다. 모든 목회자들은 성장을 위한 비전을 개발하고 그것을 교회의 다양한 사역을 통해서 실천해 나감에 있어서 교회의 다른 지도자들을 동참시킨다.

교회 지도자들과의 인터뷰를 통해 그들이 목회자의 지도력에 대해 커다란 확신을 가지고 있다는 사실을 확인할 수 있었다. 이러한 확신은 목회자들이 사람들과 관계를 맺은 방법과 그들이 교인들을 인도한 방식의 결과이다. 한 교회의 집사들은 다음과 같이 말했다. "우리가 목사님을 위해서 못할 것이 없어요. 그분은 주님께 진실로 헌신해 있고, 희생할 준비가 되어 있으며, 우리의 영적 성장을 위해 최선을 다하고 있다는 것을 보여 주었어요." 이것을 다르게 표현하면 이러한 교회들의 목회자들은 성장에 대한 비전을 전달할 수 있었으며, 이 비전에 대한 주인 의식을 개발시키고, 하나님의 영광을 위해 지역 사회에서 그 비전을 실현해나가는 데 필요한 헌신을 유도함에 있어서 교회의 지도자들을 포함시켰다는 것이다.

사무 처리 모임

이 연구를 통해서 분명해진 것은, 이러한 교회들이 교회 관리 및 유지에 대한 세부 사항에 지나친 주의를 기울이는 대신 교회가 성장할 수 있도록 돕는 활동들에 초점을 맞추었다는 사실이다. 패트릭 채퍼레드는 성장하지 않는 교회들이 35-40%의 시간을 관리와 구조 개편을 위해 보내는 반면, 성장하는 교회들은 프로그램의 단지 10%에서 20%정도를 '구조 관리' 즉 위원회와 사무 처리 모임에 사용한다.[4)]

이 교회들은 대부분 월별이 아닌 계절별 사무 처리 모임을 가지고 있었다. 이러한 교회들의 목회자들은 교인들에게 정기적으로 정보들을 알려주지만 매달 수요 예배시간 전체를 사무 처리 모임으로 보내는 것은 너무나 많은 시간을 빼앗기고 교회성장에 방해가 되는 것으로 확신한다. 한 목회자는 다음과 같이 평했다. "교인들에게 제자훈련을 제공하는 것만 해도 할 일이 너무 많기 때문에 우리에게는 세부 사항과 단기 보고서에 주의를 기울일 시간이 많지 않습니다."

목회자들은 매달 교회 운영 위원회와 만나서 계획을 세운다. 운영 위원회는 정기 계절별 사무 처리 모임에서 전체 교회에 그것을 보고한다. 몇몇 교회들은 연간 사무 처리 모임을 단 한 번 가지는데 이 모임에서 세부적인 사항들을 전체 교회에 보고하고 내년을 위해 교회로부터 신임 투표를 구한다. 이러한 교회들은 개별적인 조직들이 매달 어떻게 하고 있는지에 초점을 맞추지 않는 것으로 보인다. 대신에 그들은 전체적인 목표들과 각 조직들이 어떻게 그 목표들을 이루는 데 기여하는지에 초점을 둔다. 이러한 교회들의 조직을 한마디로 묘사한다면, 행정보다는 사역에 더 초점을 맞추고 있다고 할 수 있다. 집사들과 교회 운영 위원들은 행정가들이 아닌 사역자들로 여겨진다.

이 교회들에서 두드러진 것들 중 또 하나는, 이 교회들이 교단에 충실하지만 공식 교단 기관들이 주관하는 활동들에만 자신들을 제한하지 않는다는 것이다. 다시 말하면, 이 교회들은 그 기관들이 제공하는 모든 것을 기꺼이 사용하지만, 자신들의 전도, 제자훈련, 그리고 선교 목표들을 달성하는 데 도움이 되는 접근법들과 자료들을 찾거나 개발하기 위해 추가적인 노력을 한다는 것이다.

성장하는 교회는 사역과 전도의 흐름을 막지 않으면서 교회의 내부 문제들을 관리하는 조직력을 갖추어야 한다. 지속적인 성장을 모색하는 교회들은 자신들의 조직을 능률적으로 만들어 교회 유지에 시간과 에너지가 필요 이상으로 들어가는 것을 피한다. 성장하는 교회의 초점은 불신자들과 교인들의 영적 성장에 맞추어져 있어야 한다.

생명력 있는 기도사역

성장하는 대부분의 교회들은 생명력 있는 기도사역을 한다. 이 교회들은 수요일에 교회에서 갖는 정기 기도 모임 외에도 가정에서 주중 기도회를 갖는다. 많은 교회들에는 기도 동역자들이 있으며, '사람들은 매일 기도한다.' 가장 큰 성장을 경험하고 있는 한 교회는 매일 아침 기도회 시간을 가진다. 많은 교인들이 출근길에 교회에 들러 기도한다. 그 교회의 목회자는 기도가 예수 그리스도의 복음을 사람들에게 전하는 데 있어 성공의 가장 큰 열쇠라고 말한다.

몇몇 교회들은 그들의 기도사역과 제자훈련을 위해 교인들이 주님과 친밀하게 동행하는 삶을 살아갈 수 있도록 「하나님을 경험하는 삶」(Mi Experiencia Con Dios), 「최선의 삶」(El Plan Maestro)와 같은 공부 자료 및 다른 자료들을 사용하고 있다.

기도는 지속적으로 성장하고자 하는 모든 교회에 없어서는 안 될 부분이다. 그 어떤 계획 또는 프로그램도 기도를 대체할 수 없다. 지속적으로 확장하는 교회를 만들기 위해서는 지속적으로 커 가는 기도사역을 포함시켜야 한다.

적합한 시설

성장하는 교회들은 지속적인 성장을 위해 필요한 시설들을 얻기 위해 노력한다. 어떤 교회들은 다른 교회들로부터 건물들을 물려받았거나, 건물들을 샀거나, 아니면 자신들의 건물을 짓거나, 그것도 아니면 위의 한 예처럼 백인 교회와 통합했다. 어쨌든 그 교회들은 적합한 시설들을 구할 수 있는 방법을 찾은 것이다.

이전 건물을 팔고, 크고 멋진 건물을 믿음으로 구매한 한 교회의 태도는 분명한 믿음을 보여 주는 것이다. 이러한 믿음은 다양한 방식으로 표현되었고, 교회의 성장에 큰 도움이 되었다.

몇몇 교회들은 자신들의 시설들을 향상시킬 분명한 계획을 가지고 있었다. 그 계획들은 장기적인 것으로 교인들과 지도자들이 가지고 있는 미래지향적인 정신을 보여 준다.

이것과 관련된 한 요인은 대다수의 교인들이 교회에 쉽게 올 수 있다는 것이다. 교회에 오는 데 걸리는 시간을 연구한 결과, 많은 교회 건물들이 쉽게 접근할 수 있는 위치에 있음을 알게 되었다.

교회에서 30분 이상 떨어져 있는 교인의 수는 약 3.88%로 얼마 되지 않는다. 9%(9.55%)의 교인들이 교회에서 20분 내지 30분 정도 걸리는 곳에 살고 있다. 이것이 뜻하는 것은 20분에서 30분 정도 위치에 살고 있는 교인들은 이 교회에 오는 노력과 경비가 가치 있는 것으로 믿고 있다는 것이다. 거의 반(49.85%) 정도의 교인들이 5분과 15분 정도의 거리에 떨어져 살고 있었다. 그러나 다소 의외적인 통계는 단지 16.2%만이 교회에서 5분 이내의 거리에 살고 있다는 것이었다. 이 사실은 교회들이 가장 가까운 이웃들에게 전도하지 않는다는 것을 의미한다. 86.57%의 교인들이 교회에서 15분에서 20분 정도의 거리에 살고 있는데 16.2%는 교회에서 5분 내의 거리에 살고 있다. 이 사실은 교회들이 교회 주변에 살고 있는 사람들에게 전도할 수 있는 방법들을 모색하도록 도전을 주는 것이다.

계속적으로 성장하는 교회들은 사역에 적합하면서, 교인들에게 접근이 용이한, 그리고 대상 지역 사회에 가까운 시설들을 제공한다. 교회에 부담을 주지 않으면서도 적합한 시설들을 제공하는 것은 지속적인 교회 성장에 도움을 준다.

청지기직에 대한 헌신

이 조사에서 연구한 교회들은 헌금 영역에서 교인들의 깊은 헌신이 있는 교회들이었다. 어떤 교회들은 교단의 프로그램들을 사용하지만 어떤 교회들은 그렇지 않다. 요인은 교인들이 이 영역에서 책임감을 가지고 있다는 것이다.

교인들의 헌금은 직접적으로 다음의 세 가지, 즉 (1) 청지기직에 대한 성경적인 원리들에 대한 이해, (2) 교회가 달성하려고 하는 목표에 대한 이해와 헌신, (3) 목회자의 사역과 지도력에 대한 깊은 확신과 연결되어 있는 것처럼 보인다. 몇몇 목회자들은 토지 또는 건물에 대한 계약금 혹은 기존 건물에 대한 융자금을 갚기 위해 많은 돈이 필요했던 경우를 기술했다. 이 목회자들은 헌금에 있어서 교인들에게 기도로 하나님의 인도하심을 구하게 했다. 목회자들을 놀라게 한 것은 교인들이 기대했던 것보다 훨씬 더 많은 금액을 헌금하였다는 사실이다. 이러한 것이 교회가 건물의 필요와 전도 사역을 확장해 나가는 문제를 해결하는 것을 가능하게 한다.

조직 구조

우리가 위에서 논한 히스패닉 교회 조사에서 발견된 원리들 외에도 다른 요인들이 지속적인 교회성장에 영향을 미치는 것이 사실이다. 예를 들어, 지속적인 교회성장을 위해 새 교회의 구조에 초점을 맞추는 것은 도움이 된다. 교회가 작을 경우 그 교회는 단순한 구조를 갖게 된다. 그러나 교회가 소형 교회에서 중형 교회로 그리고 대형 교회로 성장할 때, 그 교회는 성장에 맞추어 구조를 조정할 필요가 있다.[5)]

소형 교회

일반적으로 약 40명의 교인을 가진 교회는 단순한 구조를 갖게 된다. 어떤 면에서 이 교회는 단 하나의 셀로 기능 한다. 모든 활동들은 전체 교회를 대상으로 한다. 그룹이 작기 때문에 교인들은 서로를 잘 알고 누군가가 예배에 참석하지 않았을 때 즉각적으로 알아차린다. 소형 교회에 있어서 예배와 다른 활동들은 거의 항상 자유롭다.

소형 교회의 재정이 특별한 프로젝트와 밀접한 관련이 있을 가능성이 많다. 필요가 생기면 그 교회는 헌금을 한다. 일반적으로 소형 교회에서는 전도 활동이 활발하지 않다. 주로 목회자만 체계적으로 전도하는 데 시간을 헌신한다. 이것은 불신자들을 만날 수 있는 접근점이 매우 제한되어 있다는 것을 뜻한다. 소형 교회에서 의사 결정은 다소 자유롭고 거의 모든 일에 의견 일치가 되기 쉽다. 작은 교회에서는 자원 봉사자들이 있다고 하더라도 일반적으로 목회자가 많은 일을 해야 하는 것으로 기대한다.

소형 교회는 그 상황에 너무나 편안함을 느끼는 시점에 도달할 수 있다. 많은 경우 이것은 정체로 이어진다. 소형 교회가 성장하기 위해 해야 할 것들이 몇 가지 있다. 첫째, 목회자의 리더십 스타일이 목회자가 모든 것을 하는 스타일에서 목회자가 다른 사람들이 사역을 할 수 있도록 준비시켜 주는 스타일로 바뀌어야 한다. 목회자는 적어도 모든 것을 돌보는 목자에서 어떤 책임들을 다른 사람들에게 위임하는 목장 주인으로 바뀌어야 한다. 둘째, 소형 교회는 제한된 사고방식에서 성장을 위해 계획을 세우고 믿음으로 그 계획을 실현해 나가려는 사고방식으로 변화해야 한다. 셋째, 재정 생존의 개념에서 미래를 준비하는 계획된 예산으로 변화가 있어야 한다. 넷째, 산발적인 전도에서 계획적이고 지속적인 전도로의 변화가 필요하다. 다섯째, 교회에서 성경공부 및 교제를 위한 여러 셀들을 만들 계획들을 세워야 한다. 소형 교회가 성령의 인도하심 아래 이러한 변화들을 경험해 나갈 때 그 교회는 성장을 위한 토대를 준비하는 것이다.

중형 교회

숫자가 상황에 따라서 다르다는 것을 알지만 우리는 약 100명 정도의 교인들이 있는 교회를 중형 교회라고 부른다. 여러 가지 점에서 중형 교회는 소형 교회를 닮았다. 일반적으로 중형 교회에서 교인들은 서로를 잘 알고 교인들은 목회자가 자신들에게 필요가 있을 때 개인적으로 그들을 돌봐주기를 기대하며, 예배는 다소 자유로우며 지도자들의 수는 적다.

중간 크기의 교회가 성장하기 위해서는 몇 가지의 변화들이 일어나야 한다. 첫째, 목회자의 리더십 스타일이 활동들과 결정들의 모든 세부 사항에 개인적인 주의를 기울이는 스타일에서 책임과 권리를 위임하는 방법을 아는 스타일로 바뀌어야 한다. 둘째, 교회는 새로운 주일 학교 반들이 시작되도록 해야 한다. 셀들의 수가 늘어나면서 교회도 성장할 것이다. 셋째, 교회는 교회의 일들을 할 수 있는 새로운 위원회들을 만듦으로써 지도력 기반을 넓혀가도록 해야 한다. 넷째, 교회는 새로운 교인들이 책임을 질 수 있는 위치를 맡을 수 있도록 허락해야 한다. 다섯째, 교회는 재정을 효과적으로 사용할 수 있는 세부적인 예산안을 가지고 있어야 한다. 여섯째, 교회는 교인들이 사역에 참여할 수 있는 기회들을 늘려야 한다. 일반적으로 소형 교회에서는 목회자의 사역과 예배가 중요한 두 가지의 사역 기회이다. 중형 교회는 주일 학교 반, 성가대 및 유년부를 위한 프로그램 등과 같은 다른 사역의 기회들을 개발해야 한다. 일곱째, 주일 학교는 부서별로 조직되어야 한다. 예를 들어 장년부에는 몇 개 반들이 있어야 한다. 이 반들은 셀의 기능을 수행하고 부서들은 이미 설명된 것처럼 회중의 기능들을 담당한다. 이러한 변화들은 중형 교회가 더욱 효과적으로 그 기능들을 감당하고 성장을 위한 토대를 세우도록 도와줄 것이다.

대형 교회

'대형' 교회를 정의하기 위해 사용되는 수는 상대적이라는 사실을 먼저 언급한다. 어떤 상황에서는 100명의 교인들이 있는 교회가 대형 교회이다. 이 논의를 위해 우리는 대형 교회를 주일 대예배 시간에 200명 이상의 교인들이 참석하는 교회로 정의할 것이다.

대형 교회는 중형 교회와 몇 가지 공통적인 특징들을 가지고 있지만 다른 점들도 있다. 교회가 성장했고 할 일들이 늘어났기 때문에 효과적으로 기능하고 계속적인 성장을 이루기 위해 해야 할 일들이 있다.

첫째, 목회자의 지도력이 더욱 효과적이어야 한다. 이것은 설교와 심방 등 본인이 해야 하는 일에 더해서 자신의 시간 사용, 책임들의 위임, 사역자들 관리 등을 포함한다. 그러나 목회자는 이러한 일을 하면서 동시에 비전을 계속해서 분명히 하며 키워 나가야 한다. 목회자는 지도자와 비전 제시자로서의 역할을 위임할 수는 없다.

둘째, 교회가 성장할 때 그 교회는 일꾼들을 늘려야 한다. 거기에는 비서, 청소년 사역자, 전도 사역자, 그리고 음악 사역자 등이 포함될 수 있을 것이다. 교회는 어떤 종류의 사역자들을 고용할 것인지를 결정해야 할 것이다. 아마도 이러한 사람들 중 몇몇은 전임으로 일할 수 있지만 다른 사람들은 시간제로 혹은 자원 봉사자로 일해야 할 것이다. 교회가 계속해서 성장할 때 더 많은 사역자들을 고용할 필요성을 인식하는 것이 중요하다.

어떤 교회들은 교인 100명 당 한 명의 교역자를 두는 관행을 가지고 있다. 이것은 한 목회자가 효율적으로 섬길 수 있는 교인의 수는 최대 100명이라는 관찰에 기초한 것이다. 만일 이것이 확실하다면 왜 많은 교회들이 100명까지는 성장하지만, 그 다음에는 성장을 하지 않는지에 대한 이유가 드러난다. 그러나 추가된 교역자들이 교인들이 이미 해오고 있던 일들을 하는 것에 그쳐서는 안 된다는 점이 중요하다. 만일 이런 일이 생기면 교회는 성장하지 않을 것이다. 이러한 지도자들의 임무는 교회의 사역을 위해서 교인들을 준비시켜 주는 것이다. 우리가 이전에 논했던 것이 여기에도 적용이 된다. 사역자들은 유지, 양육, 그리고 전도 영역들에서 교회의 기능들을 수행하는 관점을 가지고 선택되어야 할 것이다. 만일 대부분의 사역자들이 양육이나 유지에 초점을 맞추고 새로운 사역자들 역시 똑같이 한다면 그 교회는 성장하지 않을 것이다.

셋째, 대형 교회가 계속해서 성장하기 위해서는 예배드리는 건물에 대한 주의를 기울여야 한다. 어떤 경우에는 건물을 확장하거나 다른 건물을 구입하는 것이 필요하다. 몇몇 교회들이 성공적으로 사용하고 있는 한 방법은 주일에 여러 번의 예배를 드리는 것이다. 이 방법이 목회자에게는 다소 피곤할 수 있겠지만 이로 인해 생기는 장점들도 있다. 그 장점들 중의 하나는, 교회가 다른 장소를 구입할 필요가 없다는 것이다. 교회는 재정을 새 건물 대신에 사역자들과 프로그램에 투자할 수 있다. 여러 번의 예배를 드림으로 주일예배 출석수가 2배 내지는 3배 증가할 수 있다. 또 다른 장점은, 이른 예배를 참석하는 것을 선호하는 사람들이 있다는 점이다. 어떤 사람들은 늦은 시간에 예배에 참석하기를 원한다. 여러 번의 예배를 드리는 세 번째 장점은, 사람들의 필요에 따라 음악 스타일 그리고 예배 스타일을 다른 예배마다 바꿀 수 있다는 점이다. 시간대에 따라 아주 전통적인 예배를 드릴 수 있고, 젊은 층이 좋아하는 스타일로 예배를 드릴 수 있다.

대형 교회가 지속적으로 성장하기 위해 할 수 있는 것들은 다음과 같다. 기도와 성경공부 등 영적인 요소들 외에 교회는 목회자의 지도력, 사역자들의 수, 건물 활용 등과 같은 요소들에도 주의를 기울여야 한다. 교회는 효과적인 사역을 위해 위의 요소들을 상황화시켜야 한다.

교회 생활

교회의 지속적인 성장을 돕는 또 다른 요인은 교회 생활의 다른 표현들을 균형 있게 하는 것이다. 어떤 교회성장 전문가들은 교회 생활의 표현들을 다음과 같은 범주로 나누었다. (1) 셀, (2) 회중, (3) 축제.[6]

셀

셀은 가까운 관계를 가진 작은 무리의 사람들로서 묘사될 수 있을 것이다. 그들은 서로를 잘 알기 때문에 이 그룹 속에 있는 사람들은 자신들의 문제, 경사, 그리고 계획들을 나눈다. 그들은 서로를 위해서 기도해 주고, 서로 방문하고 격려한다. 셀은 교회 안팎에서 기능할 수 있다.

교회 내의 셀들

교회 내의 셀들은 매우 중요하다. 예를 들면, 교회에 등록하는 사람들이 여러 개의 셀들 중의 하나로 들어가지 않으면 일반적으로 교회 활동에 대한 그들의 참여는 매우 제한될 것이라는 연구가 있었다.[7] 이러한 셀에 참여함으로써 그들은 교회의 중요한 일부분이 된다고 느끼게 된다. 교회 내의 셀들은 적어도 (1) 양육, (2) 가르침, (3) 재생산과 같은 세 가지의 기능을 가지고 있다.

셀 구성원들이 염려를 나누고, 함께 기도하고, 서로 도우며, 함께 교제할 때, 영적으로 정서적으로 공급을 받는다. 이것은 하나님 및 다른 사람들과의 교제에 대한 필요를 채워 준다. 많은 교회에서 주일 학교 반이 셀 기능을 하는데 여기서 사람들은 영적인 공급을 받게 되는 것이다. 주일 학교에서 반원들은 누가 결석했는지를 곧 알게 된다. 그리고 그들은 그 사람에게 즉각적으로 연락하고 어떤 문제가 있는지를 파악한 다음 그 결석한 사람을 심방할 수 있다. 이러한 친밀한 교제를 통해 사람들은 자신들이 그들을 사랑하고, 돌보고, 그들을 도와줄 준비가 되어 있는 가족의 일원임을 느끼게 된다. 이러한 중요한 기능들로 인해 교회는 그 교회의 셀들보다 더 건강할 수 있다.

가장 효과적인 가르침이 일어나는 것은 바로 이러한 셀 상황이다. 거기에는 몇 가지 이유가 있다. 첫째, 셀 구성원들은 거의 비슷한 나이 또래이다. 둘째, 소그룹 멤버들은 서로를 잘 안다. 셋째, 셀은 약 10명으로 된 소그룹이다. 이러한 모든 것은 참석자로 하여금 자유롭게 질문하고 비평하며 그리고 그 교훈들을 자신들의 개인적인 삶에 적용시킬 수 있도록 도와준다. 목회자의 설교 도중에 한 사람이 끼어들어 평을 하거나 질문을 하는 것은 적합하지 않을 것이다. 그 상황은 그렇게 할 수 있는 시간도 장소도 아니다. 하지만 주일 학교 반에서는 교훈을 개인적인 방식으로 이해하고 적용하는 것을 돕는 상호 작용에 참여할 수 있는 충분한 기회들이 있다.

셀의 세 번째 기능은 재생산이다. 인간의 몸은 셀들의 재생산을 통해서 형성되고 자란다. 영적인 몸에서도 동일한 현상이 일어난다. 셀들이 분리하여 자라는 것처럼 주일 학교와 교회는 자란다. 주일 학교 반을 나누고 그 반원들이 방문자들을 데리고 오는 일들에 헌신할 때 그들은 성장한다.

셀들을 분리하는 문제는 많은 교회에 있어서 매우 민감한 사안이다. 어떤 교인들은 큰 반에서 편안함을 느껴 분리하는 것을 원하지 않는다. 그때는 그들이 소그룹의 기능을 이해하도록 도와주는 것이 중요하다. 만일 유일한 목적이 가르침이라면 아마도 그 반들을 분리하는 것을 반대할 이유들이 더 많을 것이다. 그러나 사실 반들이 너무 커지면 가르침과 교제의 질이 떨어진다.

주일 학교 반과 같은 셀들이 최대한으로 기능하기 위해서는 적어도 (1) 교사, (2) 사역 지도자, (3) 전도 지도자를 필요로 한다. 교사의 책임은 구성원의 삶을 다루는 방식으로 수업을 준비해야 하는 것이다. 사역 지도자의 책임은 반원의 필요를 파악하고, 필요를 가진 사람들을 위해 반원들이 기도할 수 있도록 인도하고, 그들을 심방하고, 가능한 모든 방법으로 그들을 도와주는 것이다. 사역 지도자는 또한 친교 모임을 계획하여 반원들이 교제를 통하여 서로를 더 잘 알게 함으로써 그들이 그룹의 일원임을 느낄 수 있도록 돕는 것이다. 전도 지도자는 반원들로 하여금 다른 사람들과 친분 관계를 맺고, 그들을 방문하고, 그들의 친척이나 친구 그리고 이웃들을 반으로 인도하도록 동기를 부여할 책임을 가지고 있다. 주일 학교 반이 이러한 방식으로 조직되어 그 기능들을 감당하고 있으면, 그 반은 정말로 가르침, 양육, 그리고 재생산을 통해 교회성장을 돕고 있는 것이다.

교회 밖의 셀들

교회 안에서 매우 중요한 셀들 외에도 교회 밖에서 효과적으로 기능하는 셀들이 있다. 이러한 셀들은 두 가지의 목적을 가질 수 있다. (1) 교인들의 영적인 삶에 힘을 주는 것, (2) 예수 그리스도를 영접하지 않은 사람들에게 전도하는 것.

어떤 교회들은 자신들의 도시의 몇몇 장소에 셀들을 만들었다. 어떤 경우에는 이렇게 할 수밖에 없는데, 그 이유는 교인들이 교회에서 멀리 떨어져 살고 있어서 주중 모임을 위해 교회까지 가는 것이 매우 힘들기 때문이다. 다른 경우에는 교회들이 교회 건물에서 행해지는 것을 보충하기 위해서 이 방법을 사용했다. 결국 그 목적은 교인들의 영적인 삶에 힘을 주는 것이다.

교회 밖에 셀그룹들을 형성하는 또 다른 목적은 전도이다. 복음주의 기독교인들이 잘 알려져 있지 않거나, 사람들이 복음주의 교회에 참석하는 것에 대해 편견이나 두려움을 가지고 있는 상황일 경우, 전도를 위한 가정 셀그룹들은 구원의 메시지를 가지고 사람들에게 효과적으로 전도하는 방법이 될 수 있다.

앞 장에서 언급한 것처럼 이러한 셀들은 가정 성경공부, 가정 기도회, 지역 사회를 대상으로 하는 사역 등이 될 수 있을 것이다. 이러한 셀들은 다리 역할을 하여 사람들이 복음주의 기독교인들을 알고 복음 메시지를 들을 수 있는 기회를 가질 수 있게 해 준다. 교회 건물 안팎의 셀들의 증가는 교회의 영적, 개념적, 그리고 숫자적 성장을 가져온다.

회중

교회의 삶의 한 중요한 표현은 회중이다. 때때로 사람들은 교회가 단 하나의 회중으로 구성되어 있다고 생각한다. 사실 교회는 여러 개의 회중으로 구성되어 있다. 이러한 회중들은 교회의 교제 및 예배 그룹들이다. 많은 교회에서 부서들은 비슷한 나이에 비슷한 삶의 방식을 가지고 있으며, 삶에서 유사한 상황들을 직면하는, 공통된 관심사들을 가진 사람들로 구성되어 있다. 예를 들어, 청소년부를 생각해 보라. 이러한 그룹 자체가 교회 안에서 하나의 회중을 이루는 것이다. 교회의 정규적인 활동들 외에 자신들의 그룹을 위해서 모임과 활동을 가져야 하는 다른 그룹들도 있다. 이것은 또한 남 선교회 및 여 선교회와 같은 교회의 교제 및 예배 그룹들에도 적용된다. 교회의 삶에 있어서 이러한 유형의 표현을 제공하는 교회들은 성장하는데, 그 이유는 교인들이 유사한 경험, 관심사, 그리고 삶의 방식을 가지고 있는 그룹의 일부분으로 느끼기 때문이다.

축제

축제는 교회의 예배 경험이다. 전 교회가 축제로 모여 노래, 말씀 봉독, 헌금, 기도, 설교, 주의 만찬 등을 통하여 하나님을 예배하는 것이다. 축제에는 신령과 진정으로 예배하기 원하는 사람들 가운데 하나님께서 임재해 계신다는 인식이 있다. 축제에는 감사, 회개, 기도, 중보, 그리고 헌신이 있다. 축제에서는 하나님과의 교제와 다른 신자들과의 교제가 동시에 이루어진다.

축제는 교회 생활에 있어 다른 표현들과 다르다. 축제에서는 교제가 집단적이다. 이러한 이유로 인해 축제는 어떤 일정한 수에 제한될 필요가 없다. 어떤 상황에서는 참석자의 숫자가 많으면 많을수록 축제는 더욱더 영감 있는 축제가 될 것이다. 다음 부분에서 예배에 관해 더 구체적으로 다룰 것이기 때문에 여기서는 예배와 교회의 다른 표현들과의 관계에 대해서만 평하고자 한다.

소그룹이 교회의 삶에 있어서 매우 중요한 부분을 차지한다. 셀 모임을 통해 양육, 가르침 그리고 재생산이 일어난다. 교회는 건물 안에서 그리고 지역 사회에서 셀들의 재생산을 통해 성장한다. 회중은 그 기회를 제공해 주어 교회의 다양한 그룹들이 교제를 경험하고 주님을 섬기는 사역에 참여하게 된다. 셀과 회중이 조화를 이룰 때 그 교회가 얼마나 성장하는지는 문제가 되지 않는데 그 이유는 교인들은 자신들이 그 교회 교제의 일부분으로 속해 있다고 생각하기 때문이다. 그들은 항상 자신들이 더 친밀하게 알고 그들이 참여할 수 있는 그룹이 있다는 사실을 알고 있기 때문이다.

축제는 다른 표현에서 찾을 수 없는 교회 생활의 한 차원을 제공한다. 만일 축제가 역동적이면 그러한 경험으로 인해 교회에 등록하는 사람들이 있을 것이다. 그러나 이러한 사람들이 영적으로 성장하기를 원한다면 그들은 주일 학교 반과 같은 소그룹에 속해야 할 것이다. 교회 생활의 이러한 세 가지 표현들은 매우 중요하다. 성장하는 교회들은 이러한 세 가지 표현들 간의 역할을 인식하고, 교인들이 그러한 표현들에 참여할 수 있도록 길을 열어 준다.

교회성장 계획안

성장하는 교회들은 잘 정의된 성장 계획안들을 가지고 있다. 정체된 많은 교회에는 현상 유지와 양육 활동에만 치중하는 목회자들과 교인들이 있다. 이러한 활동들이 매우 중요한 것이 사실이지만 만일 이것이 전부라면 교회는 자기중심적인 조직이 될 것이다. 이러한 교회의 우선순위는 생존이다. 반면에 성장하는 교회들은 자신들의 노력을 성장에 도움이 되는 활동들에 쏟아 붓는다. 이것은 성장을 위한 계획들을 세우고 이러한 목표들을 달성하기 위한 행동 계획들을 입안하는 것을 가리킨다.

성장 목표 설정

목표들을 설정하는 것은 교회의 가장 중요한 활동들 중의 하나이다. 셸러는 "달성 가능하고, 가시적이며, 정의할 수 있고, 측정할 수 있는 목표들을 가지고 있지 않는 모든 조직의 최고 관심사는 그 기관의 유지에 있다"[8] 라고 말한다. 목표를 설정하는 것이 중요할 뿐만 아니라 그러한 목표를 지혜롭게 설정하는 것이 더욱 중요하다. 거버는 "기도와 믿음으로 목표를 설정해야 하고 그러한 목표는 현실적이어야 한다"[9]라고 덧붙인다.

목표들은 특정 기간에 하나님께서 우리를 통하여서 어떤 것을 이룰 것이라는 것에 대한 우리의 믿음의 선포이다. 아무런 목표가 없다는 것은 어떤 결과라도 받아들일 수 있다는 것을 의미하는데 그 이유는 그 결과를 측정할 길이 없기 때문이다. 목표들은 교인들이 열심히 일해야 달성할 수 있도록 높아야 한다. 하지만 목표들이 너무 높아서 처음부터 교인들이 좌절감을 느끼도록 해서는 안 된다. 교회들의 성장 패턴과 관련해서 이루어진 연구들이 목회자와 지도자들이 현실적이면서 동시에 도전이 되는 목표들을 설정하는 데 도움이 될 것이다.

목표들이 측정할 수 있는 것이어야 한다는 사실 또한 매우 중요한 부분이다. 측정할 수 없는 것이면 아무도 그 교회가 목표들을 향해서 얼마만큼의 진보를 했는지 알 수 없을 것이다. 예를 들어, 목표가 '더 나은 교회를 가지는 것' 이라면 우리가 언제 그 목표를 달성했는지를 알 수 있을까? 반면에 목표가 다음 해에 50명의 사람들에게 전도하고 세례를 주는 것이라면, 그 해 말에 우리는 그 목표를 어느 정도 달성했는지 알 수 있을 것이다. 목표들의 가시성 또한 매우 중요한 요인이다. 교인들은 자주 이러한 목표들을 보아야 그들의 비전과 초점을 잃지 않는다.

성장 계획 설계

교회가 목표들을 설정한 다음에는 각 목표에 대한 행동 계획을 수립하는 것이 필요하다. 목표 그 자체가 교회성장을 돕는 것은 아니다. 교회는 매우 적합하면서도 도전이 되는 목표들을 설정할 수 있는데, 이러한 목표들을 달성하기 위해서는 다음의 질문에 답해야 한다. "이러한 목표들을 달성하는 데 어떠한 행동 계획들을 설계할 것인가?" 행동 계획들이 좋은 결과들을 만들어 내기 위해서는 다음의 사항들에 주의를 기울여야 한다. (1) 이 목표를 달성하기 위해 우리는 어떤 활동을 할 것인가? (2) 언제 이러한 활동들을 할 것인가? (3) 이러한 활동을 누가 책임질 것인가? (4) 이러한 활동을 위해 얼마만큼의 예산을 세울 것인가?

예를 들어, 교회를 위해 세운 목표들 중의 하나가 내년에 50명을 그리스도에게로 인도하는 것이라고 가정해보자. 이 목표를 달성하기 위한 한 가지 행동 계획안은 15명의 교인들을 개인 전도 영역에서 훈련시키고 인도하는 것일 것이다. 이 행동 계획을 실천하기 위해서 한 해 동안 매주 토요일 전도 심방 훈련 및 인도를 책임질 수 있는 사람을 지정한다. 행동 계획안들이 설계되고, 책임감 있는 사람이 선택되고, 훈련과 심방할 날짜들이 정해지면 이러한 활동들을 수행해 나가는 데 얼마 정도의 경비가 드는지 결정해야 한다. 이러한 유형의 계획은 목표를 달성하는 데 도움이 된다. 이러한 설계 없이는 목표들은 단지 종이 위에 씌여진 흥미 있는 표현들일 뿐이다.

목표 설정이라는 주제를 끝내기 전에 이러한 과정의 상황화에 대해서 간략하게 언급하는 것이 필요하다고 생각한다. 어떤 문화와 교단에서는 교회의 성장과 관련해 미래를 준비하는 계획들을 세우는 데 익숙한 사람들이 있다. 하지만 어떤 사람들에게 있어서 목표를 시도하고 설정하는 것은 '성령을 앞서는' 것일 수 있다. 이미 우리가 언급한 것처럼 이러한 계획 설정 과정 동안 주님의 인도를 구하는 것이 중요하다. 기도와 주님의 인도함 없는 계획들은 에스겔 선지자의 환상에 나오는 마른 뼈들과 같을 것이다. 그러나 잊지 말아야 할 것은 500년 전에 미리 이사야 선지자를 통하여 예수님이 동정녀의 몸에서 탄생할 것이라는 것을 예언하신 그 성령님께서 우리가 교회성장을 계획함에 있어서 인도하심을 구하는 기도를 할 때에 우리와 함께한다는 사실이다.

사회문화적으로 적합한 교회성장 계획안

교회성장 계획안들을 세우는 과정에서 교회의 사회경제적 수준을 고려하는 것이 지혜로운 방법이다. 어떤 사회문화적 그룹들은 교회에서뿐만 아니라 자신들의 직장에서 장기적인 계획에 참여하는 것에 익숙해 있다. 오스카 루이스와 같은 몇몇 사회학자들은 사회경제학적 수준이 낮은 그룹들은 살고 있는 국가에 상관없이 어떤 공통된 특징들을 가지고 있다고 주장한다.[10] 그는 이러한 특징들을 '빈곤의 문화' 라고 칭한다. 이러한 특징들 중의 하나는 이러한 그룹들이 미래를 위해서 계획을 세우지 않는다는 것이다. 자신들의 빈곤으로 인해 그들은 그 다음날에 필요한 자원들을 갖게 될지 아닐지를 알지 못한다. 그들은 하루하루 살아갈 뿐이다. 이러한 이유로 인해 그들은 미래를 위해 적극적으로 계획을 세우는 데 익숙하지 않다.

두 가지를 염두에 두는 것이 필요하다. 교인들이 이러한 사회경제적 수준에 있을 경우 그들은 단지 자신들의 삶에서 미래를 준비하는 계획을 세우는 것에 익숙해 있지 않기 때문에 교회가 미래를 위한 계획을 세우는 것을 거부할 수 있다. 이러한 사고방식은 핍박과 사회경제적 소외를 경험한 교회에서 찾아볼 수 있다. 이러한 경우 교인들은 교회의 미래를 위해 준비하는 것에 익숙해 있지 않다.

한 목회자는 "우리는 복음을 증거하는 순교자들이 되는 것에 더 익숙해 있습니다"라고 말했다. 두 가지 의미를 가지고 있는 헬라어 '마르투리아' (Marturia)에서 나온 단어들을 사용한 이 목회자는 그 나라에 있는 교인들의 사고방식을 묘사하고 있었다. 이러한 사고방식을 극복하기 위해서는 몇 가지가 필요하다. 첫째, 교인들의 믿음이 자라도록 도우라. 둘째, 교인들이 단기적인 목표들을 세우도록 도우라. 만일 그들이 10년간의 계획을 세우는 것이 어렵다면 그들은 6개월간의 계획을 세울 수 있을 것이다. 시간이 지남에 따라 계획을 세우는 데 익숙해질 것이고 이러한 기간을 늘려서 1년, 2년, 5년 등의 기간으로 늘려갈 수 있을 것이다. 셋째, 행동 계획안들은 매우 단순해야 한다. 계획들이 너무 복잡하여 교인들이 이해하지 못한다면 그들은 그것을 실천하지 않을 것이다. 그러므로 이러한 목표들, 행동 계획들, 그리고 리더십 스타일을 상황화하여 교인들이 열심히 이러한 목표들을 달성하는 데 참여하게 해야 할 것이다.

결론

어떤 교회든지 그 교회가 지속적으로 성장하도록 돕는 중요한 요인들이 있다. 사도적인 교회개척자들은 지속적으로 성장하고 재생산하는 교회들을 개척하기를 원한다. 이렇게 지속적으로 성장하는 교회를 이루는 방법들은 이 장에서 기술한 것처럼 지속적인 성장에 필요한 요인들을 실천해 나가는 것이다.

우리가 논했던 한 요인은, 자신의 교회성장에 전폭적으로 헌신한 목회자이다. 이것은 목회자의 성격, 리더십 스타일, 시간 사용 방법, 그리고 장기간의 목회 등을 포함한다. 성장하는 교회의 두 번째 요인은, 성장을 돕는 활동들을 할 때에 평신도들을 사용하는 것으로 그들의 은사들을 발견하고 사용해야 한다. 성장하는 교회들을 위한 또 다른 요인들은 교회생활의 표현들(셀, 회중, 축제 등) 간의 균형, 역동적인 예배(환경, 목적, 방문자 환영, 광고, 길이, 음악, 설교, 그리고 심방 등에 주의를 기울이는 예배), 다양한 교회들을 위한 적합한 구조(소형 교회, 중형 교회, 대형 교회), 그리고 성장을 위한 계획(분명한 목표들과 구체적인 행동 계획안들)이 있다.

지속적인 교회성장에 도움이 되는 다른 요소들도 분명히 있다. 이러한 다른 요소들은 특정 사회문화적 상황에서 독특한 요인들일 것이다. 성장에 도움이 되는 이러한 독특한 요인들을 찾기 위해서는 그 환경의 상황들을 고려하는 지역 연구들이 필요하다.

성장하는 교회들은 성장에 도움이 되는 요인들을 주의 깊게 연구한다.

이 교회들은 복음을 새로운 사람들에게 전하고, 그들을 교회의 삶 속으로 들어오게 하여, 영적으로 성숙해지도록 돕는다. 결과적으로 그들은 자신들의 노력과 자원이 지속적인 재생산 과정을 돕는 도구로 쓰임 받을 수 있는 활동에 동참하게 된다.

주

1) 텍사스 주총회에서 언어선교 책임자로 사역하고 있는 지미 가르시아 목사의 요청에 따라 스카보로 교회성장연구소는, 다니엘 산체스와 에비 스미스 박사의 지도 하에 지난 5년간 건강한 성장을 보여 온 10개의 히스패닉 교회를 집중적으로 연구했다.

2) Patrick Chaffered, Church Innovations Institute, St. Paul Minn., cited by Andy Lang in UCC ONE News, Nov. 6, 1995.

3) Ibid.

4) Patrick Chaffered, Church Innovations Institute, St. Paul Minn., cited by Andy Lang in UCC ONE NEWS, Nov., 6, 1995.

5) For a fuller discussion, see Harry H. Fowler, Breaking Barriers of New Church Growth (Rocky Mountain, NC: Creative Growth Dynamics, 1988), 27-61; Carl F. George, Prepare Your Church For the Future (Terrytown, NY: Revell, 1991); and How to Break Growth Barriers (Grand Rapids: Baker Book House, 1993).

6) See Pedro Larson, Crecimiento de la Iglesia (El Paso, TX: Casa Bautista de Publicationes, 1989), 220-21; Peter Wagner, Your Church Can Grow: Seven Signs of a Healthy Church (Glendale, CA: Regal Books, 1971), 97-109.

7) See Chaney, Design for Church Growth.

8) Lyle Schaller, Parish Planting (Nashville, TN: Abingdon Press, 1971), 95.9) Gerber, 69-70.

9) Gerber, 69-70.

10) See Oscar Lewis, Five Families: Mexican case studies in the culture of poverty (New York, NY: Basic Books Inc. Publishers, 1959).

26장 천주교 문화권에 속한 교회

새로운 교회들을 개척하는 데 있어서 고려해야 할 가장 중요한 요인들 중의 하나는 지역 주민들의 종교적인 배경이다. 대상 인구의 종교적인 배경을 이해하는 것은 복음전도 방법, 제자훈련 계획, 그리고 동화 과정과 깊은 관련이 있다. 여기에서 우리는 천주교 상황에 맞는 방법을 선정하기 위하여 고려해야 할 몇 가지 요소들을 소개하려 한다. 이 장에서는 천주교 문화권 속에서 새 교회들을 개척하는 것을 다루지만, 교회개척자들은 그 원리들을 본인이 사역하는 특정 종교 문화에 적용할 수 있을 것이다.

천주교에 대한 이해

첫째, 교회개척자들은 목표로 하는 그룹들의 사회문화적 상황을 이해해야 한다. 둘째, 천주교 배경을 가진 사람들의 교리와 실제 관습에 관하여 철저히 알아야 한다. 셋째, 교회개척자들은 적절한 전도 전략을 고안하여 천주교 배경을 가진 사람들과 충분히 대화를 나누며, 그들의 관심을 끌지만 전적으로 성경의 진리에 충실할 수 있어야 한다. 마지막으로, 교회개척자들은 새신자들의 종교 배경을 고려하고 그들이 자신들의 삶, 그들의 지역 사회, 그리고 그들의 교회에서 그리스도의 주권을 새롭게 이해할 수 있도록 인도해 주는 제자훈련 및 동화 전략들을 세워야 한다.

천주교 배경을 가진 사람들에게 전도하고 그들을 제자훈련시키는 과정에서 필수적인 것은 교회개척자들이 친분 관계를 개발하고, 복음주의자들과 천주교인들이 공유하는 부분들을 먼저 언급하는 것이다. 우리는 천주교인들과 접촉하고 대화를 나누는 과정에서 잠시라도 우리의 교리적인 확신들을 져버리지 않는다. 우리는 아덴에서 사람들이 알고 있었던 것('알지 못하는 신')을 가지고 시작해서 참된 하나님을 이해할 수 있도록 그들을 인도한 바울의 예(행 17장)를 따른다. 교회개척의 첫 번째 원리는 사역 대상자들의 종교적인 문화들을 이해하는 것이다.

예수 그리스도의 정신

종교적인 전통은 가지고 있지만 예수 그리스도 안에서 개인적인 구원의 경험이 없는 사람들에게 전도하기 위해서 교회개척자들은 그리스도의 정신을 가져야 한다. 과거 어떤 복음주의자들은 천주교인들이 그리스도를 믿도록 인도하는 것보다는 그들이 틀렸다는 것을 증명하는 데 더 많은 관심을 가졌었다.

예수님도 구원의 메시지를 듣는 사람들의 종교 배경과 그들의 필요들을 고려하셨다.[1] 예를 들어, 우물에 물을 길러 온 사마리아 여인에게 예수님은 생명수를 제공하셨다. 사람들에게 미움을 받고 있던 삭개오에게 예수께서 처음으로 하신 것은 교제를 제공하는 것이었다. 모세의 율법에서 만족감을 찾지 못한 종교 지도자 니고데모에게 예수께서는 거듭남에 대해서 말씀하셨다. 말씀과 본보기를 통해서 예수님은 (1) 자신을 사랑하는 것처럼 이웃을 사랑하라고 하셨고(눅 10:27), (2) 다른 사람들의 필요를 채우라고 하셨고(눅 10:30-40), (3) 다른 사람들을 용서하라고 하셨으며(마 18:21-22), (4) 원수들을 사랑하고 핍박하는 사람들을 위해 기도하라고(마 5:43-48) 가르치셨다.

과거 천주교인들과 복음주의자들 간의 관계는 긍정적이지 못했다. 복음주의자들은 다음의 두 가지 이유로 인해 천주교인들에 대한 태도를 재점검해 보아야 한다. 첫째, 그리스도는 다른 사람들을 사랑하라고 명령하셨다. 둘째, 어떤 천주교인들은 복음주의 기독교인들과 좋은 관계를 맺으려고 노력하고 있다.[2] 다른 종교를 가진 사람들과 올바른 관계를 맺기 위해서 교회개척자들은 예수님의 정신을 가져야 한다.

기본적인 원리들

천주교 문화 속에서 교회를 개척할 준비를 할 때에 개척자들은 몇 가지의 아주 중요한 원리를 염두에 두어야 한다. (1) 지속적으로 기도해야 한다. 그 어떤 양의 지식도 그 자체로는 사람들로 하여금 그리스도를 개인적으로 경험하게 할 수 없다. 오직 성령님께서 이것을 이룰 수 있다. (2) 전도 대상자들의 신앙을 이해하려는 노력을 해야 한다. (3) 대상 그룹이 가지고 있는 신앙과 관행을 존중해야 한다. (4) 천주교의 공식적인 교리와 개인들이 가지고 있는 신앙을 구분해야 한다. (5) 성경을 유일한 권위로 사용하여야 한다. 동시에 성경적인 가르침과 우리 자신의 전통적인 관행을 구분해야 한다. (6) 불신자들에 대한 편견을 인정해야 한다. (7) 사랑과 이해의 영을 개발해야 한다. (8) 사람들이 스스로 성경이 구원에 관해서 가르치는 것을 발견할 수 있도록 도와야 한다. (9) 구원에 필수적인 것에 집중해야 한다. (10) 사랑으로 진리를 말해야 한다(엡 4:15). (11) 온유와 두려운 마음으로 사람들의 질문에 답할 준비가 되어야 있어야 한다(벧전 3:15). 또한 교회개척자들은 천주교인들에게 복음전도하는 것을 방해하는 실수들을 피해야 한다. (1) 천주교의 교리, 관행, 지도자들, 또는 교인들을 비판해서는 안 된다. 심지어 우리의 비판이 정당한 것이라고 생각할 때에라도 그것은 역효과를 가져오며 그리스도의 정신에 반대되는 것이다. (2) 천주교인들의 관행을 비웃어서는 안 된다. 어떤 복음주의자들은 천주교인들이 경건의 시간에 사용하는 성사를 비웃는다(예를 들어, 성상, 성호, 성유). (3) 의견을 달리한다는 이유만으로 부정적이어서는 안 된다. 반대를 위한 반대를 표해서는 안 된다.

천주교 또는 비기독교 문화권 속에서 사역하는 교회개척자들은 이러한 사실들을 염두에 두고서, 신앙이 사람들과 우리가 공유하는 것들에 대해 생각해야 한다. 예를 들어, 가정의 평화에 대해 많은 관심을 갖고 있는 천주교인들은 오늘날의 사회가 가지고 있는 악한 관행들이 가정에 미치는 영향에 대해서 크게 염려하고 있다. 가정에 대해서 많은 천주교인들이 가지고 있는 이러한 염려는 복음주의자들이 관계를 형성하고 주 예수님의 복음을 전하는 것을 도와주는 가교가 될 수 있다. 개척자들은 천주교 이웃들, 친구들, 동료들을 알 수 있는 시간을 가지고 관계, 간증, 성경공부, 그리고 재원을 통해 사역해야 한다. 이러한 방법으로 그들에게 그리스도가 어떻게 가정을 견고하게 하실 것인지를 보여 줄 수 있다.

전도를 어렵게 만드는 것들 중의 하나는 개척자들이 종종 복음주의자들과 다른 사람들 사이의 차이점들에만 초점을 맞추는 것이다. 그 결과 천주교인들에게 어떻게 전도해야 할지를 모를 것이라고 두려워한다. 그러나 복음주의 기독교인들이 천주교인들과 공유하는 것에서부터 시작한다면, 친분 관계를 형성하고 그들에게 복음을 전할 수 있는 방법들을 찾을 수 있을 것이다.

천주교인들도 복음주의자들과 동일한 문제들을 직면하고 있는 사람들이다. 천주교인들도 동일한 감정들을 느끼고, 동일한 고통들을 겪으며, 가정을 위한 동일한 목표들을 가지고 있으며, 동일한 승리를 기뻐하며, 동일한 염려거리들을 가지고 있으며, 동일한 필요들을 가지고 있다. 이러한 유사점들은 복음주의자들이 천주교인들과 연결점을 찾을 수 있는 기회들을 제공해 준다.

「친구들을 복음화하자」(Let' s Evangelize Our Friends)에서 다니엘 산체스와 조지 패스터는 염주에 기초한 복음전도 성경공부와 천주교 배경을 가진 새신자들이 가지고 있는 기본적인 질문들에 대해 답할 수 있도록 제자훈련 성경공부를 제공해 준다. 이 자료는 천주교인들이 가지고 있는 신앙과 견해에서 시작하여 그들이 그리스도를 믿음으로 구원을 얻을 수 있도록 인도해 주는 값진 자료이다. 이러한 구조는 다른 종교적인 문화를 가진 사람들에게 복음 전하는 것을 도와준다.

결신 과정에서 천주교인들이 직면하는 장애물

복음주의 환경에서 자란 많은 사람들은 천주교 배경을 가진 사람들이 그리스도를 개인적으로 영접하는 것을 방해하는 커다란 장애물들에 대해 거의 알지 못한다. 복음주의자들은 천주교인들이 복음주의 교회의 일원이 되는 과정에서 겪는 어려움을 이해하지 못한다. 이러한 장애물들은 주로 그들이 배운 전통, 복음주의자들에 대해 가지고 있는 생각, 그리스도를 믿겠다고 결신함에 따르는 일반적인 과정과 관련이 있다. 이러한 장애물들은 주로 천주교인들의 전통과 사회적인 환경으로 인한 것이다.

가족과 친구들로부터의 배척에 대한 두려움

그리스도를 영접하는 결정에 있어 천주교들이 겪는 주된 장애물은 가족과 친구들에 의해 비난, 배척, 핍박 받을 것이라는 두려움이다. 이러한 두려움으로 인해 예수 그리스도를 개인의 구세주로 영접하지 못하고, 세례도 받지 못하며, 복음주의 교회에 출석하지 못하는 것이다. 심지어 그리스도를 믿어야겠다고 생각하면서도 결단을 내리지 못하거나 특히 세례를 연기하는데 그것은 자신들이 겪게 될 두려움으로 인한 것이다.

복음주의 배경을 가진 사람들은 천주교인들에게 있어서 결신에는 두 가지 차원 즉 영적 차원과 사회적 차원이 있음을 기억해야 한다. 특별히 두 번째 차원으로 인해 우리는 그들의 상황을 이해하며, 인내하며, 기도로 지원하며, 교회의 교제를 제공해 주어야 하는 것이다.

전통적인 종교를 저버리는 것에 대한 두려움

천주교인들은 종종 전통적인 종교를 저버릴 경우 겪게 될 여러 상황에 대한 두려움을 느낀다. 천주교를 떠나는 것을 고려하는 데 있어서 두려움을 경험하는 데에는 여러 가지의 이유들이 있다.

첫째, 성당을 떠나는 것을 전통적인 종교를 버리는 것과 동일한 것으로 이해한다. 수세기 동안 천주교는 오직 천주교회만이 참된 교회라고 가르쳐 왔다. 현대 교리 문답은 다음과 같이 주장한다.

> 예수 그리스도의 참된 교회는 오직 하나, 천주교회이다. 주님은 사도들과 계승자들 즉 천주교회의 주교들과 신부들에게 그리스도교의 모든 축복을 주어 모든 세대의 모든 사람들에게 나누어 주게 하셨다.[3)]

비록 많은 천주교인들이 교회의 가르침들을 이해하지 못하고 정기적으로 그 활동에 참여하고 있지는 않지만, 어릴 때부터 알아온 자신들의 교회와 종교를 저버리는 것에 대한 두려움을 마음 깊숙이 가지고 있다.

둘째, 많은 가정들이 '천주교는 우리 부모들의 종교이다' 라는 생각을 갖고 있다. 이것으로 인해 그들은 이중적인 죄책감을 갖게 된다. 첫째, 그들은 '참된 교회' 를 져버리는 것에 대해 죄책감을 갖게 된다. 둘째, 가족이 오랫동안 믿어왔던 종교를 포기함으로써 가족을 버린다는 죄책감을 갖게 된다. 셋째, 사람들의 마음에는 과거에 큰 의미가 되었던 '성모 마리아' 와 '성인들' 에 대한 헌신들을 저버림에 대한 두려움이 자리잡고 있다. 어떤 사람들은 "제가 그 성인들에게 헌신하지 않을 때, 그들이 저를 벌하고 비극을 가져오면 어떻게 하죠?" 라고 물었다. 또 다른 사람들은 "제게 문제와 필요들이 생기면 저는 누구에게로 가죠?" 라고 물었다. 천주교인들은 종종 이러한 두려움, 즉 복음주의자가 되면 자신들의 교회, 가족, 종교, 그리고 안전을 포기하는 것이라고 생각한다.

자신들의 문화적인 정체성을 잃는 것에 대한 두려움

천주교인들은 천주교회를 떠남으로써 문화적인 정체성을 잃는 것을 두려워한다. 남미의 경우, 많은 사람들에게 있어서 라틴 아메리카인이라는 것은 천주교인을 뜻한다. 오랫동안 천주교 작가들은 라틴 아메리카의 영혼은 천주교라고 주장해 왔다.[4)]

그러나 많은 라틴 아메리카 사람들이 천주교회를 출석하지 않고 있으며, 남미에도 종교적인 다양성이 있으며, 복음주의자들의 수가 급속도로 증가하고 있다. 그러나 많은 공식적인 정치 사회 행사에 있어서 아직까지 천주교의 영향력이 행사되고 있는 것이 사실이다. 이러한 상황으로 인해 많은 천주교인들은 복음을 받아들이려는 결정이 미치게 될 사회, 직업, 그리고 정치적 영향에 대해서 질문하게 된다. 한 저자는 다음과 같이 기술했다.

> 수세기 동안 라틴 아메리카인이라는 것은 곧 천주교인이라는 것을 뜻했다. 사람이 태어나면 세례를 받고, 죽을 때에는 성호를 긋는 사람들에게 둘러싸여 죽는다. 라틴 아메리카 천주교인들은 성경을 가정에 두고 다니지만, 이제 성경을 가지고 다니는 젊은이들을 버스에서 흔히 볼 수 있다. 도시 전역에 있는 많은 극장이나 가게가 교회당으로 바뀌고, 그곳으로 미사를 드리러 가는 것이 아니라 '예배'를 드리러가는 가족들이 있다. 가족들은 종교상의 차이로 인해 분열되고 있다. 페루에서는 복음주의자들의 도움으로 대통령이 당선되었다. 많은 천주교인들은 "저 사람들이 우리 문화를 도대체 어떻게 하고 있는 것이냐?"라고 외쳐대고 있다.[5)]

이러한 장애물들이 천주교의 삶과 신앙이 복음주의의 삶과 신앙으로 바뀌는 것을 어렵게 하고 있다. 천주교인들이 그리스도와 복음주의의 방식들을 받아들이지 못하게 하는 다른 장애물들로는 기본적인 교리와 신학적인 개념들이 있다.

천주교인들이 직면하는 교리상의 장애물들

교리상의 이유와 기본적인 신앙으로 인해 많은 천주교인들이 그리스도를 구세주로 영접하고 복음주의 교회에 출석하는 데 방해를 받고 있다. 다른 종교적인 신앙을 가진 많은 사람들과 마찬가지로 어떤 종교를 가지느냐하는 것이 핵심적인 문제는 아니다. 성경은 에베소서 2장에서 분명히 그들이 영적인 무지로 인해 고통을 받고 있다고 지적한다.

만일 천주교에 속한 친구들이 그리스도 예수를 구세주로 영접하고 복음주의 교회에 출석하기를 원한다면 우리는 분명히 교리, 역사, 그리고 사회학적인 장애물들을 극복해야 한다. 많은 경우 이러한 노력은 천주교인들을 처음 만났을 때 몇 가지 성경 본문을 언급하는 것 이상의 노력을 포함한다. 그들을 구원으로 인도하는 과정은 성령님께서 그들을 결신으로 인도하는 것과 동시에, 우리가 그들의 상황을 이해하고, 그들을 위해 열정적으로 기도하고, 개인적인 관계를 형성하고, 분명한 복음을 제시하고, 오래 인내해야 한다. 구원과 교회에 대한 성경적인 진리를 주의 깊게 제시함으로써 더 효과적인 전도를 할 수 있다.

구원론의 소개

천주교인들과 복음주의자들은 같은 단어들을 사용하지만 그 단어들이 다른 의미를 가지고 있는 경우가 있다. 예를 들어, 한 복음주의자가 천주교인에게 그리스도를 영접했는지를 물었을 때, 그 천주교인은 "예, 저는 성찬식에서 빵을 들면서 매 주일 그리스도를 영접합니다"라고 답했다.

'구원' 이라는 단어도 천주교 상황에서는 다른 의미를 가지고 있다. 그들이 이러한 단어를 사용할 때 무엇을 의미하는지를 이해하기 위해서 복음주의자들은 천주교회가 구원에 관해 가르치는 것을 연구해야 한다.

천주교인들이 말하는 구원

천주교는 하나님께서 아담과 하와의 영혼에 신적 생명을 주심으로 창조했다고 가르친다. 에덴 동산에서 하나님을 거역하고 천국의 문이 닫혀졌을 때 그들은 이 은혜를 잃었다. 그리스도께서 십자가에서 죽으심으로 이 은혜를 회복하셨다. 그리스도께서 자신의 몫을 감당하셨고, 인간은 인간의 몫을 감당해야 한다. 천주교회에 의하면 구원을 얻기 위해서 인간은 교회의 중재를 필요로 하고 성사에 참여해야 한다.

구원은 중재된다

천주교인들에게 있어서 구원은 중재된다. 천주교 신학자들은 구원은 교회의 중재를 통해 얻게 된다고 가르친다. 그들의 입장은 천주교 교회 밖에서는 구원을 얻을 수 없다는 것이다. 이레니우스(130-200 A.D.)는 "교회가 있는 곳에 하나님의 영이 있고, 하나님의 영이 있는 곳에 교회와 모든 은혜가 있다"[6]라고 가르쳤다. 오리겐(185-254 A.D.)은 "교회 밖에서는 그 어느 누구도 구원을 받을 수 없다"[7]고 선언했다. 여러 세대 동안 많은 천주교인들이 사용해온 비유는 노아 방주이다. "방주 바깥에서는 죄의 홍수로부터 자유로울 수 있는 가능성이 없다."[8]

세례를 받기도 전에 '경건하여 하나님을 경외한' 고넬료(행 10장)의 경험에 기초하여 천주교 신학자들은 천주교 유산을 가지고 있지 않은 사람이라도 구원을 얻을 수 있다고 주장한다. 하지만 천주교 교회의 중재를 받아들이지는 않는 사람은 이러한 은혜를 누리지 못한다. 현대 교리 문답은 다음과 같이 설명한다.

> 하나님께서 그리스도 안에서 그리고 그리스도를 통해 구원받는 모든 사람들의 구원을 원하신다. 구원받기 위해서는 구원의 공동체로 알려져 있고 이해되는 그리스도께서 세우신 교회에 속하는 것이 필요하다. 이러한 지식과 이해를 가지고서도 고의적으로 교회를 거부하는 사람들은 구원을 받을 수 없다.[9]

구원은 성사이다

천주교에서 구원은 직접적, 개인적으로 얻어지지 않고 교회의 중재를 통해 얻어진다고 가르친다. 천주교 교회는 그 자체를 '구원의 우주적인 성사'[10]로 여긴다. 천주교 교리는 또한 구원을 성사로 제시한다. 천주교는 성사를 '은혜를 주기 위해 그리스도께서 만드신 표'로 정의한다. 구원은 은혜로 말미암는 것이라는 사실을 믿느냐라는 질문을 받을 때 천주교인은 다음과 같이 말할 것이다. "물론이죠. 우리는 하나님의 은혜가 없이는 구원을 받을 수가 없죠." 그렇지만 여기서 질문은 구원을 은혜로 받느냐 받지 않느냐가 아니라 이 은혜가 어떻게 주어지느냐 하는 것이다. 천주교는 구원의 은혜는 성사를 통해서 얻게 된다고 가르치고 있다. 사람들은 성사를 받을 때 하나님의 은혜를 받는다. 달리 말하면 성사는 하나님의 은혜가 흐르는 통로로 여겨지는 것이다.

천주교는 영세, 견진, 성체, 고해, 종부, 신품, 혼배의 7가지 성사를 가르친다. 이러한 것들 중 처음의 다섯 가지가 구원을 위한 필수적인 것으로 간주된다. 앞으로 우리는 이 모든 성사를 구체적으로 다룰 것이다.

구원은 확실치 않다

천주교는 구원을 '죄에서의 자유, 그리스도를 통한 하나님과의 화평 그리고 천국에서 하나님과의 영원한 연합'[11]으로 정의한다.

이 정의는 우리가 동의할 정도로 탁월하지만 사실 천주교는 신자가 갖는 '천국에서의 하나님과의 영원한 연합'에 대한 보증을 가르치지 않는다. 천주교인이 천국에 들어가는 것을 확실히 알게 되는 때는 죽어서 연옥의 불로 정결케 될 때이다. 현대 천주교 교리 문답은 다음과 같이 기술한다.

> 은혜로 죽는 선한 사람은 천국의 영원한 기쁨을 얻기 전에 모든 죄와 불완전함으로부터 정결케 되어야 할 것이다. 우리가 그리스도와 기독교인의 삶에 얼마만큼 연합하였든지 우리 중 그 어느 누구도 그리스도처럼 천국에 들어갈 준비가 되어있지 않다. 연옥의 형태, 시간, 장소, 그리고 길이는 숨겨진 신비이다. 하나님께서는 그러한 신비의 계시를 허락지 않으셨다.[12]

교리 문답은 연옥의 존재를 지지하기 위해 2개의 성경 구절을 사용한다. 첫 번째는 "무엇이든지 속된 것은 그리로 들어오지 못하되"라고 하는 요한계시록 21장 27절이다. 그들의 설명은 신앙을 고백하고 나서 죄를 짓고 죽으면 그러한 사람은 바로 천국으로 갈 준비가 되어 있지 않고 자신의 죄들을 없애기 위해 연옥으로 가야 한다는 것이다. 또 다른 구절은 마카비서에 있는 것으로 구약과 신약 중간에 있는 천주교 성경에 있는 것이다. 제2 마카비서 12장 43-46절에서 유다 마카비우스는 '죽은 자들의 죄를 위해 예루살렘에 희생 제물이 드려질 수 있도록' 제물을 명한다. 이 사람들은 이스라엘을 해방시키기 위해서 전쟁터에서 죽은 유대 군인들이었다. 여기서 우리는 이것이 기독교 상황이 아니라 유대 상황이었음을 이해해야 한다. 신약은 연옥의 교리를 가르치지 않고 있다. 천주교 교리문답은 "교회는 성경보다 이성에 의해 죽은 자들의 연옥을 믿게 된다"[13]라고 시인한다. 그럼에도 불구하고 천주교는 교인들이 구원과 관련하여 갖는 불안함을 덜어주는 연옥의 개념을 가르치고 있다. 많은 사람들은 천국에 가기 전에 연옥으로 가야 하는 것으로 생각한다. 이러한 가르침은 천주교 작가인 네빈즈의 주석에 명백하게 나타난다. "성인들의 삶을 연구하면 영웅적인 성결한 삶에도 불구하고 그 어느 누구도 구원을 받았다고 주장하지 않고, 하나님의 자비와 공의로움 가운데 희망을 가지고 다가오는 죽음의 순간까지 구원을 얻기 위해 노력했다."[14]

무엇보다 슬픈 것은 천주교인들이 헌신적으로 교회의 관행들을 지켜왔음에도 불구하고 자신들의 구원에 대한 보장이 없다는 것이다. 이것은 미래의 삶뿐만 아니라 현재의 삶에도 영향을 미친다. 그들의 삶에는 구원에 대한 기쁨과 영생에 대한 산 소망이 부족하다.

성경이 가르치는 구원

구원의 메시지를 효과적으로 전하기 위해서 성경이 제시하는 구원에 관한 가르침을 찾아보는 것이 필요하다.

그리스도가 유일한 중보이시다

디모데전서 2장 5절 – "하나님은 한 분이시요 또 하나님과 사람 사이에 중보도 한 분이시니 곧 사람이신 그리스도 예수라."

요한복음 14장 6절 – "예수께서 가라사대 내가 곧 길이요 진리요 생명이니 나로 말미암지 않고는 아버지께로 올 자가 없느니라."

요한복음 10장 9-10절 - "내가 문이니 누구든지 나로 말미암아 들어가면 구원을 얻고 또는 들어가며 나오며 꼴을 얻으리라 도적이 오는 것은 도적질하고 죽이고 멸망시키려는 것뿐이요 내가 온 것은 양으로 생명을 얻게 하고 더 풍성히 얻게 하려는 것이라."

히브리서 4장 14-16절 - "그러므로 우리에게 큰 대제사장이 있으니 승천하신 자 곧 하나님 아들 예수시라 우리가 믿는 도리를 굳게 잡을지어다 우리에게 있는 대제사장은 우리 연약함을 체휼하지 아니하는 자가 아니요 모든 일에 우리와 한결같이 시험을 받은 자로되 죄는 없으시니라 그러므로 우리가 긍휼하심을 받고 때를 따라 돕는 은혜를 얻기 위하여 은혜의 보좌 앞에 담대히 나아갈 것이니라."

사도행전 4장 12절 - "다른 이로서는 구원을 얻을 수 없나니 천하 인간에 구원을 얻을 만한 다른 이름을 우리에게 주신 일이 없음이니라 하였더라."

구원은 은혜로 얻는다

에베소서 2장 8-9절 - "너희가 그 은혜를 인하여 믿음으로 말미암아 구원을 얻었나니 이것이 너희에게서 난 것이 아니요 하나님의 선물이라 행위에서 난 것이 아니니 이는 누구든지 자랑치 못하게 함이니라."

요한복음 1장 12절 - "영접하는 자 곧 그 이름을 믿는 자들에게는 하나님의 자녀가 되는 권세를 주셨으니."

요한복음 3장 16절 - "하나님이 세상을 이처럼 사랑하사 독생자를 주셨으니 이는 저를 믿는 자마다 멸망치 않고 영생을 얻게 하려 하심이니라."

구원은 보장되어 있다

요한복음 5장 24절 – "내가 진실로 진실로 너희에게 이르노니 내 말을 듣고 또 나 보내신 이를 믿는 자는 영생을 얻었고 심판에 이르지 아니하나니 사망에서 생명으로 옮겼느니라."

요한일서 5장 13절 – "내가 하나님의 아들의 이름을 믿는 너희에게 이것을 쓴 것은 너희로 하여금 너희에게 영생이 있음을 알게 하려 함이라."

요한일서 1장 7절 – "저가 빛 가운데 계신 것 같이 우리도 빛 가운데 행하면 우리가 서로 사귐이 있고 그 아들 예수의 피가 우리를 모든 죄에서 깨끗하게 하실 것이요."

이러한 성경 구절들은 그리스도 예수를 우리의 구세주로 영접하면 구원을 확신할 수 있다는 것을 분명히 보여 준다. 천주교인들과 복음주의자들은 구원의 필요에 관해서는 이견이 없음을 우리는 보아왔다. 주된 차이점은 구원을 어떻게 얻느냐 하는 문제이다.

천주교는 개인은 구원의 보장을 가질 수 없고, 구원은 성사를 통해서 얻게 되며, 교회와 성인들이 그 중보자라고 가르친다. 복음주의자들의 구원의 개념은 우리가 언급한 성경 구절에 기초한다. 그러한 구절들은 구원을 확신할 수 있고, 구원은 개인적인 것이며, 이 구원은 성사를 통해서가 아니라 그리스도 예수를 믿음으로 말미암아 은혜로 얻는 것이라고 가르치고 있다. 전직 신부인 호세 보라스는 이 견해에 동의하며 다음과 같이 말한다.

> 구원은 개인적인 것이며 그것은 다른 방법이나 이유가 아닌 바로 우리가 신자들이기 때문에 그리스도의 교회에 속한 것이라고 설명해야 한다. 세례의 수단을 통해 교인들을 찾는 것은 교회가 아니며 성령에 의해 구원 받은 사람들을 한 사람 한 사람 교회에 더하시는 분은 주님이시다.[15)]

어떤 천주교인들은 복음주의자들이 그리스도를 구세주로 영접한 후에 즉각적으로 얻는 구원의 보장에 대해 너무 단순하게 이해하고 있다는 느낌을 갖고 있다. 그들은 마태복음 7장 21절을 인용하여 이 견해를 지지한다. 구원의 보장을 설명할 때에 우리는 이 구원의 확신이 우리가 자격이 있어서가 아니라 그리스도의 약속(예, 요 5:24)에 기초한 것이라는 사실을 주의 깊게 강조해야 한다. 또한 구원은 신앙을 고백하는 것뿐만 아니라 계속적인 제자훈련으로 이루어져 있다는 사실 또한 강조해야 한다. 달리 말하면, 참된 구원은 참된 제자도로 표현된다는 것이다. 무엇보다도 우리는 천주교인들에게 구원의 확신에 관해서 이야기할 때에 그들에게 복음을 전하고 있다는 것을 기억해야 한다. 이것은 현재의 삶뿐만 아니라 미래의 삶과도 관련이 있다.

교회의 개념

천주교인들이 교회에 대해 일반적으로 갖고 있는 개념을 이해하는 것이 정말로 중요하다. 이것은 그들을 그리스도에게로 인도하고 그들이 계속해서 하나님의 말씀에 대해서 배우고 믿음 안에서 성장할 수 있는 교회에 출석하도록 격려할 때 사용하는 방법론과도 관계가 있다.

교회는 건물이다

천주교가 공식적으로 교회는 건물이라고 가르치지는 않지만 어떤 점에서 교회에 관해서 천주교인들이 가지고 있는 개념은 구약시대 유대인들이 가졌던 것과 비슷하다. 즉, 교회는 성전이라는 것이다. 이러한 개념은 여러 가지 중요한 의미를 내포하고 있다.

건축물

건축물과 그 성전의 미가 그들의 종교에 타당성을 부여한다고 생각한다. 크고 웅장한 성당들과 사원들은 많은 천주교인들에게 확신을 불러일으킨다. 그들은 '참된 교회'는 가장 크고 가장 아름다운 건물들을 가지고 있는 교회라고 느낀다. 많은 경우 이러한 천주교 성당은 도시 중심부에서 찾을 수 있고, 사회 및 정치계의 가장 유명한 사람들의 결혼이나 장례 등의 예식에 사용된다. 많은 천주교인들의 마음속에는 그들의 종교가 '공식적인' 종교라는 느낌이 있는데 그것은 그들의 성당들이 용납, 인식, 그리고 존경의 모든 표시들을 가지고 있기 때문이다. 천주교인들은 이것과 달리 많은 복음주의자 그룹들이 모이는 작고 보잘것없는 건물들에 대해서는 종교적 타당성이 결여되었다고 생각한다. 만일 이러한 복음주의 그룹들이 실제로 '참된 교회'였다면 그들은 사회의 중심이 되고도 남았을 것이라고 생각하는 것이다.

역사적 실재

또 다른 의미는 천주교 성당의 역사적 실재가 이것이 참된 종교라는 사실을 보여 준다는 것이다. 남미의 천주교인들은 크고 웅장한 성당들을 가지고 있는데, 이러한 많은 성당들은 스페인 침략 당시에 세워졌다. 달리 말하면, 이러한 성당들의 실재가 많은 천주교인들에게 있어서는 천주교가 수세기 동안 라틴 아메리카와 자신들의 나라의 공식 종교였다는 증거가 된다는 것이다. 이것과 반대로 복음주의 교회들은 최근에 지어졌기 때문에 그들이 고백하는 종교에 타당성을 부여하는 역사적 기초가 결여된 건물들로 본다. 어떤 천주교인들은 이렇게 생각한다. "우리 가족들이 수세기 동안 공식적으로 인정되어 온 종교에 속해 있는데 왜 내가 이렇게 새로운 종파 중의 하나를 믿어야 하는가?"

교회는 하나님이 계시는 곳이다

많은 천주교인들이 가지는 또 다른 개념은 하나님께서 성전에 계신다는 것이다. 이러한 개념은 몇 가지의 의미를 가지고 있다.

하나님의 존재와 성사

천주교 교리에 따르면 하나님의 존재는 성사와 관련이 있다. 예를 들어, 성체를 기념할 때 예수의 죽음과 부활을 기념할 뿐만 아니라 빵과 포도주가 그리스도의 몸과 피로 변한다고 믿는다. 이것은 그리스도가 영적인 방법으로뿐만 아니라 육체적으로 임하게 만든다. 이러한 이유로 인해 천주교인들은 성체를 숭배하는데 그 이유는 성체 숭배가 곧 그리스도 숭배이기 때문이다.

하나님의 존재와 준(準)성사

준성사는 천주교인들이 믿음을 표현하고 행하는 것을 돕는 물질적이면서 상징적인 것들이다. 가장 자주 사용되는 준성사는 신부복, 십자가, 성호, 성수, 성상, 성화, 제단, 초, 메달, 그리고 향이다. 많은 천주교인들은 하나님께서 준성사를 통해 임하신다고 생각한다. 즉, 하나님께서 실제적이면서 유형적으로 임한다는 것이다. 예를 들어, 성호는 부정한 영들이 떠나도록 만들고 그 사람에게 축복을 줄 수 있다는 것이다. 장례식에서 관 위에 뿌려지는 성수는 유가족들에게 이 세상을 떠난 사랑하는 사람이 하나님의 복을 받았다는 사실을 확신시켜 준다. 초를 켜고 성당의 성상 앞에서 기도하는 것은 그 사람에게 바로 그 장소에 임하는 누군가와 대화를 나누고 있고, 이 성인 혹은 성처녀가 자신의 기도를 하나님께 전달할 것이라는 확신을 준다고 말한다.

많은 천주교인들이 하나님의 임재를 자신들이 볼 수 있는 것(성상, 건축물), 들을 수 있는 것(음악), 만질 수 있는 것(메달), 맛볼 수 있는 것(성찬식), 그리고 냄새 맡을 수 있는 것(향)과 연관을 시킨다는 사실을 인식해야 한다. 달리 말하면 천주교인들에게 있어서 종교적인 체험은 그들의 오감에 호소한다.

천주교인들은 하나님께서 성당에 계신다고 믿기 때문에 성당에 대해 경외감을 갖는다. 그러한 이유로 인해 그들은 성당에 들어가면 조용히 하고, 무릎을 꿇어 기도하고, 여자들은 자신들의 머리를 가린다.

교회에 관련된 선입견들을 극복하라

천주교인들이 가지고 있는 그러한 웅장한 건물들, 건물과 관련하여 가지는 역사성, 성당에 계시는 하나님의 임재와 관련된 그들의 생각을 고려해 볼 때, 복음주의자들은 천주교인들이 교회에 와서 편안한 마음을 가질 수 있도록 여러 커다란 장애물들을 극복해야만 한다. 비록 천주교 문화에 속했던 사람들이 와서 편안한 느낌을 가지도록 커다란 성당을 만들어 그 안에 성상들을 채워 넣을 수는 없지만, 또 그렇게 해서도 안 되지만, 교회 건물의 물리적인 측면이나 영적인 측면과 관련해 우리가 할 수 있는 일은 많이 있다.

가능하면 가장 적합한 건물을 구하라

복음주의자들로서 우리는 하나님께서 사람들이 지은 집에 거하지 않으시고 신자들의 마음속에 계신다는 확신을 가지고 있다. 그렇다고 해서 건물들을 사거나 짓지 말라는 것은 아니다. 예배를 드리는 건물은 가능한 깨끗하고 매력적이어야 한다. 앞으로 우리는 사람들이 복음에 반응하도록 돕는 영적인 요인들에 대해 언급할 것이다. 그러나 천주교 문화 배경을 가진 사람들이 복음주의자들도 하나님을 경배하기 위해 모일 때 깨끗하고 좋은 환경들을 유지하려고 한다는 인상을 받게 하는 것이 중요하다.

상징성에 주의를 기울이라

복음주의자들로서 우리는 성전에 성상들이 있어야 된다고 믿지는 않지만, 사실 우리가 가지고 있는 것들이 상징적으로 메시지를 전달한다. 강단과 주의 만찬 테이블, 헌화 배치, 기, 강단 위의 가구 배치, 침례탕 내의 그림, 그리고 벽에 걸려 있는 그림들은 상징적인 가치들을 가지고 있다. 우리가 생각해 보아야 하는 것들 중의 하나는 '우리를 방문하는 천주교인들에게 이것은 무엇을 뜻할까?' 라는 것이다. 부적절하게 유지되고 형편없이 장식된 예배실은 다른 종교 문화 배경을 가진 방문객들에게 복음주의자들은 예배를 드리기 위해 모이는 환경에 별 신경을 쓰지 않는다는 인상을 줄 수 있다.

영적인 환경을 제공하라

크고 웅장한 천주교의 건물들이 라틴 아메리카인들의 문화적, 역사적, 그리고 심미적 기호에 크게 호소하는 것이 사실인 동시에 사람들을 끌어들이는 것은 건물들이 아니라 그들이 교회 안에서 발견하는 영적인 환경이라는 것이다. 왜 사람들이 복음을 받아들이고 복음주의 교회에 참석하는지 그 이유에 대한 몇 가지의 연구를 통해 가장 중요한 요인들은 진지한 교제, 진정한 영적 분위기, 교육적이면서 교훈적인 설교, 상관성이 있는 성경공부, 영감 있는 예배, 그리고 사랑 가득한 목양이라는 것이 밝혀졌다. 복음주의자들로서 우리는 웅장한 건물들이 없다고 해서 패배 의식을 가져서는 안 된다. 우리가 할 수 있는 최선을 다하고 동시에 그리스도를 모르는 사람들에게 우리가 제공해 줄 수 있는 것이 많이 있다는 사실을 인식해야 한다. 동시에 천주교인들이 교회에 대해 가지고 있는 생각을 아는 것이 중요한데 그렇게 될 때 그들을 더욱 효과적으로 전도하고 제자 훈련시킬 수 있다. 그들을 그리스도에게로 인도하고 난 후 교회의 성경적 개념을 심도 있게 가르쳐 주어야 한다.

교회의 사명

교회의 사명을 완수하기 위해 지역 교회와 영적 가족은 조직을 갖추어야 한다. 우리는 이미 그리스도가 머리요 영감을 주며 도움을 주시는 분이라는 것을 언급했다. 그러므로 그리스도의 영감을 받고, 신약 교회들의 예를 참고하며, 교회가 성취해야 할 사역들에 기초하여, 내부 조직을 구성한다. 이를 위하여 세례를 받고 헌신된 신자들이 교회로서 다양한 사역들을 이루어나갈 사람들 즉 목사, 교사, 집사, 설교자, 전도자, 선교사 등을 선택하게 된다. 이러한 사람들은 부르심을 받은 사역에서 섬길 수 있도록 하나님께서 주신 은사에 따라 선택받게 된다(빌 1:1, 행 6:3, 딛 1:5-7, 엡 4:11-13). 교회의 사역은 그리스도로 말미암은 구속의 사역이다.

교회의 사역은 구속적이다

"가서 제자를 삼으라"는 명령은 교회에 주어진 사역을 완수하는 데 기본적인 것이다. 부르심을 받은 사람들, 즉 신자들이 이 명령을 포기하면 그 사역은 일어나지 않을 것이다(마 28:19-20, 창 12:2-3, 7, 갈 3:16). 예수께서는 새로운 시대를 시작하시고 교회에 새 명령을 부여하셨다. 그것은 바로 교회가 그리스도의 주되심을 인정하며 인류 전체에게로 나아가야 한다는 것이다.

교회의 사명은 구속하시는 하나님께로 초대하는 것이다

이러한 경험은 개인적인 성격을 띠는 것이다. 죄 많은 개인이 믿음을 갖고 회개하며 하나님께 나아올 때, 하나님의 능력으로 거듭남의 역사를 체험하며 새 피조물이 된다. 교회는 이 관계를 위해 부르심을 받았고, 이것을 전하는 것이 그 사명인 것이다.

교회의 사명은 균형 잡힌 영적인 성숙으로 나아가는 것이다

불신자가 전도되었을 때, 교회의 사역은 그가 계속해서 성숙하도록 인도해 주는 것이다. 이를 위해 교회는 목양과 가르침의 사역을 제공하며, 공적인 예배, 교회의 사역에 대한 경제적인 후원, 성경공부, 그리고 기도회에 동참할 것을 격려한다. 이 모든 것들은 성령의 능력으로 행해지며 이를 통해 복을 받게 된다.

성경은 교회가 그리스도의 몸이지 건물이 아니라는 사실을 분명하게 가르쳐 준다. 그럼에도 불구하고 천주교 친구들을 대할 때, 그들이 교회에 대해 갖는 개념을 이해하는 것이 중요하다. 그들의 개념을 고려하며, 교회 건물을 가능한 한 깨끗하고 매력적으로 만들어야 한다. 동시에 우리는 사랑, 교제, 기독교인의 섬김, 성경적 설교, 영감 있는 예배, 그리고 효과적인 제자훈련 등을 통해 그리스도를 영화롭게 하는 참된 특징들을 나타내야 한다. 이렇게 할 때, 방문객들은 자신들이 환영을 받고 있다고 생각하고, 참된 교회는 그리스도를 행동과 가르침으로 영화롭게 하는 교회라는 사실을 인식하게 될 것이다. 새 교회를 시작하는 교회개척자들은 교회와 관련하여 위에서 언급된 특징들을 고려해야 한다.

결론

이 장은 천주교 배경을 가진 사람들의 두드러진 문화적, 종교적 특징들을 간략하게 다루었다. 논의의 목적은 교회개척자들이 적합한 전도 및 제자훈련 전략들을 개발할 수 있도록 돕는 것이다. 예수 그리스도를 개인의 구세주로 영접하지 않은 다른 종교 문화적 배경을 가진 사람들에게 전도하고, 신약 교회라는 상황 속에서 제자로서 성장하지 못하고 있는 사람들에게 사역할 때 우리는 이 원리들을 사용할 수 있을 것이다.

주

1) For a most extensive discussion, see Daniel R. Sanchez, Sharing the Faith With Your Roman Catholic Friends (Atlanta: Home Mission Board, 1998).

2) Contemporary Catholic Catechism, 96.

3) Ibid.

4) Pastoral letter from the bishops of Mexico, 1984, cited in Paul G. Schrotenboer, Roman Catholicism (Grand Rapids: Baker Book House, 1987), 39-40.

5) Andres Tapis, "Why Is Latin America Turning Protestant? Christianity Today, April 6, 1992, 29.

6) Saint Irenaeus, Adversus Haereses, II, 24, 1.

7) Origen, Homilia in Jesu Naqve, 3, 5.

8) John A. Hardon, S. J., The Catholic Catechism (New York: Image Books, 1981), 234.

9) Contemporary Catholic Catechism, 251; 15. Foy A. Felician, Catholic Almanac (Indiana: Sunday Visitor, 1977), 380; Rt. Rev. Michael A. McGuire, Baltimore Catechism No. 1 (New York: Benzinger Brothers, 1942), 36.

10) Hardon, op. cit., 235.

11) Felician A. Foy, Catholic Almanac (Huntington: Our Sunday Visitor, 1992), 326.

12) Contemporary Catholic Catechism, 251.

13) Ibid.

14) Albert J. Nevins, M. M., Answering A Fundamentalist (Huntington: Our Sunday Visitor, 1990), 67.

15) Jose Borras, "Catholicism Today And Our Mission Task," Baptist Witness In Catholic Europe (Rome: Baptist Publishing House, 1973), 109.

6부_ 새 교회 재생산

21세기 교회개척의 궁극적 목표는 재생산이라는 특징과 연관되어있다. 사실 재생산성의 구조와 비전을 통합하는 데 실패한 운동들은 '21세기형 교회개척' 이라는 명칭을 얻을 수가 없다. 21세기에 생존하기 위해서는 교회개척 운동들도 재생산성이라는 특징을 그 중심에 가지고 있어야 한다. 마이크 버그(Mike Berg)와 폴 프레티즈(Paul Pretiz)는 이 특징을 '본질적인 확장주의자' [1]라고 부른다. 교회개척 노력에 던져야 할 질문은 단순히 '이 교회가 얼마나 크게 자라는가?' 가 아니라 '이 운동이 무한히 재생산적인가?' 여야 할 것이다.

27장 재생산의 비결

교회개척 운동은 그저 생겨나지는 않는다. 그것은 의도적이다. 새 교회들은 누군가가 구체적인 비전을 받고, 실행 가능한 계획들을 개발하며, 분명한 노력들을 기울일 때 세워진다. 몇몇의 분명한 비결들이 이러한 의도적인 새 교회개척 운동들과 직접적으로 연관되어 있다. 재생산적인 교회에 이바지 할 수 있는 비결들은 3가지 요소, 즉 인력, 모델, 전략과 관계된다. 유효성과 재생산성의 두 목표에 도달하고자 하는 교회개척 운동은 재생산적이어야 하며, 또한 재생산하는 교회를 지원하고 가능하게 하는 인력과 모델, 전략을 보유해야만 한다.

재생산적인 교회의 인력

재생산할 수 있는 교회를 시작할 수 있는 일꾼들을 모집하고 훈련시키는 일은 새 교회개척의 핵심 요소이다. 사실, 성공적인 교회개척 운동은 재생산하는 교회를 시작하는 운동을 지지하고 실제로 그 일에 착수하려는 인력들을 모집하는 것으로부터 시작된다.

이 장은 재생산적인 교회를 개척하는 개척자들의 일반적 성품과 다양한 방식으로 새 교회를 시작하는 다양한 개척자들에 대해 다룬다. 재생산성을 보장하기 위해 교회개척자들은 사도적인 기질을 발전시켜야 하며, 재생산성의 목표를 인식하고 받아들여야 한다. 재생산성을 확보하기 위한 노력은 교회개척자에 따라 약간씩 다르게 나타난다.

사도적 기질

어떤 식의 접근법을 사용하든지 교회개척자에게 사도적 기질은 필수적인 자질이다. 사도적 기질이라 함은 개척자가 성령님으로부터 개척 사명과 새 교회에 대한 헌신에 대해 분명한 확신을 받음을 의미한다. 이러한 기질은 지역 사회와 온 세계의 모든 민족들에게 복음을 전하고자 하는 비전으로 교회개척자를 인도한다. 이 기질은 개척자의 비전을 불신자들에게 집중하게 한다.

사도적 기질을 지닌 이들에게 교회는 그 자체가 목표가 아니다. 교회개척자들의 정신은 모든 교회를 중요한 과정으로 보지만 또한 더 많은 새 교회라는, 더 큰 목표를 위한 첫 발로 이해한다. 새뮤얼 페어클로스(Samuel Faircloth)는 「재생산을 위한 교회개척」에서 개척자는 결코 '개척교회의 탄생' 이라는 단순한 결과에 만족해서는 안 된다고 주장한다. 그는 개척자가 '다른 새로운 교회를 개척하는 데 열정적으로 참여하는' 교회를 시작해야 한다고 말한다.[2] 궁극적 목표는 모든 지역 사회, 모든 종족 그룹, 세계의 모든 사람들인 것이다. 그 다음, 사도적 기질을 갖춘 개척자는 재생산할 수 있는 교회를 개척하고자 시도한다. 이들은 재생산이 교회 비전의 중심이 될 때까지는 재생산하지 않는 교회를 다소 불완전한 것으로 이해한다. 모든 개척자들은 하나님의 성령으로부터 이러한 사도적 기질을 열심히 추구해야 할 것이다.

개척자-개발가

독자들은 교회개척-개발가들이 특정 지역 사회로 부르심을 받았다고 느끼며, 그 지역에 머무르면서 교회를 시작하고 발전시키기 위해 어떤 일이라도 행하는 사람으로 기억할 것이다. 이러한 종류의 사람은 목회 기술과 함께 개척에 필요한 자질들도 갖추어야 하며 교회를 시작하고 발전시키는 데 본인의 잠재력을 총동원하여 활용할 수 있어야 한다.

사도적 기질을 가지고 있으며 재생산적 유형에 적합한 개척-개발자들에게 비전은 단순히 거기에서 그치지 않는다. 그들은 단순히 하나의 교회를 개척한 데서 만족을 느끼지 않는다. 이들의 목표와 비전은 하나의 교회를 대형 교회로 발전시키는 것 이상이다. 재생산하는 교회 유형에 적합한 개척자-개발가의 개척 비전은 이 새 교회가 재생산할 수 있는 다른 교회를 시작하려는 비전으로 인도한다.[3)]

사도적 교회개척자는 새 교회가 많은 교회들을 시작하도록, 또한 교회개척이 이뤄진 직후 교회 증식 사역을 수행하도록 이끌어야 한다. 그러한 전진적인 교회개척을 위한 계획은 초기부터 교회개척자-개발가의 일부여야 한다. 이 개척자-개발가는 가르침이나 사역을 통해 현재의 이 교회가 궁극적이고 유일한 목표라는 생각을 결코 주지 않는다. 이 증식의 비전을 갖고 있는 개척자들만이 재생산적인 운동을 촉진할 수 있다.

개척자-창설자

두 번째 종류의 교회개척자인 개척자–창설자는 주로 교회개척이라는 분야에 국한된 은사를 가지고 있다. 보통 이런 사람은 교회가 일단 시작된 이후에 그 교회를 계속 발전시키는 것과 관련된 기술이나 비전을 갖고 있지 않다. 그는 일단 흥미진진한 개척 초기의 단계가 지나면 지루해지며 발전과 경영 과정에는 적합하지 않을 수 있다. 개척자–창설자의 독특한 점은 새 교회를 시작하는 능력과 은사들에 있다. 이러한 유형의 개척자는 교회 발전의 은사를 소유하지 않았다는 사실에 대해 초조해 하기보다는 교회개척의 은사를 극대화하고 다른 지역으로 가서 새 교회를 개척하도록 전략을 세워야 한다. 개척의 은사를 소유한 사람이 많지 않기 때문에 교회개척 운동을 후원하는 사람들은 특별한 전략들을 고안하고, 이러한 유형의 개척자들이 개척 사역을 계속할 수 있도록 지원해야 한다.

비록 이 접근법이 교회개척자가 한 번에 하나의 교회만 개척할 수 있다는 점을 내포한다 할지라도 재생산의 의무는 각각의 교회 안에 확립되어 있어야 한다. 교회개척–창설자는 개척된 교회에서 새 교회에 대한 열정을 나눔으로써 재생산의 이상과 가능성이 그 교회의 근간을 이루는 요소가 되도록 해야 한다.

개척자-번식자

교회개척자–번식자는 교회가 전무하거나 거의 없는 지역으로 가서 그 지역의 지도자들을 활용하여 새로운 교회를 시작하는 것을 목표로 일한다. 이 계획은 최초의 교회를 시작하고 지도자들을 개발하여 그들이 또 다른 새 교회를 시작하는 일에 착수할 수 있도록 하는 것이다. 이미 신자들이 있는 지역에서 개척자–번식자의 임무는 그러한 지역 일꾼들을 찾아내어 그들이 새 교회를 개척할 수 있게 훈련시키는 것이다.

비록 다양한 방법들이 사용되겠지만, 이 모델의 핵심 사고는 위에서 언급된 개척 모델들이 가리키는 것처럼 하나 또는 연속적인 몇 개의 교회를 시작하는 데 있어 개척자가 자신을 증식자로 간주한다는 것이다. 교회 개척자–번식자는 재생산적 교회개척 운동의 개념에 직접적으로 부합된다고 할 수 있다. 이 역할을 담당하는 사람은 지역 전체를 볼 수 있는 기술과 비전을 가지고 있어야 하며, 새 교회의 시작을 통해 그 지역민들에게 복음을 전하는 데 헌신해야 한다. 또한 교회개척 활동에서 다른 이들에게 동기를 부여하고 훈련시키는 능력을 갖추어야 한다.

개척자-전략가

교회개척자–전략가는 교회개척에 대한 실제적 경험을 갖추고 있어야 한다. 이 유형의 인물은 대개 한 지역에 대한 교회개척 전략을 개발하고 실행하는 일에 한 교회나 여러 교회 또는 특정 기관들과 협력하여 자신의 기술과 경험을 활용한다. 그의 일은 주로 대상 지역과 종족 그룹들에 대한 초기 인구 통계학적, 심지(心誌)적 분석을 행하고, 잠재적인 후원자를 물색하며, 정보를 나누고, 그들의 협력을 얻고, 교회개척자들을 모집하고 훈련하며, 재생산적 교회개척 전략의 실행에 그들을 보조하는 일 등이다.

교회개척자–전략가는 탁월한 지도력과 다른 사람들을 훈련시킬 수 있는 능력과 은사가 있어야 한다. 또한 동기 부여자이어야 한다. 전략가는 다른 사람들이 교회의 비전을 붙잡을 수 있도록 도우며, 맡겨진 과업을 달성할 수 있는 기회들을 기획하고, 필요한 자원들을 모으는 데 촉매제로 작용한다. 이러한 유형의 사도적 개척자는 재생산 가능한 교회개척을 이룩하는 데 안성맞춤이다.

재생산적 교회개척 모델들

재생산적 교회개척 운동에 대한 은사와 비전을 소유한 인력 이외에도 재생산적 교회개척 모델 확립에 대한 노력이 있어야 한다. 5장에서 논의된 모든 교회개척 모델들은 처음부터 재생산이 가능할 수 있도록 고안되어져야 하며 이는 의도적이어야 한다. 그러나 다음의 모델들은 재생산적 교회개척에 특히 적합한 것들이다.

핵심 교회 모델

독자들은 앞서 5장에서 핵심 교회 모델이 기존 교회와 교단의 기관이 새 교회개척을 위해 그들의 자원들을 합하는 것임을 기억할 것이다.[4] 선교 담당 목사는 교회가 지역 사회 내에서 전도 사역을 포함한 다양한 형태의 선교 활동을 구상하도록 인도한다. 이러한 많은 노력들은 교회형의 선교나, 위성 교회, 성경공부 모임, 혹은 직접적인 선교 활동 등의 결과를 낳을 것이다. 이 접근법은 다세대 지역, 양로원 등 교회들이 주로 소홀히 해왔던 곳에서 많은 교회를 시작할 수 있게 한다. 이 모델은 재생산 그룹이 될 교회들을 시작하는 것을 추구한다. 이러한 그룹들이 처음에는 소규모이고 비전통적일지라도 그리스도를 위해 복음을 전할 또 다른 그룹을 시작할 수 있도록 추구해야 한다.[5]

재생산성은 핵심 교회 모델에 본질적으로 각인되어 있다. 핵심 교회 사역에 있어 중요한 것은 새로운 교회들이 또 다른 새로운 교회를 세우고

자 하는 정신을 발전시키도록 돕는 것이라 하겠다. 핵심 교회 사역에 의해 개척된 이러한 새 교회들이 비록 소규모이고 제한적이라 해도 그들은 애초부터 개척에 대한 사고방식을 갖도록 유도되어져야 한다. 핵심 교회 사역을 통해 세워진 교회들은 처음부터 아파트 단지나 여타 도움이 필요한 지역에서 사역을 시작해야 함을 알도록 가르쳐야 한다. 재생산성은 개척교회들에 깊이 각인되어야 한다.

리더십 훈련 모델

독자들은 리더십 훈련 모델이 신학 연장 교육이나 전도 특별 강좌들을 통해 셀그룹 네트워크를 증식하는 목표를 달성한다는 것을 기억할 것이다. 혼두라스의 선교사인 조지 피터슨이 고안한 이 모델은 "한 교회가 하나님의 능력 가운데 소그룹들의 자발적인 증식을 이루고 또 그 소그룹 셀들이 손자들을 생산해 내는 것"을 추구한다.[6] 이 프로그램은 교회개척을 제자훈련과 통합시킨다.

리더십 훈련 모델은 재생산성의 개념을 가르치고 적용하는 특징들이 그 중심에 깔려 있다. 이 모델이나 혹은 이 모델의 변형된 형태를 활용하는 개척자는 재생산성에 우선순위를 두어야 한다. 교회들과 훈련 센터들이 세워지면 지도자들은 끊임없이 이러한 그룹의 재생산을 추구해야 한다. 신학 연장 교육에서조차도 지도자들은 재생산 그룹의 개념을 강조한다.

교회개척 운동 모델

하나님께서는 교회개척 운동을 세계 곳곳의 여러 지역에서 놀라운 방법으로 사용하고 계신다. 독자들은 데이빗 게리슨이 교회개척 운동을 '주어진 종족 그룹 가운데 교회들을 개척하는 토착교회들의 급속한 지수 증가' 라고 규정한 바 있음을 기억할 것이다.[7] 두 주요 특성들이 이 모델 안에 분명히 존재한다.

첫째, 성령님께서 개척자를 부르고, 그들의 사역을 인도하며, 추수를 제공하는 데 매우 중요한 역할을 한다는 것이다. 대부분의 경우, 지도자들은 새롭게 시작되는 교회들의 숫자를 따라가지 못한다.

두 번째 두드러진 특징은, 교회개척 지도자들이 비전을 가지고 있으며 교회개척 운동의 지속성에 공헌하는 방법을 사용한다는 것이다. 이 운동은 지역 교회의 무한한 증식을 통해 모든 민족으로 제자를 삼으라는 지상명령을 완수한다.[8] 교회개척 운동 모델은 새 교회의 계속적인 재생산을 완벽하게 보장한다. 사실, 교회의 증식은 이 모델의 핵심이다. 교회개척 운동 모델은 재생산하는 교회를 시작하는 데 있어 최고의 방법 중 하나를 제공한다. 재생산성의 개념은 이 전략의 한가운데 자리한다. 이 전략을 사용하는 개척자들은 재생산성이 모든 개척 및 사역 활동들을 통해 유지되고 있음을 확신할 수 있어야 한다.[9]

재생산적인 교회 전략

교회개척자들과 개척 모델에 더해 재생산적인 교회성장을 이루려는 노력이 있어야만 한다. 재생산할 수 있는 능력이 있고 실제적으로 재생산하는 교회를 시작하는 일은 시대를 막론하고 효과적인 기독교 확장의 기본 전략들을 따른다. 성경적 관점에서 볼 때, 재생산하는 교회들을 시작하는 것은 세계 선교에서 주요 자리를 차지한다. 오늘날 성령님은 세계

도처에서 교회개척 운동을 점화시킬 수 있도록 이 전략을 계속적으로 활용하신다.

재생산을 새 교회의 유전인자(DNA)로 만들기

재생산적 교회개척 전략의 필수적 요소는 재생산성을 새 교회의 비전 그 자체 속에 각인시키는 것이다. 이 재생산성의 특성과 확신은 처음부터 전략을 이루는 유전적 구조의 한 부분이어야만 한다. 톰 스테펜은 「배턴 전달하기」에서 교회개척의 초기 착수 단계부터 이상적인 결과에 대한 분명한 그림을 가지고 있는 것이 중요함을 지적한다. 이렇게 명확히 진술된 비전은 전체 교회개척 활동을 위한 전반적인 청사진 속으로 통합되어져야 한다. 따라서 교회개척을 위한 전략은 처음부터 재생산성이라는 목표에 관심을 기울일 것을 요구한다. 애초부터 이 재생산성의 개념을 각인함으로써 개척자는 새 교회가 또 다른 교회의 개척을 그 본질로 이해해야 함을 분명히 할 수 있다. 전략상 모든 것들은 새 교회가 재생산의 책임을 이해하고 그에 초점 맞출 수 있도록 돕는 방향으로 나아갈 것이다. 찰스 브록(Charles Brock)은 "만일 교회개척자가 모든 일에서 '재생산에 대해 생각'을 확실히 인식하고 있다면, 그는 분명 재생산이 가능한 교회를 세울 것이 확실하다"라고 정확하게 지적한다.[10)]

실제적 과정을 따르기

재생산적 교회개척의 개념을 원활히 전달하고 이행하기 위한 전략 중 하나는 개척 활동 속에서 실행 가능한 과정들을 추구하는 것이다. 새뮤얼 페어클로스는 그러한 재생산적 교회개척 전략의 일부로써 한 가지 실행 가능한 과정을 제안한다. 페어클로스의 과정은 프로그램 평가와 검토 기술(PERT) 및 목표와 결과에 의한 경영(MOR)으로부터 통찰력을 얻는다.[11] 페어클로스의 제안들을 여기서 자세히 묘사하지 않을 것이다. 그러나 우리는 교회개척자가 분명하고 실행 가능한 목표를 갖고 그 목표를 위해 일하도록 유도할 수 있다. 즉, 초기부터 최종적 목표를 염두에 두고 시작하여, 이 목표가 성취될 때까지의 모든 단계들이 그 이후 단계들에 기초를 제공하도록 활동하는 것을 말한다. 이 과정의 기본 요지는 새 교회의 재생산성을 모든 활동의 목표로 보는 것이다. 새 교회가 다른 새 교회 시작의 책임을 받아들이도록 도울 수 있게 계획하는 일은 페어클로스의 과정의 중심에 자리해 있다. 그는 "만일 교회가 어떤 계획을 가지고 있으며, 그 계획의 각 부분의 성취를 꾸준히 측정하고 있다면 이 교회는 재생산성의 목표를 달성할 가능성이 높다"라고 말한다.[12]

앤디 앤더슨은 유선형 성장이라고 불리는 주일 학교 성장을 위한 계획을 개발해 냈다. 이 계획에서 그는 효과적인 주일 학교를 세우려면 규모와 기능에 대한 최종적인 목표를 정해 놓아야 하며, 그 후 주일 학교가 성장함에 따라 필요한 교사, 교재, 그리고 공간을 제공할 수 있도록 계속적인 계획을 세워야 한다고 주장했다.[13]

앤더슨은 새 교회개척에 동일한 생각을 적용한다. 즉, 대상 그룹 안에서 잘 자랄 수 있는 교회의 규모에 대해 이해함으로써 새 교회의 목표를 채택할 수 있다는 것이다. 앤더슨에 따르면 교회의 잠재적 크기를 이해한 후 교회개척자는 기존 교회의 지도자들과 함께 다수의 성경공부 모임을 시작해야 한다고 주장한다. 이러한 성경공부 그룹들이 그 지역 안의 새 교회의 필요에 응답하고자 하는 적절한 수의 신자들로 자라난다면 이 성경공부 모임의 참여자들이 새 교회의 핵심 일원들로서 모여질 수 있다. 중요한 점은 교회개척에는 이렇게 과정이 존재하며 개척팀이 그 과정을 따라야 한다는 것이다.[14)]

이 책에 분명히 요약되어있고 제안되어진 한 과정이 있다. 이 과정은 초기 기획 단계에서부터 재생산적 교회까지의 과정을 통해 모교회나 조직, 개척팀, 핵심 그룹, 새 교회를 인도할 것을 요구한다. 이 과정은 개척 사역에 참여하는 모든 이들이 6개의 기본 단계들(준비, 공식화, 개발, 실행, 발전, 재생산)을 거치도록 이끄는 것을 포함한다. 재생산성의 개념은 각 단계마다 포함되어져야 하며, 재생산의 가능성이 계속 유지되어야 한다. 둘째, 교회개척을 시작한 이들은 모교회, 개척팀, 그리고 핵심 그룹과 더불어 새 교회가 강한 동기적, 성서적, 영적, 복음적 리더십과 재정적 기초를 세우도록 도울 것이다. 이 계획은 개척팀 전체가 동일한 근간과 전략 안에서 움직이도록 만든다.

공식화 과정을 거치면서 개척자는 개척팀이 비전을 개발하고, 교회개척에 관여하는 관계들을 명확히 하고, 리더십의 특징을 평가하며, 역할을 규정하고, 대상 그룹을 밝히는 데 도움을 줄 수 있을 것이다. 만일 새 교회를 시작하려는 기존 교회가 있다면, 그 비전은 설교나 가르침, 전도, 지역을 돌며 기도하는 것(Prayer Walk) 등의 여러 다양한 방법을 통해 전달될 수 있다.

교회개척팀이 개발 단계를 거치도록 인도함으로써 핵심 그룹을 모집하고 방송이나 여러 관련 행사, 상황화된 전도 등을 통해 지역 사회에 복음을 전하는 일에 그들이 능동적으로 참여하도록 도울 수 있다. 교회가 이미 세워져 있는 지역에서는 그 교회로부터 핵심 그룹을 모집하고, 훈련시키며, 전도 활동에 참여시키는 일 등의 방법이 있을 수 있다. 새 교회가 대상 지역과 적절하게 동일화할 수 있도록 돕는 데 특별히 주의를 기울여야 한다.

교회개척에 있어 가장 흥미진진한 면 중 하나는 실행 단계이다. 이 단계는 모임 장소를 찾고, 적절한 이름을 선정하며, 소그룹 모임을 시작하고, 융화 과정을 개발하며, 준비 단계의 예배를 드리며, 공식적인 예배를 시작하는 것과 같은 활동들을 포함한다.

발전 단계는 교회의 설립 및 영구적 시설의 확보와 같은 일들을 포함한다. 사용되어지는 교회개척 모델에 따라 교회가 설립되고 모임 장소가 확보되는 방법도 다를 것이다. 이 교회들을 자립 교회가 되도록 도우려는 목표가 지도자들에게 각인되어져 있어야 하고 처음부터 기획 속에 자리해 있어야 한다.

재생산의 단계는 교회 재생산성의 관점에서 교회성장 원리, 교회성장 구조, 교회성장 가능성에 초점 맞춘다. 재생산성은 모든 교회개척 계획과 활동에 있어 절대 필요한 부분이 되어야 한다. 교회가 성장하도록 이끄는 것은 교회개척에 있어 필수적이다. 교회가 새 교회의 개척을 위한 가능성을 키움에 따라 교회들이 증가한다. 그러므로 교회는 교회개척을 발전과 재생산 과정의 한 부분으로 인식하는 것이 중요하다.

다시 말하지만, 목표 달성을 향한 노력에 있어 무엇보다 중요한 점은 개척팀이 따를 수 있는 행동 계획이어야 한다는 것이다. 이 계획의 필수 과정은 개척자가 새 교회의 모든 필요를 충족시키고 있음을 확인시켜 주는 데 도움이 될 것이다. 이 과정이 명확하게 요약되고 지켜질 때 교회개척이 궤도를 이탈하지 않게 된다.

지역 자원 전략

또한 모든 전략에서 중요한 점은 교회개척팀이 그 지역의 문화, 인력, 재정 자원 등에 의존하는 것이다. 외부로부터의 도움이 초기에는 힘이 될지 모르나, 현명한 방법은 새 교회가 스스로 성도들에 제공할 수 없는 장비나 재정을 외부로부터 제공 받지 않도록 유의하는 것이다. 게리슨은 신자가 될 사람들에게 인종적 정체성을 버리고 다른 문화로 옮기도록 요구하는 일은 진정한 교회개척 운동을 방해한다고 주장한다. 더 나아가 너무나 쉽게 의존성을 불러일으킬 수 있는 장려금의 사용은 새 교회의 성장을 저해한다고 선언한다. 게리슨은 "선한 의도를 가진 외부인이 건물을 구입하고 목사의 생활비를 보조하는 것으로 교회의 성장을 이끌어내면 자발적이고 토착적인 재생산을 위한 능력을 제한하게 된다"고 결론짓는다.[15)]

철수 전략

계속 확장하는 교회개척 전략은 개척자가 뒤로 물러나고 지역의 지도자들이 리더십을 물려받도록 허용하는 일을 필수적 요소로 포함한다. 이러한 철수는 교회개척 당사자의 계속적인 연락이나 영향 없이 새 교회 스스로 모든 해가도록 내버려두는 것을 의미하는 것은 아니다. 게리슨은 MAWL(모델 만들기, 도움 주기, 지켜보기, 떠나기)의 유형을 제안한다. 그는 책임을 넘겨주는 시기가 교회개척 활동에 매우 중요하다는 것을 가르친다.[16)] 스테펜의 「배턴 전달하기」에 나와 있는 접근법에도 역시 동일한 개념이 그 핵심이다. 그는 순조로운 리더십의 전이가 교회의 지속적이고 건강한 성장을 위해 필수 불가결함을 주장한다.[17)]

교회개척자에게 해당되는 것들은 핵심 그룹과 모교회 그리고 새 교회의 여타 참여자들에게 똑같이 해당된다 할 수 있다. 궁극적 목표는 자립하여, 사역을 지속하며, 새로운 교회를 재생산할 수 있는 교회이다. 교회개척의 모든 노력은 개척자나 모교회의 분명하고 실제적인 퇴장을 그 전략에 포함할 수 있어야 한다.

요약

새로운 교회를 시작함으로 재생산하는 교회를 개척하는 일은 성서시대나 교회 역사에서나 오늘날에도 여전히 중요하다. 잃어버린 자와 불신자들에 대한 계속적인 전도를 원하는 개인이나 그룹은 여기의 예들을 따라야 한다. 또한 다른 교회들을 시작함으로써 본질상 개척 운동을 계속해 나갈 그런 교회를 개척하도록 추구해야 한다. 만일 기독교 운동이 '하나님이 의도하시는' 확장을 하려 한다면 재생산하는 교회를 세우는 것은 계속되어져야만 한다.

결론

티모시 스타(Timothy Starr)처럼, 오늘날의 세계야말로 새 교회를 필요로 하는 세계라고 고백할 수밖에 없다. 스타는 우리 모두 일어나 모든 대륙과 세계에 교회를 시작할 때가 왔다고 단언한다. 이 과업을 수행할 만한 능력에 대해서는 의문의 여지가 없다. 아무도 재생산적 교회개척법의 유효성과 효과에 대해 의문을 제기하지 않는다. 이 방법은 사도들에 의해 사용되어졌고, 지금도 계속 사용되어지고 있다. 재생산적인 그리고 재생산하는 교회의 개척은 하류 계층, 중상위 계층, 교외, 상류층 등 사회 전

지역에 교회를 세우는 결과를 낳으며, 사회의 모든 분야에 복음을 전할 수 있게 한다.[18]

이 세계의 필요를 충족시키기 위해 우리는 자신들의 민족뿐만 아니라 다른 그룹들에도 복음을 전할 교회를 시작하고 발전시켜야 한다. 이러한 거대한 과업을 이룰 수 있는 유일한 방법은 스스로 증식하고 다른 교회들을 시작할 수 있는 그러한 교회를 많이 개척하는 것이다. 따라서 재생산은 개척자와 후원자들의 정신과 마음의 우선순위가 되어야 한다. 초기부터 재생산성이 교회개척 인력들의 마음에 깊이 뿌리 박히고, 그들이 사용하는 모델들에 명백히 드러나며, 그들이 활용하는 전략의 중심이 되어야 한다.

주

1) Mike Berg and Paul Pretiz, Spontaneous Combustion: Grass-Roots Christianity, Latin American Style (Pasadena, Ca: William Carey Library, 1996), 63.

2) Samuel D. Faircloth, Church Planting for Reproduction (Grand Rapids: Baker Book House, 1991), 34.

3) 이것의 가장 훌륭한 예는 주님께서 릭 워렌을 사용하셔서 새들백교회를 시작하도록 하신 방식이다. 릭 워렌, 「새들백교회 이야기」.

4) J. Timothy Ahlen and J. V. Thomas, One Church, Many Congregations: The Key Church Strategy (Nashville: Abandon Press, 1999).

5) Pamphlet, "Texas Key Church Strategy."

6) George Paterson and Richard Scoggins, Church Multiplication Guide (Pasadena: William Carey Library, 1993), 12.

7) Garrison, Church Planting Movement, 7.

8) Ebbie Smith, Balanced Church Growth, 42.

9) Garrison, Church Planting Movements.

10) Charles Brock, The Principles and Practice of Indigenous Church Planting (Nashville: Broadman, 1981), 55-61.

11) Faircloth, 27-35.

12) Ibid., 173-4.

13) Andy Anderson, The Growth Spiral: The Proven Step-by-Step Method for Calculating and Predicting Growth Potential in Youth Church (Nashville:Broadman & Holman, Publishers, 1993).

14) Andy Anderson, "Using the Growth Spiral to Start New Churches." Video Cassette, Roberts Library Southwestern Baptist Theological Seminary, Ft. Worth, Texas, 1979.

15) Garrison, 48-51.

16) Ibid., 44.

17) Steffen.

18) Timothy Starr, Church Planting Always in Season(Toronto, Canada : Fellowship of Evangelical Baptist Churches in Canada, 1978), 193.

28장 사례 연구

이 장에서는 세계 다양한 곳에서 일어난 교회개척 운동의 사례들을 통해 이론에서 실제로 옮겨가는 작업을 하고자 한다. 물론 이 사례들이 전부는 아니다. 많은 다른 효과적인 개척 사역의 일화들이 존재한다. 다만 이곳에 언급된 사례들은 성령님께서 새 교회를 시작하기 위해 일꾼들을 사용하신 많은 방법들 중 몇 가지를 예시한 것뿐이다.

독자들은 사례 연구에서 다루어진 방법들을 그대로 모방하려고 시도해서는 안 된다. 한 지역의 종족 그룹에서 효과적이었던 전략이 다른 곳에서는 별 효과를 못 보는 경우가 많다. 그러므로 지도자들은 개념을 이해하고, 그것을 자신들이 섬기는 사람들과 자신들의 개성에 맞추어 변형시키고 주님의 도우심을 의지해야 한다.

저자가 직접 알고 있는 정보나 다른 믿을 만한 역사적 자료들에서 발췌한 이 사례들은 개척자의 사역을 통해 교회가 생겨나는 다양한 방법들을 예시하고 보여 준다.

역사적 유형들

네비우스 안

선교 역사는 1880년대 네비우스가 한국 교회에 이바지한 바를 잘 기술해 준다. 존 네비우스는 진정한 교회성장이 이루어지기 위해서는 때때로 변화가 불가피하다는 것을 증명해 준다. 선교학자들이 네비우스의 토착교회 개념과 관련된 계획을 지적하면서 네비우스의 영향력이 어떻게 광범위한 교회개척과 재생산을 구체화했는지를 보여 준다.

네비우스 안은 네비우스가 처음 그 계획을 고안해냈던 중국 현지에서는 잘 실행되지 못했다. 이후 네비우스는 한국을 방문했고, 토착 교회 개척을 위한 비전을 나누었으며, 1894년 즈음에는 자신의 생각이 거의 전적으로 받아들여짐을 목격했다. 많은 사람들이 한국에서의 급속한 기독교의 성장을 네비우스 방법의 실행 결과로 돌린다.[1)]

네비우스는 오래된 전통적 방식, 즉 고용된 대리인이 복음을 전하고 교회를 이끄는 방식을 반대했다. 이러한 전통적 방식이 소수의 목사와 전도자들을 공급하기는 했지만, 많은 문제점들이 표면 아래에 자리해 있었다. 이 방법은 일꾼들이 과연 돈 때문에 섬기는지 아니면 신실한 확신 가운데서 섬기는지의 여부에 대한 질문을 제기했다. 복음을 전하고자 하는 대상들 자체가 종종 이러한 유급 사역자들을 받아들이지 않았다.[2)]

네비우스 방법은 여섯 개의 원리 위에서 행해진다. 첫째, 회심자 각자는 받은 소명 안에서 머무른다. 이 일꾼들은 자신들이 신자가 되기 전에 살던 곳에 그대로 거주하며 일한다. 둘째, 네비우스는 교회개척 운동은 무급의 사역자들이 교회를 담임하도록 해야 한다고 주장했다. 셋째, 교회는 교인들의 집이나 다른 장소 등 자체적인 모임 장소를 제공한다. 넷째, 네비우스는 유급 사역자들과 선교사들이 지역 교회와 지도자들을 감독해야 한다고 조언한다. 네비우스는 약 1,000명에게 세례를 베풀었으며, 그중 200명은 세상으로 되돌아갔다. 나머지 800명은 12명의 교인으로 구성된 60개의 교회로 나누어졌다. 네비우스와 두 명의 유급 사역자가 이 교회들과 지도자들을 인도했다. 다섯째, 네비우스 계획은 지역 단위로 매년 한 달간 훈련을 제공할 것을 요구했다. 한 달 동안 이렇게 훈련받으면서도 목사는 계속하여 교회를 이끌며, 가족을 부양할 수 있도록 허락받았다. 여섯째, 네비우스 계획은 기존 교회에 의해 새 교회가 시작되도록 요구했다. 새 교회는 신자들과 그들의 믿지 않는 가족, 친지, 친구들 간의 관계를 통해 퍼져 나간다.[3] 이 원리들 중 마지막은 이 책의 기본 정신이다.

재생산적 교회개척은 네비우스로부터 이 여섯 번째 원리를 병합했으며 교회들로 하여금 새 교회들을 재생산하도록 한다. 네비우스 안은 무제한적 확장을 가능하게 한다. 이 접근법은 외부 지도자나 재정의 부족에 의해 방해 받지 않는다. 21세기의 사도적 개척자는 이 원리의 중요성을 인식하여 재생산하려는 의지와 능력을 새 교회 속에 심어놓아야 한다. 네비우스와 그의 계획은 기독교 운동이 지속되려면 교회가 반드시 재생산해야 한다는 것을 보여 준다.

수마트라의 니아스 섬

인도네시아의 수마트라 서쪽 해안에 자리한 니아스 섬은 하나님의 기적을 통한 교회성장을 보여 주는 곳으로, 이곳에서의 일화는 교회개척에 있어 영적 각성의 중요성을 잘 보여 준다. 독일 레니시 선교회 소속의 도니어(Dornier) 선교사는 아내의 병 때문에 수마트라의 바탁 종족에게 복음을 전하고자 떠나는 일행들에 합류할 수가 없었다. 도니어 목사는 대신 서부 수마트라의 파당에 정착했으며, 주로 니아스 섬에서 온 그곳 부두 노동자들의 구원에 대한 부담을 갖게 되었다. 이 헌신적 선교사는 결국 1865년 니아스 부족에게 복음을 전하고자 니아스로 옮겨갔다.

약 9년이 흐른 후 1874년 부활절에 25명이 세례를 받았다. 정치적, 문화적 불안정이 교회의 성장을 극도로 어렵게 했다. 니아스의 교회는 1900년 약 5,000명, 1915년에 20,000명 정도의 신자들로 성장했다. 이러한 성장은 약 50여 년의 세월이 흐른 후 나타난 것이었다.

1915년에서 1921년 6년 사이 니아스 교회는 약 세 배의 성장을 이루어 62,000명의 교인이 모였다. 이러한 괄목할 만한 성장은 '풍고사 도도'(Fungosa Dodo) 즉, 위대한 회개라 알려진 영적 운동에 따른 것이었다. 이 영적 대각성은 니아스의 기독교 사회 전체로 퍼져 나갔다. 교회는 약 100명 이상의 평신도 목회자를 위임하여 재생산하는 교회를 개척하는 일을 시작하도록 했다.

예상과 달리 100명의 평신도 목회자와 광범위한 교회개척에도 불구하고 니아스 교회의 전체 교인 수는 1921년에서 1925년 사이 65,000명에 머물렀다. 이러한 성장 정체의 원인 중 하나는 세계의 그 어느 지역보다도 이 섬에서 더 위세를 떨친 것으로 알려진 풍토병 때문이었다. 이 질병으로 인한 사망이 교인 증가를 약화시켰다.

1925년 니아스 교회는 다시 급속한 성장과 교회개척을 이루었다. 1925년에서 1929년 사이 교회는 19,000명의 새신자를 얻어 전체 84,000명의 신자를 이루었다. 1940년까지 니아스 교회는 135,000명의 신자를 자랑했다. 오늘날 니아스의 개신교 인구는 약 225,000명이며 350개 이상의 교회에서 예배를 드리고 있다.[4)]

니아스 기독교인들의 경험은 전도와 교회개척에 집중한 운동의 결과를 반영한다. 니아스 교회에서 가장 큰 성장을 이루었던 시기 중 하나는 선교사들이 억류되었던 2차 대전 시기였다. 그곳 교회는 스스로 성장을 계속해 나갔다. 니아스의 운동은 광범위한 교회성장과 재생산을 위한 영적 역동성의 필요성과 능력을 예증한다. 재생산적 교회의 개척은 지속적인 복음전도와 교회성장을 위해 유효하고 강력한 방법이 요구된다.

북미의 실례들

텍사스주 포트워스시의 노스우드 교회

포트워스에 자리한 노스우드 교회(Northwood Church)는 밥 로버트라는 교회개척자–목사가 이끄는 독특한 교회로서 재생산적 교회의 실제적 예를 제공한다. 이 교회는 다른 교회를 재생산하는 교회개척을 통해 재생산을 하는 교회의 특징과 사역을 예시한다. 아마도 재생산적 교회 운동에 노스우드 교회가 끼친 가장 큰 공헌은 실제 재생산을 하는 교회의 모범을 보인 것이라 하겠다.

밥 로버트 목사는 평생 동안 선교사로 헌신한 사역자의 가정에서 자라났다. 그의 부친 밥 로버트 1세는 25년 이상을 목회했으며, 남미 벨리즈에서의 자원 봉사 사역을 통해 교회를 개척하고 돕는 일에 많은 사람들이 자원할 수 있도록 감화를 끼쳤다. 부친의 영향과 자신의 영적 순례 여정을 통해 젊은 로버트 2세는 교회와 교회개척에 대한 깊은 확신을 갖게 되었다.

1985년 9월 15일 밥 로버트 목사와 근처 교회로부터의 약 40명의 핵심 그룹은 포트워스 북쪽 켈러에 노스우드 커뮤니티 교회를 시작했다. 이 새 교회는 '하나님의 말씀을 선포하는 역동적 교회로서 우리는 하나님을 영화롭게 하고, 세상에 그리스도를 전하며, 사역과 예배를 위해 신자를 제자화하는 것을 통해 하나님의 임재를 송축하기 위해 존재한다' 는 비전 선언문을 수용하고 준수했다. 릭 워렌의 영향을 받은 이 비전에 이끌려 로버트 목사는 모든 교회는 교회개척 센터가 되어야 한다는 확신을 가지고 교회를 시작했다.

모든 교회는 교회개척 센터여야 한다는 확신을 노스우드 교회의 중심에 세운 로버트 목사는 16년 안에 1,800명의 교인을 가진 교회의 탄생을 경험했다. 동시에 노스우드 교회는 미국과 다른 나라에 40개의 교회들을 탄생시켰다. 노스우드 교회는 교회가 생긴 지 7년 만인 1992년 첫 번째 교회개척 선교를 시작했다.

노스우드 교회는 영구적 건물에 투자하기 전 3년 반 동안 임시 건물을 임대하여 사용하였다. 그중 하나는 쇼핑센터 안에 자리했다. 따라서 재정과 인력 자원에서 생긴 여유로 새 교회를 세우고, 교회개척자를 훈련시키는 선교 사역에 더 많은 자원을 사용할 수 있었다. 결국 창립 11년이 되는 1996년에 이르러야 자신들만의 영구 건물로 옮길 수 있었다. 재생산적 교회의 필요성에 대해 로버트 목사는 "현재와 미래의 교회는 1세기 교회를 제외하고는 아마 역사적으로 가장 유동적이 될 것이다"라고 말한다. 그는 어느 교회도 독자적으로 모든 민족들을 섬길 수는 없다고 분명히 단언한다. 이러한 이해는 그로 하여금 세상의 다양한 그룹들을 위한 다양한 교회의 관점에서 생각하도록 돕는다.

노스우드 교회의 재생산 사역은 현재의 교회성장을 가능하게 한 여러 가지 특징과 전략에서 생겨났다.

첫째, 교회와 담임목사 로버트는 예수님을 위해 세상에 복음을 전하고자 하는 열정 위에 기초한 비전을 충실히 따른다. 이 비전은 단순히 한 교회 이상을 포함한다. 로버트 목사가 교회 회중들과 나눈 비전은 하나님 나라로서의 교회에 대한 이해를 포함한다. 로버트는 교회가 비록 지역 사회를 섬기지만 세상 전체를 복음화하려는 비전을 추구하므로 교회는 지역적이면서 동시에 세계적이라고 가르친다.

노스우드 교회의 재생산적 교회개척의 비전은 교회와 교회 지도자들이 이 영적 여정에서 한 마음이어야 한다는 로버트의 확신에서 생겨난다. 재생산하는 교회는 주님이 오시기까지는 결코 끝나지 않을 목표를 향하여 나아간다. 주님께서 재림하셔서 선교의 완성을 선포할 그때에야 비로소 이 사역은 끝이 나는 것이다. 따라서 재생산하는 교회는 여정의 개념에 그 존재와 사역의 기초를 둔다.

둘째, 노스우드 교회의 성장을 촉진하는 특징 혹은 전략은 확장 사역이다. 로버트 목사의 전략은 모델에서 '현장'으로 반드시 옮겨가는 것이어야 한다고 확신했다. 여기에 이 사역이 지대하게 공헌한 바가 있다. 노스우드 교회는 재생산에 헌신한 지역 교회가 어떻게 미국과 다른 나라에서의 교회개척에 공헌하면서도 지역 사회에서 성공할 수 있는지를 보여준다. 세계적인 사역에 대한 헌신이 이 교회의 중심에 자리한다.

셋째, 재생산을 가능하게 하는 노스우드 교회의 특징은 교회 안의 평신도를 병합하고 기도, 재정, 무엇보다 참여를 통해 프로그램을 후원하려는 그들의 자발성을 포함한다. 세계적 비전과 헌신을 가진 교회만이 자체적인 발전을 위해 자원을 지나치게 많이 쏟아 부으려는 경향을 극복할 수 있다. 교회를 재생산적 교회로 이끌려는 개척자들은 교회가 자신의 필요에만 집중하려는 태도에서 벗어나 세계의 필요에 집중하는 데 헌신하도록 도와야 한다.

다른 교회를 개척하는 데 있어 노스우드 교회의 사역을 향상시킨 또 다른 전략은 개척자 후보생들에게 인턴십을 제공하는 것이다. 약 45명의 인턴들이 노스우드에서 훈련받고 다른 교회를 개척하러 떠났다. 이들 인턴들과 그들이 개척한 교회들은 특정 미전도 종족을 복음화하고 이들 가운데 교회를 시작하는 일에 헌신한다. 현재도 미국 밖의 다섯 나라로부터 온 지도자들을 포함한 이들 인턴들은 자신들의 종족들 가운데 교회를 시작할 수 있도록 훈련을 받고 있다.

노스우드 교회는 또한 '고수확 교회 협의회'(High Yield Church Conferences)를 후원하는 프로그램을 재생산 전략으로 활용한다. 이 교회는 미국 내외에서 로버트 목사와 교회 확장 및 개척 분야의 전문가들이 사역의 전략과 계획들을 나누는 대회를 여러 차례 가져왔다. 여러 나라에서 모인 1,000 명 이상의 참여자들이 이 대회를 통해 훈련되어졌다. 최근 이 대회에 참여했던 한 사람은 '고수확 교회 협의회'가 다른 어떤 모임보다도 더 실용적인 자료들과 영감을 제공했다고 단언했다.

노스우드 교회의 비전과 사역의 또 다른 특징은 재생산적 교회는 놀라운 다양성과 유기적 증식의 결과를 가져온다는 생각과 관련되어 있다. 세계의 종족들 가운데 존재하는 놀라운 다양성은 다양한 교회를 요구한다고 로버트 목사는 말한다. 교회의 다양성은 교회의 증식을 통해서만 현실화되어진다. 교회들은 자신들 속에서 재생산해야 할 뿐만 아니라 다른 그룹들에게도 다가갈 수 있어야 한다. 교회 안의 다양성에 대한 이러한 헌신은 무제한적 교회개척을 필요로 한다.

언제나 그러하듯, 재생산하는 교회가 되기 위해서는 영적 능력이 필수적이다. 이러한 영적 능력을 추구하는 것이 노스우드 교회의 중심 전략이었다. 이 점에서 로버트 목사는 본인의 자원이 아니라 주님으로부터 능력을 얻는 겸손에 대한 열정을 성도들과 나누어 왔다. 교회는 하나님의 공급으로 채움을 받기 원하는 가난한 심령을 유지할 때 비로소 진정한 성장, 즉 재생산을 이룰 수 있다.

비전을 향한 성령님의 인도를 따르며, 적합한 유형을 찾고자 하는 자발성을 갖춘 교회는 어떤 교회라도 다 재생산의 가능성을 갖고 있다. 새롭고 다양한 교회가 많이 그리고 긴급하게 필요하다는 사실을 이해함으로써 노스우드 교회는 대회에 참여한 인턴들과 성도들 그리고 참여자들을 교회개척사역으로 인도하는 흥미진진한 사역을 전개할 수 있었다. 무한정한 재생산성은 보다 많은 재생산적 교회를 계속해 세우고자 하는 이 운동의 주요 특징이라 할 수 있다.

달라스시의 한인 제일 침례교회

북미에 있는 많은 한인 교회들 가운데 약 750개가 남침례교회이다. 30

년 전 달라스의 개스턴 애비뉴 교회의 주일 학교 교실에서 시작된 달라스 한인 제일 침례교회는 재생산하는 교회의 본을 보임으로써 계속적인 성장을 경험하고 있다. 뿐만 아니라, 남침례교단을 비롯한 모든 교단의 한인 교회들에게 재생산하는 교회로써 가장 훌륭한 본을 보여 왔다. 손영호 목사와 12명의 교인들은 첫 예배를 드리면서부터 달라스 지역뿐만 아니라 주, 나아가서는 세계 복음화의 사명에 헌신했다. 1983년부터 보스턴 제일 침례교회개척을 지원하기 시작하여 수년 전 루이스빌 한인 제일 침례교회에 이르기까지 여러 교회들의 개척을 지원했다.[5)]

손영호 목사와 달라스 교회는 단순하고 겸손한 원리를 선교와 교회개척 운동에 적용하여 교인들의 영적인 성장, 평신도 지도자 양성, 교회의 성장을 경험했다. 단순하고 겸손한 원리는 다음과 같다.

첫째, 내실을 기하기 위해 성경학교를 운영하는 것이었다. 초기 단계부터 성인 주일 학교라는 이름으로 시작되어 후에 목장학교라는 이름으로 불린 성경공부 프로그램을 통해 모든 교인들이 성경의 원리를 배우고 삶에 적용할 수 있도록 도왔다. 또한, 1986년에는 훈련회를 조직하여 세례교인으로서의 정체성을 교인들에게 심어주었다.

둘째 원리는, 지도자들을 훈련하고 배출하는 것이다. 교육부와 훈련부를 두고 교역자들의 지도에 따라 평신도들의 지도력을 훈련했다.

셋째, 가능한 한 많은 사람들이 교회의 활동에 능동적으로 동참하는 것이다. 사역은 담임목회자의 것이고, 다른 모든 사람들은 사역을 돕기 위해 존재한다는 생각과는 전혀 다른 원리를 말한다. 모든 교역자들의 모임을 통해 교회 운영에 대한 의견을 수렴하고, 그들이 발표한 의견을 직접 실행할 수 있는 기회를 제공했다. 평신도 지도자들이 할 수 있는 사역의 목록을 만들어, 거기에 따른 훈련을 제공하고, 그들의 잠재력을 표출할 수 있도록 도왔다. 또한 모든 교인들이 사역에 동참하여 손님이나 이방인이 아니라 교회의 삶에 기여하는 구성원으로의 성취감을 느끼도록 도왔다.

넷째, 지역 교회들과 합력하여 선교 및 교회개척 사역을 진행함과 동시에 지역의 약한 교회들을 세워 주는 역할을 감당했다. 교회들이 독자적인 힘으로 선교와 개척 교회 운동에 동참하려면 많은 인적 및 재정적인 자원을 필요로 한다. 주변의 교회들이 그와 같은 사역에 동참하는 데 필요한 인적, 재정적 자원을 필요로 할 때, 그들과 연합하여 사역하면서 그 교회들을 위한 훈련과 지도력을 발휘했다.

다섯째, 전국과 세계를 향한 비전을 잃지 않음으로써 지상명령 수행에 앞장섰다. 손영호 목사 스스로가 지방회나 전국 총회에서 지도력을 발휘했을 뿐만 아니라 교인들을 격려하여 다방면에서 섬기는 지도자의 본을 보이도록 이끌었다.

교회개척과 선교에 대한 열정을 가지고 헌신한 손영호 목사의 지도력에 따라 한인 제일 침례교회는 1985년 달라스 침례신학교를 시작하여 많은 평신도 지도자들과 목회자들을 배출하여 기존교회와 개척교회로 파송했다. 개척 후 약 20명의 목사들을 배출하였고, 비슷한 수의 안수 집사들을 배출하였다. 또한 1984년부터 베네수엘라, 벨리즈, 북한, 구소련, 바하마, 중국, 과테말라, 페루, 우간다 등지로 장기 및 단기 선교사들을 파송했으며, 미국 내의 인디언들과 영어권 한인 2세들 그리고 한국으로까지 선교의 손길을 펼쳐왔다. 1996년에는 영어권의 한인 2세들을 위한 영어 교회를 창립하여 글로벌 하비스트 교회라고 이름 하였으며, 한때는 일본인들에게 건물과 시설을 내어주어 일본인 교회의 성장을 지원하기도 했다.

특히 1999년에 김경도 목사와 핵심 그룹을 파송하여 개척한 루이스빌 교회는 이미 재생산의 단계에 들어서서 미국 내외에 선교와 개척교회를 지원하고 있다. 많은 교회들이 재생산하는 교회가 되도록 리더십을 발휘한 손영호 목사는 은퇴 후 과감히 개척자-개발가로 섬겼던 달라스 교회를 뒤로하고 선교사로서의 본을 보이는 여생을 통해 하나님께 영광을 돌리고 있다. 기존 교회들의 관심과 손길이 닿지 않는 곳에서 재생산하는 그리스도인들을 배출하고, 재생산하는 교회들을 개척하는 삶을 통해 많은 교인들과 교회들의 본보기가 되고 있다.

펜실베니아주 랜스데일의 갈보리 침례교회

미국에서 가장 효과적인 교회개척 운동의 실례 중 하나는 바로 필라델피아 외곽에 있는 한 교회의 성장에서 찾아볼 수 있다. 로버트 조단(E. Robert Jordan) 박사는 40년 전 평생 동안 약 100여 개의 교회들을 재생산하는 교회를 개척하고자 하는 비전을 가지고 펜실베니아주의 랜스데일로 갔다. 미국의 북동부 지역을 염두에 둔 갈보리 침례교회는 90개의 교회를 개척했으며, 이 교회들 중 다수가 다시 또 다른 교회를 개척했다. 이들 대부분의 교회에 평균 30,000불의 개척 자금이 소요되었으며, 개척된 지 12-14개월 만에 자립하게 되었다. 오늘날 모교회는 아들 팀 조단이 담임을 맡고 있으며, 교회개척 사역은 스티브 데이비스가 감독하고 있다.

처음부터 갈보리 교회는 지도자 훈련과 개척자-개발가 모델을 통합하였다. 목회 초기 로버트 조단 목사는 평신도를 훈련시키는 갈보리 침례교회 성경연구소로 불리는 4년제 프로그램을 시작하였으며 500명 이상의 평신도들이 이 프로그램을 이수하였다. 그리고 후에 갈보리 침례신학교가 시작되었다. 교회의 지원을 받고 교회 건물을 사용하는 이 신학교는 교회개척자를 양성하는 기름진 텃밭이 되었다. 교회개척 과정은 교회개척자가 되도록 장려되는 이곳 학교의 필수 과목이다.

새 교회 개발에 대한 로버트 조단 박사의 체제는 단순한 원리에 기초해 있다. 즉 "만일 처음의 네 가지를 행할 수 없다면, 그 다음 단계의 네 가지도 할 수 없다"는 것이다. 개척자는 자신의 경비를 들여 새 교회를 필요로 하는 지역으로 이사하도록 도전 받는다. 오직 신문을 통한 홍보비만이 보조되며, 교회개척자는 직업을 가지고 새 교회를 세우기 위한 준비 단계들을 착실히 밟기 시작한다. 일단 개척자가 새 교회를 시작하는 일을 도울 네 가정을 얻으면, 그는 주어진 지역을 담당할 갈보리 교회의 부사역자로 임명 받기 위해 모교회에 연락한다.

교회 사역자를 임명하기 전 모교회의 지도자들은 그 사역자와 그를 도울 네 가정을 만난다. 교회개척자가 임명되기 위해서 이들 다섯 가정은 모교회에서 용인하는 신학적 신조를 갖춘 교회를 시작하는 일과 다음의 네 가지 사항을 준수하는 일에 전념하여야 한다.

1. 첫 일 년간 매달 십일조를 한다.
2. 첫 일 년간 매주 예배에 참석한다.
3. 첫 일 년간 휴가를 가지지 않는다.
4. 첫 일 년간 매주 해당 지역의 사람들을 방문한다.

일단 교회개척자가 이 조항들에 동의하고 첫 일 년에 대한 예산이 결정되면 그는 모교회에 의해 그 지역 담당의 부목사로 임명된다.

개척자에 대한 후원은 매월 헌금과 예산 사이의 차액에 의해 결정된다. 모교회의 부회계는 개척자의 담당 지역에 은행 구좌를 연다. 매달 말 모교회는 예산액과 헌금액 사이의 차액을 입금시킨다. 부회계는 이 교회가 법인화될 때까지 계속하여 모든 경비를 지불한다. 일단 새 교회가 석 달 연이어 예산을 스스로 맞출 수 있게 되면 모교회는 새 교회가 법인화되어 자립할 수 있도록 돕는다.

랜스데일의 갈보리 교회는 재생산성을 교회 구조와 개척자들의 유전인자 속에 병합해 놓음으로써 교회개척에 성공해 온 것으로 보인다. 실행 가능한 과정을 만들고, 지역 자원을 활용하고, 제한된 후원 기간을 설정함으로써 갈보리 교회는 북미에 있어서 교회개척 운동의 모델 중 하나가 되었다.

텍사스주의 히스패닉 교회개척

미국에서 가장 흥미로운 교회개척 노력들 중 하나는 텍사스의 히스패닉들 가운데서 일어나고 있다. 맥알렌의 히스패닉계 목사인 오토 아랑고는 자신이 살고 있는 지역에 교회개척 훈련 센터를 지으려는 비전을 갖게 되었다. 지금까지 약 3년간 운영되어 오고 있는 그 센터를 통해 약 50명의 평신도들과 사역자들이 훈련을 받았으며 20개 이상의 새 교회들이 개척되었다. 이러한 성취에 고무되어 아랑고 목사는 미국 전역에 이러한 센터를 세우려는 비전을 갖게 되었다. 1999년 이 센터 출신의 학생들을 통해 105개의 새 교회가 생겨났으며, 이는 한 해 동안 새로 세워진 히스패닉 교회들의 숫자 면에서 이전 기록들을 경신한 것이기도 하다.

그의 동료 사역자인 피트 카스트로는 아랑고와 동역하는 동안 동일한 비전을 갖게 되었으며, 텍사스의 코퍼스 크리스티에 있는 불과 23명의 교인들뿐인 자신의 교회에 교회개척 훈련 센터를 세우기로 결심했다. 많은 사람들이 센터에서 훈련을 받음에 따라 그의 교회는 성장하기 시작했다. 자신들의 교회가 재생산하는 교회라는 비전에 사로잡혀 교인들은 성경공부와 그 밖의 다른 사역들을 지역 사회 내에 시작했다. 그리고 1년 후 20여 개 이상의 새 교회들이 세워졌다. 이렇게 세워진 새 교회들을 격려하기 위해 카스트로는 각 교회들에 있는 모든 사람들을 복음전도 대회를 위해 한자리에 모으기로 결정했다. 놀랍게도 그 자리에는 새 교회를 대표하는 약 1,000명 이상의 성도들이 모였다.

이러한 접근법을 특징 짓는 몇 가지 특성들이 있다.

첫째, 이 센터들의 근본 목적은 교회개척으로 사람들을 인도하는 것이다. 이 센터의 훈련생들이 다양한 과목들을 수강하는 게 사실이지만 이 모든 것들이 다 교회개척이라는 목표에 초점 맞춰져 있다. 이러한 센터들이 신학 교육 연장 프로그램 (Theological Education by Extension)과 상당한 공통점을 지니고 있는 것처럼 보이지만 교회개척 센터는 신학 교육이 비록 중요하다 해도 그것을 제공하는 것만을 목표로 하지는 않는다.

둘째, 이 센터들은 참된 구원의 경험과 교회개척에 대한 소명이 있는 사람들은 누구나 훈련시킨다. 즉, 전임 사역자는 물론이고 평신도들도 환영한다는 것이다. 열심을 가진 사람이라면 누구나 받아들여진다.

셋째, 이 센터들은 훈련생들이 어느 정도의 교육을 받았던지 그들의 현재 수준에서 훈련을 시작할 준비가 되어있다. 이들 중 어떤 이들은 의사나 교사 등 전문직에 종사하는 반면 또 다른 이들은 최소의 공립학교 교육을 받았다. 그러나 그들의 잠재력은 이전까지 받은 교육의 수준보다 더 중요하다.

넷째, 교회개척자는 교회 건물을 구입하거나 지을 필요 없이 할 수만 있다면 어느 곳에서든지 교회를 시작하도록 교육한다. 센터의 훈련은 비싼 건물이나 장비가 새 교회개척에 필수적이라는 생각을 버리도록 요구하며 토착 교회 원리를 강조한다.

다섯째, 이들 교회개척자들은 자신들이 활용 가능한 재정적 자원을 가지고 일하도록 훈련받는다. 어떤 이들은 궁극적으로 전임, 유급 목회자가 되는 반면 또 다른 이들은 직업을 가진 사역자로 봉사하게 된다.

여섯째, 이 접근법은 많은 수의 기존 히스패닉 교회들이 새로운 히스패닉 교회들을 개척하게 하는 데 상당한 성공을 거두어 왔다. 히스패닉 교회들에 의한 히스패닉 교회의 개척은 전례가 없는 일이었다. 이제는 그들 모두 네비우스의 원리를 따르고 있다.

일곱 번째, 이 교회개척자들을 훈련하는 데 사용되는 자료들은 상황화된 것들이다. 단순히 기존의 자료들을 번역하는 대신 아랑고와 동역자들은 히스패닉 교회개척자와 그들의 지역 사회의 사회문화적 배경에 대한 심도 있는 이해를 가지고 자료들을 직접 집필했다.

위의 교회개척 사례들에서 사용된 원리를 적용한다면 다른 배경과 상황 속에서도 유익한 도움을 얻을 수 있을 것이다. 모든 인종적 사회문화적 그룹들은 히스패닉 교회의 발전을 위해 쏟아 부어졌던 교회개척 노력을 자신들의 그룹을 위해 쏟아 부을 계획을 세울 수 있을 것이다.

지구촌 사례들

중국의 애오니안족

1991년 어느 선교사가 출판을 목적으로 중국의 애오니안이라 불리는 한 지역으로 들어갔다. 이 지역민들은 도시와 농촌 지역에 약 700만의 인구가 5개의 종족 그룹으로 나뉘어져 살고 있었다. 이곳에는 오직 3개의 작은 가정 교회들이 존재했으며, 이들은 원주민인 애오니안족이 아니라 한족으로 구성되어 있었다. 이 지역에서의 급속한 복음전파는 지역 지도자들이 교회를 개척하고 목양할 수 있도록 능력을 개발해 주는 것이 얼마나 중요한지를 여실히 보여 준다. 이 선교사는 아시아의 다른 나라들로부터 중국계 신자인 동역자들을 불러 모았다. 선교사는 이들을 현지의 신자들과 짝을 이루게 하여 1994년에 6개의 새 교회가 개척되는 것을 보는 축복을 누리게 되었다. 그 다음 두 해 동안 17개의 교회가, 그 다음 해에는 50개의 교회가 새로 생겨났다. 1997년에 이르러서는 5개 종족 그룹 안에 195개 이상의 교회가 그들을 섬기고 있었다.

이 개척운동이 워낙 급속도로 성장하였기 때문에 선교사는 자신이 이제 그 일에서 손을 떼고 지역의 토착 신자들에게 사역을 넘겨 주기로 결정하였다. 그는 자신의 공백이 사역의 발전을 저해하지는 않을 것이라고 느꼈다. 그의 예상대로 선교사의 부재중에도 다음 해 운동은 3배로 성장하여 55,000명의 신자와 550개 이상의 새 교회로 늘어났다.

애오니안인들 사이의 이 놀라운 운동은 'POUCH' 라는 머리글자로 대변되는 하나의 유형을 발전시켰다. 여기서 P는 구도자들이 신앙으로 인도되어지는 성경공부 및 예배 그룹에 참여하는 것(Participative)를 의미한다. O는 개인과 교회의 성공의 유일한 척도로서의 하나님의 말씀에 순종(Obedience)하는 것을 말한다. U는 무급(Unpaid)의 많은 지역 지도자들을 일컫는다. C는 새 교회를 재생산하기 전 보통 약 15명의 인원을 가지고 있는 셀교회(Cell)들을 의미한다. H는 기존의 모임 장소를 사용하고 있는 가정 교회(House Church)를 가리킨다. 이 POUCH 교회들은 재생산을 방해하는 요소가 그 조직에 존재하질 않기 때문에 재생산이 가능하다.

처음 이 사역을 시도했던 선교사는 첫 회심자들 속에 모든 애오니안족들에게 복음을 전파하고자 하는 비전을 심어주었다. 그는 이 지역 주민들에 대한 자신의 생각을 나누었으며, 그들이 복음을 전하는 데 필요한 요소들을 이미 모두 갖추었다고 확신시켰다. 이 운동에 대해 데이빗 게리슨은 이렇게 말한다.

> 매우 짧은 기간 안에 새신자들은 지역 전체에 걸쳐 많은 수의 POUCH 교회들을 시작했으며, 각 교회들은 새 교회의 개척을 설계하고 도왔으며 계속적인 재생산을 지켜보았고, 그 이후에는 다른 곳에 가서 또 다른 새 교회를 시작하였다.[6)]

애오니안의 경험들은 방해받지 않는 재생산 운동의 중요성을 보여 준다. 처음부터 지도자들은 재생산의 의지를 새 교회의 유전인자 속에 심어 놓았다. 교회개척 지도자들은 무급 사역자들에게 의존했으며, 그들에게 광범위한 훈련을 제공했다. 교회 건물이나 급료 등의 후원은 전혀 없었다. 오늘날 이곳에서 재생산하는 교회를 탄생시키는 교회의 개념이 등장한다.

센트럴 셀레베스(Central Celebes)의 교회개척 사례

인도네시아의 센트럴 셀레베스 지역의 토라자(Toradja)인들 사이에서 사역한 선교사인 앨버트 크루이트(Albert C. Kruyt)와 애드리아니(S. Adriani)의 일화만큼 효과적인 복음전도적 교회개척에 대해 교훈을 주는 사례도 드물다. 1893년 이 선교사들은 이슬람권 지역에서 셀레베스라는 전도 유망한 현장으로 옮기게 되었다. 이들은 전도가 가능한 사람들을 파악하고 그들에게 집중하는 선교 방법을 강화했다.

쿠르이트와 애드리아니는 비록 앞으로 일 세기 후에나 사용되어질 '상황화' 라는 용어를 몰랐지만 기독교를 토라자민들에게 전하는 방법을 상황화하였다. 복음 메시지는 교역에 사용되는 말레이어 대신 지역의 언어로 전달되었다. 선교사들은 말레이어로 토라자인들에게 복음을 전하면 이들이 이 새 종교를 '화란인들의 종교' 로 볼 것이라는 것을 깨달았다. 선교사들은 그들의 문화와 전통 종교 관습들을 깊이 있게 연구했으며 토라자 문화에 대한 책들도 저술했다. 그들은 토라자의 전통적 신념과 관습들을 이해했고 그것들을 활용하였다. 21세기의 사도적 교회개척자들은 변하지 않는 성경의 메시지를 목표 대상의 문화적 표현들을 통해 전하고자 사용 가능한 모든 방법을 동원하여야만 한다.

쿠르이트와 애드리아니가 사용한 또 다른 방법은 토라자인들이 부족, 마을, 가족, 그리고 다른 자연적 혈연, 지연 등의 관계를 통해 그리스도께로 오도록 장려한 것이었다. 사역 초기 그리스도인이 된 토라자인들은 즉시 자신들의 부족이나 가정에서 배척되어졌다. 선교사들은 어느 누구도 기독신자가 되기 위해 자신들의 문화를 떠나도록 해서는 안 된다는 강한 확신을 가졌기 때문에 17년 동안이나 첫 세례를 지체했다. 1909년에 와서야 포소 마을의 촌장을 비롯한 180명의 지역민은 공개적으로 세례를 받았다. '하나님의 다리'를 사용한 이 운동은 토라자인들 사이에서 폭발적 성장을 이루도록 했다. 1931년에 이르러 이 첫 회심자들은 64,000명의 교인으로 늘어났고, 1967년에 이르러 그곳은 339개의 교회 126,000명의 교인을 자랑했다.[7)]

센트럴 셀레베스에서의 교회 경험은 교회개척 운동에 대한 몇 가지 확신들을 강화시켜 준다. 개척자는 대상 지역의 문화에 대해 심도 있게 연구해야 하며, 복음에 반응할 가능성이 높은 이들을 대상으로 전도해야 한다는 것이다. 둘째, 복음 메시지는 개척 대상자들에 맞춰 상황화되어야 한다. 셋째로 개척자는 관계를 통한 전도를 권장해야 한다. 넷째, 교회개척자는 새신자들이 복음을 전하고 교회를 스스로 돌볼 수 있도록 신뢰해야 한다. 어떤 지역이나 그 인종 그룹의 사람들을 전도하는 가장 효과적인 방법은 그들 문화에 적응된 교회를 개척하고, 그들이 이해하고 받아들일 수 있는 메시지를 전하며, 자유로이 성장하고 재생산하도록 돕는 것이다.

결론

역사적 교회성장 유형들은 재생산적 교회의 유효성과 방법의 다양성을 보여 준다. 이 장에서의 예화들과 선교 역사 속에서의 많은 다른 운동들은 계속적인 복음전도를 위해서는 교회성장 운동이 다른 교회를 재생산 할 수 있는 교회의 개척에 집중되어야 한다는 것을 가리킨다. 와그너는 교회개척이 이제껏 발견된 복음전도 방법 중 가장 효과적인 것이라고 지적했다.[8)] 결론적으로, 가장 효과적인 복음전도와 교회성장은 다른 교회를 개척할 수 있는 교회들, 즉 재생산하는 교회들을 개척하는 것이라고 말할 수 있다.

주

1) Keith Eitel, " 'To Be or Not to Be?' : The Indigenous Church Question," in Missiology: An Introduction to the Foundations, History, and Strategies of World Missions, ed. John Mark Terry, Ebbie Smith, and Justice Anderson (Nashville: Boatman & Hodman, 1998), 307-308.

2) Donald McGavran, Understanding Church Growth, 2d ed. 375-76.

3) Ibid., 375-77.

4) Ebbie Smith, God' s Miracles: Indonesian Church Growth (South Pasadena, CA: William Carey Library, 1970), 94-96.

5) Korean First Baptist Church of Dallas, 25 Years with Christ 1975-2000.

6) D. Garrison, Church Planting Movements, 19.

7) Smith, God' s Miracles, 79-80.

8) C. Peter Wagner, Church Planting for a Greater Harvest, 11.

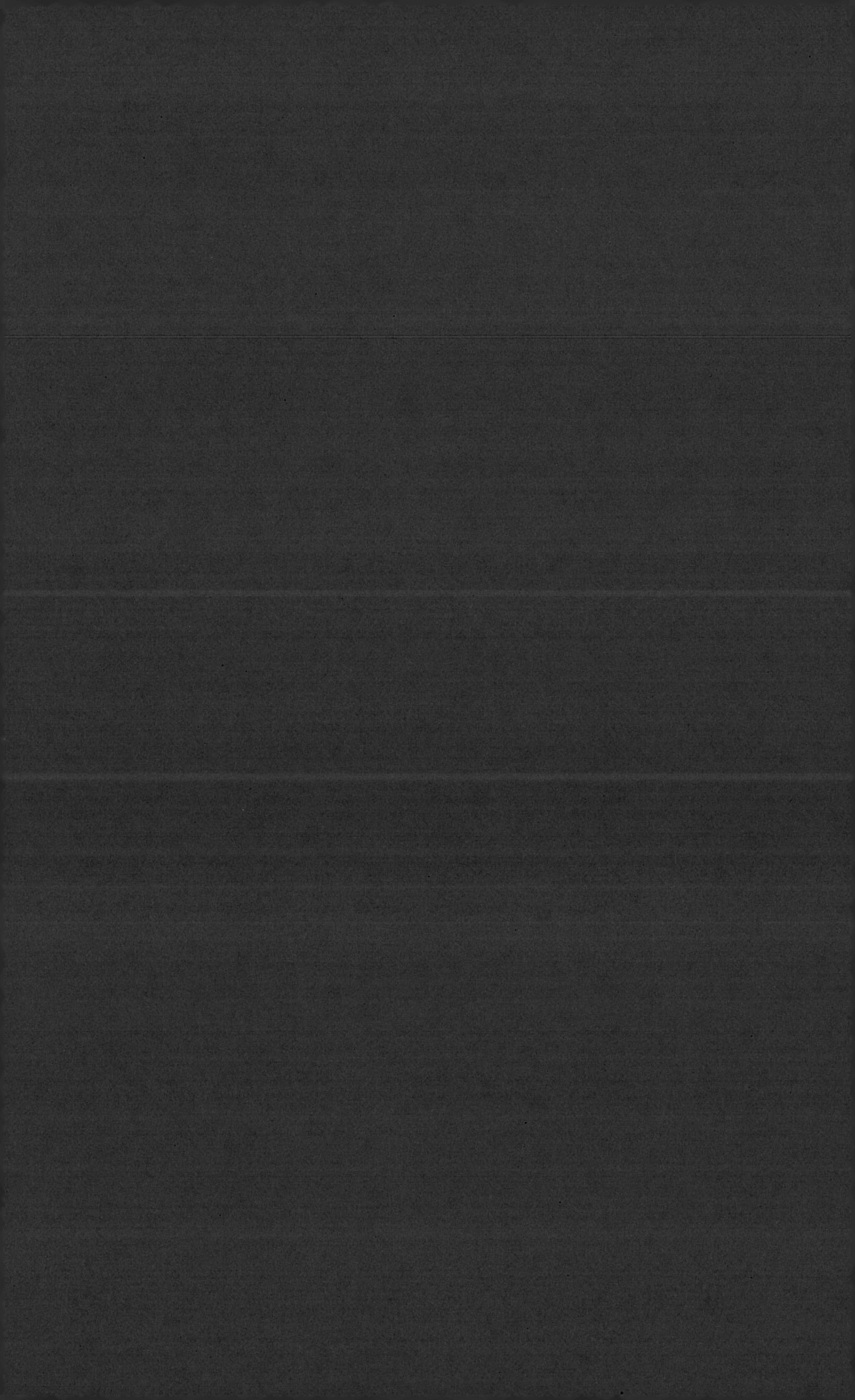